Yale Language Series

أهلا وسهلا

العربية الوظيفية الحديثة
للمستوى المتوسط

مهدي العش
جامعة ولاية أوهايو

دار جامعة ييل للنشر
نيوهيفن ولندن

Ahlan wa Sahlan

Functional Modern Standard Arabic for Intermediate Learners

Mahdi Alosh
The Ohio State University

Yale University Press
New Haven and London

Publisher: Mary Jane Peluso
Editorial Assistant: Brie Kluytenaar
Production Controller: Karen Stickler
Marketing Manager: Timothy Shea

Printed in the United States of America.

Library of Congress Cataloging-in-Publication Data
Alosh, Mahdi.
Ahlan wa Sahlan : functional modern standard Arabic for intermediate learners / Mahdi Alosh.
p. cm.—(Yale language series)
Added t.p. title: Ahlan wa-sahlan : al-'Arabiyah al-wazifiyah al-hadithah lil-mustawá al-mutawassit.
ISBN 0-300-10378-6 (alk. paper)
1. Arabic Language—Textbooks for foreign speakers—English. I. Title: Ahlan wa-sahlan : al-'Arabiyah al-wazifiyah al-hadithah lil-mustawá al-mutawassit. II. Title. III. Series.

PJ6307.A395 2005
492.7'82421—dc22
2004062510

A catalogue record for this book is available from the British Library.

The paper in this book meets the guidelines for permanence and durability of the Committee on Production Guidelines for Book Longevity of the Council on Library Resources.

10 9 8 7 6 5 4 3 2 1

To...

my wife, Ibtissam
the memory of my parents
and the students and instructors who have used
the volume for beginners and provided invaluable feedback

Acknowledgments

I am indebted to so many people whose direct and indirect contributions have made this work better, including students of Arabic at my institution and elsewhere as well as colleagues who used the volume for beginners and took some of their valuable time to provide me with feedback. I am especially indebted to my wife, Ibtissam, for putting up with the endless hours I spent on developing the material. I would like to acknowledge the expert assistance of Fayez Al-Ghalayini, whose meticulous editing of the Arabic portion of this textbook and assiduous input and profuse comments on the linguistic aspect improved the quality of this work and made it more accurate. I am also grateful to Allen Clark for his insighful remarks on the content and explanations, and to Abdulkafi Albirini, Hanan Kashou, and Azra Tashfeen for their work on the audio program. I am indebted to Lalainya Goldsberry for the information she provided about Egypt and to Aida and Ramzi Matalqa and Zina and Ziad Nimeh for information about Jordan. Thanks also go to Raya and Amal Rass for allowing me to use their likeness. Last, but not least, I would like to thank the editors at Yale University Press for carefully reading and commenting on parts of this volume. Their editorial remarks have been invaluable. I thank my Department of Near Eastern Languages and Cultures at the Ohio State University for awarding me a Special Research Assignment that enabled me to complete my work on the manuscript and prepare it for publication.

المحتويات

Contents

Acknowledgments vi

Introduction xv

Grammar Review 1

Cases of the Noun حالات الاسم 1

The Nominative Case حالة الرفع 1

The Accusative Case حالة النصب 2

The Genitive Case حالة الجر 2

The Nominal Sentence الجملة الاسمية 2

The Verbal Sentence الجملة الفعلية 4

Pronouns الضمائر 6

Separate Independent Pronouns الضمائر المنفصلة 6

Attached Pronouns الضمائر المتصلة 7

Nominative Pronouns 7

Accusative Pronouns 7

Genitive Pronouns 8

The Permutative البدل 8

The *Iḍāfa* Structure الإضافة 9

Diptotes المَمنوع من الصرف 10

Comparative Adjectives (the Elative) اسم التفضيل 12

Number-Noun Agreement تطابق العدد والاسمِ المعدود 14

The Verb الفعل 19

Form (Basic and Increased Verbs) المجرّد والمزيد 19

Kind (Sound and Defective Verbs) التام والناقص 20

Conjugation 20

Tense 20

Function اللازم والمتعدّي 21

Structure الصحيح والمعتل 21

Voice البناء 22

Derivation الاشتقاق 23

Active Participle اسم الفاعل 25
Passive Participle اسم المفعول 26
Adjective الصفة المشبّهة 27
Nouns of Time and Place اسم المكان والزمان 27
Noun of Instrument اسم الآلة 28
Negation النفي 30
Lesson 1 33
لافتات وإعلانات ودعايات 33
Conditional Adverb of Future Time إذا 39
Defective Nouns الاسم المنقوص 41
Nouns with a Verbal Force اسم الفعل 41
The Verbal Noun المصدر 43
Active and Passive Participles اسم الفاعل و اسم المفعول 43
Multiple *Iḍāfa* الإضافة المركّبة 43
Passive Voice المبني للمجهول 43
المفردات 47
Lesson 2 50
باب التعارف 50
الموسيقا العربية وآلاتها 54
النجارة وأدواتها 55
التسلية 55
Expressing Wishes with لَوْ 60
Expressing a Wish 61
Extending an Invitation 61
Emphasizing a Statement 62
Rebuking Someone Mildly 62
Describing Hobbies and Professions, Using المصدر 62
Verb-Agent Agreement مطابقة الفعل للفاعل 63
Redundant ما (or ما الزائدة) 65
Expressing Possession and Describing Place and Time with لدى 65
The Set of كانَ Revisited 66
المفردات 68
Lesson 3 71
مع أم وليد 71
The Invariable Verb وجب (يجب) 76
Uses of the Preposition بـِ 77
Descriptive *Iḍāfa* الإضافة 78

Ordinal Numbers as Numerical Adverbs 79
Demonstratives and ها 80
The Imperative الأمْر 80
المفردات 83
Lesson 4 85
عنوان ميساء الجديد 85
Giving Directions 90
Letter-Writing Phrases 91
Emphasis with the Absolute Object المفعول المطلق 93
Expressing Conditional Meaning with إنْ 94
Uses of حتّى 96
Reflexive Use of نفس 97
Tag Questions 98
Idiom المصطلحات 98
Culture ثقافة 99
Congratulating Others (مبروك) 99
Significance of Street Names أسماء الشوارع 99
المفردات 101
Lesson 5 102
برنامج مع الناس 102
أسرة من زحلة 102
ثلاث فتيات 104
بائع العرقسوس 105
Some Communicative Phrases 111
Inquiring about Number and Quantity with كم 114
Expressing Obligation with the Preposition على 115
Forming Yes/No Questions with the *Hamza* أ 115
Exception 117
Passive voice 118
Adverb of Time ظرف الزمان 119
Substitutes for Adverb of time 119
Register 121
Notes on Vocabulary and Family Names 122
المفردات 124
Lesson 6 126
رامي مارتيني في عمّان 126
أماكن هامّة في الأردن 132

Circumstantial Adverb الحال 134
The Nominal Sentence الجملة الاسمية 136
The Nominal Sentence Introduced by a Defective Verb (فعل ناقص) كان وأخواتها 138
Adverb of Time 140
Diptotes الممنوع من الصرف 140
Passive Participle اسم المفعول 140
The Passive Voice 142
Multiple *Iḍāfa* 142
المفردات 144
Lesson 7 146
أخبار من الصحف العربية 146
القواعد 153
The *Wāw* of Manner or Circumstance واو الحال 153
The Expression لابُدَّ 154
The Particle قد and its Variations 156
The Negative Particle لم 156
المفردات 159
Lesson 8 162
ابتسم ..! 162
عيد الشكر 164
القواعد 170
Sudden إذا (الفُجائية) 170
The Verb of Approximation كادَ 170
تصريف الفعل «كادَ» 171
The Passive Voice 171
Unlikely Conditions with لو 172
The Conjunction فَـ 172
The Circumstantial *Wāw* 172
The Expression بما أنَّ 173
المفردات 175
Lesson 9 177
مايكل براون يزور دمشق 177
القواعد 184
Prepositional Phrases 184
Prepositions that Collocate with Certain Verbs 185
Expressing reason with لِـ, كي, and حتّى (حروف النصب) 186
Nouns with a Verb Force اسم الفعل 186

Culture 187
Folk Heroes and Tales 187
The Social Role of the Coffee House 188
Storyteller الحَكَواتي 188
Shadow Puppets خيال الظل 189
Terms Used to Refer to Prophets of Islam 189
المفردات 191
Lesson 10 194
مايكل براون يزور تدمر وحلب 194
تدمر وملكتها زنوبيا 195
مايكل في حلب 196
مراجعة القواعد 200
البَدَل 200
كانَ وأَخَواتُها 201
إنَّ وأَخَواتُها 201
الفعل المبني للمَجْهول 201
الإضافة الوصفية 202
المفردات 204
Lesson 11 205
دعوة منحوسة 205
القواعد 212
Pronunciation of مِن and عن 212
Times of the Day 212
Idioms 213
The Verb of Hope عسى 214
Verbs of Beginning (شَرَعَ) 214
Dual *Muḍāf* 215
The Absolute Object المفعولُ المُطلق 216
The Verb أعجب 216
The Feminine Plural 216
The Use of Restrictive Relatives 217
"Sudden" إذا 217
Adjectives Containing Identical Consonants 217
Passive Participles اسم المفعول 218
Patterns of the Passive Participle 218
The Five Nouns الأسماء الخمسة 218
Describing Circumstance with بِ 221

Verbs of Beginning, Hope, and Approximation أفعال الشروع والرجاء والمقاربة 221
Assimilation 222
Doubled Verbs Negated with لم 223
المفردات 225
Lesson 12 229
حلم وحقيقة 229
القواعد 235
Verbs Used in the Passive Only 235
Feminine Superlative Nouns 235
Doubly Transitive Verbs 236
Moods of the Present Tense المضارع المرفوع والمنصوب والمجزوم 236
Conditional Sentences الشرط 237
Relative Pronouns الاسم الموصول 237
The verb of Approximation كاد 238
Sudden إذا 238
المفردات 241
Lesson 13 243
قصتان قصيرتان 243
السيارة الملعونة 244
الحلاق الثرثار 247
القواعد 252
Expressing Humor 252
Cause and Effect 253
Idioms 254
Similes التَشبيه 254
Describing Circumstance Using the Preposition بِ with the Verbal Noun المصدر 255
Connectors and indicating transition 255
Phrasal Verbs (انقطع لـ، انقطع عن) 256
Multiple مضاف إليه 256
The Assimilated Verb مثال 257
Descriptive *Iḍāfa* الإضافة 257
Verbs of Beginning أفعال البدء 257
Another Use of Superlatives اسم التفضيل 258
Passive of Hollow Verbs الفعل الأجوف 258
المفردات 260
Lesson 14 263
جنة الأطفال 263

القواعد 275
Terms Children Use to Address Their Parents 275
Children's Nicknames 276
Ellipsis 276
Compound Question Words 276
Useful Structures 277
The Structure على الرَغمِ مِن 278
Colloquialisms 278
المفردات 280
Lesson 15 284
الإمبراطورية العثمانية 291
الانتداب الفرنسي على سورية 292
Superlative and Comparative Pronouns (the Elative) اسم التفضيل 293
Relative Pronouns الاسم الموصول 293
Connectors أدوات الربط 294
Forming Similes with كَ 294
Nouns with Verbal Meaning اسم الفعل 294
المفردات 297
Lesson 16 299
الأندلس 299
التراث الأندلسي 301
قصر الحمراء 302
الموَشّحات الأندلسية 303
القواعد 309
Diminutive Nouns التصغير 309
Collocation التلازم اللفظي 309
The Spelling of ابن 310
Synonyms المترادفات 310
The Elative اسم التفضيل 311
The Passive المبني للمجهول 311
المفردات 314
Lesson 17 316
ابن رشد 316
Independent Accusative Pronouns ضمائر النصب المنفصلة 322
Defective Nouns الاسم المقصور 323
المفردات 326
Lesson 18 327

هكذا قالت العرب......327
القواعد......334
The Preposition رُبَّ......334
Compound Particles (إنّما ، ممّا ، عمّا)......335
مراجعة القواعد......335
Types of ما......335
The Elative with التفضيل باستخدام «خَير»......336
Types of لا......336
المفردات......338
Glossary......342
Appendix A......374
Appendix B: Answer Key......378
Arabic index......402
English index......406

Introduction

Purpose and Approach

Ahlan wa Sahlan: Functional Modern Standard Arabic for Intermediate Learners continues to develop overall proficiency in Modern Standard Arabic (MSA) through a functional approach. The focus, therefore, is on performing language functions, using the language forms learned, rather than on analyzing them grammatically. This does not mean, however, that grammar is not important. On the contrary, it is presented and practiced systematically in order to enable learners to use the language forms appropriately and correctly. By "enabling" I mean putting grammatical structures and explanations in the service of language *use*. For example, presenting, explaining, and practicing the subjunctive mood in Arabic should always be related to a language function or functions accomplished through its use, such as expressing obligation, intention, and reason. As the learner tries to acquire the ability to express these functions, he or she will at the same time internalize accurate usage of the subjunctive not for its own sake but in order to express a given language function.

In addition, presenting and practicing the Arabic language from functional and structural perspectives attempts to accommodate the needs and learning styles of most learners. Learners learn differently; some benefit primarily from a functional presentation and practice, others find structural information useful. A functional presentation normally activates inductive cognitive processes and structural presentations deductive processes. Research tells us that the human mind, regardless of how it acquires knowledge, assimilates, modifies, and reconstructs this knowledge and then uses it in ways appropriate for it specifically. The aim, in both modes of presentation, is developing overall proficiency in using Arabic.

Audience

This textbook is designed to take learners from the Intermediate range to the Advanced. At the university level, this can be translated into roughly a second-year program, providing

approximately 150 contact hours, the equivalent of three academic quarters or two semesters.

Lesson Format

Lessons have similar formats. They start with a listing of learning objectives (both functional and structural) to familiarize the user with the content, topics, and grammatical points discussed. At the bottom of the list, there is a reminder concerning the audio for the listening comprehension material.

Learning objectives: The objectives listed at the beginning of each lesson are of two types: (1) functional objectives that describe what learners will be able to do in Arabic with the activities of a given lesson and (2) structural objectives that specify exactly which language forms need to be practiced and used in order to perform the functional objectives correctly.

Activities: Each lesson contains activities associated with each type of objective. There are two major types of activities: (1) classroom activities (not described in the student's textbook) designed to develop oral communicative competence in MSA and (2) out-of-class activities. The latter involve reading passages of varying lengths, listening to audio material, and doing written exercises. Written exercises follow the reading passages and are subdivided into five types: vocabulary, reading comprehension, writing, grammar, and listening comprehension exercises. There are also integrative exercises that combine two types, such as reading comprehension and writing. Each exercise is made up of one or more sections. For example, a vocabulary exercise may contain several sections, such as matching, true/false, odd-man-out, multiple choice, and categorization.

Key vocabulary used in each lesson is not listed at the beginning of each lesson. However, the teacher should present it *in context* prior to reading the passages. This is crucial, since learning vocabulary out of context is neither efficient nor effective. Not all the words listed in the glossary are key vocabulary. It is up to the teacher to decide which ones to use as key vocabulary and require students to learn. This depends on the language functions he or she emphasizes and the tasks created for students. Only new vocabulary is listed in the glossary. Learners might wish to consult the dictionary at the end of the volume for beginners (*AWS I*) to find out which items are covered.

Vocabulary, reading comprehension, and writing exercises immediately follow each reading passage to encourage immediate review and recall of the reading material. It is recommended that the exercises be done after the vocabulary has been covered, since the purpose of written vocabulary exercises is to reinforce the learning of the new words. The same

thing applies to reading comprehension exercises, which must be done during or immediately after reading. The written activities are expected to be done outside the classroom. The instructor may provide feedback, though, in class or on paper.

Writing practice proceeds from highly controlled (e.g., filling in the blanks) to free composition (e.g., journal, narrative, description). At the level of the paragraph and beyond, students practice the use of connectors and idioms whenever possible in order to enhance the quality of their writing and make it more cohesive.

Listening comprehension exercises (marked by an audio cassette icon in the right margin) provide practice in auditory recognition connected speech delivered by a native speaker. Content questions should be read before listening to the passage in order to guide learners to what they should listen for. Learners are expected to deal with true-false exercises at a level higher than mere recognition and labeling items true or false. They should either elaborate on each item, amplify it, or correct it in order to reflect their understanding of the text.

Reading passages: The reading material is mostly expository prose, including personal journals written by the two main characters, Michael Brown and Adnan Martini, as well as authentic texts from various sources. The reading passages are usually accompanied by illustrations, graphics, and maps. They are designed to provide the necessary contexts for language functions represented by the objectives. They also constitute a source for the vocabulary and language forms needed to realize these functions. The reading passages, in addition, provide cultural glimpses of both the target culture and the local one. The content of these passages is expected to promote general knowledge *through* Arabic. At the Intermediate and Advanced levels, the amount of knowledge imparted to the learner through Arabic makes it partially content-based. In most foreign-language courses, content-based materials represent the first step toward discipline-based materials, where the learner is prepared to embark on dealing with original texts within a particular field of study.

Since this textbook is designed to help learners to make the transition from reading controlled language to reading and understanding authentic texts, two types of passages are used, controlled and authentic. They are intermixed in many cases in a nonobtrusive manner. Some of the passages here are developed specifically for this textbook. Thus, the language of such texts is rather controlled, i.e., it is not "authentic" in the traditional sense of the term, although it is written by a native speaker. Authenticity is interpreted here, however, pragmatically. The language used by teacher and learner is considered authentic if it serves some genuine functional or communicative purpose regardless of

whether or not native speakers use the same forms orally to accomplish this purpose. The selected passages can be considered both authentic in function and sociolinguistically appropriate, since they represent written communication (messages, postcards, letters), personal diaries, articles from the print media, and samples from modern Arabic literature, a feature that places them in the realm of Modern Standard Arabic.

In order to make the reading passages closer to what the learner might encounter in the print media, both types of passages are not voweled; only the diacritical marks crucial to the understanding of a few words are provided. However, the examples in the grammar section and the items in the glossaries are fully voweled.

Arab culture: The content of the reading passages offers cultural insights into the target culture. One of the characters that continues from *AWS I* plays the role of a university-level student studying Arabic in Cairo, who also travels to Jordan and Syria. Arabic students using this textbook might be able to identify with his activities and interests. Arabic students must realize that there is no single Arab culture but rather a multiplicity of cultures. In fact, diversity rather than homogeneity characterizes the cultures of the Arab world. No one textbook can provide a comprehensive look at the culture. Instead, the reading passages and the experiences of Michael Brown attempt to show selected aspects of Arab culture. These include food and drink, clothing, customs, family, entertainment, and noted Arab personalities, both men and women.

Grammatical explanations and exercises: The grammatical notes in this textbook are by no means comprehensive, nor do they constitute a reference grammar for the student. However, they are adequate for the tasks at hand, providing the necessary knowledge about structures that occur in the reading passages and the practice needed to internalize this knowledge. Grammar acquisition is not the goal of instruction but rather a facilitating element to achieve the goal, which is developing the ability to *use* the Arabic language (Standard Arabic) as native speakers would use it in formal and semiformal situations. Therefore, the importance of the grammar section lies in its facilitating function. The ultimate test of its success is the students' ability to perform functional tasks specified in functional exercises following the reading passages, where they are expected, for example, to provide a biographical sketch of themselves or of people they know, describe activities, express abstract ideas, and narrate stories.

It is suggested that grammatical explanations and exercises be read and done outside the classroom, thus preserving valuable class time for conducting interactive activities that cannot be done outside the classroom for lack of opportunity to interact with classmates

and the instructor. Students can read the grammar section even before reading the lesson, because this is information *about* the language and does not require special language skills. Grammatical explanations are basically information, or knowledge, that can be learned without external help, whereas language abilities are skills that must be developed cognitively with the assistance of an instructor and interaction with classmates. Instructors can, of course, provide brief feedback on their students' work on grammar exercises in class.

Grammar exercises have one or two sections each, since each grammar exercise deals with specific points. They are structured and proceed from simple to complex. In the grammar section, each new section has its own examples. Example numbers restart from 1 with every new section. The numbers are not followed by a hyphen, to distinguish them from exercise items.

Revisited structures: The purpose of this section is either to remind the learner of structures that recur in a given reading passage or to expand on the description provided earlier. Exercises follow some of the revisited structures for additional practice.

Glossaries: Each lesson ends with an Arabic-English glossary of the new words. At the end of the textbook, there is a cumulative glossary, or dictionary, of all the words used in this textbook, marked with the lesson number where each word first appears.

Appendices: Appendix A contains a representative sample of verb conjugation paradigms, showing tense, mood, verbal nouns, and active and passive participles. Appendix B contains an answer key to all the exercises in the book, including listening comprehension exercises.

Audio Material

Ahlan wa Sahlan is accompanied by an audio program that contains listening comprehension passages recorded by native speakers at a normal speed. The audio material is signaled by an audio cassette icon. The listening exercises aim at developing listening comprehension. They contain passages either similar in content and form to the reading passages or related to them in a certain fashion. In addition to listening comprehension, the lesson on al-Andalus contains Andalusian music and poetry.

This textbook attempts to provide a learning environment conducive to effective acquisition of specific language abilities. These abilities, in their totality, create a measure of proficiency in Arabic. Upon completing this course and performing the prescribed activities, the average learner may achieve a proficiency level within the Intermediate High to Advanced range according to the scale used by the American Council on the

Teaching of Foreign Languages (ACTFL). Naturally, some learners may achieve a higher or a lower level.

Instructor's Handbook

It is highly recommended that instructors using this textbook familiarize themselves with the content of the *Instructor's Handbook.* It is available from Yale University Press and is provided as a complimentary copy with the adoption of the textbook. It provides a brief history of language learning theories, methodological suggestions, oral drills and activities in class, lesson planning, and a sampling of forms that the teacher might need for evaluation purposes.

مراجعة القواعد

Objectives

- Cases of the Arabic noun حالاتُ الاسم
- The Nominal Sentence الجُملة الاسمية
- The Verbal Sentence الجُملة الفِعلية
- Pronouns الضَمائِر
- The Permutative البَدَل
- The *idāfa* structure الإضافة
- Partially Declinable Nouns المَمنوعُ مِن الصَرف
- Comparative and Superlative Nouns (the elative) اسمُ التَفضيل
- Number-Noun Agreement تطابُق العَدَد والاسم المعدود
- Adverbials الظُروف
- The Verb الفِعل
- Derivation الاشتِقاق
- Negation النَفي

Grammar Review[1]

1. **Cases of the Noun** حالاتُ الاسم

There are three cases of the noun:

I. The Nominative Case حالةُ الرَفع: A noun is nominative (مَرفوع) when it is:

a. The subject of a nominal sentence مُبْتَدَأ (e.g. الطالِبُ in the sentence الطالِبُ مُتَأَخِّرٌ).

---

1 This review presents Arabic grammar from an Arabic, not Western, perspective. Western terminology, however, is used to describe the categories.

b. The predicate of a nominal sentence خَبَر (مُتأخِّرٌ in the sentence above).

c. The subject of a nominal sentence introduced by كانَ (الطالبُ in كانَ الطالبُ مُتأخِّراً).

d. The predicate of a nominal sentence introduced by إنَّ (مُتأخِّرٌ in إنَّ الطالبَ مُتأخِّرٌ).

e. The noun of agent فاعل (doer) of a verbal sentence (الطالبُ in وَصَلَ الطالبُ).

f. The substitute of فاعل after a passive verb (نائب فاعل) (أُحْضِرَ الطالبُ).

The nominative is marked by a *ḍamma* for definite nouns (double *ḍamma* for indefinite nouns), ان on the end of dual nouns, and ون on the end of regular masculine plurals.

II. The Accusative Case حالَةُ النَصب: A noun is accusative in a variety of grammatical positions; any category that is not nominative or genitive. Here are the most significant.

a. The object of a verb مَفعول به (e.g. رَسائِلَ in كَتَبنا رَسائِلَ).

b. The predicate of a nominal sentence introduced by كانَ (مُتأخِّراً in كانَ الطالبُ مُتأخِّراً).

c. The subject of a nominal sentence introduced by إنَّ (e.g. الطالبَ in إنَّ الطالبَ مُتأخِّرٌ).

d. Adverbials (الظَرف) (e.g. صَباحاً in وَصَلتُ صَباحاً).

e. Specification (التَمييز) of nouns after numbers (e.g. قَلَماً in اشتَرَيتُ خَمسَةَ عَشَرَ قَلَماً).

f. Exception (الاستِثناء) after إلاّ and ما عدا in positive sentences, e.g. واحداً in:

قَرَأَ أحمَدُ الكُتُبَ إلاّ واحداً.

III. The Genitive Case حالَةُ الجَر: A noun is genitive (مَجرور) when it is:

a. The object of a preposition (e.g. في الجامِعَة).

b. The second element in an *iḍāfa* structure مُضاف إليه (e.g. بابُ الصَفِّ and غُرفَةُ المُدَرِّسين).

Genitive nouns are marked by a *kasra* on the end of definite nouns (double *kasra* for indefinite nouns), and ين on the end of dual nouns and regular masculine plurals.

2. The Nominal Sentence الجُملَةُ الاسمِيَّة

A nominal sentence begins with a noun. It has a subject and a predicate that together form a present tense sentence, e.g.

Ahmed is a student.	أحمَدُ طالِبٌ. ١

Both nouns are in the nominative case (الرَفع), marked with a *ḍamma* and a double *ḍamma*,

respectively. Remember that the double *ḍamma* marks an indefinite noun.

With كانَ and its set: With respect to past or future time, a form of the verb كانَ is used as a copula (to be), e.g.

٢ كانَ أحمَدُ طالباً. *Ahmed was a student.*

٣ سَيَكونُ أحمَدُ طالباً. *Ahmed will be a student.*

With the use of كـانَ or a variation thereof (or a member of its set), the predicate changes from the nominative (رَفع) to the accusative (نَصب) case. كـانَ is not the only verb with this function. This set of verbs is called أخوات كان. Some of these are:، لَيسَ، صارَ، أصبَحَ، أمسى، أضحى، ظَلَّ، باتَ، مازالَ، مادامَ. Note that صارَ، أصبَحَ، أمسى، أضحى، بات mean "to become," ظَلَّ "to remain," مازالَ "to continue to," مادامَ "as long as," and لَيسَ is used to negate nouns and adjectives.

With إنَّ and its set: Nominal sentences may also be introduced by one of a group of particles called أخَوات إنَّ (sisters of إنَّ). They are: إنَّ, أنَّ "that" (both for emphasis), كَأنَّ "as if," لكِنَّ "but," لَيْتَ (for wishing), and لَعَلَّ "pleading, wishing." They affect the subject of the nominal sentence (أحمَدَ in 4 below) by causing it to be accusative:

٤ إنَّ أحمَدَ طالِبٌ. *Ahmed is a student.*

The predicate طالِبٌ remains unchanged (nominative).

The subject of a sentence introduced by either كانَ or إنَّ may be an attached pronoun:

٥ كانوا طُلّاباً. *They were students.*

٦ إنَّهُ طالِبٌ. *He is a student.*

In example 5, the ending suffixed to كان (or to members of its set) is the type of pronoun suffixed to verbs; whereas in 6, the ending suffixed to إنَّ (or to members of its set) is a pronoun suffixed to nouns and prepositions (see attached pronouns, section 4).

Positions of the subject and predicate: Some sentence structures have the order of the subject and predicate reversed (i.e., predicate-subject). The most common structures where the predicate is preposed are:

a. when the predicate is a prepositional phrase, e.g.

٧ عندي سيّارةٌ. *I have a car. (Lit. With me a car.)*

٨ في غُرفَتي هاتِفٌ. *There is telephone in my room. (Lit. In my room a telephone.)*

b. when it is a question word, e.g.

٩ مَن أخوك؟ *Who is your brother?*

١٠ أيْنَ فاسُ؟ *Where is Fez?*

c. when it is an adverb, e.g.

١١ هُنا القاهِرة. *This is (radio) Cairo. (Lit. Here Cairo.)*

١٢ أمامَ بَيْتي شَجَرةٌ. *There is a tree in front of my house. (In front of my house tree.)*

3. The Verbal Sentence الجُملة الفعليّة

A verbal sentence has two basic components, the verb (فعل) and the agent (doer of the action or فاعل), provided the verb is not one of the defective verbs فعل ناقص (incomplete, deficient, or lacking). Among the so-called defective verbs are كانَ and members of its set, the verbs of beginning بَدأ، شَرَعَ، أخذَ, the verbs of approximation أوشَكَ، كَرَبَ، كادَ, and the verbs of hope عسى، حَرى (note that كَرَبَ is old usage). They are thus named because the meaning of a phrase containing them is incomplete without a predicate. In example 13, which has a defective verb (ناقص), the meaning is obviously incomplete, while in example14, which begins with a complete (regular or sound) verb, the sentence makes sense.

١٣ كانَ أحمَدُ. *Ahmed was.*

١٤ جاءَ أحمَدُ. *Ahmed came.*

The noun performing the action (الفاعل) is nominative (مَرفوع). If it precedes the verb, it then becomes the subject because the sentence in this case is a nominal sentence.

Direct object: If the verb is transitive, that is, takes an object, then a noun or a pronoun may function as a direct object (مَفعول). Note that a noun functioning as a direct object is in the accusative case (مَنصوب) marked by a *fatḥa* (فتحة) on its end (a double *fatḥa* if it is indefinite) or by the suffix ين if it is dual or a sound masculine plural:

١٥ كَتَبَ أحمَدُ رِسالَةً. *Ahmed wrote a letter.*

كَتَبَ أحمَدُ الرِسالَةَ. *Ahmed wrote the letter.*

كَتَبَ أحمَدُ رِسالَتَيْن. *Ahmed wrote two letters.*

It is possible that both the agent (فاعِل) and the direct object (مفعول) may be pronouns:

١٦ رَأَيْتُها في المكتَبَة. *I saw her in the library.*

The word رَأَيتُها is not merely a verb but rather a complete sentence:

رَأَيْـ *saw*	تُـ *I*	ـها *her*
فِعل	فاعِل	مَفعول

The one-word sentence includes a verb, an agent, and a direct object.

تمرين ١

A. Identify and list at least three instances of each category listed in the table below. An instance could be a pronoun.

سافَرَ سامي وزَوجَتُهُ حَنين في الشَهرِ الماضي إلى مَدينَةَ اللاذقية. اللاذقيَّةُ ميناءُ على الساحِلِ السوريٍّ وتقعُ في شَمالِ غربِ سورية. وَصَلا المَدينَةَ مساءً ونَزَلا في فُنْدُقٍ عَلى البَحرِ. كانَ الطقسُ جَميلاً ذلكَ اليَوم. وَضَعَ الزَوجانِ حَقائِبَهُما في الغرفَةِ ثُمَّ ذَهَبا إلى المَطعَمِ. طَلَبَتْ حَنينُ سَمَكاً أمّا سامي فَطَلَبَ كُبَّةً وأطعِمَةً أخرى. أحضَرَ النادِلُ قَهوَةً شَرِباها بعدَ الطعامِ. سامي وحَنينُ يَظُنّانِ أنَّ طَعامَ ذلك المَطعَمِ جَيِّدٌ.

فِعل	فاعِل	مَفعول به	مُبتَدَأ	خَبَر

B. Provide the correct endings or short vowels for the words in parentheses according to the context in each sentence and explain your choices if necessary. Example:

١٧ قادَتْ رِحابُ (السيّارة) إلى عَمَلِها.

السيّارةَ: *fatha,* to mark the word as a definite noun and direct object of the verb قادَتْ.

١. مَروانُ وأخوهُ (يعمَلُ) سائقَين.

٢. (الجامعة) قريبةٌ مِن بَيتي.

٣. أبوها (طَبيب) في مدينةِ تونس.

٤. اشترى أخي (حاسوب).

٥. كانَ (الأستاذ) (مُتَأخِّر) صَباحَ اليوم.

٦. سَوْفَ تَكونُ (هالة) (أمّ) في شَهرِ حَزيران.

٧. (ماء) البَحرِ (بارِد) في الشتاء.

٨. إنَّ (السَماء) (غائِمَة) اليَومَ.

٩. صارَ أخي (طَبيب) في الخامِسةِ والعِشرينَ مِن عُمْرِه.

١٠. يَعمَلُ (زَوجها) مُهَندساً.

١١. اِسْتَأجَرتُ (شَقَّة) قُرْبَ السوق.

١٢. أسكُنُ قريباً مِن (مَوقِف) الحافِلَة.

4. **Pronouns** الضَمائِر

Pronouns are considered definite nouns in Arabic, which refer to specific entities, such as the first (أنا), second (أنت), and third persons (هي). There are three kinds of pronouns: separate, attached, and implied, or covert.

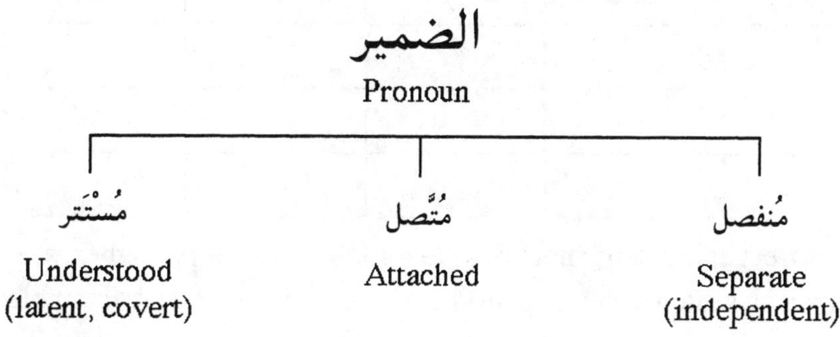

a. <u>Separate (Independent) Pronouns</u> الضَمائر المُنفَصلة: These are nominative. They are listed according to person (first مُتَكَلِّم, second مُخاطَب, third غائب):

	مُتَكلِّم (1st)	مُخاطَب (2nd)	غائب (3rd)
مُفْرَد (singular)	أنا	أنتَ، أنتِ	هُوَ، هِيَ
مُثَنّى (dual)		أنتُما	هُما
جَمْع (plural)	نَحْنُ	أنتُم، أنتُنَّ	هُم، هُنَّ

b. <u>Attached Pronouns</u> الضَمائر المُتَّصلة: These pronouns attach to nouns, particles, prepositions, and verbs. They may be classified as nominative (رَفْع), accusative (نَصْب), and genitive (جَرّ) pronouns.

• *Nominative Pronouns*: A pronoun suffixed to a verb is nominative (مرفوع) because it serves as the agent, or doer of the action (فاعِل).

الألف (ا)	دَرَسا ، يَدْرُسانِ، أُدْرُسا
الواو (و)	دَرَسوا ، يَدرُسونَ، أُدرُسوا ، (لَمْ) يَدرُسوا
التاء (ت)	دَرَستَ، دَرَسْتُ، دَرَسْتَ، دَرَسْتِ، دَرَسْتُما ، دَرَسْتُمْ، دَرَسْتُنَّ
النون (ن)	تَدْرُسْنَ، يَدْرُسْنَ، أُدْرُسْنَ
الياء (ي)	تَدرُسينَ، أُدْرُسي، (لَمْ) تَدرُسي
(نا)	دَرَسْنا

• *Accusative Pronouns*: An accusative pronoun (منصوب) is suffixed to transitive verbs where it functions as the object of the verb. It is also suffixed to the particles إنَّ and members of its set where it is the subject of the sentence modified by those particles.

الياء (ي)	إنّي *I am*
	دَرِّسْني *Teach me!* ، دَرَّسَني *He taught me.*
الكاف (ك)	إنَّكَ *You are.*
	دَرَّسَكَ *He taught you.*

(لَمْ) يُدَرِّسْكَ (ك، كُما، كُم، كُنَّ) He [did not] teach you.

الهاء (ه) | إنّهُ He is.

دَرَّسَهُ (ها، هُما، هُم، هُنَّ) He taught him.

دَرِّسْهُ Teach him!

(لَمْ) يُدَرِّسْهُ He [did not] teach him.

(نا) | إنّنا We are.

دَرَّسَنا He taught us.

دَرِّسْنا Teach us!

يُدَرِّسُنا He teaches us.

(لَم) يُدَرِّسْنا He [did not] teach us.

• *Genitive Pronouns*: A genitive pronoun (مجرور) can be suffixed to prepositions and nouns. With a preposition, it functions as its object; with a noun, it functions as the final element of an *iḍāfa* structure.

الياء (ي)	إلَيَّ، كتابي
الكاف (ك)	إلَيْكَ، كِتابُكَ (ك، كُما، كُم، كُنَّ)
الهاء (ه)	إلَيْه، كِتابُهُ (ها، هُما، هُم، هُنَّ)
نا	إلَيْنا، كِتابُنا

5. The Permutative البَدَلُ

The Arabic term means "substitution," which indicates that a noun stands for another noun immediately preceding it (see *Ahlan wa Sahlan I,* lesson 29). The "substitute" noun assumes the case and gender of the first noun. In example 18, القاهرة and عاصمة مصر are equivalent in meaning and can substitute for each other (i.e., they refer to the same thing). They also have the same case; both are genitive and take a *kasra* as an ending.

١٨ نَزَلْتُ بِالقاهِرَةِ عاصِمَةِ مِصرَ. *I stayed in Cairo, the capital of Egypt.*

تمرين ٢

Identify the noun or nouns functioning as بَدَل in each of the following sentences and provide the appropriate ending on each one. Give an explanation when necessary:

١- هذا سامر زميل أخي.

٢- رأيتُ أمسِ الطالبَيْن أحمد وصديقه.

٣- سافرنا إلى مدينة اللاذقيّة ميناء سورية الأوّل.

٤- قرأنا القرآن كتاب المسلمين المقدّس.

٥- ثناء زوجة أخي تعمَل مديرة مدرسة.

٦- يدرس سالِم في جامعة دمشقَ، أوّل جامعة سوريّة.

٧- زرنا «تايْم سكوير» مركز مدينة نيويورك.

6. The *Iḍāfa* Structure الإضافة

Two or more nouns strung together, not separated by anything, and having a relationship of possession or belonging are called an *iḍāfa* structure, e.g.

١٩ كِتابُ الطالِبِ / كتابُ طالبٍ *the student's book / a student's book.*

The first noun كتاب is the focus of the phrase and the second shows a relationship to it (see *AWS I*, lessons 8, 14, 17). Note these rules:

a. The head noun of the *iḍāfa* structure may be in any one of the three grammatical cases, based on its position in the sentence. It is called مُضاف and the second element مضاف إليه. Note that it can take a double marker (*tanwīn*) only if it is indefinite (e.g. طالبٍ).

b. The مُضاف is always indefinite; the second noun may be definite or indefinite.

c. The مُضاف loses the final ن of the dual and plural suffixes:

٢٠ غُرفَتان *two rooms* ⇦ غُرفَتا نَوم *two bedrooms*

مُهَنْدِسون *engineers* ⇦ مُهَنْدِسو الشَرِكَةِ *the company's engineers*

d. The مُضاف (first element) cannot take *tanwīn* (e.g. كُرَةُ السَلَّةِ "basketball").

e. The second element is *always* in the genitive case (see above).

f. The entire *iḍāfa* phrase is definite if the last noun in the phrase has the definite article, an attached pronoun is suffixed to it, or it is a name.

٢١ شُبّاكُ السيّارةِ / شُبّاكُ سيّارتِها *the window of the car / . . . of her car*

An *iḍāfa* phrase is indefinite if the last noun is indefinite, e.g.

٢٢ شُبّاكُ سيّارةٍ. a car's window

g. A multiple *iḍāfa* is a structure that has more than one مُضاف إليْهِ, e.g.

٢٣ مُديرُ مَكتَبِ رئيسِ الجامعةِ *manager of the office of the president of the university*

The last three words are مُضاف إليْهِ and, therefore, in the genitive case (مَجْرور).

تمرين ٣

Underline the مُضاف in the following sentences, double underline the مُضاف إليْهِ, and provide the appropriate markers for both components.

١. مَشَيْنا عَلى شاطِئِ البَحْرِ.

٢. هذا فُندُقٌ ينامُ فيه سائقو الشاحنات.

٣. وَصَلَتْ طائرة رئيس الجُمْهورية مَساءً.

٤. تاريخ مَدينة دِمَشق قديم جِداً.

٥. انْتَظَرْتُ أمامَ باب غُرفة أستاذ العربية.

٦. هذا بَيْت أستاذنا.

٧. إنَّها طالبة جامعة.

7. Diptotes المَمنوعُ مِنَ الصَرف

Some nouns and plurals do not inflect fully (are partially declinable) (لا ينصرف) in the indefinite state. They differ from regular nouns in two respects (see *AWS I*, lesson 21):

a. They never take تَنوين when they are indefinite (e.g. جاءَتْ سُعادُ, not سُعادٌ).

b. Indeclinable indefinite plural nouns take a فتحة for both the accusative (نَصب) and the genitive (جَـر) cases. When they are definite, however, they decline fully just like regular nouns. Compare the two genitive forms (third column from right):

٢٤ مَدارِسُ (مَرفوع) مَدارِسَ (مَنصوب) مَدارِسَ (مَجرور)

المَدارِسُ (مَرفوع) المَدارِسَ (مَنصوب) المَدارِسِ (مَجرور)

Certain names of places and people are indeclinable, such as the word عَمّان:

٢٥ هذه عَمّانُ.

شاهَدتُ عَمّانَ.

وَصَلتُ إلى عَمّانَ.

Note that an adjective modifying a diptote agrees with the *case* of the noun regardless of the marker this noun displays. Compare the markers on the ends of عَـمّـان and الجَـديدَة. Note the endings on the last two words.

٢٦ هذه عَمّانُ الجَديدَةُ.

شاهَدتُ عَمّانَ الجَديدَةَ.

وَصَلتُ إلى عَمّانَ الجَديدَةِ.

A noun is partially declinable (a diptote) if it:

1. ends with اء (e.g. صَحْراء)
2. is a plural of the pattern مَفاعِل (e.g. مَدارِس) or مَفاعيل (e.g. مَصابيح)
3. is a masculine noun ending with ة (e.g. أسامة)
4. is a feminine noun with ة (كريمة) or without (e.g. سُعاد)
5. is a foreign name (e.g. إبراهيم)
6. is a compound name (e.g. بَعْلَبَك)
7. ends with ان (e.g. عَدنان، مَروان)
8. has a verb pattern (e.g. أحْمَد، يَزيد)
9. is patterned after أفْعَل (e.g. أخْضَر) and فَعْلان (e.g. عَطْشان "thirsty")

10. is a number patterned after مَفْعَل (e.g. مَثْنى "twice"), or فُعال (e.g. رُباع "four times")
11. is patterned after فُعَل as in أُخَر (plural of أخرى) and عُمَر (a man's name)

Important note: Remember that diptotes (الأسماء الممنوعة من الصرف) become fully declinable (just like regular nouns) when they are definite. A noun is definite if it is the first word of an *iḍāfa* where the مُضاف إليه is definite (في صَحراءِ العراق), has a pronoun suffixed to it (في صَحرائنا), or the definite article prefixed to it (في الصَّحراءِ).

تمرين ٤

Underline *all* nouns that are partially declinable (ممنوعة من الصرف) in each sentence and provide appropriate inflectional endings for all nouns and adjectives.

ضَعْ خَطّاً تَحتَ جَميعِ الأسْماءِ المَمنوعةِ مِن الصَرْفِ وحَرِّكْ كُلَّ الأسْماءِ والصِفاتِ.

١. أخَذَني صَديقي عادل لِزيارَةِ مَصانعِ السَيّارات في مِصْر.
٢. سافَرَتْ لَيْلى مَعَ ميخائيل إلى صَوْفَر في لُبْنان.
٣. قَدَّمَت الفَتاة الطَعام إلى رَجُل جَوْعان (*hungry*).
٤. دَرَسْتُ في المَدارِس الحُكوميّة.
٥. اِلْتَقَطنا هذه الصورة في صَحْراء الأُردُنّ.
٦. كَتَبْتُ إلى عَدْنان رسالة طَويلة.
٧. مَرَرْنا بِحِمْص بَعدَ الظُهر.
٨. هَل أنتَ صَديقُ عَدنان؟
٩. دَرَسَتْ سَميحَةُ في مَدارِس خاصَّةٍ.

8. **Comparative Adjectives (the Elative)** اسمُ التَفضيل

These are classified as nouns in traditional Arabic grammar. Comparative and superlative nouns share the same form, or pattern, (أفعَل). The difference is that the comparative is followed by مِن, which in turn is followed by the noun to which the first one is being

compared, e.g.

Today is colder than yesterday. ٢٧ اليَومُ أبْرَدُ من أمسِ.

The superlative noun forms an *iḍāfa* structure with the other noun, e.g.

December is the coldest month of the year. ٢٨ كانونُ الأوّلُ أبرَدُ شَهرٍ في السَنَةِ.

There are adjectives that do not lend themselves well to the pattern أفعَل. In this case, other adjectives are used instead (e.g. كَثير، قَليل، شَديد) in the comparative along with the noun derived from the original adjective. Example:

٢٩ ماطِر (adj.) ⇦ مَطَر (n.) ⇦ اليومُ أكثَرُ مَطراً من أمسِ.

Today is more rainy than yesterday.

Note that the above structure ceases to be an *iḍāfa* because the أفعَل form specifies how much of the following noun is involved and it is an accusative. You may use this technique when you know an adjective, but you want to use its opposite meaning, and an antonym either does not exist or you do not know it. Use the comparative form of قَليل (little) followed by the verbal noun (مصدر) of the adjective.

صَعْب (difficult) – صُعوبة (difficulty)

Spanish is less difficult than Arabic. ٣٠ الإسْبانيةُ أقَلُّ صُعوبةً مِنَ العَرَبيّةِ.

This process is also used with words denoting color, e.g.

أحْمَر (red) – حُمْرة (redness)

My car is more red than yours. ٣١ سَيّارَتي أشَدُّ حُمْرَةً من سيّارَتِك.

Remember that comparative and superlative nouns derived from adjectives with two identical consonants (e.g. د in جَديد) take the form أجَدّ rather than أجْدَد, e.g.

My car is newer than your car. ٣٢ سَيّارَتي أجَدُّ مِن سَيّارَتِك.

تمرين ٥

Form comparative sentences based on the information provided. The verbal nouns derived from the adjectives are provided on the left-hand side in case you wish to use them.

١. طقسُ هَوائي / جَميل / طقْس / في أمريكا — جَمال
٢. مرسيدس / غالٍ / بونتياك — غَلاء
٣. حَديقَتي / أخْضَر / حَديقَتك — خُضْرة
٤. الكُبّةُ / لَذيذ / طَبَق سوريّ — لَذّة
٥. هُدى / مُتَأخِّر / لَيْلى عَن الصفّ — تَأخُّر
٦. الأمْطارُ في السُعوديّةِ / قَليل / الأمطارِ في لُبْنان — قِلّة
٧. القاهِرةُ / كَبير / مَدينةٍ في الوَطَنِ العَرَبيّ — كُبْر
٨. سَيّارةُ أُختي / صَغير / سَيّارَتي — صِغْر

9. Number-Noun Agreement تَطابُقُ العَدَدِ والاسمِ المعدود

When a number is used with a noun, there are some considerations concerning the gender and number of these two entities (see *AWS I*, lesson 12). In brief:

- Singular and dual (two) nouns do not need numbers to indicate quantity, e.g.

٣٣ عندي سيارة، لكنّ أخي عنده سيارتان. I have a car, but my brother has two cars.

However, the numbers "one" and "two" may be used to express emphasis, e.g.

٣٤ عندي سيارةٌ واحدة. عندهُ سيارتان اثنتان.

Note that the numbers follow the counted noun and agree with it in case and gender.

- The numbers 3-10 have a reverse agreement in gender with the noun following them. That is, if the number is masculine, the noun is feminine and vice versa. The noun following the number is plural indefinite, e.g.

٣٥ خَمسَةُ طُلّابٍ — خَمسُ طالباتٍ.

- The numbers 11 and 12 agree in gender with the singular indefinite noun they modify:

٣٦ أَحَدَ عَشَرَ طالباً إحدى عَشْرَةَ طالبَةً.

- The numbers 13 to 19 are invariable in case. They are in the accusative no matter what their position in the sentence is. The first number has reverse agreement in gender with the noun, and the second agrees with it. The noun modified by the number is singular, indefinite, accusative:

٣٧ أعرفُ ثَلاثَةَ عَشَرَ طالباً. أعرفُ ثَلاثَ عَشْرَةَ طالبَةً.

- The numbers 20, 30, etc. have one form for all nouns, but they change according to case. The و marks the nominative and the ي marks the accusative and genitive.

٣٨ عِندي ثَلاثون كِتاباً. اشتَرَيْتُ ثَلاثين كتاباً.

The word ثلاثون is nominative because it is the postposed subject, and ثلاثين is accusative because it is the direct object of the verb. The modified noun is singular accusative.

- The 20s, 30s, etc. follow the same rules as in example 38.
- The numbers 100, 200, 1000, 2000, etc. form with the modified noun an *iḍāfa* structure. Note that مئة and ألف being مُضاف lose the final ن in the dual suffix and inflect for case. The ا marks the nominative dual (examples 33, 34), and the ي marks the accusative and genitive cases (38, 40), e.g.

٣٩ عِندي مِئَتا كِتابٍ. *I have 200 books.*

٤٠ اشتَرَيْتُ مِئَتَيْ كِتابٍ بِمئتي لَيرةٍ لكل واحد. *I bought 200 books.*

تمرين ٦

اكتُب الأعدادَ التاليةَ بالكَلِمات كَما في المِثالَين.

اشتَرَيْتُ ١٥ دفتَراً. اشتَرَيْتُ خَمْسَةَ عَشَرَ دفتَراً.

عِندي ١٥ شَجَرَةً في حَديقَتي. عِندي خَمسَ عَشْرَةَ شَجَرَةً في حَديقَتي.

١. وُلِدَ عَبدُ الرحمن في عامِ ١٩٤٣.

٢. في صَفِّنا ٣ طالباتٍ أجنَبيّات.

٣. عاشَ أحمَدُ ٢٠ سَنَةً في تِلِمسان.

٤. في القَدَمِ (*foot*) ١٢ بوصةً (*inch*).

٥. اشتَرَيْتُ بَرّادي بـ ٢٠٠٠٠ لَيْرَةٍ.

٦. في شَقَّتي ٢ غُرفَة نَوم.

٧. بَقينا ١٥ يَوماً في المَغرِبِ على ساحِلِ المُحيطِ الأطلَسيِّ.

٨. اشتَرى غَسّانُ قَميصاً بـ ١١ دولاراً.

٩. عِندَ أُختي (١) ابن فَقَط.

10. Adverbials الظَرْف

Adverbials include adverbs of time (ظَرفُ زَمان) (41), place (ظَرفُ مَكان) (42), and manner or circumstance (حال) (43) (see also lesson 2 in this book). They describe the time, place, and manner in which an action is performed, e.g.

٤١	وَصَلتُ الإسكَندَريَّةَ مَساءً.	*I arrived in Alexandria in the evening.*
٤٢	تَهُبُّ الرياحُ جَنوباً.	*The wind is blowing toward the south.*
٤٣	أتَتْ سَلمى إلى الجامِعَةِ ماشيَةً.	*Salma came to school walking (on foot).*

In Arabic grammars, adverbials serve as objects of verbs and they are, therefore, accusative (مَنصوب). Remember that some words which behave like prepositions are also adverbs, such as خَلفَ، أمامَ، قَبلَ، بَعدَ، نَحوَ (see explanation below and AWS *1* lesson 25), e.g.

٤٤	أسكُنُ خَلفَ دُكّانِ البَقّال.	*I live behind the grocer's store.*

Some Arab grammarians consider these words nouns that form an *iḍāfa* structure with the following noun, making it مجرور; hence the *kasra* on the end of دُكّانِ in 44.

Adverbs may be declinable (مُتصرِّف), that is, they take different endings depending on their position in the sentence. They may also be indeclinable (غير مُتصرِّف), that is, they do not change in form regardless of their position in the sentence. A declinable adverb of time may have a grammatical function commensurate with its position in a sentence, just like a regular noun:

٤٥	مساءُ الخير.	مضاف

٤٦ مساؤكم سعيد. مُبتَدأ

٤٧ وصل صديقي مساءً. ظرف

٤٨ طابَ مساؤكم. فاعل

Indeclinable adverbs are considered adverbs, such as إذْ، إذا، بينما، قطّ، لدى, e.g.

٤٩ لم أتكلّمْ مع سامي قَطُّ. I have never talked with Sami.

تمرين ٧

اخترَ الكلمة المناسبة مِن بين الكلمات الأربع:

١. زُرْنا أصدقاءَنا ...

❑ المساءُ ❑ مَساءٍ ❑ المساءِ ❑ مَساءً

٢. تَقعُ شَقّتي ... مَوقفِ الحافلة.

❑ قُربَ ❑ قُربُ ❑ قُربِ ❑ قُربٍ

٣. دَخَلَ مَروانُ الغُرفَةَ ...

❑ ضاحِكٌ ❑ ضاحِكٍ ❑ ضاحِكاً ❑ ضِحْكٌ

11. **Relative Pronouns** الأسماءُ المَوصولة

Relative forms in Arabic are considered nouns and they vary in number and gender. The dual relatives vary also in case. A relative pronoun is used only when the noun to which it refers is definite, e.g.

٥٠ كَتَبْتُ إلى صَديقي الّذي يعمَلُ في الكُوَيت. *. . . my friend who works in . . .*

The word صَديقي is definite by virtue of the attached possessive pronoun. However, unlike in English, if the noun is indefinite, no relative word is used, e.g.

٥١ كَتَبْتُ إلى صَديقٍ يعمَلُ في الكُوَيت. *. . . a friend [who] works in . . .*

There are two words that are also considered relatives: مَنْ (who) and ما (what). مَنْ refers to

rational nouns (people) and the latter to nonrational nouns (objects).

٥٢ هَل تَعرفينَ مَن سَيَحضُرُ اليَومَ؟ *Do you know who will come today?*

الأسماءُ المَوصولةُ

	Plural	Dual (nom./acc., gen.)	Singular
Masculine	الَّذينَ	اللَّذانِ/اللَّذَيْنِ	الَّذي
Feminine	اللاتي/اللَّواتي	اللَّتانِ/اللَّتَيْنِ	الَّتي

لا أَستَطيعُ أَنْ أقرأَ ما كَتَبتُ. *I cannot even read what I wrote.*

- The most commonly used relative words are الَّذي, الَّتي, الَّذينَ in addition to مَن and ما.
- Note that nonrational plurals take الَّتي regardless of their gender and number, e.g.

٥٣ هل شاهدتِ السيارات الجديدةَ التي وصلت هذا الأسبوع؟

٥٤ هذه هي الكتبُ التي اشتريتُها.

تمرين ٨

اختر الكلمة المناسبة لهذه الجمل:

١. هَل قَرَأتِ الكِتابَ ... وَصَلَ إلى المكتَبةِ هذا الأسبوع؟

❑ الَّذي ❑ الَّتي ❑ الَّذينَ ❑ اللاتي

٢. أنا لا أسْمَعُ الأخبارَ ... لا تُعجِبُني.

❑ الَّذي ❑ الَّتي ❑ مَنْ ❑ اللاتي

٣. مَنْ هُما الفَتاتانِ ... تَجلِسانِ هُناك؟

❑ الَّتي ❑ اللَّتانِ ❑ اللَّتَينِ ❑ اللاتي

٤. كانَ هُنا ... يريدُ أنْ يتَكَلَّمَ مَعَك.

❑ الَّذي ❑ الَّتي ❑ مَنْ ❑ ما

٥. هؤلاءِ هُم الطلاّب ... وَصَلوا بِالطائرةِ أمس.

❑ الَّتي ❑ الَّذينَ ❑ اللتَيْنِ ❑ مَنْ

٦. آكُلُ ... يُعجِبُني مِن طَعام.

❑ الَّذي ❑ الَّتي ❑ ما ❑ مَنْ

12. **The Verb** الفِعْل

An understanding of the Arabic verb is one step toward understanding the structure of the Arabic word in general. Table 1 summarizes almost all that you need to know about the verb. It represents seven major verb classifications. They are listed from right to left and numbered a to g.

THE VERB الفعل

Voice	Structure	Function	Tense	Conjugation	Kind	Form
بناؤه	تَركيبه	وَظيفَته	زَمَنُه	تَصريفه	نَوعه	شَكله
مَعْلوم	صَحيح	لازِم	ماضٍ	المُتَكَلِّم	ناقِص	مُجَرَّد
active	sound	intransitive	past	first person	incomplete	basic form
مَجهول	مُعْتَلّ	مُتَعَدٍّ	مُضارِع	المُخاطَب	تامّ	مَزيد
passive	contains a vowel	transitive	present	second person	complete	augmented
			أمْر	الغائِبَ		أوزانُ الفعل
			imperative	third person		verb forms

Table 1

a. <u>Form (basic and increased verbs)</u> المجرَّد والمزيد: The Arabic verb can be either basic مُجَرَّد (stripped, with no added letters) or augmented مَزيد (increased with added letters). The majority of basic verbs are composed of three basic letters (triliteral). There are quadriliteral verbs as well, such as برمَجَ (to program) and بَعثَرَ (to scatter) (see *AWS I*, lessons 22 and 23, for a detailed discussion).

The increased forms (مَـزيـد) fall into ten patterns. Each one of them has an intrinsic meaning separate from the meaning of the verb. For example, Form II signifies intensity of action and causative meaning, as in: كَسَّرَ "to smash or break to pieces" and عَلَّمَ "to cause someone to know," i.e., "to teach." The most common patterns, or forms, of المزيد (the augmented, or increased, verbs) are nine commonly labeled with roman numerals in Western grammars:

فَعَّلَ	فاعَلَ	أفعَلَ	تَفَعَّلَ	تَفاعَلَ	انفَعَلَ	افتَعَلَ	افعَلَّ	استَفعَلَ
II	III	IV	V	VI	VII	VIII	IX	X

In order to identify the basic form, or the root of the verb, you strip the verb form of the letters added to the basic form فَعَلَ.

b. Kind (sound and defective verbs) التـام والناقص: A verb may be ناقص, that is, incomplete, or defective, because the meaning with the use of such a verb would be incomplete without a predicate. Incomplete verbs are a closed system of verbs which includes أخـوات كـان and other verb classes, such as the verbs of beginning, approxmation, and hope. The other kind of verb is تامّ (complete, sound). This is because the meaning is complete without the need for a predicate or a direct object (section 3 above).

c. Conjugation: Each verb form (I to X) can be conjugated according to person, number, and gender in the present, past, and imperative (*AWS I*, 22), as in Table 2.

d. Tense: There are three tenses of the Arabic verb: the past, present, and imperative. The *past* refers to completed action and is called the perfect in most Western grammars.

The *present* refers to an action that is still incomplete (known as the imperfect in Western grammars). The present has three moods, which are forms whose suffixes vary slightly. Each mood is associated with a set of particles that precede the verb.

The *imperative* is considered a tense because the action is performed in the future. It is used for making requests and giving commands. It is formed from the present tense form by deleting the prefix, e.g.

يُساعِدُ "to help" ⇦ ساعِد   يَتَعَوَّدُ "to get used to" ⇦ تَعَوَّدْ

If the letter after the prefix is not followed by a vowel, an initial أ must be added. This *hamza* takes a *fatḥa* if the past tense verb has four letters (e.g. أعْطى اعطِ), a *kasra* if the present tense verb contains a *kasra* or a *fatḥa* on the middle letter (e.g. يَجلِسُ اجلِسْ - يَشرَبُ اشرَبْ), and a *ḍamma* if the middle letter has a *ḍamma* (e.g. يَرفُضُ أُرفُضْ).

تَصريف الفِعل بالماضي والمُضارِع (المَرفوع والمَنصوب والمَجزوم) والأمْر

كَتَبَ (كِتابة. كاتِب. مَكْتوب)

Verb Conjugations in the Perfect, Imperfect (Indicative, Subjunctive, Jussive), and Imperative

الضمير	الماضي	المضارع: المرفوع	المضارع: المنصوب	المضارع: المجزوم	الأمر
أنا	كَتَبْتُ	أكتبُ	أكتبَ	أكتبْ	
نَحنُ	كَتَبْنا	نَكتبُ	نَكتبَ	نَكتبْ	
أنتَ	كَتَبْتَ	تَكتبُ	تَكتبَ	تَكتبْ	أُكتبْ
أنتِ	كَتَبْتِ	تَكتبينَ	تَكتبي	تَكتبي	أُكتبي
أنتُما	كَتَبْتُما	تَكتُبانِ	تَكتُبا	تَكتُبا	أُكتُبا
أنتُم	كَتَبْتُم	تَكتبونَ	تَكتبوا	تَكتبوا	أُكتبوا
أنتُنَّ	كَتَبْتُنَّ	تَكتُبْنَ	تَكتُبْنَ	تَكتُبْنَ	أُكتُبْنَ
هُوَ	كَتَبَ	يَكتبُ	يَكتبَ	يَكتبْ	
هِيَ	كَتَبَتْ	تَكتبُ	تَكتبَ	تَكتبْ	
هُما	كَتَبا	يَكتُبانِ	يَكتُبا	يَكتُبا	
هُما	كَتَبَتا	تَكتُبانِ	تَكتُبا	تَكتُبا	
هُمْ	كَتَبوا	يَكتُبونَ	يَكتُبوا	يَكتُبوا	
هُنَّ	كَتَبْنَ	يَكتُبْنَ	يَكتُبْنَ	يَكتُبْنَ	

Table 2

e. <u>Function</u> اللازم والمتعدّي: A verb may be either transitive (مُتَعَدٍّ) or intransitive (لازِم).

A transitive verb (مُتَعَدٍّ) takes a direct object, as in:

٥٥ زارَ صَديقي مَسرَحَ راديو سيتي. *My friend visited Radio City Theater.*

An intransitive verb (لازِم) does not take an object, e.g. جاءَ أخي "my brother came."

f. Structure الصحيح والمعتل: An Arabic verb may be composed of consonants only, in which case it is called صَحيح (sound), such as كَتَبَ. If it contains one or more long vowels, it is called مُعْتَلّ (having a vowel), as in وَصَلَ، قالَ، and نَسِيَ.
The sound verb (صَحيح) includes verbs that contain a *hamza* (مَهْموز) either in the initial, medial, or final position (أكل، سأل، قرأ). It also includes verbs that have doubled consonants (مُضَعَّف), such as مَرَّ (to pass by or through).
The defective verb (مُعْتَلّ) includes three verb types that contain a long vowel either in the initial, medial, or final position.

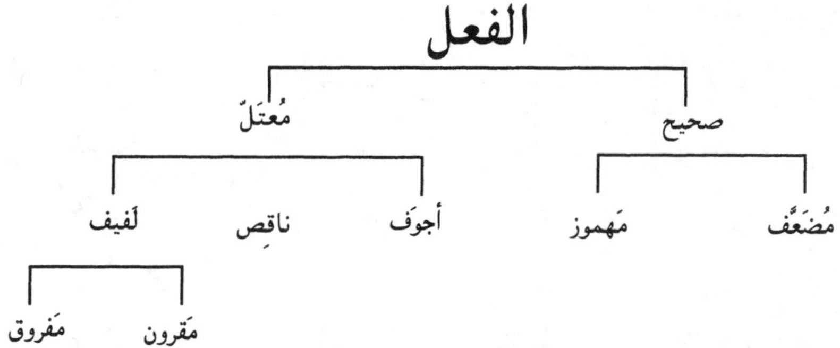

Note: Twelve conjugation tables of verbs representing the above categories and combinations thereof (e.g. a defective verb, a verb with *hamza*) can be found in appendix A. The verbs are conjugated in the past, present, and imperative along with active and passive forms.

g. Voice البناء: A verb is active if an agent is specified (e.g. وَصَلَت الطائرةُ). It is passive if no agent is specified (e.g. حُمِلَتْ إلى السَّرير. "She was carried to bed"). The sentence does not tell who performed the action. The Arabic verb is made passive by internal vowel changes both in the past and present. Examine these examples closely:

PRESENT (IMPERFECT)		PAST (PERFECT)	
Passive	**Active**	**Passive**	**Active**
يُكْتَب (ُ + َ)	يَكْتُب (َ + ُ)	كُتِب (ُ + ِ)	كَتَب (َ + َ)
يُقال (ُ + ا)	يَقول (َ + و)	قيل (ي)	قال (ا)
يُسَمّى (ى)	يُسَمّي (ي)	سُمِّيَ (ُ ++ ي)	سَمّى (َ+ى)

تمرين ٩

اختر شكل الفعل المناسب. Select the appropriate form of the verb.

١. أصدقائي الأعزاء. أخبروني مَتى ... إلى مَحَطَّةِ القِطار.

❑ تَصِلُ ❑ تَصِلينَ ❑ تَصِلنَ ❑ تَصِلونَ

٢. يا عَليّ! ... لي أينَ أجِدُ مَطعَماً جَيِّداً.

❑ قُلْ ❑ قول ❑ قولي ❑ قالَ

٣. شُكراً. ... مِن فَضلِكُم.

❑ اِجلِسْ ❑ اِجلِسوا ❑ يَجلِسونَ ❑ جَلَسوا

٤. لَنْ ... اللَحْمَ في هذا الطَقسِ الماطِر.

❑ أشويَ ❑ أشوِ ❑ سَأشوي ❑ شَوَيْتُ

٥. ... هذه السيّارَةُ في عامِ ١٩٩٧.

❑ صَنَعَتْ ❑ صُنِعَتْ ❑ تَصنَعُ ❑ تُصْنَعُ

13. Derivation الاشتِقاق

A very productive aspect of Arabic is the system that derives additional nouns from the root by adding letters at the beginning and within words. Each one of the ten most common verb forms has a specific pattern for forming nouns. The verbal noun (مَصْدَر) is similar to the gerund in English (e.g. writing). Seven other derived nouns can be obtained.

Derived Nouns الأسماء المشتقة

Verbal Noun (المصدَر), Active Participle (اسم الفاعل), Passive Participle (اسم المفعول)

Inherent Meaning	Meaning	اِسمُ المَفعول	اِسمُ الفاعِل	المَصدَر	الفعل	الوزن	الرقم
	to write	مَكتوب	كاتِب	كِتابَة	كَتَبَ	فَعَلَ	I
causative, intensive	*to teach*	مُدَرَّس	مُدَرِّس	تَدْريس	دَرَّسَ	فَعَّلَ	II
with another person	*to fight*	مُحارَب	مُحارِب	مُحارَبَة	حارَبَ	فاعَلَ	III

transitive, causative	*to give*	مُعْطى	مُعْطٍ	إعْطاء	أعْطى	أفعَلَ	IV
reflexive of II	*to learn*	مُتَعَلَّم	مُتَعَلِّم	تَعَلُّم	تَعَلَّمَ	تَفَعَّلَ	V
reflexive of III	*to retire*	——	مُتَقاعِد	تَقاعُد	تَقاعَدَ	تَفاعَلَ	VI
passive sense	*to elect*	مُنْتَخَب	مُنْتَخِب	انتِخاب	انتَخَبَ	انفَعَلَ	VII
reflexive of I	*to rise*	مُرتَفَع	مُرْتَفِع	ارتِفاع	ارْتَفَعَ	افتَعَلَ	VIII
color or defect	*to become red*	——	مُحْمَرّ	احْمِرار	احْمَرَّ	افْعَلَّ	IX
seek quality expressed in root	*to rent*	مُسْتَأجَر	مُسْتَأجِر	اسْتِئجار	اسْتَأجَرَ	اسْتَفعَلَ	X

Table 3

Arabic derived nouns include:

1. Active participle (اسمُ الفـاعِل): It denotes the performer of the action and is formed on the pattern فاعِل.
2. Passive participle (اسمُ المفعول): It refers to the recipient, or experiencer, of the action and is formed on the pattern مَفعول (see *AWS I,* lesson 23).
3. The adjectival noun الصفة المُشبّهة (formed on the patterns فَعيل، فعلان، أفعَل): It denotes a permanent characteristic in the entity described by it.
4. The comparative (أفعَل).
5. Adverb of time (مَفعَل): It describes the time when an action occurred.
6. Adverb of place (مَفعَل، مَفعِل).
7. Noun of instrument اسم الآلة: It is formed using several patterns (see section 13.5 below).

تمرين ١٠

Based on the inherent meanings of verb patterns in the table above, select an appropriate pattern for the root in parentheses that corresponds with the meaning provided in English and derive the proper verb form from the root.

١. (حسن) .... الطَقسُ. *action occurred without an external agent*

٢- (فَهِمَ) .... سامي عَن مَوعِدِ الطائرة. *seek the meaning in the verb*

٣- (لَعِبَ) .... أخاهُ الصَغير. *reciprocal action*

٤- (كَسَرَ) .... المِصباحُ. *action occurred with no external agent*

٥- (صَفَر) .... أوراقُ الأشجار. *acquire the characteristic in the verb*

٦- (رَفَعَ) .... دَرَجَةُ الحَرارَة. *action occurred of its own accord*

٧- (كَتَبَ) .... الصَديقان. *the two agents reciprocate*

٨- (جَلَسَ) .... النادِلُ السَيِّدَةَ قُربَ النافذَة. *cause the action to happen*

٩- (حَمَلَ) .... سامي الشاحِنَةَ أجهزَةً كَهرَبائيَّة. *action was caused to occur*

Arabic Derived Nouns

13.1 Active Participle اسم الفاعل

Definition: It is a derived noun that refers to the doer of the action (e.g. سائِق).

Derivation: It is derived in two ways:

A. From the triliteral, unincreased verb on the pattern فاعِل (e.g. كاتِب، طالِب). Note that if the middle letter of the verb is *alif*, the derived noun gets a *hamza* instead, e.g. صام/صائِم، قال/قائِل.

B. From quadriliteral (four letters) and augmented verbs. The noun is derived from the present tense conjugation by replacing the prefix يـ with مُـ. Notice that there is a *kasra* on the penultimate (next to last) letter.

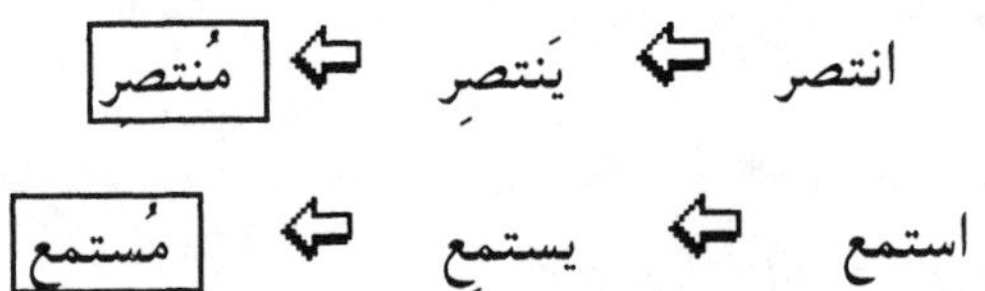

However, if the letter before the last in the present verb is ياء or ألِف, the letters remain unchanged, e.g.

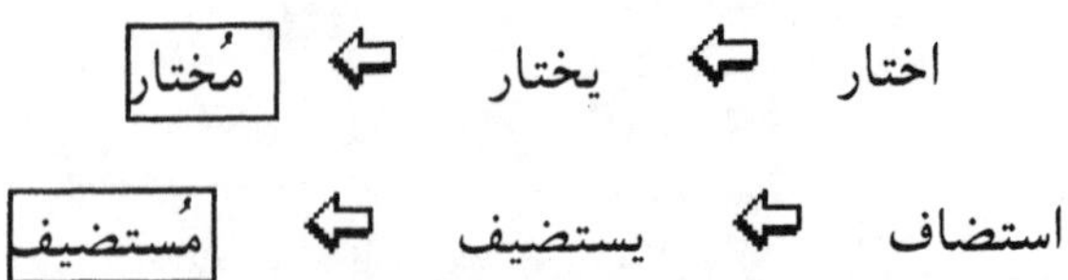

13.2 **Passive Participle** اسم المفعول

Definition: The passive participle denotes the recipient of the action.

Derivation: It is derived in two ways:

A. From the triliteral, transitive, unincreased verb on the pattern مَفعول.

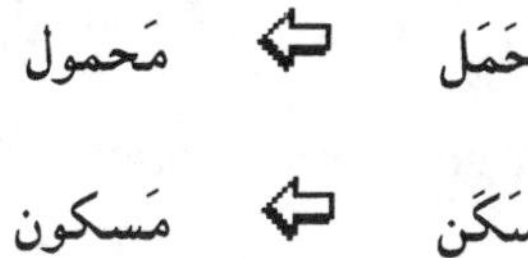

حَمَل ⇦ مَحمول

سَكَن ⇦ مَسكون

Note that if the middle letter of the verb is *alif*, in the derived noun the letter next to last is either و or ا.

قال ⇦ مَقول

هاب[2] ⇦ مَهيب[3]

B. From the present tense (imperfect) conjugation of the quadriliteral and the increased forms by replacing the prefix يـَ with مُـ. and providing a *fatḥa* on the penultimate (next to last) letter, e.g.

جمَّل ⇦ يُجمِّل ⇦ مُجمَّل

استبعَد ⇦ يَستبعِد ⇦ مُستبعَد

If the penultimate is ي, change it to *alif*.

استشار ⇦ يَستشير ⇦ مُستشار[4]

If the penultimate is *alif*, keep it.

اختار ⇦ يَختار ⇦ مُختار[5]

---

[2] to dread
[3] awe inspiring, venerable
[4] consultant, adviser
[5] selected one

13.3 Adjective الصفة المشبّهة

Definition: This is considered a noun in Arabic, and it denotes a permanent characteristic in the entity described (e.g. أحمر).

Derivation: From the two verb forms فَعِلَ and فَعُلَ and their derivatives. They must be past tense and intransitive.

A. From فَعِلَ — the pattern فَعِل, as in فَرِح، تَعِب (f. فَرِحة، تَعِبة): *happy, tired*
the pattern أفعَل, as in أحوَل، أعمى، أزرَق (f. حَوْلاء، عَمياء، زَرقاء): *crosseyed, blind, blue*
the pattern فَعْلان, as in عَطشان (f. عَطشى): *thirsty*

B. Form فَعُلَ — the pattern فَعيل, as in خَبيث (f. خبيثة): *evil, wily*
the pattern فَعَل, as in حَسَن (f. حَسَنة): *good*
the pattern فَعْل, as in رَطْب (f. رَطْبة): *humid, moist, fresh*
the pattern فَعال, as in جَبان (f. جَبانة): *coward*
the pattern فُعال, as in شُجاع (f. شُجاعة): *brave*
the pattern فُعْل, as in صُلْب (f. صُلْبة): *solid, rigid*

13.4 Nouns of Time and Place اسم المكان والزمان

Definition: Nouns of time and place denote the time or place of the action.

Derivation: From the triliteral verb on two patterns: مَفْعَل and مَفْعِل. The first one is used with verbs whose middle letter in the present has *fatḥa* (يَعمَل) or *ḍamma* (يدرُس) on it. The second pattern is used with verbs whose middle letter in the present has *kasra* (يجلِس).

A. Pattern مَفْعَل

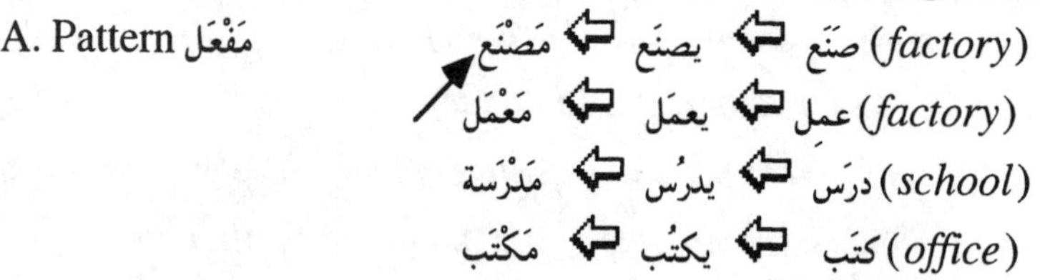

If the present tense form has و as the middle letter, change it to *alif*.

جال (*field, domain, sphere*) ⇦ يَجول ⇦ مَجال
زار (*shrine, sanctuary*) ⇦ يزور ⇦ مَزار

If the last letter is a vowel, use *alif maqṣūra* as the final letter of the noun.

رَمى (*goal, target, aim*) ⇦ يرمي ⇦ مَرمى

مَرْسى ⇦ يرسو ⇦ رَسا (*anchorage, berth, mooring*)

There are eleven nouns of place that are exceptions. They are supposed to be formed after مَفعَل based on their present tense forms, but they rhyme with مَفعِل. Examples: مَشرِق (orient), مَغرِب (occident, time of sunset), مَسجِد (mosque).

B. Pattern مَفْعِل

مَجْلِس ⇦ يجلِس ⇦ جلس (*seat, council, meeting*)
مَنْزِل ⇦ ينزِل ⇦ نزَل (*residence*)
مَعْرِض ⇦ يعرِض ⇦ عرَض (*exhibition, fair, show, exposition*)

If the first letter of the triliteral is و, the second letter in the noun will also be و.

مَوْعِد ⇦ وَعَد (*appointment*)
مَوْقِد ⇦ وَقَد (*stove, burner*)
مَوْضِع ⇦ وَضَع (*place, location*)

If the middle letter in the triliteral is an *alif* that is ي originally, the third letter in the noun will be ي.

مَصيف ⇦ صافَ (*summer resort*)
مَبيت ⇦ باتَ (*night stay*)

13.5 **Noun of Instrument** اسم الآلة

Definition: A noun of instrument denotes an instrument, device, or machine.

Derivation: Six different patterns are used.

a. Pattern مِفْعَل مِبْرَد (*file, rasp*), مِشْرَط (*scalpel*), مِقَصّ (*scissors*)
b. Pattern مفعال مِفْتاح (*key*), مِنْشار (*saw*), مِصْباح (*lamp*), مِحْراث (*plough*)
c. Pattern مِفْعَلَة مِلْعَقَة (*spoon*), مِكْنَسة (*broom*)
d. Pattern فَعّال جَرّار (*tractor*), عَدّاد (*counter*)
e. Pattern فَعّالة سَيّارة (*car*), غَسّالة (*washing machine*), ثَلاّجة (*refrigerator*)
f. Pattern فاعول حاسوب (*computer*), شاقول (*plumb bob, plummet*)

There are nouns of instrument that are not derived, such as سِكّين (*knife*), قَلَم (*pen, pencil*), فَأس (*ax*), شَوكة (*fork*), دِرْع (*armor*).

تمرين ١١

1. Read the passage below and then identify the different derived nouns (الاسم المشتق) by listing them next to their categories in the table below in the cells under أمثلة along with the triliteral root from which they are derived, as in the example.

الاسم المشتق	أمثلة
اسم الفاعل	عامل/عمل،
اسم المفعول	
اسم المكان	
اسم الزمان	
الصفة المشبّهة	
اسم التفضيل	
اسم الآلة	

زُهَير عاملٌ في مخبزٍ شعبيٍّ قديم. ينهض من النوم في الساعة الرابعة صباحَ كلِّ يوم ليذهبَ إلى عمله. يرتدي ملابسَه ويشرب كوبَ شاي ثمّ يخرج إلى موقف الحافلة الأقربِ إلى داره لأنه يجب أن يكونَ في عملِه قبل شروقِ الشمس. ينظر إلى ناحية المشرِق ولا يَرى إلاّ ظلاماً.

لم يتأخّر زهير يوماً عن موعدِه. هو أقدمُ عاملٍ في المخبز ويعتمد عليه صاحب العمل إلى حَدٍّ كبير في صُنعِ الخبزِ «المَعروك» أيامَ رمضان، فهو النوع المفضّل من الخبز عند كثير من الناس في ذلك الشهر.

اعتاد الناسُ شراءَ أحسن أنواع الخبز من هذا المحلِّ، فهو مصنوع من القمحِ الصُلب المزروعِ في حَوران. يضع زهير القمحَ المطحونَ في العجّانة، ثمّ يجعله بعد ذلك أقراصاً يضعها في الموقِد حتّى تنضُجَ وتصبحَ خُبزاً.

2. List three words you have not seen before, look up their meanings in a dictionary, and write them down next to them.
3. Provide the general meaning of the passage in English.

14. **Negation** النَفيُ

Negation is achieved by using particles, nouns, and a defective verb (لَيْسَ). You may negate verbs, nouns, and adjectives. Some particles have no effect on the structure of the following word. Other negative particles affect the words they modify variably, as in the following examples:

The word دونَ: This is a noun serving as an adverb of place with multiple meanings, which can be either accusative or genitive. It is not considered a negative particle, but it is included because it has a negative meaning. With a preposition either prefixed to it or used before it, it becomes genitive. It forms with the following noun an *iḍāfa* structure.

دون عاشَ بِدونِ أسْرَتِهِ. *He lived without his family.*

مَرَرْنا بِالقاهِرَةِ مِن دونِ أنْ نَزورَ الأهرامات.

We passed through Cairo without visiting the pyramids.

The word غَيرُ: It is a noun. It forms an *iḍāfa* structure with the following noun. It is not considered a negative particle although it has a negative sense.

غَيرُ هالَةُ غَيرُ طَويلَةٍ. *Hala is not tall.*

The particle لا: It has three functions:

1. It is used to negate an imperative verb. It changes it to the jussive (مُضارِع مَجزوم).

لا لا تَكتُبْ عَلى الجِدارِ. *Do not write on the wall.*

2. It negates the present tense verb (e.g. يَدرُسُ), which shows no effect of the use of لا.

لا لا يَدرُسُ عَدنانُ الطِبَّ. *Adnan does not study medicine.*

3. The particle لا can also negate the whole class of something (e.g. Japanese students in the following example). It modifies a noun and causes it to be accusative (مَنصوب).

لا لا طُلّابَ يابانِيّينَ في صَفِّنا. *[There are] no Japanese students in our class.*

The particle لَمْ: It contains a past tense meaning. It modifies a verb in the past and changes its form to the jussive (مُضارِع مَجْزوم). The final letter in تَصِل has a *kasra* because it precedes a word having the definite article, not because of لم. The negated action is not expected to happen.

لَمْ لَمْ تَصِلِ الطائرَةُ. *The plane did not arrive.*

The particle لَمّا: It negates perfect verbs. It causes them to be jussive (مُضارِع مَجْزوم). The negated action is expected to happen. This particle is rare in Modern Standard Arabic.

لَمّا لَمّا تَصِلِ الطائرَةُ. (rare usage in MSA) *The plane has not arrived yet.*

The particle لَنْ: It negates verbs with future time (e.g. سَأَقرَأُ) and makes the verb subjunctive (مُضارِع مَنصوب). Remember to drop the future particle (س and سَوفَ) when you use لَنْ.

لَن لَنْ أقرَأَ هذا الكِتابَ ثانيَةً. *I will not read this book again.*

The defective verb لَيْسَ: It is (فِعْل ناقِص) used with a nominal sentence. Its subject is nominative (مَرفوع), and its predicate is accusative (مَنصوب).

لَيْسَ لَيْسَ الرَجُلُ كَنَديّاً. هُوَ بريطانيٌّ. *The man is not Canadian. He is British.*

The particle ما: It is used with past and present verbs. It has no effect on their forms.

ما ما شاهَدْتُ مِثْلَ هذا الجَمال. *I have not seen such beauty.*

«وما تَدري نَفسٌ بِأيِّ أرضٍ تَموت.»[6] *No one knows in what land he is to die.*

SUMMARY

- There are two types of negative particles:

  1. Those that negate a verbal sentence (لَم، لَمّا ، لَنْ، لَيْسَ، لا).

  2. The defective verb that negates a nominal sentence (لَيْسَ).

- Negating a whole class is done with لا.
- The words دونَ and غَيْرُ are not negative particles, but they have a negative sense.

---

[6] The Holy Qur'an, chapter 31, verse 34. القُرآنُ الكَريم. سورَةُ لُقمان، الآية ٣٤.

تمرين ١٢

Negate the following sentences, using appropriate particles and making changes where needed.

١- سَأَسْكُنُ في هذِهِ الشَقَّةِ في السَنَةِ المُقبِلَةِ.

٢- زُرْنا باريس في الصَيْفِ الماضي.

٣- أَحْضِرْ دَرّاجَتَكَ إلى داخِلِ الغُرفَةِ مِن فَضلِك.

٤- تَعيشُ أُمُّ وَليد مَعَ ابنَتِها مَها هذهِ الأيّام.

٥- أُريدُ هذِهِ المَجَلَّةَ مِن فَضلِك. (لا تستعمل «لا»)

٦- بَيْتي بَعيدٌ عَنِ الجامِعَة.

٧- سوف يسافر مع صديقين.

٨- سيارتها حمراء.

٩- رأيتُ مثل هذا المنظر.

١٠- عندهما مال كثير.

١١- هذه الطاولة في مكانها. (لا تستعمل «ليس»)

١٢- سوف تعمل بالمستشفى بعد تخرجها.

١

Objectives:

- The short vowels will be sparingly used until entirely eliminated
- Announcements and advertisements from newspapers and magazines
- Signs and billboards
- Conditional sentences with إذا; defective nouns الاسم المنقوص
- Structure that has the meaning and function of a verb اسم الفعل
- Revisited structures: the imperative, verbal nouns, active and passive participles, multiple *iḍāfa*, the passive voice
- Listen to the recorded material for this lesson

لافتات وإعلانات ودعايات

التدخين ممنوع

اتّجاه واحد

قف

توجد اللافتات والدعايات والإعلانات في كل مكان. إذا مشيت في الشارع فإنك ترى لافتات في الطريق وعلى المحلات التجارية وعلى الحافلات. وإذا جلستَ تشاهد التلفاز ترى إعلانات ودعايات مختلفة. وإذا نظرت إلى الصحيفة أو المجلة تقرأ دعايات وإعلانات.

تشمَل اللافتات إشارات المرور مثل إشارة الوقوف وإشارة الاتّجاه الواحد وغيرها، وكذلك اللافتات الجدارية مثل «التدخين ممنوع» ولافتات الدخول والخروج وغيرها كما في اللافتات التالية.

دخول

خروج

لافتة قد تراها في مكتبة عامّة. لافتة قد تراها في مستشفى.

هذه الكلمات تراها مكتوبة على الأبواب العامة وأبواب المحلات التجارية.

في بعض المساجد هناك لافتات تطلب من المصلين عادة أن يخلعوا أحذيتهم قبل الدخول إلى المسجد، لأن المسلمين لا يدخلون المساجد بأحذيتهم.

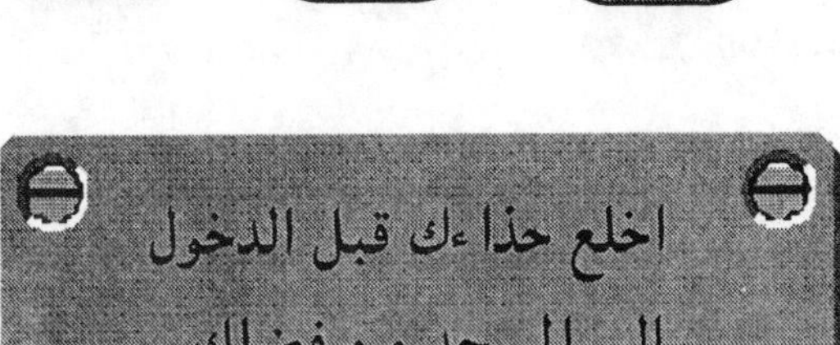

تعلن اللافتة إلى اليسار أن الماء صالح للشرب، واللافتة الأخرى إلى الأسفل دعاية لشرب الشاي السيلاني، وهو الشاي المستورد من سيلان، الاسم القديم لسري لانكة.

اشربوا الشاي السيلاني.

إليك بعض الدعايات المأخوذة من الصحف العربية. هذه واحدة عن عطر نسائي يسمى «عطر سيدتي». والدعاية الأخرى عن أحمر الشفاه ومساحيق التجميل.

عطر نسائي

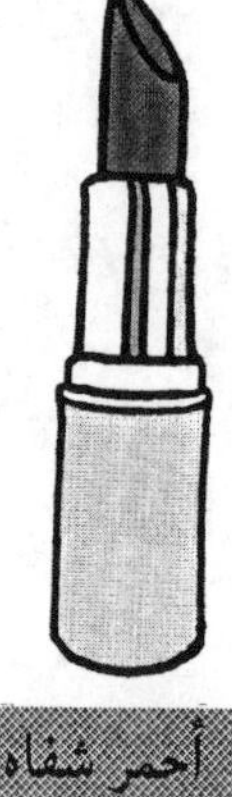

أحمر شفاه

مسحوق تجميل

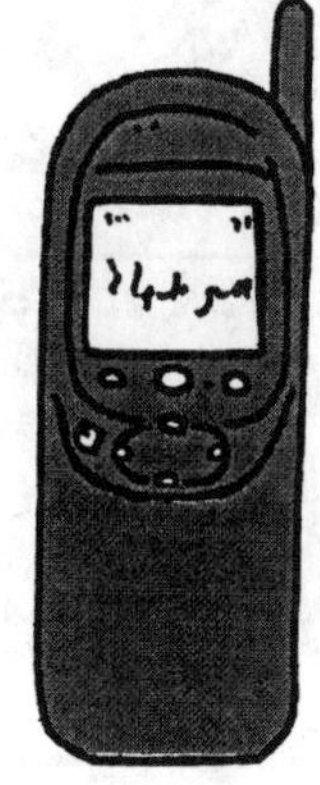

في ما يلي بعض الدعايات والإعلانات كما ظهرت في جرائد ومجلات عربية.

الهاتف الرقمي الجوال يحمي من التنصت على المكالمات.

تصميم أنيق. استفد من أكبر شاشة عرض لهاتف نقّال* واستمتع بسهولة الاستخدام والتحكم البسيط في الوظائف العديدة.

* يسمى أيضا هاتف خَلَوي.

ها قد حان وقت التجديد، وقت الجمال، وقت الأناقة، وقت سيتيزن. صممتْ ساعات سيتيزن للسيدات لتلائم شخصياتهن وتميزهن وجمالهن.

أيّ بضائع عليها تنزيلات بالأسعار؟

ما اسم هذا المحل التجاري؟

ما عنوانه وما رقم هاتفه؟

كم يوما في الأسبوع يفتح أبوابه؟

إعلان في صحيفة «الخليج»

أربعون حافلة خصصتها «مؤسسة الإمارات» لنقل المشجعين إلى مدينة زايد

خصصت «مؤسسة الإمارات العامة للنقل والخدمات أربعين حافلة لنقل جماهير مشجعي منتخبنا الوطني التي ستؤازر الفريق في مباراته اليوم أمام السعودية في نهائي أمم آسيا.

إليك أيضا إعلانا في جريدة لبنانية لفرع مصرف جديد في لبنان.

هل تعلم من الإعلان اسم المصرف؟

ما عنوان الفرع الجديد لهذا المصرف؟

هل هناك مبنى هام قريب منه؟

كَم خطا هاتفيا لفرع المصرف؟

متى بدأ هذا الفرع أعماله؟

مصرفكم أينما كنتم.
فرنسبَنك يستقبلكم إعتباراً
من ١ تشرين الاول ١٩٩٧ في فرعه الـ ٤٠!
عين المريسة – بناية النورس – مقابل جامع عين المريسة،
هاتف: ٧٤٠٤١٥ – ٧٤٠٤١٤ (٠٣)

تمرين ١

آ- أجب عن الأسئلة الأربعة إلى جانب دعاية محل نيڤين والأسئلة الخمسة حول المصرف.

ب- أكمل الجمل التالية من نص القراءة.

١ـ تقول إحدى اللافتات في المكتبة ...

٢ـ تقول إحدى إشارات المرور ...

٣ـ قد تقول لافتة في المسجد ...

٤ـ الهاتف الرقْمي الجوال له ...

٥ـ لمصرف «فرنسبنك» فرع في ...

٦ـ يبيع محل «نيڤين» ...

تمرين ٢

وافق بين كلمات من العمودين.

مرور	نقّال
سيلان	مغلق
ماء	صحيفة
اسحب	فرع
مفتوح	حافلة
أحمر شفاه	ادفع
جوال	شاي
مصرف	شرب
	مسحوق تجميل

تمرين ٣

اختر الكلمة التي لا تناسب باقي الكلمات في كل مجموعة وبيِّن السبب.

١- أسبوع	بضاعة	ملابس	أحذية
٢- دخول	خروج	ادفع	شاشة
٣- تلفاز	جامع	دعاية	إعلان
٤- استمتع	استخدم	مسحوق	استفاد
٥- إعلان	جمال	مجلة	دعاية
٦- مشجع	ملابس	مباراة	منتخب

تمرين ٤

Rearrange words into sentences.

أعد ترتيب الكلمات في كل مجموعة لتشكل جملاً.

١. في - عنوان - دُبي - التجاري - المحل

٢. الأبواب - كلمة - على - «اسحب» - تُكتب

٣. من - إلى - الهاتف - مكان - مكان - الجوال - يحمل

٤. قبل - المسجد - إلى - المصلون - الدخول - يخلع - أحذيتهم

Grammar Notes القواعد

Preliminary note on feminine plurals: The reading text abounds with instances of feminine plurals. Note that they take only two markers: *ḍamma* for the nominative (e.g. اللافتاتُ) and *kasra* for both the accusative and the genitive (e.g. المحلاتِ).

New Structures

In this section, there are two useful structures which can better help you express meanings and ideas. They give the impression of a higher level of proficiency. The first one is the use of إذا (1 below) to express conditional meanings and the other is the use of a structure called اسمُ الفعل (2), which behaves like a verb, although it is not.

1. Conditional Adverb of Future Time إذا

This word, إذا "if," is used with verbal sentences to express a condition. If it is used as a conditional adverb, it must be followed by a perfect (past tense) verb, as in the examples. Note that a conditional sentence consists of the condition clause (الشَرْط), which is introduced by إذا, and the result clause (جَواب الشَرْط).

١ إذا كتَبتَ لي أكتُبُ لَك. — *If you write to me, I will/would write to you.*

٢ إذا كَتَبْتَ لي كَتَبْتُ لَك. — *If you wrote to me, I would write to you.*

Both sentences 1 and 2 translate similarly despite the different verb tenses in the result clause. It is important to note that conditional sentences introduced by إذا signify a probable condition, that is, the condition will be realized if certain requirements are met.

Notice that if the result clause begins with one of the particles indicated in the boxes below, the particle فـَ "then" must be prefixed to those particles, e.g.

٣ إذا سافَرْنا إلى بيروت فَقَدْ نَسْبَحُ في البَحْرِ.

If we go to Beirut, (then) we might swim in the sea.

٤ إذا وَصَلتَ إلى المَطارِ لَيْلاً فَلَنْ أستَطيعَ أنْ أستَقبِلَكَ.

If you arrive at the airport at night, (then) I will not be able to meet you.

٥ إذا استَمَعْتُ إلى أخبارِ الساعةِ السادِسةِ فَلا أستَمِعُ إلى أخبارِ التاسِعة.

If I listen to the six o'clock news, (then) I don't listen to the nine o'clock news.

٦ إذا نَسيتِ اسمي فَلَسْتُ صَديقَكِ.

If you forget my name, (then) I'm not your friend.

٧ إذا فاتَتْكَ مُشاهَدَةُ الأهراماتِ فَما زُرْتَ مصر.

If you miss seeing the pyramids, (then) you have not seen Egypt.

٨ إذا كُنْتِ تَسكُنينَ بَعيداً عَنِ الجامِعةِ فَستَركَبينَ الحافلة.

If you live far from the university, (then) you take the bus.

٩ إذا اشتَرَيْتَ من هذا المَحَلِّ مَرَّةً فَسَوْفَ تَشتَري منهُ كُلَّ مَرَّة.

If you shop at this store once, (then) you will shop there every time.

SUMMARY

- إذا is an adverb of future time used to express a condition.
- As a conditional adverb, إذا must be followed by a perfect verb.
- A conditional sentence is composed of two clauses: the condition clause, which is introduced by إذا, and the result clause, which may have an imperfect verb.
- If the result clause is introduced by قَدْ، لَنْ، لا، لَيْسَ، ما، سَـ، سَوْفَ, the particle فَـ must be prefixed to them.

2. Defective Nouns الاسم المنقوص

Some nouns end with an ي that is part of its root. The final ي is deleted in indefinite active participles. For example, the active participle (اسم الفاعل) of the perfect (صلّى) is مُصَلٍّ. The deleted ي, however, is restored by suffixing the article ال (المُصلّي). The ي is also restored by adding the dual suffix (مُصلّيان). The final ي shows only one inflection, the accusative: e.g.

subject, nominative	*The worshipper has arrived.* وصل المصلّي.
object of preposition, genitive	*I looked at the worshipper.* نظرتُ إلى المصلّي
subject of *inna*, accusative	*The worshipper is in the mosque.* إنّ المصلّيَ بالمسجِد.

تمرين ٥

Rearrange the words in each item using the structural clues discussed in this lesson, and then translate the sentence.

١. الاتّجاه - في - إلى - تَصِلُ - مَشَيْتَ - إذا - بِسُرْعة - ذلكَ - السوق.

٢. شاميّةً - لَهُم - زارونا - إذا - حَلْوى - فسَنُقدِّمُ.

٣. الصَيْف - مَرْوانُ - أخَذَ - يَسْتَطيعُ - إذا - إجازَتَهُ - أخيه - في - زِيارة - فَقَدْ.

٤. إيفِل - باريس - إذا - زِيارةَ - سافَرتَ – تَنْسَ - فَلا - إلى - بُرْجِ.

٥. بنِصفِ - الجامعة - رَكبتِ - فَسَتَصِلينَ - ساعة - إذا - الحافلة.

2. Nouns with a Verbal Force اسم الفعل

A "noun" that has the function and meaning of a verb comes in two different forms: (a) as a prepositional phrase, and (b) an independent word. For example, the word إلَيْكَ is a prepositional phrase, consisting of a preposition (إلى) and a pronominal suffix (ك), literally meaning "to you." However, in sentence 1 below, this word means "take" and in 2 it means "I present to you."

Take the book!	١ إلَيْكَ الكِتابَ.
	٢ سيّداتي وسادَتي إلَيْكُم أخبارَ الساعةِ السادِسة.

Ladies and gentlemen, I present to you the six o'clock news.

Note that because this special kind of noun has the function of a verb, it can have an agent (فاعل) or a direct object (مفعول به), just like a verb. In the two examples above, the nouns following إليْكَ and إليْكم are both direct objects.

Giving advice: A frequent use of a noun with a verbal force "اسم الفعل" is giving advice. Such a phrase contains على followed by ضمير مُتَّصِل. Note that the ألف مقصورة at the ends of على and إلى changes to ي when a pronoun is suffixed to them (e.g. إليك). Expressions formed with عَلى (i.e. عليكَ ،عَلَيْكَ ،عَلَيكُم, etc.) require the use of the preposition بِـ prefixed to the noun following اسم الفعل, as in example 3.

٣ عَلَيْكَ بالرياضَةِ. *Exercise! (I recommend/suggest that you exercise.)*

Tense: This structure, having the function of a verb, signifies tense. In sentence 1, this form of اسمُ الفعل has an imperative tense, whereas 2 is in the imperfect tense. In sentence 4 below, it is in the perfect (بَعُدَ), although it translates in the imperfect in English, and in 5, it is imperfect.

Other forms: There are also exponents of اسمُ الفعل that are independent words. A common usage is شَتّانَ, which means بَعُدَ and may be translated as "*what a; How different they are!*" Another one is أُفٍّ, denoting vexation, distress of mind, or disgust, as in:

٤ شَتّانَ ما بَيْنَ المدينتَين. *What a difference between the two towns.*

٥ أُفٍّ مِن هذا الحَرِّ. *I complain about/I am tired of this heat.*

(Similar in sound and meaning to English *Ugh*!)

تمرين ٦

Express these statements in Arabic using a form of اسم الفعل and provide the appropriate inflectional endings.

1. [I advise you to] eat honey!
2. What a difference between Hala and her sister!
3. Here is your pen (i.e., take it).
4. I am bored with this weather.
5. Ladies and gentlemen! I introduce to you Mr. Naji al-Halaby.
6. All the students must write a page on their favorite sport.

3. **Revisited Structures** مراجعة القواعد

A. The Imperative الأمْر: Imperatives can only be used in the second person. Negation with لا renders the imperative jussive (مُضارِع مَجزوم). Negative imperative is called نَهيٌ.

النَهي والمُضارِع المَجزوم	الأمْر	الضَمير
لا تَكْتُبْ	أُكْتُبْ	أنتَ
لا تَكْتُبي	أُكْتُبي	أنتِ
لا تَكْتُبا	أُكْتُبا	أنْتُما
لا تَكْتُبوا	أُكتُبوا	أنْتُم
لا تَكْتُبْنَ	أُكْتُبْنَ	أنتُنَّ

B. The Verbal Noun المَصْدَر: This derived noun is similar to the English gerund (e.g. writing, swimming). Remember that the verbal noun derived from form I verbs (فعل) has several patterns, whereas the other nine increased forms (II to X) are consistent and predictable. (See Derived Nouns and table 2 in the Grammar Review lesson.)

C. Active and Passive Participles اسمُ الفاعِل واسمُ المَفعول: These are also derived nouns; the former (اسم الفاعل) represents the agent or doer of the action, and the latter (اسم المفعول) the recipient of the action. (See Derived Nouns and table 3 in the previous lesson.)

D. Multiple *Iḍāfa* الإضافة المُركَّبة: A simple *iḍāfa* structure consists of two nouns that have a relationship of possession or belonging; the first one is called مُضاف, and the second one مُضاف إليه. The second noun is always مَجرور (genitive). The first noun can assume any case, depending on its position in the sentence. It cannot be definite, nor does it take *tanwīn.* A complex or multiple *iḍāfa* is made up of several nouns, the first of which is the مُضاف, and each of the rest of the string function as مضاف إليه. Examine the only instance that occur in the bank ad:

Across from the mosque of ʿayn al-murayseh. ١ مُقابِلَ جامعِ عَيْنِ المُرَيْسَةِ.

In 1, this complex *iḍāfa* structure consists of four items, one مُضاف and three مضاف إليه. Note how the last three words are in the genitive case (مَجرور) because they are all مضاف إليه, while the first word, the مضاف, is in the accusative (مَنصوب) because it is an adverb of place.

E. Passive Voice المَبني للمَجهول: A verb may be passive when the noun of agent (فاعِل) is

not identified in the sentence. The verb is followed instead by the object, which assumes the position of the agent. It is called نائب فاعل (deputy agent) and always takes the nominative case. The passive verb is formed by internal changes as follows:

a. <u>In the perfect tense</u>, the verb takes a *ḍamma* after the first consonant and a *kasra* after the second, e.g.

١ كَتَبَ ⇦ كُتِبَ

If the last letter is a long vowel, it changes into a ي, e.g.

٢ رَمى ⇦ رُمِيَ (*to throw*)

If the middle letter is a long vowel, it changes into a ي, which is the only change:

٣ قالَ ⇦ قيلَ

b. <u>In the imperfect</u>, the passive verb is formed with a *ḍamma* after the prefix and a *fatḥa* after the middle consonant, e.g.

٤ يَكْتُبُ ⇦ يُكْتَبُ

If the middle letter is a long vowel, it changes into an *alif*, e.g.

٥ يَقولُ ⇦ يُقالُ يَبيعُ ‥ يُباعُ

If the last letter is a long vowel, it changes into an *alif maqṣūra* ى, e.g.

٦ يُسَمّي ⇦ يُسَمّى (See *AWS I*, lesson 21)

تمرين ٧

1. Identify a passive sentence in the ad for the watch and write it down.
2. Express the following statements in Arabic:
   a. The Arabic language is written from right to left.
   b. Aḥmad was seen walking in the park.
   c. This seat was designated for the manager.

تمرين ٨

From the reading passages and ads, identify at least **four** instances of each of the following categories and list them:

١. مَصدَر:

٢. فِعْل أمْر:

٣. اسم مَفعول:

٤. اسم فاعِل:

٥. إضافة وإضافة مُركَّبة:

٦. اسم وصِفة:

تمرين ٩

1. List at least three features that make the advertised cellular telephone attractive. What words are used to describe the phone as "mobile"?
2. What are the words that the advertiser uses in order to make the watch more appealing to women?
3. Who, in the ad in صحيفة الخليج, did what, to whom, for what purpose, and on what occasion? Provide your responses in Arabic in that order.

تمرين ١٠

آ- أجب عن الأسئلة وفق نص الاستماع.

١- في أي عام فتحت المدرسة فرعها الجديد؟

٢- هل المدرسة للبنين أم للبنات؟

٣- ما اسمُ المدرسة؟

٤- في أي شارع تقع المدرسة؟

ب- أكمل الجمل التالية وفق نص الاستماع.

١. مخبر المدرسة مجهّز لـ...

٢. في المدرسة مسبح ...

٣. تقع المدرسة في حي ...

٤. هناك ملاعب لـ...

ج- أكمل الجمل التالية بالاختيار المناسب وفق نص الاستماع.

١. هذه المدرسة ...

❑ ابتدائية ❑ متوسطة ❑ ثانوية ❑ كل ما سبق

٢. يبدأ التسجيل في ...

❑ الساعة الرابعة ❑ شهر آب ❑ المخبر ❑ الألف الثالثة

٣. رقم هاتف المدرسة ...

❑ ٧٧٢-٤٥٦١ ❑ ٢٧٧-٦١٥٤ ❑ ٢٩٧-٥٤٦١ ❑ ٧٧٢-٥٤١٦

د- اكتب «خطأ» أو «صواب» بجانب كل جملة وصحح الجمل الخطأ.

١. لهذه المدرسة أكثر من فرع.

٢. لا يمكن للطلاب أن يسبحوا في المدرسة.

٣. لا يوجد في المكتبة عدد كبير من الكتب.

٤. مدرسوا ومدرسات المدرسة لديهم تخصصات بموادهم.

المفردات

Vocabulary items are listed in alphabetical order. Nouns are followed by their plurals (جَمع) after the letter ج for "plural." Verbs are listed in their third person masculine singular past tense form, followed by each verb's present tense in parentheses. Verbal nouns appear after the parentheses. Nouns starting with a definite article are listed according to the first letter of the word that follows the article. Active and passive participles are listed as independent nouns. Some consonants may have two short vowels shown, indicating two different pronunciations.

to make for, head toward .... (v.) اتَّجَهَ (يَتَّجِهُ) اتِّجاه

to support, back up, cheer .... (v.) آزَرَ (يُؤازِرُ) مُؤازَرة

to benefit, make use of .... (v.) اسْتَفادَ (يَسْتَفيدُ) اِستفادة

sign, signal .... (n., f.) إشارة (ج) إشارات

beginning, as of, effective from .... (adv.) اعتباراً (مِن)

to announce .... (v.) أَعْلَنَ (يُعْلِنُ) إعْلان

to close........ (v.) أَغْلَقَ (يُغْلِقُ) إغْلاق

take! Here is .... (noun with the meaning of a verb) إِلَيْكَ

nation .... (n., f.) أُمَّة (ج) أُمَم

wherever (n. + particle) .... أَيْنَما

simple, easy, plain, modest........ (adj.) بَسيط

championship .... (n., f.) بُطولة (ج) بُطولات

to control .... (v.) تَحَكَّمَ (يَتَحَكَّمُ) تَحَكُّم

to eavesdrop, listen secretly .... (v.) تَنَصَّتَ (يَتَنَصَّتُ) تَنَصُّت

to beautify .... (v.) جَمَّلَ (يُجَمِّلُ) تَجْميل

public .... (n., m.) جُمْهور (ج) جَماهير

mobile .... (n./adj.) جَوّال

(for time) to come, approach, draw near .... (v.) حانَ (يَحينُ) حَيْن

to protect .... (v.) حَمى (يَحْمي) حِماية

service .... (n., f.) خِدمة (ج) خَدَمات

to specify, allocate, designate .... خَصَّصَ (يُخَصِّصُ) تخصيص (v.)
penmanship, calligraphy, handwriting, line .... خَطّ (ج) خُطوط (n., m.)
to smoke .... دَخَّنَ (يُدَخِّنُ) تَدْخين (v.)
advertisement .... دِعاية (ج) دِعايات (n., f.)
to push .... دَفَعَ (يَدفَعُ) دفع (v.)
clothing, apparel, uniform .... زِيّ (ج) أزْياء (n., m.)
to pull .... سَحَبَ (يَسْحَبُ) سَحْب (v.)
price .... سِعْر ج أسْعار (n., m.)
easy, plain .... سَهْل (adj.)
easiness, facility .... سُهولة (n., f.)
old name for Sri Lanka .... سيلان (n.)
screen .... شاشَة (ج) شاشات (n., f.)
to support, cheer .... شَجَّعَ (يُشَجِّعُ) تَشْجيع (v.)
lip .... شَفَة ج شِفاه (n., f.)
to contain, comprise .... شَمِلَ (يَشْمَلُ) شَمْل ؛شَمَلَ (يَشْمُلُ) شُمول (v.)
suitable, fit, appropriate .... صالِح (adj./n., m.)
newspaper .... صَحيفة (ج) صُحُف (n., f.)
to design, decide, be determined .... صَمَّمَ (يُصَمِّمُ) تَصْميم (v.)
to read, browse .... طالَعَ (يُطالِعُ) مُطالعة (v.)
way, road .... طَريق (ج) طُرُق (ج) طُرُقات (n., f.)
period, era .... عَصْر (ج) عُصور (n., m.)
modern .... عَصْرِيّ (n./adj., m.)
perfume, fragrance .... عِطْر (ج) عُطور (n., m.)
spring (of water) .... عَيْن (ج) عُيون (n. f.)
to open .... فَتَحَ (يَفْتَحُ) فَتْح (v.)
large room, hall .... قاعة (ج) قاعات (n., f.)
sign, billboard .... لافِتة (ج) لافِتات (n., f.)
to be suitable, appropriate .... لاءَمَ (يُلائِمُ) مُلاءَمة (v.)
to pass through/by, go, run .... مَرَّ (يَمُرُّ) مُرور (v.)
powder .... مَسْحوق (ج) مَساحيق (n., m.)

مُشَجِّع (ج) مُشَجِّعون (n., m.)	fan
مُصَلٍّ (ج) مَصَلّون (n., m.)	worshipper
مُغْلَق (adj.)	closed
مَفتوح (adj.)	open
مُكالَمة (ج) مُكالَمات (n., f.)	(telephone) call, conversation, talk
مُنْتَخَب (ج) مُنْتَخَبات (n., m.)	team
مَنَعَ (يَمْنَعُ) مَنْع – مَمْنوع (v.)	to prohibit, prevent
نَزَّلَ (يُنَزِّلُ) تَنْزيل (v.)	to lower
نَظَرَ (يَنْظُرُ) نَظَرٌ (إلى) (v.)	to look at, regard, see, observe [1]
نِهائيّ (adj.)	final
وَظيفة (ج) وَظائف (n., f.)	function, task, duty
وَقَفَ (يَقِفُ) وُقوف (v.)	to stop, halt
ها (prefix and independent)	there it is, there you are, here!
هَدَأَ (يَهْدَأُ) هُدوء (v.)	to be quiet, be calm

Objectives:

- Describing people, objects, and activities
- Expressing wishes with لو, describing hobbies and professions using المصدر
- Verb-agent agreement, uses of لَدى, redundant ما, the set of كانَ
- Listen to the recorded material for this lesson

باب التعارف

التخصصات والهوايات والتسلية

في بعض المجلات العربية هناك ما يُسمى «باب التعارف». تُنشر في ذلك الباب معلومات يبعثها القُرّاء إلى المحرّر عن أنفسهم مع صورهم. تشمل هذه المعلومات الاسم والعنوان والدراسة والرياضة المفضلة والهوايات وغير ذلك. يعلن القرّاء عن أنفسم بهذه الطريقة لأنهم يرغبون بالتراسل مع القراء الآخرين.

اسمي: جُمانة الدَجاني.

سني: ٢١ سنة.

دراستي: اللغة الإنكليزية.

عنواني: القدس، فلسطين.

هواياتي: المطالعة ونظم الشعر العربي.

آمالي: الحصول على شهادة الماجستير باللغة الإنكليزية.

لوني المفضل: الأزرق.

اسمي: زياد نِعمة.

سني: ٢٠ عاما.

دراستي: علم الأحياء.

عنواني: عمان، الأردن.

هواياتي: المراسلة والرحلات وكرة القدم.

آمالي: متابعة دراستي بالولايات المتحدة الأمريكية.

لوني المفضل: البني.

اسمي: لانا خُضَري.

سني: ٢٠ عاما.

دراستي: أنظمة الحاسوب وبرمجته.

عنواني: دمشق، سورية.

آمالي: تأسيس شركة لتعليم الفتيات استعمال الحاسوب.

هواياتي: العَزف على العود والاستماع لأغاني فيروز ولعب الورق.

لوني المفضل: الأحمر والبنفسجي.

اسمي: فادي عبد الله

سني: ٢٢ عاما.

دراستي: العلاج الطبيعي.

عنواني: بيروت، لبنان.

هواياتي: النجارة والإصلاحات المنزلية ومشاهدة الأفلام.

آمالي: أن يكون لي عائلة من عشرة أطفال على الأقل.

لوني المفضل: الأبيض.

يستلم الذين يعلنون أسماءهم في «باب التعارف» عادة رسائل من قراء المجلة. إليك نص الرسالة التي استلمتها جمانة من تونس.

بسم الله الرحمن الرحيم

عزيزتي جُمانة. تونِس في ٢٥ تشرين الأوّل ٢٠٠٠

تحية طيبة من مدينة تونس. أنا مثلك أتخصص باللغة الإنكليزية وأدبها في جامعة تونس، وأتمنى مثلك أيضا لو أتابع دراستي في بريطانيا أو أمريكا. لكن مشكلتي أن أسرتي كبيرة ووالدي لايستطيع أن يتحمّل تكاليف الدراسة في الخارج. لذلك أنوي أن أعمل إما في التدريس أو في وزارة الخارجية. كلا العملين يعجباني.

في أية سنة دراسية أنت؟ أنا الآن في السنة الثالثة وأستمتع بقراءة الروايات والمسرحيات الإنكليزية. لقد قرأت مسرحية «مدرسة الفضائح» لشريدن ورواية «مرتفعات وذرينغ» لإميلي برونتي وأعجبتاني جدا. هل قرأتهما؟

لدي قطة سميتها شامة. هي زيتونية اللون وأحبها من كل قلبي. حين أكون في الدار لا تتركني أبدا. هل تحبين الحيوانات الأليفة؟ إليك صورتها، تجدينها مع هذه الرسالة.

أرجو يا جمانة أن نتراسل دائما. أتمنى لك النجاح في دراستك وأن تحققي آمالك. إلى اللقاء في رسالة مقبلة.

أختك المخلصة
زينب عَزّوز

صورة شامة قطة زينب

استلم فادي هذه الرسالة من اليمن.

أخي فادي،

سلام عليك من الله وأطيب التحية من اليمن.

اليمن

يسعدني أن نتكاتب يا أخي فهناك أشياء مشتركة كثيرة بيننا. أولا أنا من أسرة كبيرة، إذ لي خمس أخوات وستة إخوة (من أم واحدة) أنا رابعهم. وأنت تريد أن يكون لك أسرة كبيرة. ثم أني أحب الأعمال اليدوية مثلك كالإصلاحات المنزلية بما فيها النِجارة وتصليح الكهرباء والدِهان. والشيء الثالث المشترك بيننا هو رغبتي في مساعدة الناس. أتمنى لو درست الطب لكن علاماتي في امتحان المدرسة الثانوية لم تساعدني. أدرس علم الأحياء في جامعة اليمن وأريد أن أتخصّص بالتحاليل الطبية. لو تمكّنت من دراسة الطب وأصبحت طبيبا لخصصت يوما من كل أسبوع لعلاج الفقراء مجانا.

أنا من قرية في شمال اليمن وليس عندنا دار سينما أو مسرح أو أي شيء من هذا. حين لا يكون لدي دراسة أو عمل أخرج إلى الجبال وأقرأ الشعر العربي القديم. لدينا كلب لحراسة الأغنام يحب أن يمشي معي حين أمشي في الجبال.

كَلْب

أرجو أن نتراسل ونصبح صديقين وأتمنى أن نلتقي يوما في مكان ما من هذا الوطن العربي.

أخوك عبد الله الصرّاف

أغنام

الموسيقا العربية وآلاتها

الموسيقا العربية قديمة جدا وقد أخذها عرب الجزيرة العربية عن إخوتهم في بلاد ما بين النهرين (العراق) وحافظوا عليها. بعد ظهور الإسلام انتشرت الموسيقا العربية في جميعِ بلاد البحر المتوسط.

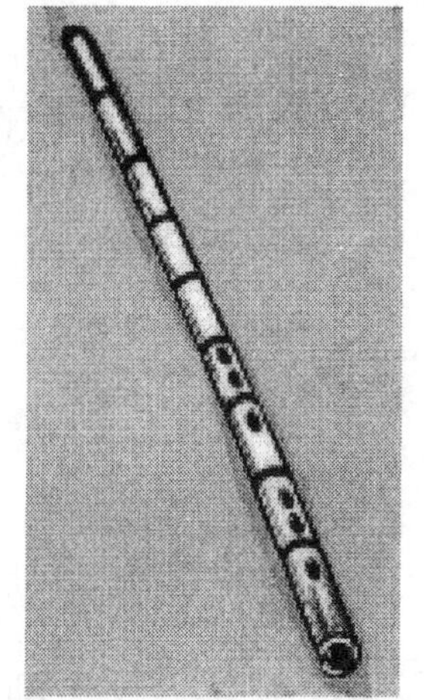

النـاي

الآلات الموسيقية العربية خفيفة ويمكن حملها من مكان إلى مكان بسهولة. من أهم الآلات الموسيقية العربية العود (أُخِذت الكلمة الإنكليزية lute من كلمة «العود»). العود مصنوع من خشب الورد وله عشرة أوتار أو إثنا عشر وترا ويُعزف على الأوتار بالريشة.

العود

من الآلات الأخرى الناي الذي يعود تاريخه إلى مصر القديمة، وهو أُنبوب مصنوع من قصب السكر له ستة أو سبعة ثقوب يضع العازف أصابعه عليها حين ينفخ فيه. ويُسمّى الناي أيضاً «الشبّابة.»

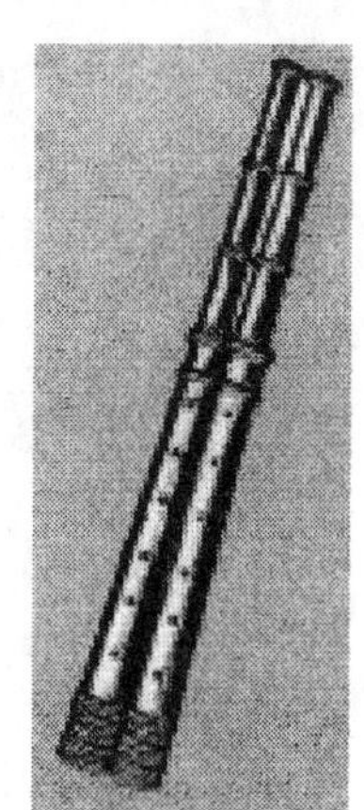

المجْوز

الطبلة من الفخّار عادة وتُسمّى أيضا الدربكة، وتُصنع أحيانا من المعدِن ويُشدّ على أحد طرفيها جلد الماعز أو السمك. والمجوز (أي المزدوج) يشبه الناي، وهومستعمل في بلاد الشام. والدفّ من الخشب وجلد الماعز وله صنوج نحاسية.

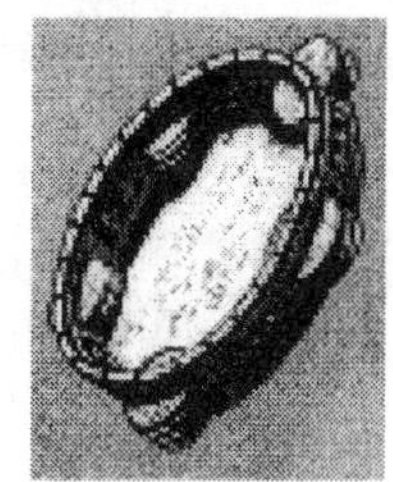

الدَفّ

الطَبْلَة

النجارة وأدواتها

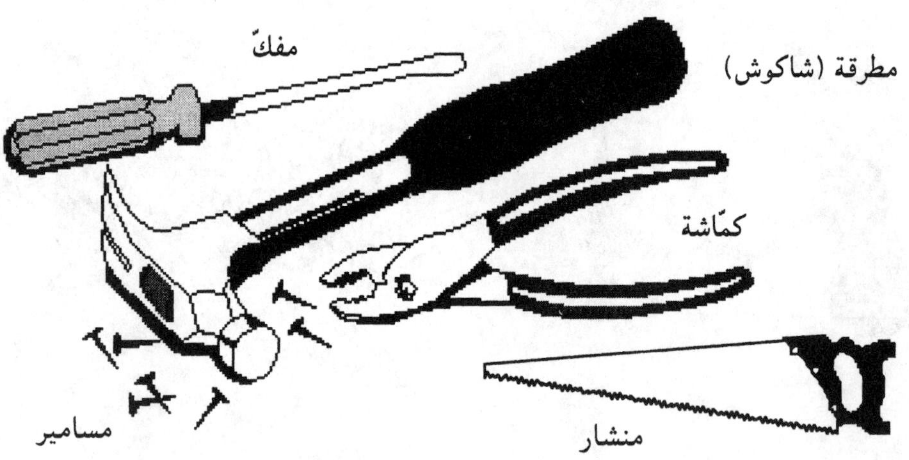

النجارة هي العمل بالخشب، ونحتاج من أجل ذلك إلى أدوات كالمطرقة والمنشار والكماشة والمفك. والنجارة مهنة لكنها هواية أيضا.

التسلية

من أجل التسلية يذهب الناس إلى دار السينما أو المسرح أو يذهبون إلى الحدائق أو يلعبون الورق. ولعب الورق هواية لبعض الناس، مثل مشاهدة الأفلام أو المراسلة وغير ذلك. يمكن أن نلعب الورق في كل مكان تقريبا. يُسمّى ورق اللعب «الشدّة» في بلاد الشام و«كوتشينة» في مصر. هناك ألعاب عديدة مثل «الكونكان» و«أبو الفول» و«البريبة» و«الباصرة» وغيرها كثير.

تمرين ١

اكتب تحت كلّ صورة الكلمة التي تدلّ عليها. جميع الكلمات من هذا الدرس.

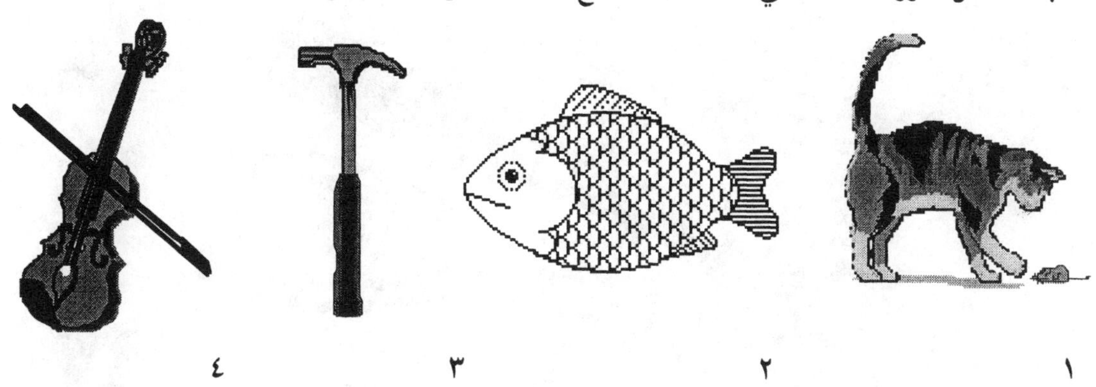

١ ٢ ٣ ٤

تمرين ٢

رقِّمِ[1] الجمل حسب وصفها للأشخاص في الصور وما يفعله كلّ منهم.

Number the sentences according to the descriptions of what each individual is doing.

[1] When an imperative verb is followed by a word beginning with the definite article (ال), the preceding verb takes a final *kasra* instead of *sukūn*. Other verbs ending with a *sukūn* also take a *kasra* when followed by a noun with the article (مَنْ قابَلَت المُراسلةُ؟).

٣

٤

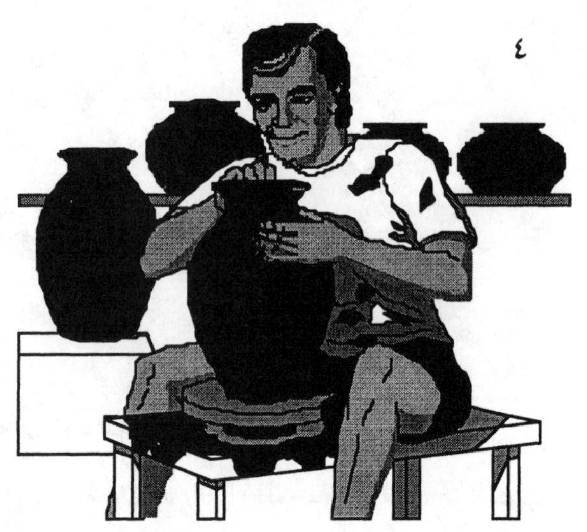

- يحمل الرجل لوحا طويلا من الخشب.
- يصنع الرجل أوان فخّارية تُستعمل لزراعة النباتات.
- يحاول الطبيب البيطري أن يعالج الكلب المريض. هو يقيس حرارته.
- يدقّ الرجل المسمار بالمطرقة.

تمرين ٣

استخدم رسالتي زينب وعبد الله كنموذجين لكتابة رسالة إمّا إلى زياد نعمة أو إلى لانا خضري.
Using the two letters above as models, write one letter either to Ziad or Lana.

تمرين ٤

أكمل الجمل التالية من نص القراءة.

١. يكتُب القراء في باب التعارف معلومات عن أنفسهم تشمل ...

٢. من هوايات زياد نعمة ...

٣. لن تدرس زينب في الخارج ...

٤. لو صار عبد الله الصراف طبيبا ...

٥- وُلدت الموسيقا العربية في ...

٦- يستعمل النجار ...

تمرين ٥

اكتب معلومات عن نفسك كما في الصفحتين الأولى والثانية من هذا الدرس.

تمرين ٦

أجب عن الأسئلة التالية وفق نص القراءة.

١- لماذا يقدّم بعض القراء للمجلة معلومات عن أنفسهم؟

٢- مَن مِن القرّاء يحب العزف على العود ؟

٣- ماذا ستعمل زينب ولماذا ؟

٤- اذكر بعض الأعمال اليدوية.

٥- صف العود .

٦- ماذا تُسمّى أوراق اللعب في بلاد الشام وما اسم بعض الألعاب؟

تمرين ٧

اختر الكلمة التي لا تناسب باقي الكلمات في كل مجموعة وبيّن السبب.

١-	مسمار	كمّاشة	طبلة	مطرقة
٢-	تكلفة	تسلية	مسرح	سينما
٣-	كونكان	بريبة	باصرة	وتر
٤-	علم الأحياء	أعمال يدوية	برمجة الحاسوب	العلاج الطبيعي
٥-	مسرحية	رواية	شعر	لون
٦-	قطّة	شركة	كلب	غنمة

تمرين ٨

وافق بين كلمات من العمودين.

١. جريدة	شِعر
٢. تخصّص	بنفسجي
٣. رياضة	منشار
٤. ناي	صحيفة
٥. استلم	برمجة
٦. حاسوب	آلة موسيقية
٧. نَظَم	رسالة
٨. خشب	كرة القدم
	طب

تمرين ٩

أعد ترتيب الكلمات في كل مجموعة لتشكل جملاً. Rearrange words into sentences.

١. من ـ طالب ـ اوستراليا ـ مع ـ تراسلت

٢. الخارج ـ سامر ـ في ـ الطب ـ دراسة ـ سيتابع

٣. «اللص والكلاب» ـ رواية ـ لنجيب محفوظ[٢] ـ قرأت ـ هل؟

٤. المدرسة ـ علامات ـ حصلتْ ـ في ـ رشا ـ امتحان ـ على ـ جيدة ـ الثانوية

تمرين ١٠

أعد ترتيب الجمل لتشكِّل فقرة كاملة. الجملة الأولى في مكانها المناسب.

Construct a paragraph from these sentences without changing the position of the first sentence.

---

[٢] كاتب مصري حصل على جائزة نوبل للأدب عام ١٩٨٨.

١. درس حازم الهندسة في جامعة القاهرة.

بعد سبع سنوات عاد إلى مصر حيث قابل زوجته.

عمل بعد تخرّجه في شركة لإنشاء الطرقات في شيكاغو.

حيث حصل على شهادة الماجستير في الهندسة.

عادا معا إلى الولايات المتحدة ليعملا ويسكنا هناك.

ثم تابع دراسته في أيوا في الولايات المتحدة.

Grammar Notes القواعد

1. **Expressing Wishes with لَوْ**

The use of this particle has several functions, the most common of which is expressing conditionality. In the previous lesson, we discussed the particle إذا, which also has a conditional use, but it expresses possible conditions, e.g.

١ إذا ذَهَبتَ إلى المكتبةِ اليومَ حَصَلتَ على كِتابٍ مَجّاناً.

If you go to the bookstore today, you will get a book free of charge.

However, the particle لَوْ is used to express improbable conditions or hypothetical ones unless the condition clause is negative. In such use, neither the condition (i.e., the clause with لَوْ) nor the answer clause may be realized. Note that لو does not affect the form of the following word, e.g.

٢ لَوْ حَضَرْتَ بالسيّارةِ لَما تأخَّرت. *If you had come by car, you would not have been late.*

Example 2 means that the addressee neither came nor traveled by car. Remember that the لَوْ clause contains a past tense verb, just like إذا, so does the answer or result clause. Note also that the answer clause is usually introduced by the particle ل prefixed either to the verb (as in 3 below) or to the negative particle if it is negated (2 above), e.g.

٣ لَوْ كُنتُ الرَئيسَ لَقَدَّمتُ العِلاجَ مَجّاناً لِكُلِّ الناسِ.

If I were the President, I would provide free [medical] care to all people.

The answer clause is exclusively negated by ما (2), and the condition clause usually by لَمْ (4). Remember that ما does not affect the form of the verb it governs, whereas لَمْ makes the verb مُضارِع مَجزوم.

٤ لَوْ لَمْ تَتَّصِلْ بي لَنَسِيتُ مَوعِدَنا.

If you had not called me, I would have forgotten our appointment.

Notice that the negative in the condition clause makes the condition possible despite the use of لَوْ. If, however, both clauses are negative, the condition is not only possible but also affirmative (5), since two negatives make it positive. Example 5 means that the speaker lived in Cairo and saw the pyramids.

٥ لَوْ لَمْ أسكُنْ في القاهِرةِ لَما شاهَدْتُ الأهرامات.

If I had not lived in Cairo, I would not have seen the pyramids.

Instead of a verb, the condition clause may contain a nominal sentence, e.g.

٦ لَوْ أنَّ الرجُلَ أمريكيٌّ لَتَكَلَّمَ الإنكليزيّة.

If the man were an American, he would have spoken English.

The negative counterpart of لَوْ: Negative conditions may be expressed with لَوْلا, which is a combination of لَوْ and لا. The condition clause (لولا clause) contains a noun or a pronoun, but rarely a verb. Just like إذا, it does not change the form of the following word. With the use of لَوْلا, the answer is unlikely because of the existence of the condition:

٧ لَوْلا المَطَرُ لَماتَ الزَرْعُ. *Had it not been for the rain, the plants would have died.*

لَولا هُم لَنَسينا تذاكِرَنا. *Had it not been for them, we would have forgotten our . . .*

Other functions expressed by لو: This particle may also be used to express a wish, extend an invitation, emphasize a statement, and mildly rebuke someone.

(a) Expressing a Wish: In this usage, لَوْ is followed by a verb, past or present:

٨ لو أخَّرْتِ سَفَرَك. *[I wish] you would put off your trip.*

٩ لَوْ تَكتُبينَ لي أكثَر. *[I wish] you would write to me more [frequently].*

(b) Extending an Invitation: Usually, a verb in the present is used, e.g.

١٠ لَوْ تَنزِلُ عِندَنا تُسَرُّ كثيراً.
If you stay with us, you will be immensely pleased.

(c) <u>Emphasizing a Statement</u>: In this usage, when preceded by the conjunction وَ (وَلَو meaning *even*), the statement is followed by a perfect verb (11), an adverb (12), or a prepositional phrase (13), e.g.

١١ لَن يَكونَ سعيداً هُنا وَلَوْ حَصَلَ على مالٍ كَثير.
He won't be happy here even if he gets a great deal of money.

١٢ سألعَبُ الرياضَةَ كُلَّ يَومٍ وَلَوْ ليلاً.
I'll exercise even at night.

١٣ يَقولُ الحَقَّ وَلَوْ على نَفسِه.
He tells the truth even against himself.

(d) <u>Rebuking Someone Mildly</u>: This is an indirect way of speaking one's mind concerning unpleasant or unacceptable behavior, e.g.

١٤ لَوْ غَيرُكِ تأخَّرَ يا سَلمى.
If someone else was late, Salma (I would understand).

(I would expect someone else to be late, Salma, not you.)

١٥ لَوْ طِفلٌ فَعَلَ ذلِك.
If a child did that (it would be acceptable).

(I would expect a child, not you, to do that.)

تمرين ١١

Using لو, express the following meanings in Arabic.

1. If the weather was moderate in Nevada, many people would have lived there.
2. I wish my sister would call me every week.
3. If I had traveled by plane, I would not have seen those nice towns.
4. Had it not been for water, there would have been no life on earth.
5. He will go to school, even on foot.
6. If only he visited his mother at Christmas.

2. Describing Hobbies and Professions, Using المصدَر

Additional hobbies and professions may be described by deriving a verbal noun (مصدر). For example, the verb رَسَمَ (*to draw*) gives us رَسْم (*drawing, painting*). The following list may be useful in enriching your repertoire of words in this domain. The majority of them should be familiar. When المصدر is used as a hobby or profession, it must be definite,

either with the article or being part of a definite *iḍāfa* structure (e.g. هِوايتي التصوير).

running, jogging	جَري	جَرى
riding (bicycles, horses)	رُكوب (الدرّاجات، الخَيل)	رَكِبَ
dancing	رَقْص	رَقَصَ
driving (fast cars)	سِياقة (السيارات السَريعة)	ساقَ
swimming	سِباحة	سَبَحَ
watching (movies)	مُشاهَدةُ (الأفلام)	شاهَدَ
manufacturing (candies)	صِناعةُ (الحَلوى)	صَنَعَ
photography	تَصْوير	صَوَّرَ
reading	قِراءَة	قَرَأَ
playing (cards)	لَعِبُ (الوَرَق)	لَعِبَ
walking	مَشي	مَشى
sculpture	نَحْت	نَحَتَ
repairing (old furniture)	تَصليح (الأثاث القَديم)	صَلَّحَ

3. **Verb-Agent Agreement** مطابقة الفعل للفاعل

In a verbal sentence (starting with a verb), the verb agrees with the following agent (subject) in gender only, not in number. If the agent is masculine (examples 1 to 3), the verb is also masculine. However, if the agent is dual or plural, the verb remains singular.

١ يُعلِنُ القُرّاءُ عَن أنفُسِهِم.

٢ يُعلِنُ القارِئان عَن نَفسَيهِما.

٣ يُعلِنُ القارِئُ عَن نَفسِه.

In examples 1 to 3, the verb is singular although the agent in 1 is plural, in 2 dual, and in 3 singular. Nevertheless, the verb agrees with the agent in gender. In 4 to 6, the verb is feminine because the agent is feminine in all three examples, e.g.

٤ تُعلِنُ القارِئاتُ عَن أنفُسِهِن.

٥ تُعلِنُ القارِئتانِ عَن نَفسَيهِما .

٦ تُعلِنُ القارِئةُ عَن نَفسِها .

But if the verb trades positions with the agent (7 to 12), that is, if the sentence begins with the subject, the sentence becomes nominal and the agent becomes subject. In this case, the verb *follows* the subject and agrees with it in gender *and* number. So, if the agent is masculine dual, the verb is also masculine dual (8), e.g.

٧ القُرّاءُ يُعلِنونَ

٨ القارِئان يُعلِنانِ

٩ القارِئُ يُعلِنُ

١٠ القارِئاتُ يُعلِنَّ

١١ القارِئتانِ تُعلِنانِ

١٢ القارِئةُ تُعلِنُ

Compare the verbs in 1 to 6 and those in 7 to 12. The latter group shows verb variation in number and gender. In a single verbal sentence, you may use two verbs, one agreeing with the agent in number only and the other agreeing with it in number *and* gender, although both of them refer to the same agent. This is because one verb precedes the agent and the other follows it, e.g.

١٣ سافَرَ أصدِقائي إلى فَرَنسا وزاروا بُرجَ إيفِل.

SUMMARY

- If a verb precedes the agent, it agrees with it in gender only.
- If the verb follows the subject (or agent), it agrees with it in gender *and* number

تمرين ١٢

Write the correct form of the verb in the blanks, as in the example.

اكتب الشكل الصحيح للفعل كما في المِثال.

مثال: الأولادُ (قدَّمَ) قدّموا الطعامَ للكلب.

١. (قرَأ) في درس أمس .... الطُلاّبُ الشعرَ و(استمَعَ) .... إلى الأغنية.

٢. الصَديقانِ (تَراسَلَ) .... لِمُدّةِ عام.

٣. (ظَهَرَ) .... المُغَنيّةُ على شاشَةِ التلفاز سعيدة في الليلة الماضية.

٤. (يكتُبُ) .... أخَواتي القِصّةَ و(يَنظِمُ) .... الشِعر.

4. **Redundant ما (or ما الزائدة)**

One of the uses of the particle ما is with adverbs of place and time to express absolute meanings, as in the examples below. These combinations of adverbs and ما are generally followed by a past tense verb.

١ أينَ + ما = أيْنَما *wherever* أينَما ذهَبتَ في إندونيسيا تَرى الأزهار.

٢ كُلَّ + ما = كُلَّما *whenever* قَدَّمَت لَنا الشايَ كُلَّما زُرناها.

٣ حينَ + ما = حينَما *when/whenever* كُنّا في المَطارِ حينَما وَصَلَت الطائرة.

If, however, the ما and adverb combinations are followed by a present tense verb, they function as conditionals and are followed by المضارِع المجزوم, and the sentence has a condition and answer, e.g.

٤ أينَما تَسكُنوا في المدينةِ تَجِدون ناساً كثيرين.

Wherever you live in the city, you will find a multitude of people.

٥ كُلَّما تَكتُبي لَهُ أنقُلي تَحِيّاتي. *Whenever you write to him, convey my greetings.*

The particle ما can also be used with other adverbs of time and place, e.g.

٦ أرجو أنْ نَلتَقيَ يَوماً ما في مَكانٍ ما. *I hope we meet some day somewhere.*

5. **Expressing Possession and Describing Place and Time with لَدى**

This adverb is just like its equivalent عِند. It can be used to express possession. Note that it forms an *iḍāfa* structure with a following noun or pronoun. Since أحمد is partially inflected, the *fatḥa* is used instead of *kasra*.

١	لَدى أحمدَ سيّارةٌ من طِرازِ سَنَة ١٩٣٤.	*Ahmad has a 1934 car.*
٢	لَدَيَّ مَوعِدٌ مَعَ أستاذي في الساعةِ العاشِرة.	*I have an appointment . . .*

It may also be used adverbially to describe the time of an action or occurrence:

٣	سَوفَ أُقابِلُ سَلمى لَدى عَودَتِها مِن لُبنان.	*I'll meet Salma upon her return . . .*
٤	سَأراكَ لَدى ظُهورِ الشَمس.	*I'll see you at sunrise.*

Or, it can describe the place of an action or occurrence:

٥	الكِتابُ لَدى خالِد.	*The book is in Khalid's (possession).*

تمرين ١٣

Express the following sentences in Arabic, using لدى.

1. We met them as they were going to the movies.
2. Hesham has two sisters.
3. The keys are with the manager.
4. Do you have a pen?
5. I have a new address now.

6. **The Set of كانَ Revisited** (see section b, lesson 1)

Among the members of this set are five words that signify transformation. They are: أصبَحَ، أضحى، صارَ، أمسى، باتَ. All of them may be translated "to become," but in Arabic they signify transformation at different stages in the process. أصبَحَ means "to become" early in the process and أضحى a little later. Upon closer examination, one can see that أصبَحَ is associated with صَباح "*morning*," أضحى with ضُحى "mid-morning," بات with مَبيت "spending the night," and أمسى with مساء "evening." Only صارَ pertains to the process of transformation (صَيْرورة).

Remember that كانَ and members of its set are used with nominal sentences (i.e., that begin with a noun). The members of this set influence the cases of the subject and predicate, keeping the former in the nominative (مَرفوع) and rendering the latter accusative (مَنصوب), e.g.

١	أصبَحَ أخوهُ طَبيباً.	*His brother has become a doctor.*

تمرين ١٤

آ حدّد الفكرة الرئيسية في النص .(Identify the main idea in the listening passage.)

ب اذكر بعض الأفكار الثانوية .(List some secondary ideas in the passage.)

ج Write a biographical sketch of the person described, similar to those at the beginning of this lesson.

د اكتب «خطأ» أو «صواب» بجانب كل جملة وصحّح الجمل الخطأ. (True/False)

١ـ تدرسُ سَلمى الأدَبَ العَرَبيّ.

٢ـ تحِبُّ سَلمى السَفَرَ والطَعامَ العربيّ.

٣ـ لَدَيها آلَةُ تَصويرٍ جديدة.

هـ أكمل الجمل التالية بالاختيار المناسب وفق نص الاستماع.

١ـ تصور سلمى ...

❑ أسرتها وأصدقاءها ❑ جامعتها ❑ البلاد العربية

٢ـ تحب سلمى ...

❑ آلة تصويرها ❑ السفر ❑ اللون الأزرق

٣ـ يذكّرها لونها المفضّل بـ...

❑ بلدها ❑ الأشجار ❑ قطتها

و اكتب عنوانا للنص بالعربية أو الإنكليزية. (Provide a title for the passage.)

المفردات

to have need, to be in want .... احْتاجَ (يَحْتاجُ) احْتِياج (v.)

tool, implement, instrument .... أداة (ج) أدَوات (n., f.)

since, because .... إذْ (particle)

to receive .... اِستَلَمَ (يَسْتَلِمُ) اِستِلام (v.)

to please, to make happy .... أسْعَدَ (يُسْعِدُ) إسعاد (v.)

blond .... أشْقَر .m (شَقراء .f) ج شُقْر (m., f.)

finger .... إصْبَع (أو أُصْبُع) ج أصابِع (n., f., less frequently m.)

to become .... أصْبَحَ (يُصْبِحُ) (v.)

to repair .... أصْلَحَ (يُصْلِحُ) إصْلاح (v.)

tame, domesticated, friendly .... أليف (adj.)

to examine, to test .... اِمْتَحَنَ (يَمتَحِنُ) اِمتِحان (v.)

hope .... أمَل ج آمال (n., m.)

to spread .... اِنتَشَرَ (يَنتَشِرُ) اِنْتِشار (v.)

chapter, column (in a newspaper) .... باب ج أبْوابٌ (n., m.)

to program .... بَرْمَجَ (يُبَرْمِجُ) بَرمَجة (v.)

brown .... بُنّيّ (adj.)

to pursue .... تابَعَ (يُتابِعُ) مُتابَعة (v.)

to bear, to endure, to assume responsibility .... تَحَمَّلَ (يَتَحَمَّلُ) تَحَمُّل (v.)

greeting .... تَحِيَّة (ج) تَحِيّات (n., f.)

to specialize .... تَخَصَّصَ (يَتَخَصَّصُ) تَخَصُّص (v.)

to correspond (with) .... تَراسَلَ (يَتَراسَلُ) تَراسُل/مُراسَلَة (مَعَ) (v.)

to leave, to abandon .... تَرَكَ (يَتْرُكُ) تَرْك (v.)

entertainment .... تَسْلِيَة (ج) تَسلِيات/ تَسالٍ (n., f.)

to be acquainted .... تَعارَفَ (يَتَعارَفُ) تَعارُف (v.)

cost, expense .... تَكْلِفة (ج) تَكلِفات (n., f.)

to wish, to desire .... تَمَنّى (يَتَمَنّى) تَمَنٍّ (v.)

hole, perforation .... ثُقْب (ج) ثُقوب (n., m.)

skin .... جِلْد (ج) جُلود (n., m.)
to preserve, to protect .... حافَظَ (يُحافِظُ) مُحافَظة (v.)
guarding, watching .... حِراسة (n., f.)
to realize, to fulfill, to make something come true .... حَقَّقَ (يُحَقِّقُ) تَحْقيق (v.)
wood .... خَشَب (ج) أخْشاب (n., m.)
to teach .... دَرَّسَ (يُدَرِّسُ) تَدْريس (v.)
tambourine .... دَفّ ج دُفوف (n., m.)
paint .... دِهان (n., m.)
to correspond .... راسَلَ (يُراسِلُ) مُراسَلة (v.)
desire .... رَغْبة (ج) رَغَبات (n., f.)
novel .... رِوايَة (ج) رِوايات (n., f.)
to tie, to tighten, to pull taut .... شَدَّ (يَشُدُّ) شَدّ (v.)
playing cards (colloquial, Syria) .... شَدّة ج شَدّات (n., f.)
poetry .... شِعْر (ج) أشْعار (n., m.)
to repair .... صَلَّحَ (يُصَلِّحُ) تَصْليح (v.)
brass disc, cymbals .... صَنْج (ج) صُنوج (n., f.)
to play an instrument .... عَزَفَ (يَعزِفُ) عَزْف (v.)
treatment, therapy .... عِلاج (ج) عِلاجات (n., m.)
grade, mark .... عَلامة (ج) عَلامات (n., f.)
lute .... عود (ج) أعْواد (n., m.)
earthenware .... فَخّار (n., m.)
scandal .... فَضيحَة (ج) فَضائِح (n., f.)
film, movie .... فِلم (ج) أفلام (n., m.)
reader .... قارِئ (ج) قُرّاء (n., m.)
cat .... قِطّة ج قِطَط (n., f.)
heart .... قَلْب ج قُلوب (n., m.)
to correspond with .... كاتَبَ (يُكاتِبُ) مُكاتَبة (v.)
dog .... كَلْب (ج) كِلاب (n., m.)
pliers .... كَمّاشة (ج) كَمّاشات (n., f.)

playing cards (colloquial, Egypt) .... (n., f.) كوتشينة
at, by .... (adv. of time and place) لَدى
master's degree .... (n., m.) ماجسْتير
goat .... (n., m.) ماعِز (ج) مَواعِز
height, hill .... (n., m.) مُرتَفَع (ج) مُرتَفَعات
double, dual .... (adj.) مُزْدَوِج
help, assistance, aid .... (n., f.) مُساعَدَة (ج) مُساعَدات
play (theatrical) .... (n., f.) مَسْرَحِيَّة (ج) مَسْرَحِيّات
common, mutual .... (adj.) مُشْتَرَك
problem .... (n., f.) مُشْكِلة (ج) مُشْكِلات/ مَشاكِل
hammer .... (n., f.) مِطْرَقة (ج) مَطارِق
bit of information .... (n., f.) مَعْلومة (ج) مَعْلومات
screwdriver .... (n., m.) مِفَكّ (ج) مِفَكّات
saw .... (n., m.) مِنشار (ج) مَناشير
music .... (n., f.) موسيقا
flute (without the mouth piece) .... (n., m.) ناي (ج) نايات
carpentry .... (n., f.) نِجارة
brass .... (n., m.) نُحاس
passage, text .... (n., m.) نَصّ (ج) نُصوص
to write or compose poetry .... (v.) نَظَمَ (يَنْظِمُ) نَظْم
to blow, to inflate .... (v.) نَفَخَ (يَنفُخُ) نَفْخ
to intend, to determine .... (v.) نَوى (يَنوي) نِيَّة
string .... (n., m.) وَتَر ج أوتار
playing cards .... (n.) وَرَقُ اللعب
(foreign) ministry, (state) department .... (n., f.) وِزارَةُ (الخارجيَّة) (ج) وِزارات
hobby .... (n., f.) هِواية (ج) هِوايات
manual, done by hand .... (adj.) يَدَوِيّ

Objectives:

- Giving instructions
- Expressing obligation with يَجِبُ
- Uses of the preposition بِـ, adverbial use of ordinal numbers
- Revisited structures: the imperative, descriptive *iḍāfa*, the particle ها
- Listen to the recorded material for this lesson

مع أم وليد

برنامج تلفزيوني عن المطبخ الشامي

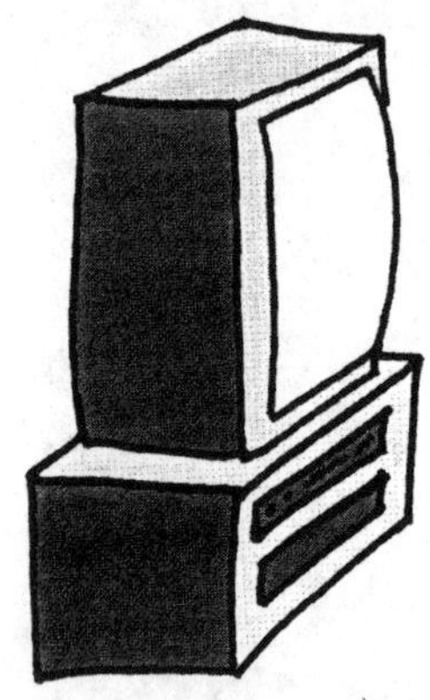

تقدم أم وليد برنامجا تلفزيونيا في الساعة الثامنة من مساء كل ثلاثاء تشرح فيه طريقة طبخ أطباق شامية مختلفة. ها هي اليوم تشرح طريقة صنع حلوى هريسة اللوز. أم وليد ربة بيت وأم لثلاثة أطفال. كثيرات من ربات البيوت والموظفات ينتظرن هذا البرنامج.

أم وليد:

سيداتي العزيزات، أسعد الله مساءكن. سأقدم لكن اليوم طريقة صنع حلوى لَذيذة يمكن تحضيرها بسرعة وسهولة، لذلك هي مناسبة للسيدات اللاتي يعملن. أولا يجب أن تحضرن ورقة وقلما لكتابة المواد والمقادير، وهي تكفي لصينية دائرية متوسطة الحجم. نحتاج إلى كأسين من السميد وكأس من جوز الهند المطحون وكأس سكر وكأس لبن ونصف ملعقة شاي من الخميرة ونصف ملعقة من قشر الليمون.

زبدة

ليمونة

شجرةُ جَوز الهند

والآن إليك الطريقة يا سيدتي. أولا اخلطي السميد وجوز الهند والسكر. في وعاء آخر اخلطي اللبن مع الخميرة إلى أن تفور الخلطة، ثم أضيفي قشر الليمون إلى خلطة اللبن والخميرة. أضيفي هذه الخلطة إلى السميد والسكر وجوز الهند.

ثانيا ادهني صينيّة دائرية متوسطَة الحجم بالزبدة وصبّي فيها الخلطة. ثالثا قطعي الهريسة وهي في الصينية بالسكين على شكل معينات، ثم ضعي على وجه كلّ معيّن لوزة. انتظري ساعة. بعد ساعة ضعي الصينية في الموقد (الفرن) لمدة عشرين دقيقة على حرارة ٤٠٠ إلى ٤٥٠ فرنهايت، أو إلى أن يحمرّ وجه الخلطة.

كأس

أثناء وجود الصينية في الموقد حضّري القطر وهذا تحضيره سهل، ليس فيه أية صعوبة. أحضري وعاء عميقا وصبي فيه كأس ماء ثم ضعيه على نار قوية إلى أن يغلي الماء. أضيفي كأسين من السكر على الماء مع ملعقتين من عصير الليمون. حركي السكر والماء إلى أن يخثر.

وعاء عميق

في هذا الوقت تكون الهريسة قد نضجت. أخرجي الصينية من الموقد وصبي القطر عليها. قدّمي

الهريسة حين تبرد. بالهناء والشفاء. إذا كان عندكن أسئلة فاسألوني بالهاتف.

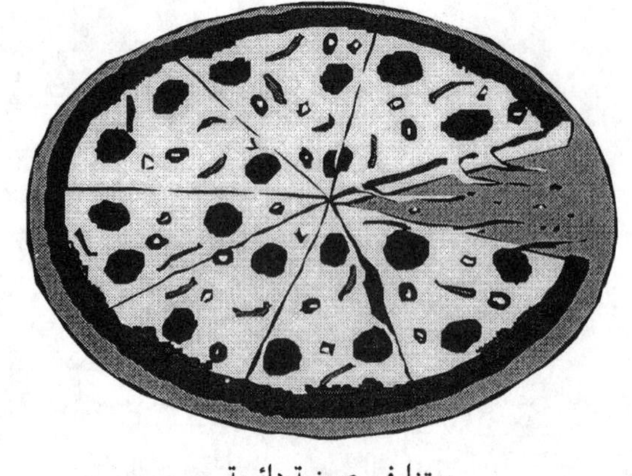

بيتزا في صينية دائرية

مَوقِد (فُرن)

أشكال هندسية

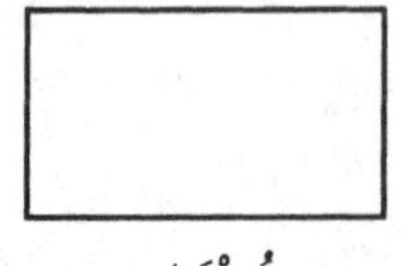

مُسْتَطيل

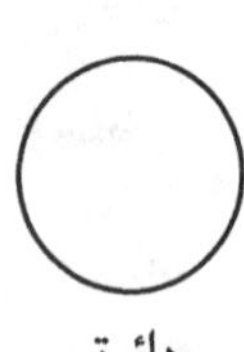

دائرة

مُعَيَّن

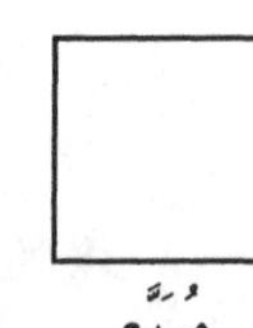

مُرَبَّع

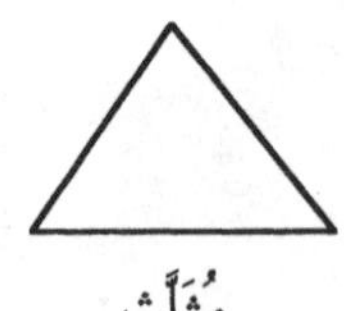

مُثَلَّث

تمرين ١

١. ما الفكرة الرئيسية في نص القراءة؟
٢. حدّد بعض الأفكار الثانوية.
٣. اكتب عنوانا آخر لهذا الدرس.

تمرين ٢

أكمل الجمل التالية بالاختيار المناسب وفق نص القراءة.

١. يُبث برنامج أم وليد في الساعة ...
٢. أم وليد لديها ...
٣. مشاهدات برنامج أم وليد من ...
٤. طبق اليوم هو ...
٥. يصنع هذا الطبق من ...
٦. يبقى الطبق في الفرن مدة ...
٧. يوضع اللوز ...
٨. نحتاج إلى عصير الليمون في تحضير ...

تمرين ٣

اختر الكلمة التي لا تناسب باقي الكلمات في كل مجموعة وبيّن السبب.

١. سكر	حلوى	ثلاثاء	هريسة
٢. موظفة	ربة بيت	مذيعة	شجرة
٣. ليمون	خلط	فار	دهن
٤. صينية	ملعقة	شوكة	سكين
٥. دائرة	لوزة	مثلث	مربع

تمرين ٤

وافق بين كلمات من العمودين.

نار	دمشقي
زبدة	ساعة
مواد	موظفة
دقيقة	سهل
شامي	موقد
طفل	مقادير
صعب	أمّ
	لبن

تمرين ٥

أعد ترتيب الكلمات في كل مجموعة لتشكل جملاً مفيدة.

١. على ـ ضعي ـ الطاولة ـ الصينية.

٢. باب ـ انتظرونا ـ المسرح ـ أمام

٣. الماء ـ عند ـ مئة ـ يغلي ـ حرارة ـ درجة

٤. العربية ـ الطلاب ـ صعوبة ـ بعض ـ تكلّم ـ يجد ـ في

٥. الجدار ـ الدهان ـ جيدا ـ حرّك ـ ثم ـ بالفرشاة ـ ادهن

تمرين ٦

أعد ترتيب الجمل لتشكّل فقرة كاملة. الجملة الأولى في مكانها المناسب.

١. ضع الحاسوب الجديد على الطاولة.

افتح الحاسوب.

إبدأ بكتابة رسالتك.

ثم صل الحاسوب بالكهرباء.

أولا صل لوحة المفاتيح بالحاسوب.

انتظر دقيقة أو دقيقتين ليحمِّلَ[1] الحاسوب برامجه.

تمرين ٧

صف طريقة تحضير طبق يعجبك واذكر المواد والأواني التي يجب استعمالها.

القواعد

1. The Invariable Verb وَجَبَ (يَجِبُ)

Although وَجَبَ (*to be necessary, obligatory*) is a verb, it differs from other verbs in that it is invariable, that is, it does not conjugate; you use only one form with all persons. It agrees with the agent only in gender. The agent of this verb may be a verbal noun (مَصدَر), as in example 1, e.g.

١ يَجِبُ التَحضيرُ لِلامتِحانِ مِنَ الآنَ. — *It is necessary to prepare for the exam now.*

The present tense verb has a masculine prefix (يَـ) because التحضير is masculine. But if the verbal noun agent is feminine, the verb should also be feminine, both in the imperfect (2) and in the perfect (3), e.g.

٢ تَجِبُ المُراسَلَةُ مَعَهُم. — *Corresponding with them is necessary.*

٣ وَجَبَتِ المُراسَلَةُ مَعَهُم. — *Corresponding with them was necessary.*

This verb is more commonly used with a clause introduced by أنْ, e.g.

٤ يَجِبُ أنْ أُحَضِّرَ لِلامتِحانِ مِنَ الآنَ. — *I must prepare for the exam now.*

With the use of this clause(أنْ), there is no variation in the verb form whatsoever, even for gender. Person is indicated by the verb in the clause, not by يجب. This is also true if

[1] Form (II) of حمل (*to carry*) has a causative meaning: *to cause someone to carry, i.e., to load.*

the negative of أنْ is used, which is formed as shown in 5 by assimilating the ن to the ل:

٥ أنْ + لا = ألاّ

يجبُ ألاّ تَتأخَّرَ.	*You (masculine singular) should not be late.*
يجبُ ألاّ تَتأخَّري.	*You (feminine singular) should not be late.*
يجبُ ألاّ أتأخَّرَ.	*I should not be late.*
يجبُ ألاّ تَتأخَّروا.	*You (masculine plural) should not be late.*
يجبُ ألاّ نتأخَّرَ.	*We should not be late.*

Emphasis: It is customary to use على+ a pronoun after يجب for emphasis. The pronoun must match the agent in the sentence, e.g.

٦ يجبُ عَلَيكَ ألاّ تَتأخَّرَ.	*You (masculine singular) should not be late.*
يجبُ عَلَيها ألاّ تَتأخَّرَ.	*She (feminine singular) should not be late.*

تمرين ٨

Express these meanings in Arabic, using a form of وجب.

1. I must bring this book with me to school tomorrow.
2. We should not forget our friends.
3. You must write your name on this paper.
4. She had to ride the bus to work.
5. You should not be late.
6. Stirring the mixture is necessary.

SUMMARY

يَجِبُ is an invariable verb. It has *one* form for all persons and is followed by أنْ.

2. Uses of the Preposition بِـ

There are several uses of this preposition. In this lesson, it is used adverbially to describe the *manner* in which an action is performed:

١ حَلوى يُمكنُ تَحضيرُها بِسُرعَةٍ وسُهولة.

The word بِسُرعَة, "with speed," means *quickly*. The preposition is prefixed to a noun, or a verbal noun. If another noun with a similar function immediately follows, there is no need to prefix the preposition to it again. It translates as though one is prefixed:

A dessert that can be prepared quickly and easily.

This preposition is also used in a communicative phrase, wishing one a good appetite. The process is the same, but with a different function:

٢ بالهناء/بالهَنَاءَة والشِفاء. *With happiness and health* (*bi-l-hana'* more common).

Another use is instrumental, where بِ is prefixed to the noun that is used as an instrument, e.g.

٣ قَطِّعي الهَريسَةَ بالسكّين. *Cut up the harisa with a knife.*

حَضَّرَتْ أمّي الحَلوى بالفُرن. *My mother prepared the dessert in the oven.*

It is used for emphasis as well, e.g.

٤ نَظَّفَ السيّارةَ بِنَفسه. *He cleaned the car himself.*

- Remember that the noun prepositions govern is مَجرور.

تمرين ٩

Express these meanings in Arabic, using the preposition ب.

1. We came by car.
2. She made this dish herself.
3. I clean my teeth with a toothbrush.
4. I did this exercise with difficulty.
5. They carried the refrigerator easily.

3. Descriptive *Iḍāfa* الإضافة

An *iḍāfa* structure may be used to describe objects and people. Each structure may have an equivalent sentence. Examine the following *iḍāfa* structure and its equivalent:

١ صينيةٌ [مُتَوَسِّطَةُ الحَجم] = صينيّةٌ [حَجمُها مُتَوَسِّطٌ]

Compare متوسّطة الحجم (lit. "medium [of] size") with حجمها متوسّط (lit. "its size [is] medium"). The first structure is a phrase, while the second is a sentence with subject and predicate.

تمرين ١٠

Describe the following items, using *iḍāfa* structures as in the example above.

1. Her sister has a beautiful face.
2. My brother has many children.
3. Some languages are easy to learn.
4. Ahmad has large feet.
5. This is a high-priced car.

4. **Ordinal Numbers as Numerical Adverbs**

Ordinal numbers (e.g. الأوّل، الثاني) may be used adverbially (e.g. أوّلاً، ثانياً): *firstly, secondly*. In this usage, they are called numerical adverbs. The list below shows cardinal numbers (عدد أصلي), ordinal numbers (عدَد تَرتيبي), and numerical adverbs (ظَرف تعدادي):

ظَرفٌ تَعداديّ	عَدَدٌ تَرتيبيّ	عَدَدٌ أصليّ
أوّلاً	أوّل/أولى	واحِد/واحِدة
ثانياً	ثانٍ/ثانية	إثنان
ثالِثاً	ثالِث	ثَلاثة
رابِعاً	رابِع	أربَعة
خامِساً	خامِس	خَمسة

تمرين ١١

As in the reading passage, describe the steps needed in the following process, using numerical adverbs (أولاً، ثانياً، ثالثاً). Rearrange the following sentences, beginning each one with the proper numerical adverb. Provide an appropriate title for the finished paragraph.

- اغلق الحقيبة واقفلها بالمفتاح.
- انزل إلى الشارع لتنتظر سيارة الأجرة.
- احضر حقيبة كبيرة.
- احضر ملابسك وأمتعتك وضعها في الحقيبة.
- اتّصل بسيارة الأجرة لتأخذك إلى المطار.
- افتح الحقيبة ونظفها من الداخل.

5. Demonstratives and ها

In the first paragraph above, this sentence occurs:

There she is explaining . . . ١ ها هِيَ تَشرَحُ...

The particle ها is used to attract the attention of the listener. It may be used with pronouns, as in 1, as a separate word. It may also be prefixed to demonstratives, where the *alif* is dropped in writing, but retained in pronunciation: هذا هذه هذانِ هاتانِ هؤلاءِ.

Note that when there is reference to a noun where ها should be used, a separate pronoun corresponding to that noun must be used (e.g. هو):

There is the professor, writing on the board. ٢ ها هو الأستاذُ يكتب على السبورة.

تمرين ١٢

Translate these sentences into Arabic, using ها.

1. Here I am, writing to you from Tunis.
2. There he is, driving his new car.
3. There is my mother, preparing a dessert.
4. There they are, coming to play basketball.

6. The imperative الأمْر

Refer to section 12 in lesson 1 and to lessons 13 and 14 in *Ahlan wa Sahlan I* for explanations and conjugation tables. In short, the imperative is used only with the second person (you) and is formed from the jussive (المضارع المجزوم), as this table illustrates:

الضمير	المضارع المرفوع	المضارع المجزوم	الأمر
أنتَ	تَسألُ	تَسألْ	إسألْ
أنتِ	تَسألينَ	تَسألي	إسألي
أنتُما	تَسألانِ	تَسألا	إسألا
أنتُم	تَسألونَ	تَسألوا	إسألوا
أنتُنَّ	تَسألْنَ	تَسألْنَ	إسألْنَ

تمرين ١٣

Use direct speech to express these meanings in Arabic, as in the example.

Example: Ask a man to put the television set on the floor. ضَعِ التلفازَ على الأرض.

1. Ask a woman to wait for you in front of the bus stop (use ني as an object).
2. Ask a few men not to forget to write their names on a sheet of paper.
3. Ask your female students to bring their books the next day.
4. Ask your male driver to bring the car to the door.
5. Ask your two sisters not to walk in the sun.

تمرين ١٤

آ- أجب عن الأسئلة وفق نص الاستماع.

١ـ ماذا تبيع هذه الدعاية؟

٢ـ لماذا يشتري الناس شيئا مثل هذا ؟

٣ـ هل يقوم الرجل الآن بتمرينات رياضية؟

٤ـ ما الرياضة الّتي تقوم أنت بها ؟

ب- اكتب «خطأ» أو «صواب» بجانب كل جملة وصحح الجمل الخطأ.

١ـ المشي واحد من الرياضات.

٢ـ تريد المرأة أن تبيع للرجل دراجة ثابتة.

٣. تعرف المرأة قليلا عن الرياضة.

٤. الرجل لديه درّاجة ثابتة.

ج- أكمل الجمل بالاختيار المناسب وفق نص الاستماع.

١. رياضة الرجل المفضلة ...

❑ ركوب الدراجة ❑ كرة السلة ❑ الجري ❑ المشي

٢. لا يركب الرجل درّاجةً لأنَّ ...

❑ الدرّاجة غالية ❑ ركوب السيارة أحسن

❑ الشوارع فيها سيارات كثيرة ❑ الرجل لا يحتاج إلى الرياضة

٣. ركوب الدرّاجة جيّد خصوصا ...

❑ للرجلين ❑ لليدين ❑ للقدمين ❑ للقلب

٤. يجب أن يتمرن الرجل ...

❑ كل يوم ❑ ثلاثين دقيقة ❑ ٣ مرات أسبوعيا ❑ ٥ مرات أسبوعيا

المفردات

during .... أثْناءَ (adv.)

to become red in color .... احْمَرَّ (يَحْمَرُّ) احْمِرار (v.)

to add .... أضافَ (يُضيفُ) إضافَة (v.)

until .... إلى أنْ

to become cold .... بَرَدَ (يَبْرُدُ) بَرْد (v.)

coconut .... جَوْزُ الهِنْد (n., m.)

size, volume .... حَجْم (ج) حُجوم/أحْجام (n., m.)

to become thick like a syrup .... خَثَرَ (يَخثُرُ) خُثور (v.)

to mix, to confuse .... خَلَطَ (يخلِطُ) خَلْط (v.)

mixture .... خَلطة (ج) خَلْطات (n., m.)

yeast, leaven .... خَميرة (ج) خَمائِر (n., f.)

circle .... دائِرة (ج) دَوائِر (n., f.)

to daub, to cover with paint .... دَهَنَ (يَدهُنُ) دَهْن (v.)

to ask .... سألَ (يَسْألُ) سؤال (v.)

speed .... سُرْعة (ج) سُرْعات (n., f.)

fast, quick .... سَريع (adj.)

knife .... سِكّين (ج) سَكاكين (n., f.)

semolina .... سَميد (n., m.)

cure, healing, recovery .... شِفاء (n., m.)

to pour, to fill .... صَبَّ (يَصُبُّ) صَبّ (v.)

plate .... صَحْن (ج) صُحون (n., m.)

difficult, hard .... صَعْب (adj.)

difficulty .... صُعوبة (ج) صُعوبات (n., f.)

to cook .... طَبَخَ (يطبُخُ) طَبْخ (v.)

dish, plate .... طَبَق (ج) أطْباق (n., m.)

to grind, to pulverize .... طَحَنَ (يَطحَنُ) طَحْن (v.)

method, way, manner .... طَريقة (ج) طَرائِق (n., f.)
deep .... عَميق (adj.)
to boil .... غَلى (يَغلي) غَلْيٌ/غَلَيان (v.)
to boil, simmer, bubble .... فارَ (يَفورُ) فَوَران (v.)
oven .... فُرْن (ج) أفْران (n., m.)
peel, rind, skin, shuck, crust .... قِشْر (ج) قُشور (n., m.)
syrup .... قَطْر (n., m.)
to cut up, cut into pieces .... قَطَّعَ (يُقَطِّعُ) تَقْطيع (v.)
to be sufficient, enough .... كَفى (يَكْفي) كِفاية (v.)
almond .... لَوْز (n., m.)
lemon .... لَيْمون (n., m.)
material, substance, ingredient .... مادّة (ج) مَوادّ (n., f.)
diamond (shape) .... مُعَيَّن (ج) مُعَيَّنات (n., m.)
measure, quantity, amount .... مِقْدار (ج) مَقادير (n., m.)
suitable, appropriate .... مُناسِب (adj.)
employee, civil servant .... مُوَظَّف (ج) مُوَظَّفون (n., m.)
fire, heat........ نار (ج) نيران (n., f.)
to become ripe, mature, well-cooked .... نَضِجَ (يَنْضَجُ) نَضْج/نُضْج (v.)
dessert made from semolina .... هَريسة (n., f.)
happiness, good health, well being .... هَناء (n., m.)
vessel, container .... وِعاء (ج) أوْعية (n., m.)

٤

Objectives

- Giving directions, letter-writing phrases
- Grammar: emphasis with the absolute object, conditions with إنْ, uses of حتّى emphasis with نفس, tag questions with أليسَ كذلك
- Idiom: بفارغ الصبر
- Culture: significance of street names, congratulating someone
- Listen to the recorded material for this lesson

عنوان ميساء الجديد

ميساء سيدة في الثانية والعشرين من عمرها، متزوجة ولها طفلان. الطفل الأكبر اسمه يوسف والأصغر رامز. كانت تسكن في شقة صغيرة بعيدة عن مكان عمل زوجها فيصل وعن منزل أهلها في دمشق. في الشهر الماضي وجد فيصل شقة جديدة قريبة من عمله ومن دار أهل ميساء.

في الأسبوع الماضي استلمت ميساء بطاقة بريدية من صديقتها هالة التي تعيش في مدينة حلب، وقد تكلمت هالة معها بالهاتف في اليوم نفسه تخبرها أنها ستحضر إلى دمشق بعد أسبوعين وتحب أن تزورها.

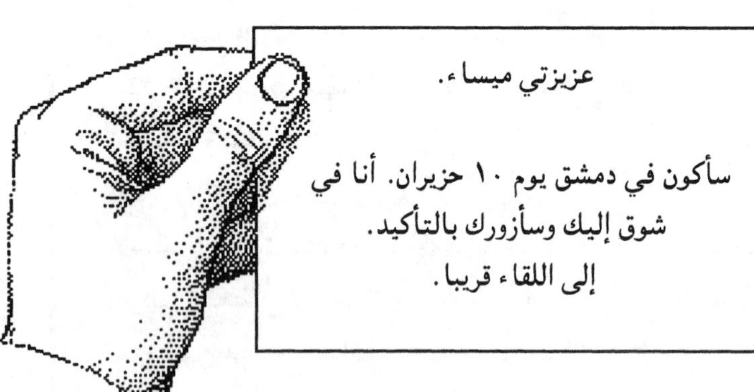

فرحت ميساء بهذا الخبر فرحا عظيما إذ أنها لم تر هالة منذ أكثر من سنتين. كتبت ميساء هذه الرسالة

لهالة ترحب بها وتدلها على الطريق إلى شقتها الجديدة.

دمشق في ٢٥ أيار ٢٠٠٠

بسم الله الرحمن الرحيم.

عزيزتي هالة،

أطيب التحية لك من دمشق وأحر الأشواق. أنتظر زيارتك بفارغ الصبر وأن أراك قريبا كما وعدت. ربما لا تعلمين أني انتقلت في الشهر الماضي إلى شقة جديدة. هي أوسع وأجمل من شقتي القديمة.

قولي «مبروك»، فأنا سعيدة بها جدا لأنها قريبة من دار أهلي. إليك عنواني الجديد. الخريطة قد تساعدك على الاهتداء إلى بيتي بسهولة.

أنت تعرفين شارع الفيحاء حيث تقع مدرسة خولة الثانوية التي درسنا فيها معا. إن كنت تقفين عند تقاطع شارعي النهر والفيحاء خذي شارع الفيحاء باتجاه الشمال حتى تبلغي شارع الحرية وهو شارع عريض. انعطفي إلى اليمين على شارع الحرية وسيري فيه مسافة مئتي متر تقريبا حيث تصلين إلى شارع الفارابي. انعطفي إلى اليسار وامشي في شارع الفارابي نحو الشمال أيضا. اجتازي شارع جرير واستمري في المشي حتى تبلغي شارع ابن خلدون. هنا انعطفي يمينا وسيري في شارع ابن خلدون إلى أن تصلي إلى شارع الرازي حيث تنعطفين يسارا وتمشين فيه نحو ٣٠٠ متر. اعبري الشارع إلى الجانب الأيسر وادخلي البناية رقم ١٦٨. اصعدي إلى الطابق الرابع إما على الدرج أو بالمصعد. رقم شقتي ١٧. عنواني سهل. أليس كذلك؟ سلامي إلى زوجك وإلى لقاء قريب.

المشتاقة ميساء

ملاحظة: إذا كنت عند موقف الحافلات في ساحة الشهداء فاتجهي شرقا نحو شارع الفارابي وانعطفي فيه يمينا نحو الجنوب. امشي فيه قليلا حتى يتقاطع مع شارع ابن خلدون. من هنا تعرفين الطريق حسب التعليمات أعلاه.

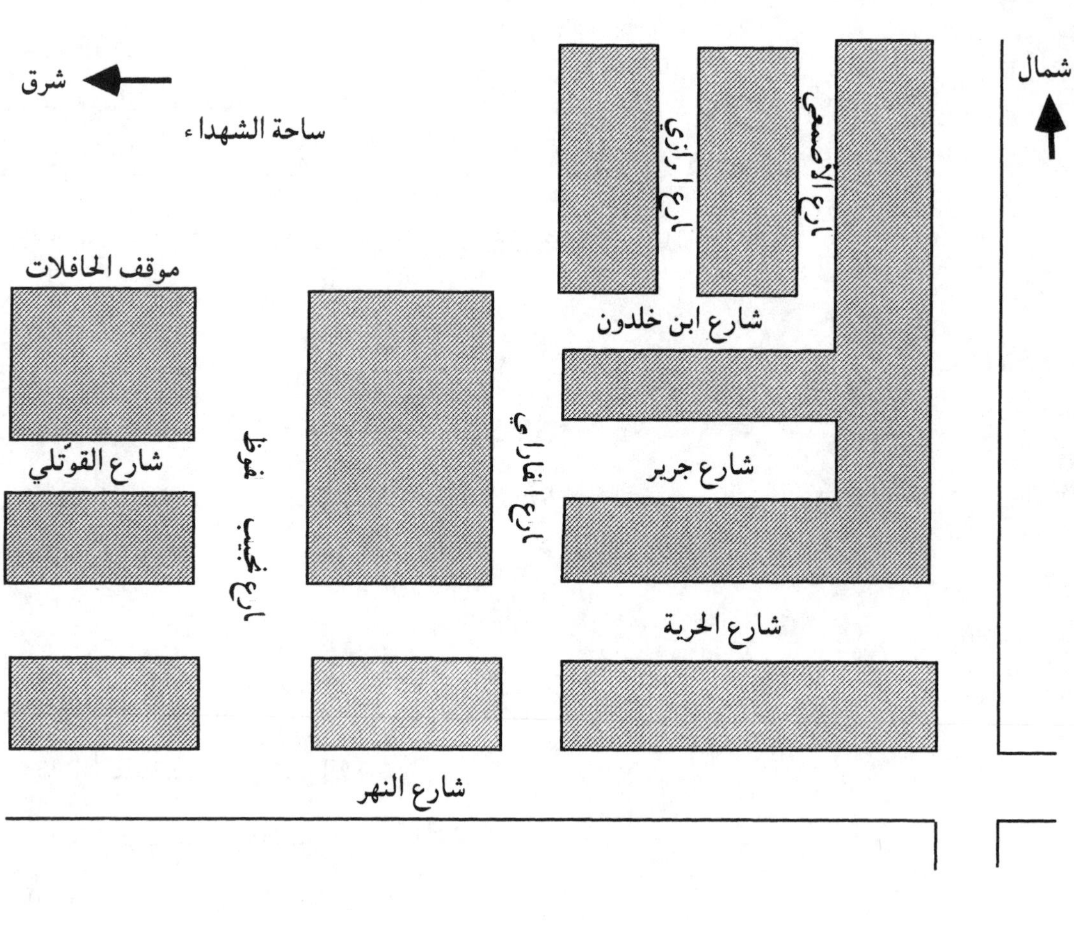
شمال
شرق
ساحة الشهداء
ارع الأصمعي
ارع الرازي
موقف الحافلات
شارع ابن خلدون
ارع الفارابي
شارع القوتلي
شارع جرير
شارع الحرية
شارع النهر

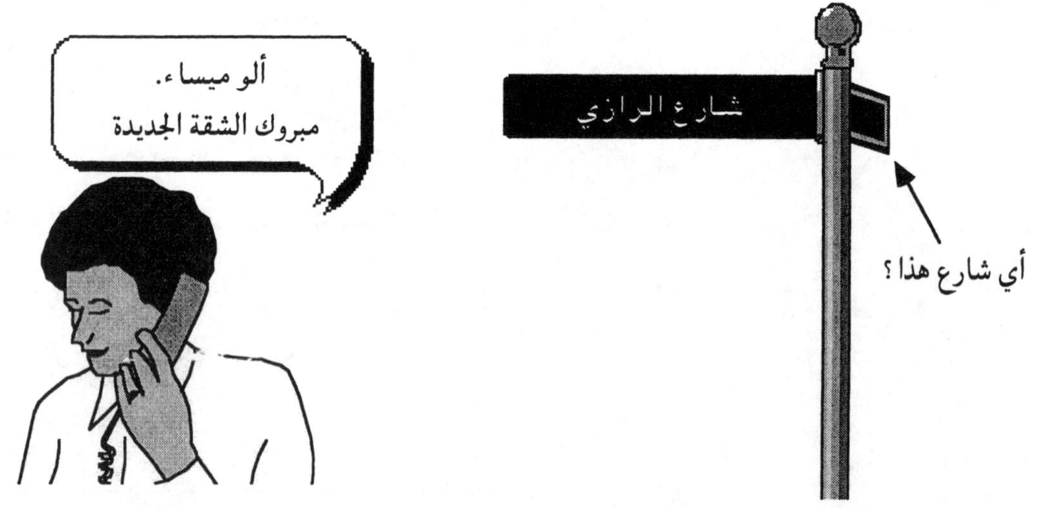
ألو ميساء.
مبروك الشقة الجديدة
شارع الرازي
أي شارع هذا ؟

تمرين ١

أجب عن هذه الأسئلة العامة.

١. هل تستعمل المصعد إذا كنت تريد الصعود إلى الطابق الثاني؟ لماذا؟

٢. صف مكان سكنك (شقة أو بيت) والطريق التي تصل منها إلى الجامعة.

٣. هل أنت سعيد في حياتك؟ لماذا؟

٤. ماذا تقول لصديقك حين يشتري سيارة جديدة؟

٥. ما المدينة التي تفضل أن تعيش فيها؟ ماسبب ذلك؟

٦. إذا كان لديك حيوان أليف كقطة أو كلب هل تستطيع استئجار أي شقة تريد؟ ماذا تفعل في هذه الحال؟

تمرين ٢

أجب عن الأسئلة التالية وفق نص القراءة.

١. ما الفكرة الرئيسية في هذا الدرس؟

٢. لماذا كتبت ميساء رسالة إلى صديقتها؟

٣. ما الأفكار الثانوية في رسالة ميساء؟

٤. من هؤلاء الأشخاص: هالة، يوسف، فيصل؟

٥. متى انتقلت ميساء إلى شقتها الجديدة؟

٦. لماذا انتقلت ميساء إلى شقتها الجديدة؟

٧. ما عنوان ميساء الجديد؟

٨. في أي طابق توجد شقة ميساء؟

٩. أين موقف الحافلات؟

١٠. لماذا ميساء سعيدة؟ أعط السبب أو الأسباب لذلك.

تمرين ٣

وافق بين كلمات من العمودين.

عاش	وصل
ألو	رسالة
أهل	ساحة
مشى	موقف
بطاقة	مرحبا
طريق	سكن
بلغ	شارع
حافلة	سار
	أسرة

تمرين ٤

اختر الكلمة التي لا تناسب باقي الكلمات في كل مجموعة وبين السبب.

١-	طريق	اهتداء	تقاطع	ساحة
٢-	متر	قدم	كيلومتر	مصعد
٣-	صديق	عائلة	أهل	أب
٤-	استمر	اتجه	انعطف	رحب
٥-	عمل	بناية	شقة	مصعد
٦-	حافلة	موقف	خريطة	راكب
٧-	شوق	ضيّق	واسع	عريض

تمرين ٥

أعد ترتيب الكلمات في كل مجموعة لتشكل جملا مفيدة.

١- من/ طوابق / بنايتنا / ستة / مؤلفة

٢- أمام / من / المصرف / الحافلة / نزلتُ

٣- شارعي / سامي / والنيل / محل / عند / السلام /تقاطع

٤- إلى / شمالا / أول / خذ / واتّجه / اليمين / شارع

تمرين ٦

أعد ترتيب الجمل لتشكل فقرة كاملة. الجملة الأولى في مكانها المناسب.

١- ابن خالي لديه عائلة مؤلفة من زوجته وولد وبنتين.

أولا لأن ذلك الحي مزدحم.

شقته في الطابق الرابع لكنه لا يستعمل المصعد.

تريد زوجته الانتقال إلى شقة أكبر في حي قريب من عملها.

يسكن وأسرته في بناية من سبعة طوابق.

ثانيا لأن الشقق هناك أغلى بكثير من شقتهم.

يقول إن صعود الدرج رياضة له.

لكنه لا يريد الانتقال لسببين.

Communication

1. Giving Directions: This involves the use of certain verbs and adverbs. The verbs included in this lesson cover a considerable portion of what one would want to use in such a context. In summary, the verbs used are imperative, and the adverbials are in the form of adverbs of place and prepositional phrases, e.g.

١ خذ، امش، سر، انعطف، اتّجه، اجتز، استمر، اعبر، اصعد، ادخل.

٢ شَمالا، إلى الشمال، نحو الشمال، يمينا، إلى اليمين، يسارا، جنوبا، شرقا، غربا.

تمرين ٧

صف لأحد الأشخاص الطريق من مطار المدينة التي تعيش فيها إلى المكان الذي تسكن فيه. إذا لم يكن هناك مطار في بلدتك، صف الطريق من مدخل البلدة إلى بيتك.

2. Letter-Writing Phrases: There are certain phrases conventionally associated with writing letters. Many people begin their letters with a common religious phrase:

١ بِسمِ اللهِ الرحمنِ الرَحيم. *In the name of Allah the Beneficent the Merciful.*

This phrase is, in fact, used before executing numerous actions, such as eating, studying, dressing, cooking, setting out to work or on a trip, and many others. It is said regardless of the level of formality; it is used in casual as well as formal situations.

Note that the use of religious-sounding phrases or those containing the word الله is not restricted to Muslims. Many Christians, at least in Syria, use such phrases liberally.

Addressing the person to whom you are writing is a little intricate. You should pick the appropriate term depending on the level of formality and his or her gender. The most common are these:

٢ عَزيزي/عَزيزَتي *Dear (when used casually, it's more like "buddy")*

This is the most common term of address among people who know each other well. It is more intimate than the English *dear*. You may use it with close friends and loved ones.

٣ أخي/أُختي

This is a very common and neutral term used in speech and writing. It signifies closeness, yet it is formal enough to address a colleague, for example. It may be used to address actual brothers and sisters and also total strangers. If the addressee is very close

to the writer or speaker, it may be modified with عزيز or حبيب, e.g.

٤ أخي العزيز/الحَبيب، أختي العزيزة/الحبيبة — *Dear/beloved bother/sister*

On the more formal side, terms may be quite elaborate. For example, addressing a noted individual, such as a university professor or a highly educated person, may be achieved by one of the following phrases:

الأستاذ الفاضل الدكتور فُلان المُحتَرَم — *The eminent Professor Doctor so-and-so, Esq.*

السَيِّد فُلان المحتَرَم أدامَهُ الله — *Mr. So-and-So, Esq., may God preserve him.*

Another formal, respectful term of address that can be used with both men and women is حَضرة. Literally it means "presence," but it functionally substitutes for "you" when used in the second person, either orally (5) or in writing (6), e.g.

٥ حَضرَتُك. — *you* (respectfully)

٦ حَضرَةُ السيِّدة إلهام الطَرابيشي المُحتَرَمة.

٧ حَضرَةُ السيِّد سَعيد الطَرابيشي المُحتَرَم.

Note how the same term is used for feminine and masculine names in 6 and 7.

However, if a romantic, intimate relationship exists, then this term may be used. Notice, though, that the term below is also used with father, mother, son, daughter, and siblings.

٨ حَبيبي/حَبيبَتي — *My beloved, darling, honey, sweetheart*

Ending the letter may be done by using one of the following terms:

٩ المُخلِص/المُخلِصة — *The sincere one/Sincerely*

١٠ المُحِبّ/المُحِبّة — *The loving one/Cordially*

١١ المُشتاق/المُشتاقة — *The one missing you, longing for you*

القواعد

1. **Emphasis with the Absolute Object المفعول المُطلق**

First of all, the absolute object (المفعول المُطلق) is similar to the direct object in that it is in the accusative case and modified by a verb. The difference is that it is a verbal noun (مَصدَر) derived from the same verb modifying it. Examine this sentence:

١	فَرِحَتْ مَيسَاءُ فَرَحاً عَظيماً.	*Maysa was very happy.*

The semantic role of فَرَحاً is only to emphasize the act of rejoicing. It has no additional meaning to contribute. The absolute object is usually modified by an adjective to indicate the degree of intensity, عَظيماً in example 1.

The way it is formed is simple. Take the verbal noun of the verb and put it in the accusative case (حالة النصب). If it is used alone, it must be singular indefinite with double *fatḥa* تنوين بالفتح, e.g.

٢	كتبَ كتابةً جيِّدةً.	*He wrote very well.*
	مَشَينا مَشياً طويلاً.	*We walked for a long time.*
	استَعمَلنا السيارةِ استعمالاً قليلاً.	*We used the car very little.*

However, the absolute object may be the first term of an *iḍāfa* structure (مُضاف). In this case, it may be definite, e.g.

٣	فَرِحَتْ فَرَحَ الأطفالِ.	*She rejoiced like a child.*

Notice that in 3, the absolute object has no *tanwīn,* because it is definite by virtue of the definite مُضاف إليه, which is الأطفالِ.

تمرين ٨

Provide the Arabic equivalents of these sentences, using المفعول المطلق.

1. She welcomed us warmly.
2. We headed in the wrong direction.

3. We crossed the road correctly.
4. He writes beautifully.
5. The car took a sharp turn (use حادّ for an adjective).
6. He repaired the refrigerator well.

2. Expressing Conditional Meaning with إنْ

Likely conditions may be introduced by إذا, as we have seen. It may also be introduced by a similar particle (إنْ), which also means *if.* A conditional sentence with an answer clause introduced by إنْ, however, is less likely than an answer with إذا. So, one should say إذا أتى الصباحُ أراكَ, but not إنْ أتى الصباحُ أراك, because the morning is certainly coming.

Both particles introduce the condition clause in a conditional sentence. If you remember, إذا is immediately followed by a past tense verb, and the answer clause may have either a past or a present verb. With the use of إنْ, you have four tense possibilities in a sentence. But remember that this tense variation has no time significance, as these examples show.

If you go, I go would with you (past/past, in the Arabic). ١ إنْ ذهبتِ ذَهَبتُ معَك.

If you go, I will go with you (present/present). ٢ إنْ تَذهَبي أذهَبْ معَك.

If you go, I would go with you (past/present). ٣ إنْ ذَهَبتِ أذهَبْ معَك.

If you go, I would go with you (present/past). ٤ إنْ تَذهَبي ذَهَبتُ معَك.

The other difference from إذا is that إنْ can be followed by المضارع المجزوم, both in the condition clause and in the answer clause. In example 2, both clauses have a jussive mood (مجزوم); in example 3, it is in the answer; and in example 4, in the condition clause.

Just like إذا, the answer clause must begin with the particle فَ prefixed to the first word if the following circumstances obtain:

(a) If the answer indicates <u>future</u> time.

If you go, I'll go with you. ٥ إنْ ذهبتِ فَسَوفَ أذهبُ معَك.

Note that after سوف, the verb is indicative (مضارع مرفوع).

(b) If the answer indicates possibility or past completed action.

٦ إنْ تَذهبي فَقَد أذهَبُ مَعَك.
If you go, I might go with you.

٧ إنْ حضر متأخِّراً فَقَد تأخَّرَ من قبل.
If he is late, (no wonder) he's been late before.

(c) If the answer is a nominal sentence introduced by إنَّ.

٨ إنْ كُنتُ طويلاً فإنَّ أخي أطول.
(If) I am tall, (but) my brother is taller.

(d) If the answer is a negative sentence.

٩ إنْ تذهبي فَلَن أذهبَ.
If you go, I won't go.

١٠ إنْ نسيتِ اسمي فَلستِ صَديقتي.
If you forget my name, you are not my friend.

١١ إنْ تخرُجي مساءً فَلا تَنْسَيْ مِفتاحَ البيت.
If you go out in the evening, don't forget the key to the house.

- Note that تَنْسَيْ is مضارع مجزوم (jussive) because of the negative particle لا (الناهية), which negates imperative verbs.

١٢ إنْ تأخَّرتُم فَما كان ذلك خَطأي.
If you are late, it's not my fault.

١٣ إنْ أردتُ شِراءَ سيّارةٍ جديدة فَغيرَ هذا النَوعِ أريد.
If I am to buy a new car, I want a make other than this one.

- The noun غيرَ is the object of the verb أردتُ, hence the accusative marker (نَصب).

(e) If the answer is an imperative sentence.

١٤ إنْ ذَهَبَتْ فَاذهَبْ مَعَها.
If she goes, go with her.

(f) If the answer is a nominal sentence.

١٥ إنْ تأخَّروا فَلَهم أسبابُهم.
If they are late, they have their reasons.

(g) If the answer begins with رُبَّما.

١٦ إنْ تأكلوا الخُضَرَ والفواكِهَ فَرُبَّما كانَ أحسَنَ لكم.
If you eat fruits and vegetables, perhaps this is better for you.

SUMMARY

- إنْ is used to express likely conditions.
- إنْ modifies present tense verbs and makes them jussive (مجزوم).
- A sentence with إنْ can accept any combination of past and present tense verbs with no time implications.
- The particle فَـ should be prefixed to the answer clause if:
  It indicates future time (السين وسوفَ).
  It expresses possibility of completed action (قد).
  It is a nominal sentence introduced with إنَّ.
  It is a nominal sentence.
  It is a negative sentence.
  It begins with رُبَّما.

تمرين ٩

Use إنْ to express conditional meaning.

1. If you arrive late, you won't find me.
2. If you exercise, I will exercise with you.
3. If he went to bed early, he may be ill.
4. If you go to Paris, perhaps I will go with you.
5. If he drops out of school (stops studying), a job (his work) is available for him.
6. If you go to London, visit the zoo.

3. Uses of حتّى

This word has many uses, the four most common are:

1. A preposition, meaning *until*, e.g.

I waited for her [*until*] *noon.* ١ انتظرتُها [حَتّى] الظُّهر.

2. A preposition followed by a past tense verb. The modified noun is implied.

I waited for the plane [*until*] *it took off.* ٢ انتَظرتُ الطائرةَ [حتّى] أقلعَت.

3. A preposition followed by a subjunctive (مضارع منصوب). In this usage, it means *in order to.*

He went to the library [*in order to*] *study.* ٣ ذهب إلى المكتبةِ [حتّى] يدرُسَ.

4. A conjunction used for emphasis, meaning *even*. It does not affect the form of the

following noun.

٤ حَضَرَ الطلاّبُ حتّى خالدٌ. *The students came, even Khaled.*

Note that خالدٌ and الطلابُ are both in the nominative case because the are the subjects of the sentence. The word حتّى in this context functions as a conjunction and has no effect on the noun following it (i.e., خالد).

تمرين ١٠

Express the following meanings in Arabic, using حتّى.

1. Hala had several courses for dinner, even dessert.
2. My father did not drive a car until he reached fifty.
3. She invited me to lunch in order to fix her stove.
4. I remained at school until five o'clock.
5. They went to the train station to see the president.

4. **Reflexive Use of نَفْس**

In this lesson, the following phrase occurred: في اليومِ نَفسِه (*on the same day*). The word نفس, as seen also in lesson 4, is used for emphasis. It is also used to express reflexive meaning. When expressing **emphasis**, it is usually equivalent in reference to another noun in the sentence, e.g.

١ غَسَلَ أحمَدُ السيّارةَ بنَفسِه. *Ahmad washed the car himself.*

٢ غَسَلَ أحمَدُ نَفسُه السيّارةَ. *Ahmad himself washed the car.*

٣ غَسَلَ أحمَدُ السيّارةَ نَفسَها. *Ahmad washed the car itself.*

In example 1, the preposition بِ is used with نفس to indicate instrumental meaning (i.e., that the action was performed by a specific entity). In example 2, the word نفس is equivalent to أحمد. In 3, it is equivalent to the object of the verb غسل, namely, السيارة.

Reflexive use shows that the action is both done and experienced by the doer of the action, e.g.

٤ رأى أحمَدُ نَفسَهُ بِالمِرآة. *Ahmad saw himself in the mirror.*

In example 4, the act of seeing is performed by Ahmad and at the same time experienced by him, making him the agent and object simultaneously.

تمرين ١١

Express in Arabic emphasis and reflexive meanings, using نفس.

1. Fareed himself told me that the stores were closed.
2. Where do you see yourself ten years from now?
3. Samia typed the letter herself.
4. The taxicab driver himself carried my suitcase to my apartment.

5. Tag Questions

In English, tag questions vary with the structure of the sentence, e.g.

1. He goes to school, doesn't he?
2. They can speak Arabic, can't they?

The number of kinds of tag questions is limited only by the number of structures. In Arabic, there is only one form of tag question applicable to all structures, e.g.

٣ زارت سلمى مدينةَ حَلَب، أليسَ كذلكِ؟ *Salma has been to Aleppo, hasn't she?*

٤ سَندرسُ الرياضيّاتِ، أليسَ كذلك؟ *We're going to study math, aren't we?*

The first part of the English tag question is a helping verb that agrees with the verb in tense, and the second part is a pronoun that agrees with the subject. The Arabic tag, on the other hand, is invariable and applies to all affirmative statements.

6. Idiom المصطلحات

In her letter, Maysa uses the phrase بِفارِغِ الصَّبر. If you consider the meaning of each item separately, the phrase would not signify what it is intended for. فارغ means *empty* and الصبر means *patience*. Together, however, they mean lack of patience, or intense anticipation of an event, or impatience.

7. **Culture** ثقافة

1. **Congratulating Others** (مَبروك)

A common phrase used in many parts of the Arab world for the purpose of congratulations is مَـبـروك. It is used in a variety of contexts, such as buying a car, a pair of shoes, a shirt; winning the lottery; passing an exam; getting engaged, married, or a job; and numerous other significant and insignificant events. The response is الله يبارك فيك.

2. **Significance of Street Names** أسماء الشوارع

In most Arab towns, as in other parts of the world, streets bear the names of notable people, ideals, and significant events. In the map that Maysa sent to her friend, you can see the names of historical and contemporary figures, literary people, historians, philosophers, religious and political leaders, and so forth. Ideals are also common (e.g. الحرّية *liberty*, الوَحدة *unity*). Events are perpetuated by naming streets after them (e.g. ١٧ نيسان "Syria's Independence Day"). It is noteworthy that historical figures are represented just as often as contemporary ones, perhaps even more so. For example, in the map of this lesson only نجيب محفوظ is a contemporary figure; all the rest are much older: ابن خلدون 15th century, الرازي 9th century, الفارابي 9th to 10th century, and جَرير 8th century.

تمرين ١٢

آ- أجب عن الأسئلة وفق نص الاستماع.

١- ما الفكرة الرئيسية في نص الاستماع؟

٢- ما اسم كاتب الرسالة وفي أي مدينة يسكن وما عمله؟

ب - اكتب «خطأ» أو «صواب» بجانب كل جملة وصحح الجمل الخطأ.

١- يزور الصديق هذه المدينة لأول مرة.

٢- انتقل كاتب المقالة من دكان إلى أخرى.

٣- يجب أن يأتي الصديق إلى الدكان بالسيارة.

ج ـ أكمل الجمل التالية بالاختيار المناسب وفق نص الاستماع.

١ـ كان الطقس .... حين كتبت الرسالة.

❑ باردا ❑ حارا ❑ ماطرا ❑ جميلا

٢ـ اسم الصديق ...

❑ هاني ❑ صفوان ❑ رياض ❑ ماهر

٣ـ دكان الكاتب في الشارع الضيّق إلى .....

❑ اليمين ❑ اليسار ❑ الشمال ❑ الجنوب

D. Based on the directions in the recorded passage, draw a line on the map below that traces the trail of the writer's friend from the starting point to the end point. Place an *X* where the writer's store is located.

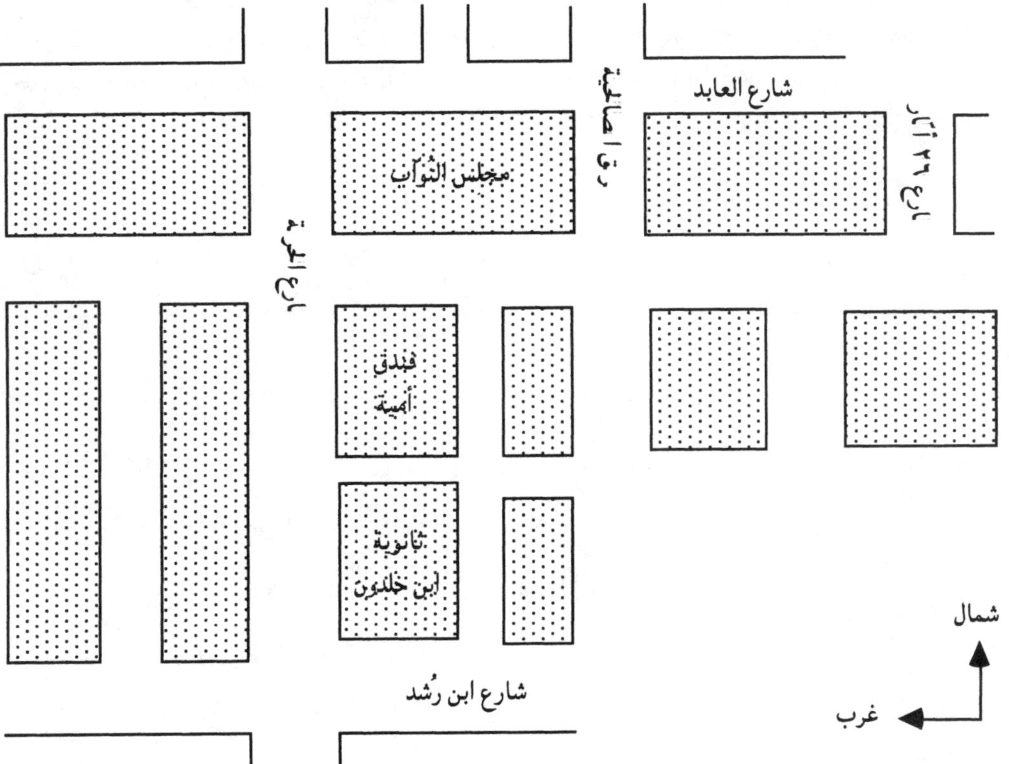

المفردات

اِجتازَ (يَجتازُ) اجتِياز (v.)	to cross, pass
اِستَمَرَّ (يَستَمِرُّ) اِستِمرار (v.)	to continue, resume, go on
ألو (interjection)	hello (telephone greeting, came into Arabic through French)
إنْ (particle)	if
انعَطَفَ (يَنعَطِفُ) انعِطاف (v.)	to turn, swerve, swing
اِهتَدى (يَهتَدي) اهتِداء (v.)	to find the right way
أهل (ج) أهالٍ (n., m.)	family, one's folks
بَلَغَ (يَبلُغُ) بُلوغ (v.)	to reach, get to a place
تأكيد (بالتأكيد) (n., m.)	assurance (most certainly)
تَقاطَعَ (يَتَقاطَعُ) تَقاطُع (v.)	to cross, intersect with
حَضْرة (ج) حَضَرات (n. f.)	respectful term of address used with both men and women
رَحَّبَ (يُرَحِّبُ) تَرحيب (v.)	to welcome
شَوق (ج) أشواق (n., m.)	longing, yearning, desire
صَبَرَ (يَصبِرُ) صَبْر (v.)	to be patient, forbearing
صَعِدَ (يَصعَدُ) صُعود (v.)	to climb up
عاشَ (يَعيشُ) عَيش (v.)	to live
عَبَرَ (يَعبُرُ) عُبور (v.)	to cross, carry across, traverse
عَريض (adj.)	wide
فارِغ (adj.)	empty
فَرِحَ (يَفرَحُ) فَرَح (v.)	to be happy, rejoice
مَبروك (passive participle)	congratulations
مِتر (ج) أمتار (n., m.)	meter (measure of length)
مَسافة ج مَسافات (n., f.)	distance
نَحوَ (adv.)	about, approximately, toward
وَعَدَ (يَعِدُ) وَعْد (v.)	to promise

٥

Objectives

- Describing people, states of affairs, feelings, and activities
- Making and accepting requests; getting into and out of conversations
- Communicative phrases
- Grammar: Expressing obligation without يجب; forming yes/no questions with أ, absolute negation with لا; inquiring about quantity with كم
- Revisited structures: exception, the passive, and adverbs of time
- Register: mixing standard and colloquial elements and suppressing endings
- Listen to the recorded material for this lesson

برنامج "مع الناس"

أسرة من زحلة

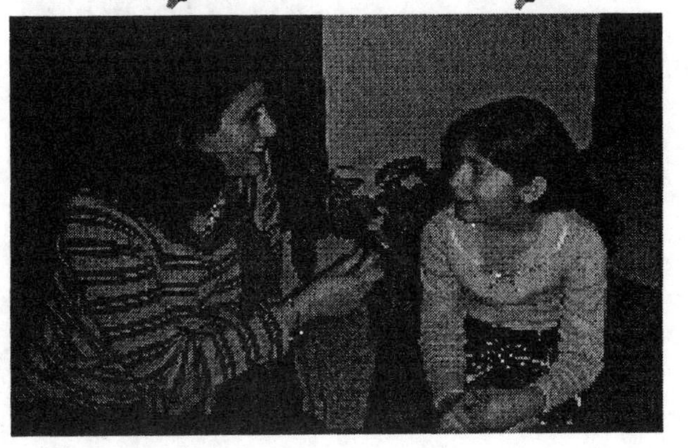

«مع الناس» برنامج تلفزيوني يعرض للمشاهدين مقابلات مع أشخاص يعملون في مجالات مختلفة. في إحدى الحلقات قابلت مراسلة التلفاز، وهي مذيعة في الوقت نفسه، عددا من زوار معرِض دمشق الدولي، وهو معرض تجاري وصناعي يقام كل سنة في أواخر الصيف ويستمر ثلاثة أسابيع. تشارك في المعرض دول عربية وأجنبية. لكل دولة جناح خاص بها.

يزور معرض دمشق الدولي مئات الآلاف من الناس، من سورية ومن البلاد العربية المجاورة وكذلك من الدول الأجنبية.

أمام دكان بائع المثلجات (أوالبوظة) أجرت المراسلة مقابلة مع أسرة تزور المعرض.

المراسلة: مرحبا يا أخ.

الرجل: أهلا.

المراسلة: هل عندك مانع أن (ندردش) قليلا؟

الرجل: لا أبدا. تفضلي.

المراسلة: الاسم الكريم؟

الرجل: نبيل خوري.

المراسلة: أهلا بك. من أين أنت؟

الرجل: من زحلة.

المراسلة: أنت وحدك هنا؟

الرجل: لا، حضرت صباح اليوم بالسيارة مع زوجتي وأولادي.

المراسلة: أين هم؟

الرجل: هناك. (يلتفت وينادي زوجته). ليلى.. ليلى .. تعالي لحظة.

نبيل خوري وزوجته ليلى وابنه غسان وابنته فرح

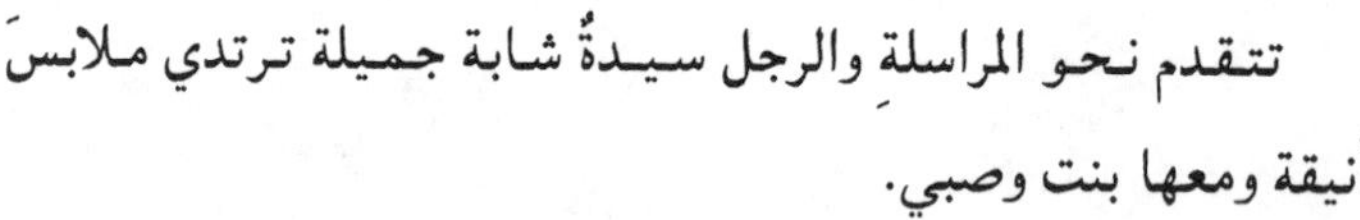

تتقدم نحو المراسلةِ والرجل سيدةٌ شابة جميلة ترتدي ملابسَ أنيقة ومعها بنت وصبي.

مثلجات

المراسلة: ممكن أن نتعرف عليك؟

السيدة: بكل سرور. اسمي ليلى وهذه ابنتي فرح وهذا ابني غسّان.

المراسلة: أهلا بكم. (تقترب من الفتاة الصغيرة). كم عمرك؟

البنت: سبع سنين.

مذيعة

المراسلة: (تخاطب الصبي) وأنت؟

الصبي: تسع سنين، وبعد شهرين بصير عشر سنين.

المراسلة: (تلتفت إلى الأب) ما نوع عملك يا سيد نبيل؟

الرجل: عندي مطعم في زحلة.

المراسلة: هل تقدم الطعام العربي أم الغربي؟

الرجل: في الواقع نقدم النوعين. عندنا أطباق لبنانية وأطباق غربية، لأن عددا كبيرا من السياح الأجانب يزورون المطعم.

المراسلة: هل تساعدك زوجتك في العمل؟

علم لبنان

الرجل: (يبتسم ويلتفت إلى زوجته) ... قليلا.

السيدة: (تبتسم أيضا) في الواقع لا. أنا ربة بيت.

المراسلة: وهل أنت سعيدة في حياتك هكذا؟

السيدة: نعم أنا سعيدة جدا مع زوجي وأولادي. أحاول دائما أن أجعل جو البيت مريحا لهم، وكذلك أساعد غسان وفرح بالدراسة.

المراسلة: هل تستمتعون بزيارة المعرض؟

الرجل: حتى الآن نعم. لكننا لم نزر إلا جناحين فقط.

المراسلة: أرجو لكم زيارة سعيدة وأرحب بكم مرة أخرى بوطنكم الثاني سورية.

ثلاث فتيات

تنتقل المراسلة إلى مكان آخر من المعرض وتقابل فتيات إحداهن ترتدي اللباس الإسلامي.

المراسلة: مساء الخير.

الفتيات: مساء النور.

المراسلة: ممكن أن نتحدث معا على شاشة التلفاز؟

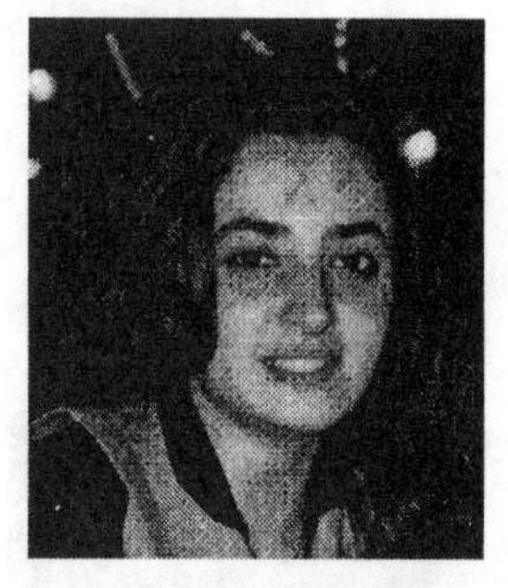
الفتاة ١

الفتاة ١: لا مانع. تفضلي.

المراسلة: أولا، ممكن أن أعرف من أين الآنسات؟

الفتاة ٢: نحن من هنا، من الشام.

المراسلة: أهلا. أهذه أول مرة تزرن فيها المعرض؟

الفتاة ٢: زرناه عدة مرات في سنوات سابقة. (تشير إلى الفتاة الثالثة) لكن هذه هي المرة الأولى بالنسبة لها.

الفتاة ٢

المراسلة: (تلتفت نحو الفتاة الثالثة) كيف تجدين المعرض؟ هل يعجبك؟

الفتاة ٣: معظم الأجنحة أعجبتني، خصوصا الجناح المغربي والجناح السوري من الأجنحة العربية، والفرنسي من الأجنبية.

المراسلة: هل تعملن أم تدرسن؟

الفتاة ١: أنا في السنة الثانية في المعهد المتوسط الهندسي.

الفتاة ٢: أنا في السنة الأولى أدرس الصيدلة في جامعة دمشق.

المراسلة: (للفتاة الثالثة) وهل تدرسين أنت أيضا؟

الفتاة ٣

الفتاة ٣: لا. أنا أعمل في مصنع ملابس داخلية.

المراسلة: يبدو أنك تفضّلين العمل على الدراسة.

الفتاة ٣: لا. كنت أدرس المحاسبة في كلية التجارة، لكنني تركت الدراسة بسبب وفاة والدي. كان موظفا بسيطا ولم يترك لنا راتبا كافيا فكان علي أن أعمل. لكن حين يكبر إخوتي سأعود للدراسة إن شاء الله.

المراسلة: أرجو أن تتحقق رغبتك، وأتمنى لكُن زيارة ممتعة.

بائع العرقسوس

كان بائع العرقسوس يحمل على ظهره وعاء معدنيا كبيرا فضي اللون مملوءا بشراب العرقسوس وحول وسطه حزام خاص يضع فيه كؤوسا فضية ويحمل بيده اليسرى إبريقا فضيا مملوءا بالماء ليغسل به الكؤوس بعد

أن يشرب بها الناس.

المراسلة: مرحبا يا أخ.

بائع العرقسوس: أهلا يا أختي.

إبريق فيه شراب وثلج

المراسلة: ممكن أن أسألك بعض الأسئلة؟

بائع العرقسوس

بائع العرقسوس: تفضلي اسألي. لكن اسمحي لي أولا أن أقدم هذه الكأس للزبون.

المراسلة: طبعا. تفضل.

بائع العرقسوس: (يقدم الكأس للزبون ثم يلتفت إلى المذيعة) أنا الآن تحت أمرك.

المراسلة: العفو. في المعرض ناس كثيرون، عرب وأجانب. من منهم يشتري العرقسوس؟

بائع العرقسوس: غالبا أبناء العرب، وأحيانا بعض السياح الأجانب.

المراسلة: وهذا الخزان الذي تحمله على ظهرك، أهو ثقيل؟

بائع العرقسوس: نعم ثقيل جدا. يتسع وهو مملوء لأكثر من ثمانين كأسا مع الثلج.

المراسلة: كم تضع فيه من الثلج؟

بائع العرقسوس: أكثر من ربع الخزان لأن العرقسوس لا يكون لذيذا إلا إذا كان مثلّجا. (يعيد الزبون له الكأس فارغة فيتناولها منه ويخاطبه) صحتين.

المراسلة: لا أريد أن آخذ من وقتك أكثر. شكرا على هذه المعلومات.

بائع العرقسوس: العفو يا أختي. الله معك.

سائحة

تمرين ١

أجب عن الأسئلة التالية وفق نص القراءة.

١ـ ما الفكرة الرئيسية في نص القراءة؟

٢ـ حدّد بعض الأفكار الثانوية.

٣ـ اكتب عنوانا آخر لهذا الدرس.

٤ـ متى يقام معرض دمشق الدولي؟

٥ـ كم شخصا قابلت المراسلة أمام دكان بائع المثلجات؟

٦ـ ما عمل نبيل خوري؟

٧ـ لماذا لم يترك والد الفتاة لأسرته راتبا جيدا؟

٨ـ ماذا يحمل بائع العرقسوس بيده؟ لماذا يحمله؟

تمرين ٢

أكمل الجمل التالية بالاختيار المناسب وفق نص القراءة.

١ـ أجرت المراسلة المقابلات في ...

❑ الجناح المغربي ❑ الجناح السوري ❑ لبنان ❑ المعرض

٢ـ تعمل المراسلة في ...

❑ المعرض ❑ التلفاز ❑ الإذاعة ❑ الجريدة

٣ـ تشارك في معرض دمشق ...

❑ دول عربية ❑ دول أجنبية ❑ دول عربية وأجنبية ❑ دول أوروبية

٤ـ حضرت عائلة الخوري من لبنان ...

❑ بالسيارة ❑ بالطائرة ❑ بالحافلة ❑ بالقطار

٥ـ ترتدي ليلى خوري ملابس ...

❑ إسلامية ❑ لبنانية ❑ أنيقة ❑ رخيصة

٦ـ الفتاة الثالثة أعجبها الجناح ...

❑ المغربي ❑ اللبناني ❑ الأجنبي ❑ الأوروبي

٧ـ تعمل إحدى الفتيات في مصنع للملابس ...

❑ الإسلامية ❑ الداخلية ❑ الأنيقة ❑ العربية

٨ـ يحمل بائع العرقسوس على ظهره ...

❑ ثلجا ❑ إبريقا ❑ خزانا ❑ زبونا

تمرين ٣

اكتب «خطأ» أو «صواب» إلى جانب كل جملة ثم صحح الجمل الخطأ.

١. ليلى خوري ربة بيت وتساعد ابنها وابنتها بالدراسة.

٢. الفتيات الثلاث حضرن إلى المعرض من لبنان.

٣. ترتدي المراسلة اللباس الإسلامي.

٤. وفاة والد إحدى الفتيات جعلتها تعود للدراسة.

٥. يبيع بائع العرقسوس شرابه من دكانه.

تمرين ٤

وافق بين كلمات من العمودين.

لحظة	حياة
ارتدى	فارغ
وفاة	مراسل
داخل	ثانية
مملوء	التقى
مثلجات	ولد
قابل	طقس
صبي	لبس
جو	بوظة
	خارج

تمرين ٥

اختر الكلمة التي لا تناسب باقي الكلمات في كل مجموعة وبين السبب.

١. معرض كريم جناح بضاعة

٢-	وطن	فندق	زائر	نوم
٣-	عرقسوس	شراب	فضة	ثلج
٤-	موت	ابتسم	ضحك	سرور
٥-	ظَهْر	يد	وجه	طبق
٦-	دولة	معهد	بلد	قُطر
٧-	سائح	مسلسل	برنامج	حلقة

تمرين ٦

أعد ترتيب الكلمات في كل مجموعة لتشكل جملا مفيدة.

١- للدراسة / مريح / المكتبة / جوّ

٢- الإسلامي / هنادي / اللباس / ترتدي / فتاة

٣- بكل / قامت / سرور / بعملها / الفتاة

٤- الماء / مثلجا / أشرب / إلا / لا

٥- إلى / ابنه / الأب / نادى / البيت / للدخول

٦- المصري / المذيعة / مع / أجرت / الرئيس / مقابلة

٧- من / وأجنبية / يزور / عربية / بلاد / المعرض / سياح

تمرين ٧

أعد ترتيب الجمل لتشكل فقرة كاملة. الجملة الأولى في مكانها المناسب.

١- أخبرني صديقي أن هناك معرضا لصور من البحرين.

بعض الصور كانت عن قرية أثرية يبلغ عمرها أكثر من ٥٠٠٠ سنة.

أعجبتنا الصور كثيرا وتمنينا لو نذهب إلى البحرين لرؤية تلك القرية.

وسيقام هذا المعرض في المتحف الوطني بحلب ويبدأ في ١ أيلول.

كما يظهر في الصور أيضا المكان الذي كان يخزّن فيه البلح (dates).

في الأول من أيلول ذهبت إلى المعرض مع صديقيَّ حسام وهشام.

يظهر في تلك الصور هندسة البيوت في القرية.

وكان في المعرض أكثر من ١٥٠ صورة من تاريخ البحرين القديم.

تمرين ٨

Describe an event in which you participated. Indicate what the event was, when and where it took place, who was involved, what the topic was, and all the information necessary to make your description coherent.

تمرين ٩

هذه مقابلة أجراها مراسل صحفي مع فتاة جامعية. تصوّر (imagine) أنك تلك الفتاة واكتب إجابات الفتاة عن أسئلة المراسل.

المراسل: مرحبا يا آنسة.

الفتاة: ....

المراسل: أنا صحفي أجري اليوم مقابلات مع طلاب وطالبات من الجامعة. ممكن أن أتحدث معك؟

الفتاة: ....

المراسل: ماذا تدرسين في الجامعة؟

الفتاة: ....

المراسل: لماذا اخترت هذا التخصص؟

الفتاة: ....

المراسل: ماذا تريدين أن تفعلي بعد التخرج؟

الفتاة: ....

المراسل: أتعجبك هذه الجامعة؟

الفتاة: ....

المراسل: لماذا؟

الفتاة: ....

المراسل: شكرا على سماحك بالمقابلة.

الفتاة: ....

تمرين ١٠

تصور أنك صحفي تعمل في جريدة أو مجلة، أو أنك مذيع تقابل شخصيات مشهورة في برنامجك الإذاعي أو التلفزيوني. أجْرِ مقابلة مع شخصية عربية أو أمريكية (رجل أو إمرأة) حقيقية (real) أو غير حقيقية واحصل على معلومات عن حياة ذلك الشخص والمكان الذي يعيش فيه وماذا يعمل وما يحب ولا يحب وهواياته وأشيائه المفضلة وإن كان متزوجا وإلى أي البلاد سافر، وغير ذلك من المعلومات.

1. **Some Communicative Phrases**

(a) Terms of Address: As indicated in the previous lesson, أخ and أخت may be used to address strangers, both in writing and in speech. In this lesson, يا أخ is used to address the beverage seller, and يا أختي is used by the seller to address the female reporter.

(b) Asking about Someone's Name: When people are asked to introduce themselves in public, the request is usually done in an indirect manner. As you can see in this lesson, the reporter used two different phrases, none of them ما اسمُك؟. These are:

١	الاسم الكريم؟	*Your name?/ You are? (lit. the honorable name?)*
٢	ممكن أن نتعرف عليك؟	*Could we acquaint ourselves with you?*

(c) Beckoning Someone Verbally: Calling someone over is accomplished by using a word that is not a verb, but it conjugates like one in the imperative only. It is تَعـــالَ. Examine its forms in the imperative:

٣ تَعال (m., s.) / تعالي (f., s.) / تعالا (dual) / تعالوا (m., pl.) *Come here!*

(d) Social Niceties: Such expressions are used to convey appreciation, compliance, thanks, request for approval, and so forth. In this lesson, several expressions occurred, each having a different structure. Consider this one from the lesson along with its response:

٤ تحت أمرك. «العَفو» *At your command /at your disposal.*

(e) Making Polite Requests and Responses: This is a sentence with an imperative verb used to seek permission:

٥ اسْمحْ لي. «تَفَضَّل» *Allow me!*

This request form is an active participle, e.g.

٦ مُمكِن؟ *Is it possible? Could you . . . ?*

This word (ممكن) derives from a prepositional phrase (مِنَ الممكِن = *it is possible*). It may be used alone if the context is clear to seek permission for doing something. For example, if one wants to borrow a pen that is lying on a desk and one points at it, the word ممكن with a rising intonation signifies the desire to use the pen. The word ممكن is usually followed by a clause introduced by أنْ, but it may be dropped in causal speech, e.g.

٧ مُمكِن (أن) أستعمل القلم؟ *Is it possible to (may I) use the pen?*

A response to this request may take several forms. Four may be used from this lesson:

٨ تَفَضَّلي. *Go ahead! (Take it.)*

This word (تفضّلي) is an imperative verb. As you may know, its meaning is context sensitive, with many possibilities: "Go ahead of me," "Please sit down," "Please come in," and so forth. Another possible response to ممكن may be:

٩ بِكُلّ سُرور. *With pleasure.*

Example 9 is a prepositional phrase composed of a preposition (بِ) and an *iḍāfa* structure (كلّ سرور). The response to a request may also be this word:

١٠ طَبْعاً. *Certainly/Of course/Naturally.*

The word is an indefinite accusative "absolute object" (مَفعول مُطلَق), literally meaning "by nature," but functionally it signifies "sure, of course, naturally." Another possible response:

١١ لا مانِع. *No objection (Go ahead / It's all right.)*

<u>Absolute Negation</u>: The negative particle لا used in example 11 is not the one used to negate verbs but the one used to negate nouns. It is called لا النافـيـة للجنس, that is, the absolute لا, which negates the entire class of the noun. The noun it modifies is accusative منصوب. Absolute لا, when introducing a nominal sentence, functions just like a member of the إنّ set, with the subject منصوب and the predicate مرفوع, e.g.

١٢ لا طُلّابَ قادِمونَ. *No students are coming.*

Because it negates the entire class of the noun, it cannot be used with numbers or names, for these specify members of a class.

تمرين ١١

اختر أفضل إجابة.

١. ممكن أن أستعمل الهاتف؟

❑ العفو ❑ طبعا ❑ شكرا

٢. إن عملك هذا ممتاز.

❑ شكرا ❑ عفوا ❑ طبعا

٣. أنا تحت أمرك الآن.

❑ العفو ❑ إن شاء الله ❑ تفضل

٤. أعندك مانع أن نتحدث قليلا؟

❑ لا أبدا ❑ الحمد لله ❑ الله معك

٥. أسعيدة أنت في حياتك؟

❑ الحمد لله ❑ العفو ❑ شكرا

٦. هل ستأتين غدا إلى العمل؟

❑ لا مانع ❑ لا أبدا ❑ إن شاء الله

القواعد

2. Inquiring about Number and Quantity with كَم

The particle كَم is used to ask questions about number and quantity. It means *many, much*, and when used as an interrogative particle (question word), it means *how many/how much*. It must be followed by a noun specifying what is being inquired about. The specifying noun is called تَمييز (specification), which is singular accusative, e.g.

١ كَم كتاباً تُريد؟ — *How many books do you want?*

The particle كم may be followed by an *iḍāfa* structure, the first part of which is a nominative noun, e.g.

٢ كَم عُمُرُ ابنِك؟ / كم عمرُك؟ — *How old is your son? / How old are you?*

In example 2, the specified noun سَنَة is ellipted because it is understood from context.

The particle كم may be modified by the preposition بِـ. In this case, the following noun may be either a genitive or an accusative noun, e.g.

٣ بِكَم مَدينةٍ / مَدينةً سَكَنت؟ — *In how many towns did you live?*

With uncountable nouns, the preposition مِن is usually used after كم . Note that the noun after من is genitive.

٤ كَم مِنَ القَهوةِ شَرِبت؟ — *How much coffee did you drink?*

تمرين ١٢

In Arabic, inquire about quantity or number as indicated in the following phrases. Provide the short vowels on the ends of nouns.

1. Cities your friend has visited.
2. Sugar he or she takes in coffee.
3. Brothers she has.
4. For how many dollars your interlocutor bought his book.
5. Oil the United States imports in barrels (بِرْميل) from Arab countries.
6. Old buildings on the university campus.
7. the age of the addressee's car.
8. The price (ثَمَن) of a shirt you are pointing at.

3. **Expressing Obligation with the Preposition** عَلَى

You may express obligation, using على, e.g.

١ كانَ عَليَّ أنْ أعملَ. *I had to work.*

٢ كانَ عَلى سَليم أنْ يَعمَلَ. *Seleem had to work.*

Examples 1 and 2 expresses obligation with a prepositional phrase composed of the preposition على with a noun following (as in 2) or an attached pronoun suffixed to it (1).

Tense is not restricted to the past (كان), nor is the clause after على limited to أنْ. The subject may be a verbal noun (3) or a noun (4). This noun functions as the subject of a nominal sentence. If you recall, a predicate consisting of a prepositional phrase is usually preposed, i.e., positioned before the subject, as in 3:

٣ عَليكَ غَسيلُ السيارةِ. *Washing the car is your obligation.*

٤ الفواكهُ على عايدة. *The fruits are Aida's responsibility.*

تمرين ١٣

Express obligation using prepositional phrases with على and following the rules of the subject and predicate positioning in nominal sentences.

1. Cleaning the apartment is your responsibility.
2. I had to be at the airport at one o'clock.
3. The food is Nadeem's responsibility and the dessert mine.
4. We had to wait for them for an hour.

4. **Forming Yes/No Questions with the *Hamza*** أ

This is the least complicated, most flexible particle. Its most common usage is in forming yes/no questions. It does not affect the word it modifies in any way. It may be prefixed to nouns, pronouns, verbs, and other particles (the examples are in this order):

١ أسيّارَتُك يابانيّةٌ؟ *Is your car Japanese?*

٢ أهِيَ صَديقَتُك؟ *Is she your friend?*

٣ أتَرَيْنَ تِلكَ الشَجَرةَ؟ *Do you see that tree?*

٤ أَلَم أَقُلْ لكِ إنّه ليسَ في مكتبه؟ *Didn't I tell you he was not in his office?*

It is similar to هَل in this sense, but it differs from it in that هل is used in affirmative statements only, while أ is used with affirmative *and* negative statements, e.g.

٥ هَل تكتبُ بيَدِك اليُمنى أمِ اليُسرى؟ *Do you write with your right or left hand?*

٦ أتَكتبُ/ألا تكتبُ بيدِكَ اليُمنى؟ *Do/Don't you write with your right hand?*

On the use of أو and أم: Both mean *or*, but أو is used only with affirmative statements (7) and أم with questions (8). Note, however, that when the *hamza* is used with a verbal sentence, such as 7, its structure must change to a nominal sentence, as in 8.

٧ أكتبُ بيدي اليُمنى أو باليُسرى. *I write with my right or left hand.*

٨ أبيدِكَ اليُمنى تَكتُبُ أم باليُسرى؟ *Do you write with your right or left hand?*

Additional functions for أ: The interrogative particle أ has other functions also, such as reprimanding and expressing sarcasm and wonder, respectively, e.g.

٩ أتَخرُجُ مَعَ تلكَ الفتاة وأنتَ مُتزَوِّج؟ *You go out with that girl while you're married?*

١٠ ألا يَرى وَجهَهُ؟ *Doesn't he see his face (i.e., "he's ugly")?*

١١ أيَمشي إلى عَمَلِه وعندَهُ سيّارة؟ *He walks to work while he has a car!*

تمرين ١٤

Using the interrogative *hamza*, express the following meanings.

1. Do you come to school on foot?
2. You come late for your graduation party (حفلة)!
3. Did she study pharmacy or medicine?
4. Is that your teacher?
5. Do you swim in the sea in winter time or in the pool?
6. Didn't he say that we should be there at 3 o'clock?
7. Do you watch TV during finals' week?
8. Aren't you going to buy a new car?

5. **Structures Revisited** مراجعة القَواعِد

(a) Exception: Remember that إلاّ is followed by an accusative noun (منصوب):

١ شاهدتُ كُلَّ الأجنحةِ إلاّ جَناحَين. *I saw all the pavilions except two.*

However, this rule does not apply if the sentence is negative or a question. The case of the noun after إلاّ if negative or interrogative depends on its position in the sentence:

٢ لا أشربُ إلاّ الماءَ مَعَ الطعامِ. *I drink nothing but water with food.*

The excepted noun in 2 is the object of the verb and is, therefore, accusative.

٣ ما عَليكَ إلاّ كتابةُ هذه الرسالة. *You have only this letter to write.*

In 3, the excepted noun is a postposed subject and therefore nominative.

٤ لم أرَها إلاّ ماشيةً. *I have seen her only walking [she always walks].*

The excepted noun in 4 is a circumstantial adverb حال (ماشيةً), and it is accusative مَنصوب.

٥ هل اسمُهُ إلاّ مِثلُ اسمِ أبيه؟ *Isn't his name just like his father's?*

The words اسمُهُ (5) and مِثلُ are subject and predicate, and therefore both are nominative مرفوع.

The words following إلاّ are not exclusively nouns; all verbs and particles can also be modified by إلاّ. Here are two examples with a verb and a particle:

٦ ما تَكَلَّمتُ مَعَهُ مَرّةً إلا قالَ إنّي مَشغول. *Every time I spoke to him, he said he was busy.*

٧ ما مِن طالبٍ هُنا إلاّ لَدَيه حاسوب. *All students here have computers.*

تمرين ١٥

Use إلاّ to express the following meanings, using the rules discussed above.

1. I don't go to the movies except with my friends.
2. All the students came except one.
3. Your wife is nothing but your friend.
4. Every time we stayed by the sea, we went swimming.
5. All the ladies in this photo have dogs with them except one.
6. Every time I call her, her son answers the telephone.

(b) Passive Voice: (See *AWS I,* lesson 21, and lesson 2 in this textbook.) Before examining the passive voice, consider first this active sentence:

١ تُقيمُ الدَولةُ المَعرِضَ كُلَّ صَيفٍ. *The state sets up the fair every summer.*

The sentence has an agent (الدَولةُ), which is مرفوع, and a direct object (المعرِضَ), which is منصوب.

- A passive sentence does not specify the agent, e.g.

٢ يُقامُ المَعرِضُ كُلَّ صَيفٍ. *The exhibition is set up every summer.*

- A passive verb is formed by internal vowel changes. Examine these verb forms in the past and present, active (معلوم) and passive (مجهول). The vowel patterns in parentheses apply to all verb forms I to X. Notice the vowel on the middle letter of the verb. Changes in the passive concern the vowels in the verb, whether short or long.

الماضي		المُضارع	
مَعلوم	مَجهول	مَعلوم	مَجهول
كَتَبَ (َ+َ)	كُتِبَ (ُ+ِ)	يَكتُبُ (َ+ُ)	يُكتَبُ (ُ+َ)
شَرِبَ (َ+ِ)	شُرِبَ (ُ+ِ)	يَشرَبُ (َ+َ)	يُشرَبُ (ُ+َ)
قالَ (ا)	قيلَ (ي)	يَقولُ (َ+و)	يُقالُ (ُ+ا)
سَمّى (َ+ى)	سُمِّيَ (ُ+ِ+يَ)	يُسَمّي (ُ+َ+ي)	يُسَمّى (ُ+َ+ى)

- The verb agrees with the noun following it, which is usually the object occupying the agent's position and assuming its case. Note that يُقام in 2 is masculine singular because the noun المعرض is masculine singular.

تمرين ١٦

آ- اجعل هذه الأفعال مبنية للمجهول مع الشكل كما في المثال.

Make these verbs passive, retaining number and person with voweling, as in the example.

مِثال: قَطَّعَتْ ⇦ قُطِّعَتْ

١- قابَلَتْ: ....

٢- أقامَ: ....

٣- رَأى: ....

٤- أحضَروا: ....

٥- استَعْمَلَ: ....

ب- اكتب معاني الجمل التالية بالعربية.

1. Maher was seen in front of the movie theater.
2. The merchandise was carried out to the truck.
3. The water was boiled for two minutes.
4. An interview was conducted with the president.
5. The cars were signaled to halt.
6. Her name was called, but she never responded.

(c) Adverb of Time ظرف الزمان: (See section j in Grammar Review). The Arabic term ظرف means "container" or "vessel" because such an adverb contains time. Adverbs of time (and place) are direct objects of verbs and are, therefore, accusative (منصوب). So, in order for a noun to be considered an adverb, it should describe an action or event, e.g.

١ حَضَرتُ صَباحَ اليَومِ. *I came this morning.*

In sentence 1, the action of coming occurred in the morning of that particular day. But if the noun used as an adverb does not describe the time of the action, then it is treated as a regular noun, and its case is determined according to its position in the sentence, e.g.

٢ أتى الصَباحُ. *The morning came.*

The noun الصَباحُ is the agent of the sentence and, therefore, nominative (مرفوع).

Types of Adverb of Time:

(1) Declinable: the accusative marker is indicated: صباحاً، يومَ الخميس، عامَ السعادة غداً.

(2) Indeclinable: there is no case marking (e.g. إذا. الآنَ، مُنذُ. أمسِ).

Substitutes for Adverb of Time: Substitutes take the adverb's function and case.

(1) Demonstratives اسم الإشارة: In order to function in this role, they must be followed by an

adverb of time, e.g.

٣ وصلَتْ سَلمى [هذا] اليومَ. *Salma arrived today.*

(2) Verbal Nouns المصدر: The verbal noun must refer to time or duration and must form an *iḍāfa* structure with the adverb of time (i.e., being مضاف إليه). The adverb may be dropped, as in 4. This usage is rare in Modern Standard Arabic, e.g.

٤ وَصَلنا المدينةَ [طُلوعَ] الشَمس. *We arrived in town at sunrise.*

Sentence 4 is originally something like:

٥ وَصَلنا المدينةَ [وقتَ طُلوعِ] الشَمس. *We arrived in town at the time of sunrise.*

(3) Quantifiers: These are words that refer to part or all of an entity, such as كُلّ، بعض نصف، ربع، جميع. They function as مضاف and the adverb as مضاف إليه (النهار in 6), e.g.

٦ مَشَيتُ [كُلَّ] النَهارِ. *I walked for the entire day.*

Note that the quantifier كلّ in 6, which is the substitute for the adverb, is منصوب.

(4) Numbers: Like quantifiers and verbal nouns, numbers must be مضاف and an adverb of time مضاف إليه, e.g.

٧ يستمرُّ المعرضُ [ثلاثةَ] أسابيعٍ. *The fair continues for three weeks.*

The word ثلاثة is مضاف and أسابيع is مضاف إليه.

تمرين ١٧

Use adverbs of time to convey the following meanings in Arabic. Provide inflectional endings to indicate case.

1. My exam is today.
2. The plane arrived in the evening.
3. We walked into the building at the time when the employees were leaving.
4. The film lasted two hours.
5. We stayed in Beirut for five days.
6. I lived in an apartment the entire year.

6. **Register**

Mixing Two Codes or Varieties: As you may know, speakers of Arabic use a colloquial variety, which varies significantly from place to place, for everyday communication. For formal situations and school instruction in which oral interaction is required, they resort to Standard Arabic (الفُصحى). Few, however, can maintain constant discourse in the standard variety. They tend to mix elements from their local colloquial variety (their mother tongue) with standard elements learned at school.

Radio and television interviews (like the ones in this lesson) are found more or less on the formal side. Some speakers can sustain performance in MSA for an extended period of time. Most people do try to use as much of the standard register as possible, but they may lapse into colloquial usage. These lapses may be either in the form of outright use of colloquial words, morphology, or syntax or in the form of dropping inflectional endings.

a. Using Colloquial Elements: In the reading passage, the reporter uses the colloquial word for "chat" (دردش). Its use may be acceptable in this context because the interaction is oral and rather informal. This word is quite frequently used in such situations. The boy uses colloquial morphology when he prefixes the indicative بـ marker to the present tense verb.

١ بعد شهرين بْصير عشر سنين. — *After two months, I will be ten years [old].*

This verb (بصير) is used instead of the standard أصيرُ. The indicative بـ is common to several Arabic colloquial varieties. It is prefixed to all indicative forms: المضارع المرفوع.

b. Dropping Inflectional Endings: The challenging aspect of using Standard Arabic orally is the correct use of inflectional endings. These endings mark the cases of nouns and adjectives and the moods of verbs. Only the highly educated in Arabic can master their use. However, they are mostly markers of accuracy, not of meaning. Therefore, many educated Arabic speakers resort to dropping these endings in speech that is not highly formal, such as interviews. Compare these two versions of the same sentence from the reading passage, paying attention to the voweling. The first line (2), when pronounced with all the diacritics, is grammatically accurate and complete; the second line (3), with the endings dropped, represents what most people would say in a situation that calls for the use of Standard Arabic but is not formal enough to warrant full accuracy.

٢ أنا في السَنَةِ الثانِيَةِ في المَعهَدِ المُتَوَسِّطِ الهَندَسيِّ.

٣ أنا في السنة الثانية في المعهد المتوسط الهندسي.

This process applies to set phrases, like communicative expressions, such as the one used by the licorice-beverage seller. The first phrase is standard:

٤ اللهُ مَعَكِ. ⇦ الله مَعِك.

The first phrase is pronounced "*allahu ma*ᶜ*aki*" and the latter "*alla ma*ᶜ*ek*". The seller also wishes his customer good health. He uses the latter version, of course:

٥ صَحَّتَيْنِ ⇦ صَحْتين

There is a well-known Arabic saying that preaches dropping endings to guard against committing grammatical errors:

٦ سَكِّنْ تَسلَمْ. *Drop the ending, and you'll be safe (from errors).*

Nonetheless, those who use Arabic accurately are greatly admired. Sometimes, people try to show the level of their education by the amount of endings integrated into their speech, particularly when they are on radio or television in a formal situation.

Notes on Vocabulary and Family Names

1. The word أواخِر is the plural of آخِر 'last,' signifying the last few things of something. In the sentence at hand, it means the last few days or weeks of the summer.
2. In the third interview, the beverage seller uses the expression أبناء العرب (literally "sons of Arabs"). However, this simply means "Arabs." People, especially expatriates, may refer to a woman as بنت عَرَب and to a man as ابن عَرَب, meaning that they are Arab.
3. The family name خوري is quite common in Greater Syria (بلاد الشام) among Christians. It means "priest, cleric, minister." Families bearing this name may not be related. One of the famous men with this name was فارس الخوري, writer, statesman, lawyer, and prime minister of Syria. Here is a brief biography of him. Try to infer the meanings of the underlined words from the context.

فارس الخوري سياسي وأديب سوري. ولد في بلدة الكفير سنة ١٨٧٧ وتوفي في دمشق عام ١٩٦٢. عضو المجمع العلمي بدمشق. صار رئيسا لمجلس النواب السوري ورئيسا للوزارة عدة مرات. شارك في وضع الدستور السوري ومثل سورية في هيئة الأمم المتحدة عام ١٩٤٥ كعضو مؤسِّس.

تمرين ١٨

آ- أجب عن الأسئلة وفق نص الاستماع.

١. ما الفكرة الرئيسية في هذا النص؟

٢. اذكر بعض الأفكار الثانوية.

٣. اكتب عنوانا لنص الاستماع.

٤. في أي بلد تجري المقابلة؟

٥. كم أختاً لزينا ؟

ب- اكتب «خطأ» أو «صواب» بجانب كل جملة وصحِّح الجمل الخطأ.

١. تحبّ زينا أن تعمل في شركة في الولايات المتحدة.

٢. تريد زينا أن تتزوّج لكنها لا تريد أطفالا.

٣. تعمل المرأة العربية في جميع المجالات في بعض البلاد العربية.

٤. زارت زينا المتحف في روما.

ج- أكمل الجمل التالية بالاختيار المناسب وفق نص الاستماع.

١. يعجب زينا في الولايات المتحدة ......

❑ النظام ❑ الطعام ❑ الرياضة ❑ الدراسة

٢. تدرس زينا في الولايات المتحدة ......

❑ علم الاجتماع ❑ علم الحاسوب ❑ الموادر البشرية ❑ التجارة رالمحاسبة

٣. ينظر الغرب إلى المرأة العربية على أنها ......

❑ سياسية ❑ وزيرة ❑ طبيبة ❑ ربة بيت

٤. من هوايات زينا ......

❑ القراءة ❑ الدراسة ❑ السباحة ❑ المراسلة

د- لخِّص المقابلة مع زينا بحوالى خمسين كلمة.

المفردات

used to make yes/no questions .... (interrogative particle) أ
to smile .... ابْتَسَمَ (يَبْتَسِمُ) ابتِسام (v.)
to perform, do .... أجرى (يُجْري) إجْراء (v.)
to wear .... ارْتَدى (يَرتَدي) ارتِداء (v.)
to point, make a signal, allude .... أشارَ (يُشيرُ) إشارة (v.)
to set up, found, hold .... أقامَ (يُقيمُ) إقامة (v.)
to approach, come close, draw near .... اِقتَرَبَ (يَقتَرِبُ) اِقتِراب (v.)
to turn, turn one's face, pay attention .... اِلتَفَتَ (يَلتَفِتُ) اِلتِفات (v.)
a command, an order .... أمْر ج أوامِر (n., m.)
neat, well dressed .... أنيق (n., m.)
left .... أيْسَر (adj., m.)، يُسْرى (adj., f.)
to talk to, speak .... تَحَدَّثَ (يَتَحَدَّثُ) تَحَدُّث (v.)
come here! .... تَعالَ (quasi verb)
heavy, burdensome .... ثَقيل ج ثُقَلاء (n., m.)
pavilion .... جَناح ج أجْنِحة (n., m.)
to make .... جَعَلَ (يَجْعَلُ) جَعْل (v.)
atmosphere, environment, weather .... جَوّ (ج) أجْواء (n., m.)
to try, attempt .... حاوَلَ (يُحاوِلُ) مُحاوَلة (v.)
belt .... حِزام ج أحْزِمة (n., m.)
part of a series, a show in a TV or radio series, ring .... حَلَقة ج حَلَقات (n., f.)
to address, talk .... خاطَبَ (يُخاطِبُ) مُخاطَبة (v.)
inner, inside, interior .... داخِل (n., m.)
to chat .... دَرْدَشَ (يُدَردِشُ) دَردَشة v. (colloquial)
state, country .... دَولة ج دُوَل (n., f.)
salary .... راتِب ج رَواتِب (n., m.)
visitor, caller, guest .... زائِر (ج) زُوّار (n., m.)
customer, client .... زَبون ج زَبائِن (n., m.)
former, previous .... سابِق (adj.)

tourist, traveler .... (n., m.) سائح ج سُيّاح/سائحون

to allow, permit .... (v.) سَمَحَ (يَسْمَحُ) سَماح

to participate .... (v.) شارَكَ (يُشارِكُ) مُشاركة

boy .... (n., m.) صَبِيّ ج صِبْيَة/صِبْيان

back .... (n., m.) ظَهْر ج ظُهور

to show, display, air .... (v.) عَرَضَ (يَعْرِضُ) عَرْض

licorice root .... (n., m.) عِرْقسوس (عِرْق سوس)

to interview, meet .... (v.) قابَلَ (يُقابِلُ) مُقابَلة

respectable, honorable, eminent, precious, generous .... (n., m./adj.) كَريم ج كُرَماء/كِرام

moment, instant .... (n., f.) لَحْظة ج لَحَظات

objection, obstacle, obstruction .... (n., m.) مانِع ج مَوانِع

iced material, ice cream .... (n./adj., m.) مُثَلَّج ج مُثَلَّجات

field, area of specialization, room .... (n., m.) مَجال ج مَجالات

adjacent, next door .... (adj.) مُجاوِر

correspondent, reporter .... (n., m.) مُراسِل ج مُراسِلون

comfortable (not for describing people) .... (adj.) مُريح

exhibition, fair, show .... (n., m.) مَعْرِض ج مَعارِض

college, institute, institution, academy .... (n., m.) مَعْهَد ج مَعاهِد

enjoyable, pleasant, delightful, interesting .... (adj.) مُمْتِع

full .... (adj.) مَمْلوء

possible .... (adj.) مُمْكِن

to call, call out, cry out, shout .... (v.) نادى (يُنادي) مُناداة

relationship, affinity (concerning, with regard to) .... (n., f.) نِسبة ج نِسَب (بالنِسْبَة لِـ)

like this, so, thus .... (demonstrative) هكَذا

waist, middle, surroundings .... (n., m.) وَسَط ج أوساط

death .... (n., f.) وَفاة ج وَفَيات

٦

Objectives:

- Describing activities in the present, past, and future
- Describing professions and towns
- Circumstantial adverb الحال
- Revisited structures: the nominal sentence, كان and its set, the subjunctive, adverb of time, diptotes, passive participle, passive voice, multiple *iḍāfa*
- Listen to the recorded material for this lesson

رامي مارتيني في عمّان

شاحنة

رامي مارتيني

رامي مارتيني أخو عدنان مارتيني، وهو طالب يدرس التِجارة في جامعةِ حَلَب ويشتغل أيضا سائقاً على شاحنة لشركة تصنع البرّاداتِ والغسّالات في حَلَب، ثاني أكبر المدن السورية. يسوق رامي شاحنته عادةً مرّة في الأسبوع إلى دمشق لينقل أجهزة كَهرَبائيّة. حين يكون في دمشقَ لا ينام في الفندق عادةً بَلْ في شقَة أخيه أيمن الّذي يدرس الطِبَّ في جامعة دمشق. أيمن في سنته الدراسيّة الأخيرة وسيصبح طبيباً بعد بضعة أشهر.

منذ شهرين سافر رامي بالشاحنة إلى عمّانَ عاصمةِ المملكة الأردنية الهاشميّة الواقعة جنوب سورية ونقل برّادات إلى هناك. استغرقت الطريق إلى عمّانَ بالشاحنة تسع ساعات تقريبا. مرَّ في طريقه إلى عمّان بمدينة حماةَ الواقعة جنوب حلَب ثُمَّ مرّ بمدينة حِمصَ ثمّ بدمشق وأخيراً بدرعا آخرِ بلدة سوريّة قبل الحدود السورية الأردنية. توقف هناك قليلاً ثم ساق شاحنته إلى عمّان.

خريطة سورية والأردن

بقي رامي يوماً واحداً في عمّان زار خلاله صديقه أحمد نحّاس الّذي يدرس اللغة الإنكليزية في الجامعة الأردنية. زار مع صديقه حرم الجامعة الأردنية. زار معه كذلك المسرح الروماني القديم في وسط مدينة عمان والمسمّى «فيلادلفيا» وهو اسم عمان القديم. يقع هذا المسرح على سفح جبل الجوفة، أول جبل سُكِن في عمّان.

تجوّل رامي وصديقه في جبال عمّان السبعة الّتي صارت كلّها مسكونة الآن. بدأ العمران يمتد خارج جبل الجوفة بعد سنة ١٩٤٩ حين صارت عمّان عاصمة الأردن عام ١٩٤٦. بجانب قمّة جبل الجوفة يوجد جبل التاج وقد سمِّي كذلك لأنه أعلى منطقة بعمان. امتد العمران إلى جبل القلعة أولا، ثم بدأ يمتد إلى جبل عمّان حيث يوجد مجلس الأمة وعدد كبير من السِفارات الأجنبية وبعض الوِزارات وقصر زهران، قصر والدة الملك حسين.

ثم ذهبا إلى جبل اللوَيْبدة الّذي يقع في وسط الجبال الأخرى وهو ثاني منطقة

المسرح الروماني (فيلادلفيا)

سكنيـة بعد الجوفـة، وقـد بدأ العمـران فـيـهِ عـام ١٩٤٩. تجولا أيضا في جبل الحسين ومرّاً بمخيم اللاجئين الفلسطينيين الذي أصبح منطقة سكنية اليوم. امتد العمران كذلك إلى جبلَيْ النزهة والقصور. وعلم رامي من أحمد أن العمران امتد إلى خارج عمان ووصل إلى جبل الهاشمي حيث توجد القصور الملكية على امتداده.

بعد ذلك توجّه الصديقان إلى حي عبدون حيث توجد الدور الفخمة، وقال أحمد إن هذا الحي واحد من ثلاثة أحياء حديثة راقية بالإضافة إلى أم أذينة ودير غبار. وجد رامي أن معظم البيوت مبنية بناء جميلا من الحجر الأبيض كما في حلب.

عمّان الحديثة

كان رامي سعيداً بنهاية الزيارة هذه. في صباح اليوم الثالث قاد شاحنته راجعا إلى حلب ولم يتوقف في دمشق.

تمرين ١

أولاً. اقرأ المعلومات في شهادة قيادة رامي مارتيني ثم اكتب فِقرة تصف فيها رامي مارتيني وفق هذه المعلومات.

الجمهورية العربية السورية إدارة المرور العامة	شهادة قيادة خاصة
الاسم: رامي	المهنة: طالب
الشهرة: مارتيني	رقم الهاتف: ٨٦٥١٦١٣
تاريخ الميلاد: ١٧ آذار ١٩٧٨	رقم الشهادة: ٦٧٥٨٧٣٦٤ب
مكان الميلاد: حلب	تاريخ الإصدار: ١٩٩٦/٨/٢٥
العنوان: شارع المتنبي، رقم ١٥	تاريخ الانتهاء: ٢٠٠٠/٨/٢٤

ثانياً. املأ شهادة القيادة التالية بمعلومات عن نفسك.

الجمهورية العربية السورية إدارة المرور العامة	شهادة قيادة خاصة	صورتُك
الاسم:	المهنة:	
الشهرة:	رقم الهاتف:	
تاريخ الميلاد:	رقم الشهادة:	
مكان الميلاد:	تاريخ الإصدار:	
العنوان:	تاريخ الانتهاء:	

تمرين ٢

A. Label the countries and towns on the map of Syria and Jordan according to the reading passage above.

B. List the hills mentioned in the reading passage on which Amman is built.

تمرين ٣

آ- أكمل الجمل التالية من نص القراءة.

١- ينام رامي في ...... حين يكون في دمشق.

٢- تقع ...... بين حماة ودمشق.

٣- درعا بلدة صغيرة تقع على ......

٤- لرامي صديق اسمه ......

٥- يقع المسرح الروماني على ......

٦- كل جبال عمان ...... الآن.

٧- يوجد قصر زهران في جبل ......

٨- صارت عمان عاصمة الأردن عام .....

ب- اكتب «خطأ» أو «صواب» إلى جانب كل جملة ثم صحح الجمل الخطأ.

١- مهنة رامي سائق.

٢- يدرس رامي التجارة في جامعة حلب.

٣- ينقل رامي أجهزة كهربائيّة من عمان إلى حلب.

٤- تقع عمان على عدة جبال.

٥- كان اسم عمان القديمِ «المسرح».

٦- قِمة جبل الجوفة أعلى منطقة في عمان.

٧- أم أذينة أحد الأحياء الراقية في عمان.

تمرين ٤

آ- وافق بين كلمات من العمودين.

١- اشتغل	سينما
٢- الأول	شارع
٣- جهاز كهربائي	سعيد
٤- طريق	عمل
٥- تجوّل	برّاد
٦- مسرح	سيّارة
٧- شاحنة	مشى
	الثاني

B. Match words that go together to form *iḍāfa* phrases and provide their meanings.

١- حرم	الأمة
٢- سفح	العربية
٣- شهادة	الجامعة

٤- مجلس	الجبل
	القيادة

C. Match words that have similar meanings مترادفات.

١- أصبح	عمل
٢- ساق	دار
٣- رجع	عام
٤- سنة	صار
٥- بيت	عاد
	قاد

تمرين ٥

In Arabic, describe the relationship among the three persons mentioned in the reading passage above and describe their activities and backgrounds in some detail.

رامي مارتيني، أيمن مارتيني، أحمد نحاس

تمرين ٦

A. Describe the itinerary of a trip you have made by car (real or imaginary), giving details about the towns through which you passed and their geographical locations in relation to one another.

B. Describe a town of your choice in terms of its history, population composition, different quarters, and places of interest in it.

أماكن هامّة في الأردن

جَرَش

تقع في شمال الأردن وفيها آثار رومانية في حال حسنة، كالمسرح الروماني الذي تقام فيه حفلات موسيقية وحفلات رقص شعبي.

طريق رومانية في جرش

مسرح جرش الروماني

مادَبا

تقع مادَبا على بُعد ٣٠ كيلومتراً إلى الجنوب الغربي من عمّان. فيها كنيسة قديمة وآثار وفُسَيفُساء تعود إلى زمن الرومان.

من فُسَيفُساء مادبا

البَتراء

مدينة قديمة مبانيها محفورة في الصخر الوردي اللون. تقع على بعد ٢٠٠ كم تقريباً إلى الجنوب من عمان. سكنها الأنباط قبل الإسلام، وكانت مركزا مهما للتجارة والقوافل.

البتراء

العَقَبة

العقبة ميناء الأردن الوحيد ويقع على البحر الأحمر. للعقبة شاطئ رملي جميل وفيها عدد من الفنادق والمطاعم. يأتيها الأردنيون والسياح للسباحة وتسلق الجبال والتزلج على الماء والغوص في البحر الأحمر. تبعد عن عمان حوالي ٣٠٠ كيلومتراً إلى الجنوب.

جرش
عمّان
مادَبا
البتراء
العقبة

خريطة الأردن

التزلّج على الماء

تمرين ٧

أجب عن هذه الأسئلة.

١. أين توجد آثار بالفسيفساء؟
٢. من أي شيء بُنيت البتراء وماذا كانت في التاريخ؟
٣. كيف تُستخدَم آثار جرش اليوم؟
٤. ما أهمية العقبة؟
٥. لو كنت سائحا ولديك الوقت لزيارة أحد تلك الأماكن في الأردن، إلى أي مكان تذهب ولماذا تفضّله؟

تمرين ٨

اختر الكلمة التي لا تناسب باقي الكلمات وبين السبب.

١. سباحة	تزلّج على الماء	تسلّق جبال	غوص في البحر
٢. حفلة	هدوء	رقص	غناء
٣. آثار	تاريخ	قديم	حديث

1. **Circumstantial Adverb** الحال

This structure, الحال (literally, *state, condition, situation, circumstance*), is similar to the English adverb of manner (e.g. *quickly*). It has several forms: a single word, a sentence, and a clause, but the most common is an indefinite noun in the accusative (منصوب). It describes the manner in which an agent performs an action. Note that the agent is definite. The حال is added to a complete sentence, e.g.

١ جاءَ الطالِبُ. *The student came.*

In order to describe *how* the student came, add to it a word representing this situation, as in example 2. Often, this word has the form of an active participle (اسم فاعل). It should be indefinite and accusative (منصوب). (See Derived Forms, section 5, lesson 23, *AWS I.*) Remember that the form of اسم الفاعل varies with the different verb forms.

٢ جاءَ الطالِبُ ماشياً. *The student came walking (on foot).*

The word ماشياً in 2 rhymes with فاعلاً. In the reading passage, this sentence occurred:

٣ قادَ شاحِنَتَهُ [راجعاً] إلى حَلَب. *He drove his truck returning to Aleppo.*

The word راجعاً in the sentence above is called حال because it describes the circumstances under which the agent drove his truck.

The حال may also be a passive participle (اسم مفعول), as in example 4, where مَشغولاً is a noun describing the state of the teacher.

٤ وجَدْتُ أستاذي [مَشغولاً]. *I found my teacher busy.*

The circumstantial adverb (حال) may also be an underived noun (i.e., not اسم فاعل), e.g.

٥ رجع أحمَد إلينا [رجُلاً]. *Ahmad came back a man to us (i.e., he matured).*

It may also be a sentence, both verbal and nominal, e.g.

٦ وَجدتُ سامي [يكتُبُ رِسالةً]. *I found Sami writing a letter.*

٧ مشى سامي [ويَدُهُ بيَدها]. *Sami walked with his hand in her hand.*

Verbal and nominal sentences functioning as حال must have reference to the agent in the main sentence (6, 7). The nominal sentence must be connected to the main sentence by و, as in 7.

The third type of حال is a clause. This can be prepositional (8) or adverbial (9), e.g.

٨ شاهَدتُ سيّارةَ مَروانَ [في الشارِع]. *I saw Marwan's car on the street.*

٩ رأيتُ القَمَرَ [بَيْنَ الغُيوم]. *I saw the moon among the clouds.*

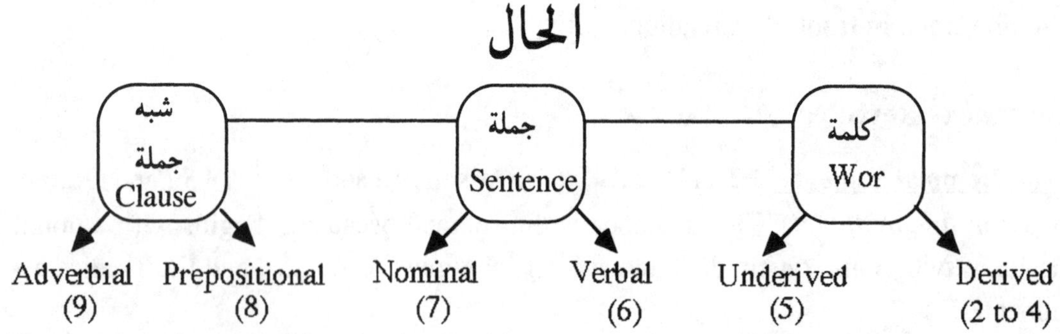

The numbers in parentheses in the diagram above refer to example numbers.

تمرين ٩

A. Underline the words that are حال in the following sentences.

١- وصل الطلاب متأخرين إلى غرفة الصف.

٢- تكلمنا مع المذيع وجها لوجه.

٣- رأت سهام أمها ماشية في الشارع.

٤- ركبوا الطائرة مسافرين إلى الجزائر.

٥- سمعتُ أغنية فيروز من الإذاعة.

٦- دخل فريد الغرفة قائلاً إنه لن يعمل في هذا البلد بعد الآن.

B. Derive the appropriate form from the verb in parentheses to form حال and provide the case endings.

١- ذهبتُ إلى المكتبة (مشى).

٢- خرجنا من دار السينما (ضحك).

٣- رأيت أخاك (جلس) في الحديقة.

٤- وصل مازن إلى المطار (حمل) حقيبتين.

C. Convey the following meanings in Arabic, using حال.

1. She came into the room running.
2. He arrived thirty minutes late.
3. I put my bicycle between two cars.
4. She stood in front of us reading poetry.

2. **Structures Revisited** مراجعة القواعد

A. The Nominal Sentence الجملة الاسمية: (See lessons 13 and 17 in *AWS I* and Grammar Review in this textbook). This sentence is thus named because it begins with a noun. It consists of two main constituents: the subject, or topic (مُبتَدأ), and the predicate, or comment (خَبَر).

١ المدينةُ كبيرةٌ. *The town is large.*

The word المدينة is subject and كبيرة predicate.

In the first paragraph of the reading passage, two nominal sentences occurred:

٢ رامي مارتيني أخو عدنان مارتيني. *Rami Martini is Adnan's brother.*

٣ أيمَنُ في سَنتهِ الدراسيّةِ الأخيرة. *Ayman is in his final school year.*

<u>The topic</u> is a nominative (مرفوع) noun usually definite (مَعرفة), as in 1. However, there are circumstances where the topic can be indefinite (نَكِرة). There are several instances, but the following two cases are the most common.

1. When the subject is modified by an adjective, e,g,

٤ طالبٌ أجنبيٌّ في جامعتنا. *[There is] a foreign student is at our university.*

2. When the subject is the first part of an *iḍāfa* (مضاف), e.g.

٥ ربّةُ بيتٍ تقدّمُ البَرنامَجَ. *A housewife presents the program.*

<u>The predicate</u> (خبر) is also nominative (مرفوع) and indefinite when it is a noun. It can be a single word, e.g.

٨ الشاحِنةُ جديدةٌ. *The truck is new.*

It may also be a nominal sentence (9), or a verbal clause (10), e.g.

٩ المعرِضُ زُوّارُهُ كثيرون. *The fair has many visitors.*

١٠ خالدٌ يتَكَلّمُ الفرَنسيّةَ. *Khaled speaks French.*

The predicate may be a clause consisting of a prepositional phrase (11) or an adverbial phrase (12), e.g.

١١ سَلمى في البيت. *Salma is at home.*

١٢ الشَمسُ خَلفَ الغُيوم. *The sun is behind the clouds.*

<u>Preposing the predicate</u>: The predicate may be positioned *before* the subject if:

1. The subject is indefinite and the predicate a clause, e.g.

١٣ في بَيْتنا رَجُلٌ. *There is a man in our house.*

١٤ قُربَ المدينة بُحَيرةٌ. *There is a lake near the city.*

2. The subject has an attached pronoun referring back to the predicate, e.g.

١٥ لِصُنع الهَريسة طَريقتُها. *Making harisa* (a dessert, lesson 3) *has its specific method.*.
The pronoun ـها in طَريقتُها refers back to صُنع الهريسة.

3. The predicate is a question word, e.g.

١٦ أينَ بيتُك؟ *Where is your house?*

B. <u>The nominal sentence introduced by a defective verb</u> (فعل ناقص) كان وأخواتها:

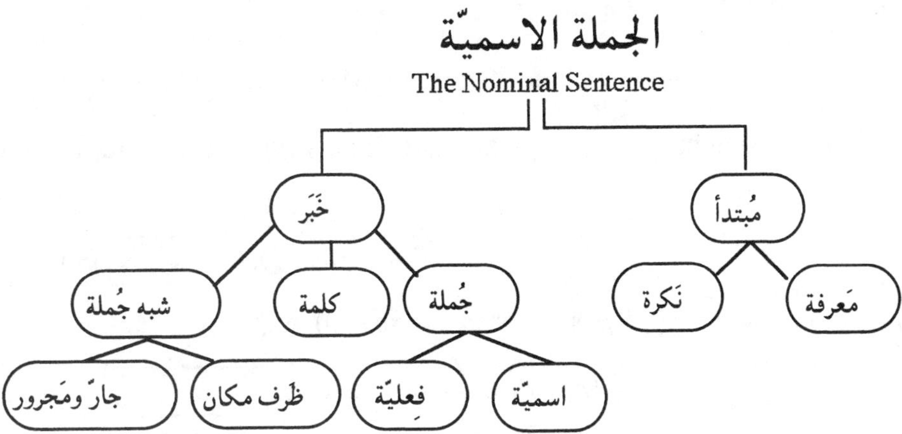

The nominal sentence may begin with one of the so-called defective verbs (كـان and its set). They, however, do not change its nominal status, because they are not verbs that denote action (see discussion later). An example from the reading passage:

١ صارت عَمّانُ عاصمةَ الأردُنّ. *Amman has become the capital of Jordan.*

When these verbs introduce a nominal sentence, they do not make it verbal, because they denote no action. Also, the meaning of the sentence would be incomplete if only the subject is mentioned, e.g.

٢ جاءَ خالدٌ. *Khaled came.*

٣ كانَ خالدٌ. *Khaled was.*

Example 2 makes complete sense, but 3 does not, hence the term "defective." A sentence with such a verb requires a predicate (خبر) to complete the meaning, e.g.

٤ كان خالدٌ مَريضاً. *Khaled was sick.*

The use of كان affects the case of the predicate in a nominal sentence. It makes it accusative (منصوب), such as كبيرةً in 1 and مريضاً in 4.

The Set of كان: This set may be divided into subgroups based on certain characteristics:

a. ليسَ: This word is considered a verb because it conjugates like a perfect verb. It is used to negate nominal sentences, e.g.

٥ لَيسَتْ إيرانُ بلداً عربيّاً. *Iran is not an Arab country.*

b. كانَ، أصبَحَ، أضحى، ظلَّ، أمسى، باتَ، صارَ: Except for كان, which is similar to the copula "to be" in English, these verbs signify transformation from one state into another. The interesting thing about them is that each one determines at what stage of the process the transformation occurred. أصبح implies change taking place early in the process. Note its relationship with the early part of the day صباح. The other four verbs refer to the process from mid-morning (أضحى) through late evening (بات). Transformation in general is signified by صار, which does not denote a certain period of the day. All these verbs conjugate fully in the past (6), present (7), and imperative (8), e.g.

٦ كانَ الطَقسُ بارِداً. *The weather was cold.*

٧ مَتى يكونُ المديرُ في مَكتَبِه؟ *When is the director [present] in his office?*

٨ كونوا عِندَ مَوقِفِ الحافلةِ في الساعةِ الرابعةِ. *Be at the bus stop at four o'clock.*

3. مابَرِحَ، مازالَ، مافَتِئَ،ماانفكَّ: These verbs are used in the negative only. They conjugate in the present (9) and past (10). They mean "still, yet, to continue doing." The verbs مافتئ، ماانفك are rare in MSA.

٩ لاتَزالُ هالةُ تعملُ في الشركةِ. *Hala is still working at the company.*

١٠ مازالَت هالةُ تعمل في الشركةِ حتّى تقاعَدَت.

Hala continued to work at the company until she retired.

4. مادامَ: Like the above subgroup, it must be used in the negative, but it differs from them in that it conjugates in the past only, like ليس. It carries the meanings of "while, so long as, since," e.g.

١١ لماذا لاتدرسينَ في الجامعةِ مادُمتِ تسكنينَ في هذه المدينة؟

You live in this town, so why don't you go to school here?

Preposing the Predicate: The same rules that apply to nominal sentences apply to verbal sentences when introduced by defective verbs (see above).

تمرين ١٠

استعمل الفعل الماضي الناقص المناسب في ترجمة الجمل التالية.

1. Hani is still studying electrical engineering.
2. The garden was full of flowers.
3. Fruits have become more expensive than pastry desserts.
4. You don't need a car so long as you live near the university campus.

C. Adverb of Time: The adverb of time used in this lesson is an *iḍāfa* structure made up of a number and an adverb of time. The number substitutes for the adverb, e.g.

١ استغرَقَتِ الرحلةُ تسعَ ساعاتٍ. *The trip took nine hours.*

Remember that adverbs of time are objects and, therefore, are accusative nouns.

D. Diptotes الممنوع من الصرف: A diptote is an indefinite noun that is partially inflected. That is, the nominative is marked with a *ḍamma,* but both the accusative and genitive are marked with the accusative marker *fatḥa*. It does not take *tanwīn* (see the review). Examples:

١ إلى عمّانَ، في عمّانَ، اسمُ عمّانَ القديم، بِعمّانَ، جامعةُ حَلَبَ، في حلبَ، جنوبَ حلبَ، جامعة دمشقَ، في دمشقَ، مدينة حماةَ، قصر زهرانَ.

E. <u>Passive Participle</u> اسم المفعول: This noun is formed from the passive triliteral verb on the pattern مفعول (lesson 23, *AWS I,* and Derivation in Grammar Review in this book):

١ كُتِبَ ⇦ مَكتوب

In this lesson, two instances occurred:

٢ المُسَمّى فيلادلفيا. *named Philadelphia.*

٣ مَسكونةً *inhabited*

<u>Deriving the Passive Participle from Hollow Verbs</u> أجوف (verbs with a long vowel in the middle): Follow this rule. If the middle vowel in the present tense verb (مضارع) is either *wāw* (2) or *yā'* (3), then the passive participle is formed from the present tense verb (مضارع مرفوع) by changing the indicative prefix (أ، ن، ي، ت) into مَ (with a *fatḥa*):

٤ قال ⇦ يَقول ⇦ مَقول. *said;* مَقوول originally.

٥ باع ⇦ يَبيع ⇦ مَبيع. *sold;* مَبيوع originally.

However, if the middle vowel is an *alif*, it must be replaced with the original vowel (*alif* is never an original vowel of the root), which may be *wāw* or *yā'*, e.g.

٦ خاف ⇦ يخاف ⇦ مَخوف *feared;* مخووف originally

٧ هاب ⇦ يَهاب ⇦ مَهيب *feared, dignified, venerable;* مهيوب originally

<u>Deriving the Passive Participle from Weak Verbs</u> مُعتَلّ الآخر (those containing a long vowel in the final position) (see lessons 23, 26, *AWS I*): Substitute the indicative prefix for a *mīm* with a *fatḥa* and double the final consonant (with a *shadda*), e.g.

٨ رَوى ⇦ يَروي ⇦ مَرويّ *irrigated*

٩ دَعا ⇦ يَدعو ⇦ مَدعُوّ *invited*

<u>Deriving a Passive Participle from Increased Forms (II to X)</u> اشتقاق اسم المفعول: Form I is straightforward and is formed after مَفعول. For forms II to X, substitute the indicative prefix يَ with a *mīm* and a *ḍamma* (مُ) and place a *fatḥa* on the sound before last, e.g.

١٠ استعمَل ⇦ يستعمِل ⇦ مُستعمَل مُـ + ـَ *used*

If the penultimate letter is a ي in the imperfect, it changes to an *alif* when a passive participle, or if it is an *alif*, it remains an *alif*:

١١ استشار ⇦ يَستَشير ⇦ مُستَشار مُـ + ا *consultant*

١٢ اختار ⇦ يَختار ⇦ مُختار مُـ + ا *selected*

If the increased verb is weak, the final *wāw* or *yā'* changes into an *alif maqṣūa*, e.g.

١٣ ساوى ⇦ يُساوي ⇦ مُساوى *equivalent*

تمرين ١١

Derive the passive participle (اسم مفعول) from the following verbs.

١. سَرَّ	٤. تابَعَ	٧. اهتَدى
٢. ساقَ	٥. داوى	٨. قادَ
٣. مشى	٦. غادَرَ	٩. نَسِيَ

F. <u>The Passive Voice</u> (lesson 21 *AWS I*; Review, lesson 5, *AWS II*): One instance occurred in this lesson:

١ أوّلُ جَبَلٍ سُكِنَ في عَمّان. *The first mountain that was inhabited in Amman.*

It is important to remember that no agent is specified in the passive sentence. The noun that occupies the position after the verb is, in fact, the object substituting for the agent and is called نائب الفاعل. It assumes the case of the agent (nominative).

G. <u>Multiple *Idāfa*</u>: More than two nouns are strung together with a relationship of belonging or possession. The first word is usually the focus of the entire phrase and functions as مضاف, whose case depends on its position in the sentence. The words following it are all مضاف إليه (last three words in 1 below). Hence they take the *kasrs* (i.e., genitive).

١ بجانِبِ قِمّةِ جَبَلِ الجَوفةِ. *Next to the summit of the Jawfa hill.*

تمرين ١٢

آ- أجب عن الأسئلة وفق نص الاستماع.

١ـ ما الفكرة الرئيسية في نص الاستماع؟

٢ـ اذكر بعض الأفكار الثانوية.

٣ـ من سافر مع الكاتب؟

٤ـ في أية مدينة وأي مكان تسكن أخت الكاتب؟

٥ـ ما شكل شوارع المدينة الّتي زارها؟

٦ـ ماذا شاهد في الشوارع؟

٧ـ ما اسم ابنة أخت الكاتب؟

ب- أكمل الجمل التالية بالاختيار المناسب وفق نص الاستماع.

١ـ زار الكاتب مدينة ...

❑ دمشق ❑ أبو ظبي ❑ الإمارات العربية المتحدة

٢ـ كان في انتظار الكاتب ووالدته ...

❑ أخته وزوجُها ❑ أخته وابنتها ❑ عائلة أخته

٣ـ شاهد الكاتب هناك ...

❑ مبانٍ قديمة ❑ شوارع حديثة ❑ طائرات ألمانية ويابانية

المفردات

to take (time)	استَغرَقَ (يَستَغرِقُ) استغِراق (v.)
to stretch, extend	امتَدَّ (يَمْتَدُّ) امتِداد (v.)
nation, people	أُمَّة (ج) أُمَم (n., f.)
to end, expire	انتَهى (يَنتَهي) انتِهاء (v.)
to be distant, far away	بَعُدَ (يبعُدُ) بُعْد (v.)
to slide, glide, skate, ski	تَزَلَّجَ (يتزَلَّجُ) تزلُّج (v.)
to climb	تَسَلَّقَ (يَتسَلَّقُ) تَسَلُّق (v.)
to stop, to stop over	تَوَقَّفَ (يَتوَقَّفُ) تَوَقُّف (v.)
to wander about, to tour	تَجَوَّلَ (يَتَجَوَّلُ) تَجَوُّل (v.)
campus, sacred possession	حَرَم (ج) أحْرام (n., m.)
party, concert, gathering, celebration	حَفْلة (ج) حَفَلات (n., f.)
high-class, cultured, refined, of the upper class	راقٍ (ج) راقون (n., m.)
Roman	رومانيٌّ (adj.)
time, period, duration of time	زَمَن (ج) أزْمُن/أزمان (n., m.)
embassy	سِفارة (ج) سَفارات (n., f.)
foot (of a mountain)	سَفْحٌ (ج) سُفوحٌ (n., m.)
people, nation	شَعْب (ج) شُعوب (n., m.)
construction, development	عُمْرانٌ (n., m.)
to dive	غاصَ (يَغوصُ) غَوْص (v.)
magnificent, splendid, stately	فَخْم (adj.)
silver	فِضّة (n., f.)
to drive	قادَ (يَقودُ) قِيادة (v.)
palace, mansion, castle	قَصْرٌ (ج) قُصورٌ (n., m.)
summit, peak	قِمَّةٌ (ج) قِمَم (n., f.)
refugee	لاجِئٌ (ج) لاجئون (n., m.)
built, constructed	مَبْنِيٌّ (passive participle)

council, assembly .... (n., m.) مَجْلِسٌ (ج) مَجالِسُ
camp .... (n., m.) مُخَيَّمٌ (ج) مُخَيَّماتٌ
inhabited .... (passive participle) مَسْكون
area, region, zone .... (n., f.) مِنْطَقةٌ (ج) مَناطِق
kingdom .... (n., f.) مَمْلَكة (ج) مَمالِك
of Hashim, ancestor of the ruling family in Jordan, Hashemite .... (adj.) هاشِمِيٌّ
located, existing .... (active participle) واقِع

٧

Objectives

- Reporting and describing facts, procedures, and events; narration of past events
- The *wāw* of manner or circumstance; لابُدَّ
- Revisited structures: uses of فـ, قد, لم; the passive voice; negation with لا
- [cassette icon] Listen to the recorded material for this lesson

أخبار من الصحف العربية

سبعة ملايين تلميذ يتوجّهون إلى المدارسِ في الجزائر

بدأ سبعة ملايين تلميذ، أي نحو ربع سكان الجزائر، عاما دراسيا جديدا. من بينهم ستمئة وخمسة آلاف (٦٠٥٠٠٠) تلميذ مستجد في المرحلة الابتدائية، وهي مرحلة إجبارية تصل إلى ست سنوات.

وقال السيد وزير التعليم الجزائري إن التعليم يمتصّ ربع ميزانية الدولة. وقال إن نسبة التلاميذ تصل إلى ٨٥٪ من الأطفال الذين أعمارهم بين ست سنوات واثنتي عشرة سنة.

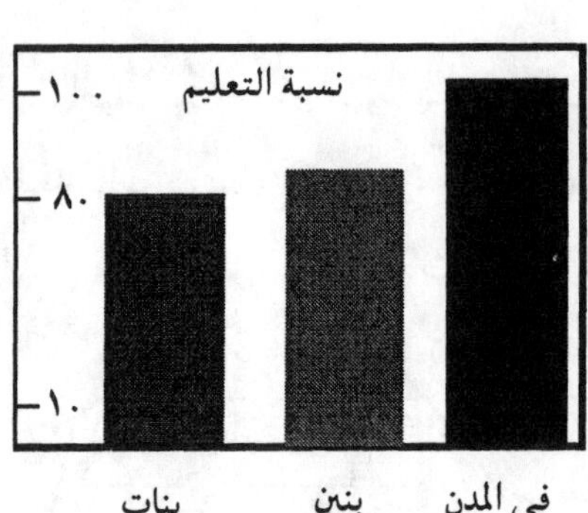

وتصل نسبة التعليم إلى مئة بالمئة في بعض المدن، وتقلّ نسبة تعليم البنات بقليل عن المتوسط القومي، إذ تصل نسبتهن إلى ٨٠٪ فقط.

علاج اللوزتين بالليزر

باريس. وكالات الأنباء. توصل طبيبان فرنسيان إلى تقنية حديثة تُمكّن من علاج اللوزتين باستعمال أشعة الليزر.

ويقول الطبيبان إنه لا بدّ من إجراء عملية تخدير في مكان اللوزتين، ثم تُسلّط أشعة الليزر خلال وقت لا يزيد عن دقيقتين على المساحة التي توجد فيها اللوزتان. لا تسبب هذه العملية سيلان قطرة واحدة من الدم. ويحتاج العلاج بأشعة الليزر بين أربع وثماني جلسات بفارق ١٥ يوما على الأقل بين كل جلسة وأخرى.

مريض في المستشفى بعد العملية

ويؤكد الطبيبان أن هذه التقنية الجديدة أجريت على ٥٠٠ شخص وقد حقّقت نجاحا كبيرا. إلا أن ثلاثة أشخاص من هذه المجموعة لم تنفع فيهم هذه التقنية.

حادث مرور

اصطدمت صباح اليوم سيارة خاصة كانت تسير على طريق المطار الدولي بسرعة كبيرة بشاحنة مُتعطّلة تقف على الجانب الأيمن من الطريق. بدأ الحادث بسيطا إذ اصطدم طرف السيارة الأيمن بجانب الشاحنة، لكن السائق انحرف إلى يسار الطريق ثم إلى اليمين مرة ثانية واصطدم بعمود الكهرباء. سقط العمود على السيارة واشتعلت النار بها. هُرِع الناس لمساعدة السائق وحملوه خارج السيارة. وبعد دقائق حضرت سيارة الإطفاء ثم وصلت سيارة الإسعاف ونقلت السائق إلى المستشفى.

سيارة إطفاء

عمود كهرباء

عملية سطو

سطا لص ليلة أمس على شقة رجل وزوجته وهما في دار السينما. سرق اللِص جهاز التلفزيون وجهاز الراديو ومسجلة مع سماعتين غاليتين، كما سرق عددا من حلي السيدة ومبلغ ٢٢٥ دينارا كان موجودا في الخزانة. اعتُقل اللص بالصدفة في الساعة السادسة من صباح اليوم، إذ كان يركب سيارة أجرة إلى خارج المدينة وقد وقع لها حادث مرور. أصيب بالحادث سائق سيارة الأجرة واللص إصابات شديدة. تبيّن

لص

حلي

للشرطة أن الأشياء الموجودة مع الرجل مسروقة فاتّصلوا بصاحبها وأعادوها له.

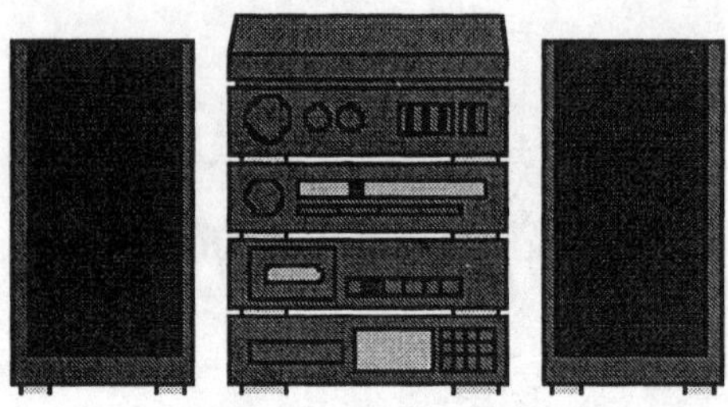
راديو ومسجلة وسمّاعتان

مكتبة نسائية في جُدّة

أنشأت الجمعية النسائية أول مكتبة نسائية في جدة تضم آلاف الكتب في جميع فنون المعرفة. تقدم المكتبة خدماتها للقارئات بأحدث الطرق باستخدام أقراص الليزر لتقديم المعلومات.

معرض الكتاب

نظّمت مكتبة الأسد في دمشق معرض الكتاب السابع. شارك في المعرِض ٣١١ دارا للنشر من ١٩ دولة عربية وأجنبية. وقد بلغ عدد العناوين في المعرض اثنين وعشرين ألفا وخمسمئة عنوان (٢٢٥٠٠) في العديد من فنون المعرفة.

معرض الخط العربي

أقيم في مدينة الجزائر خلال شهر تشرين الأول الماضي معرض للفنان رابح بو عنيفة. ضم المعرض أربعين لوحة حول الخطّ العربي تصوّر جمال الأحرف والكلمات العربية.

مهرجان الفنون المسرحية

أقيم في مدينة بنغازي في ليبيا المهرجان الرابع للفنون المسرحية، وقد شارك في المهرجان عدد من الدول العربية.

تمرين ١

١. ما الفكرة الرئيسية في هذا الدرس؟

٢. عدّد الأفكار الثانوية في النصوص.

٣. لخّص النص «علاج اللوزتين بالليزر» بما لا يزيد عن عشرين كلمة.

٤. اكتب عنوانا آخر للنص «عملية سطو».

تمرين ٢

آ- أكمل الجمل التالية بالاختيار المناسب وفق نص القراءة.

١. تبلغ نسبة التلاميذ في المرحلة الابتدائية بالجزائر ..... من الأطفال بهذه السن.

❑ ٨٠٪ ❑ ٨٥٪ ❑ ١٠٠٪

٢. تُسلّط أشعة الليزر على اللوزتين لمدة .....

❑ دقيقتين ❑ أقل من دقيقتين ❑ أكثر من دقيقتين

٣. يستغرق علاج اللوزتين بأشعة الليزر ..... على الأقل.

❑ أربعة أيام ❑ ١٥ يوماً ❑ شهرين

٤. اشتعلت النار .....

❑ بعمود الكهرباء ❑ بالسيارة ❑ بالشاحنة

٥. سطا اللص على .....

❑ دار السينما ❑ سيارة أجرة ❑ شقة رجل وزوجته

٦. يكاد المريض يموت من .....

❑ الحساسية ❑ الطبيب ❑ التلفزيون

٧. أجرى الطبيب فحصا على المريض ووجد أنه يحتاج إلى .....

❑ علاج ❑ لسان ❑ راحة

٨. أقيم في الجزائر معرض .....

❑ الكتاب العربي ❑ الخط العربي ❑ الفنون المسرحية

تمرين ٣

اكتب «خطأ» أو «صواب» إلى جانب كل جملة ثم صحح الجمل الخطأ.

١. التعليم في الجزائر إجباري.

٢. لا يسيل دم المريض أثناء علاجه بأشعة الليزر.

٣. جميع الناس يستفيدون من العلاج بأشعة الليزر.

٤. حملت سيارة الإطفاء السائق إلى المستشفى.

٥. وقع حادث سيارة للص وجرى اعتقاله.

تمرين ٤

أجب عن الأسئلة التالية وفق نص القراءة وبحسب ما تعلم.

١. كم يكلف التعليم الدولة في الجزائر؟

٢. ما عدد سكان الجزائر بحسب ما جاء في النص؟

٣. لو كنت تحتاج إلى عملية في اللوزتين هل تعالجهما بأشعة الليزر؟ لماذا؟

٤. ما نسبة المرضى الذين تنفعهم عملية الليزر؟

٥. كيف ساعد الناس سائق السيارة التي اصطدمت بعمود الكهرباء؟

٦. ماذا سرق اللص من الشقة؟

تمرين ٥

وافق بين كلمات من العمودين.

نِسبة	عُمر
تلميذ	يعني
وزير	جديد
أيْ	لِصّ
مُستجِدّ	مُتَوَسِّط
تعليم	طالب
سرق	مدارس
	دَولة

تمرين ٦

اختر الكلمة التي لا تناسب باقي الكلمات في كل مجموعة وبين السبب.

١.	فارق	عملية	دم	تخدير	أشعة
٢.	طبيب	مريض	عمود	عيادة	مستشفى
٣.	حادث	تخدير	اصطدام	مرور	سيارة
٤.	إطفاء	إسعاف	شرطة	حادث	كهرباء
٥.	إصابة	لص	سرق	سطا	مسروق
٦.	صداع	التهاب	مهرجان	حساسية	علاج

تمرين ٧

أعد ترتيب الكلمات في كل مجموعة لتشكل جملا مفيدة.

١. عيادتِه / في / يعالج / المرضى / الطبيب

٢. ألا / عن / ١٠٠ كيلومتر / يجب / سرعة / تزيد / بالساعة / السيارات

٣. متعطل / أخي / الهاتف / عفوا / يا / هذا

٤. فهُرِعتُ / سمعتُ / يُدق / لأفتحه / البابَ

٥. مِن / على / رجلها / الأرض / الدم / الطفلة / وسال / سقطت / فأصيبَتْ

تمرين ٨

أعد ترتيب الجمل لتشكل فقرة كاملة. الجملة الأولى في مكانها المناسب.

١. علم المراسل الصحفي من الشرطة أن النار قد اشتعلت في شقة.

بعد خروج رجال الإطفاء من الشقة، دخلها المراسل فوجد الجدران سوداء اللون.

وكان رجال الإطفاء يحاولون إطفاء النار بالماء.

ثم هُرِع المراسل بعد ذلك عائداً إلى صحيفته كي يكتب الخبر وينشره.

التقط بعض الصور للشقة من الداخل قبل أن يغادرها.

حين وصل إلى العنوان كانت إحدى سيارات الإطفاء تقف أمام المنزل.

وكانت مياه سوداء قذرة على الأرض والأثاث.

فركب سيارته وهرع إلى العنوان الذي حصل عليه من الشرطة.

بعد حوالي ربع ساعة نجح رجال الإطفاء في إطفاء النار وغادروا الشقة.

في الطريق إلى الشقة سمع سيارات الإطفاء تتجه إليها.

القواعد

1. The *Wāw* of Manner or Circumstance واو الحال

The use of this *wāw* is associated with the circumstantial adverb الحال. We learned in the previous lesson that الحال may have several forms: an active participle اسم فاعل, a passive

participle اسم مفعول, a noun, a nominal sentence, and a verbal sentence. The *wāw* of circumstance is used only when the حال is a sentence. There are three instances in which it may be used:

(1) When the حال is a nominal sentence with no pronoun referring back to the subject:

١ مشَيتُ والشمسُ في وسَطِ السماءِ. *I walked with the sun in the middle of the sky.*

(2) A nominal sentence beginning with a separate pronoun referring to the subject:

٢ دخَلَ الرجلُ المكتبَ وهو يبتسم. *The man walked into the office smiling.*

(3) A verbal sentence in the past. Generally, قد is used with the *wāw* in affirmative sentences, but it is also used with negative ones:

٣ جاءت سُعادُ وقد نجَحَت في الامتحان. *Suad came after having passed the exam.*

٤ جاءت سُعادُ وما عَلِمنا بوُصولها. *Suad came, and we did not know of her arrival.*

In the reading passages, several instances of the adverbial *wāw* occurred. Here are three:

٥ سَطا لِصٌّ على شقتهما وهما في دار السينما.

A burglar broke into their apartment while they were at the movies.

٦ كان يركب سيّارةَ أُجرة وقد وقع لها حادث.

He was riding in a taxi cab when it was involved in an accident.

تمرين ٩

Use the adverbial *wāw* to express the following meanings in Arabic.

1. Sami met an old friend while he was on his way to work.
2. She went to sleep while the television was on.
3. I saw them while they were walking.
4. He walked to school when the weather was cold.

2. The Expression لابُدَّ

This expression is composed of absolute لا and a noun بُدّ "way out, escape." Remember that absolute لا negates an entire class of a noun. The noun modified by absolute لا is accusative (منصوب). (See "absolute negation" in lesson 5.)

لابُدَّ is usually followed by the preposition مِن, especially with the use of a verbal noun (مصدر), as in 1. It may also be followed by a clause introduced by أنْ, as in 2, where من can be dropped. Both structures denote the same meaning.

١ لابُدَّ مِن إجراء عَمَليّة تَخدير. *It is necessary to administer an anesthetic.*

٢ لابُدَّ مِن أنْ تُجرى عَمَليّةُ تَخدير. *It is necessary that an anesthetic be administered.*

The verb in 2 is passive, but this is not a requirement. It may well be active, e.g.

٣ لابُدَّ مِن أنْ يُجرِيَ الطَبيبُ عمليّةَ تخدير.

It is necessary that the doctor administer an anesthetic.

The agent of the sentence may be moved right after لابُدَّ, but it must be modified by the preposition لِ and attached to it as a prefix, e.g.

٤ لابُدَّ لِلطَبيب مِن أنْ يُجرِيَ عمليّةَ تخدير.

It is necessary for the doctor that he perform anesthesia.

تمرين ١٠

Convey these meanings in Arabic, using لابُدَّ. Avoid literal translation.

1. She must prepare for her trip to Paris.
2. It is necessary for them to find a new apartment.
3. It is inevitable that you obtain a passport if you want to travel abroad.
4. There is no way the doctor can operate without an anesthetic to the patient.

Revisited Structures مراجعة القواعد

A. The Passive Voice: Several instances occured أُقيمَ، تُسَلَّطُ، هُرِعَ، اعتُقِلَ، أُصيبَ, as in:

١ تُسَلَّطُ أشعّةُ الليزَر على اللَوزتين. *The laser beam is directed at the tonsils.*

٢ أُقيمَ مَعرِضٌ لِلخطِّ العربي. *An Arabic calligraphy exhibit was organized.*

It is interesting to know that هُرِعَ is a verb which occurs *only* in the passive. Note that it follows the passive pattern of voweling in the present and past:

Past: *ḍamma + kasra* (ُ + ِ) هُرِعَ

Present: *ḍamma + fatḥa* (´+ ُ) يُهرَعُ

B. The Particle قـد and Its Variations: This particle has two usages, one that denotes completed action in the past (1 below) and the other that signifies possibility (2) (see lesson 29, *AWS I*):

١ اتّصلتُ بالمطار وقالوا إنّ الطائرة قد وصَلَت.

I called the airport, and they said the airplane had arrived.

٢ قَدْ تَدرُسُ ريما الطبَّ. *Reema may/might study medicine.*

Notice that in order to express completed action in 1, قد is followed by a past tense verb. For expressing possibility, however, the use of the present tense after قد is required.

You may encounter قد in different guises, such as لقد and وَقَد, but they are no different from the basic form.

C. The Negative Particle لم: This is used to negate past tense verbs, causing a transformation in the form of the verb from past to jussive (مضارع مجزوم). Although the jussive is a form of the present in Arabic, لم denotes past action. Compare 1 and 2 below:

١ نَفَعَ العلاجُ المريضَ. *The treatment benefited the patient.*

٢ لَم يَنفَعِ العلاجُ المريضَ. *The treatment did not benefit the patient.*

Note that when المضارع المجزوم is followed by a noun with the definite article, as in 2, a *kasra* is used instead of a *sukūn* to break the cluster of consonants. However, if the object is an attached pronoun suffixed to the verb, the *sukūn* is retained:

٤ لَم يَنفَعْهُ العلاجُ. *The treatment did not benefit him.*

تمرين ١١

A. From the passages, list two past tense passive verbs and one present tense passive verb.

B. Translate these sentences into Arabic, using قد, لم, and the verb هُرِعَ.

1. We might celebrate our wedding (marriage) anniversary in Yemen.
2. They lived in Casablanca (use the Arabic name) for two years.
3. We arrived at the theater when the concert was over.
4. The little girl rushed to open the door for her father.

تمرين ١٢

آ- افعل ما يلي وفق نص الاستماع.

١. اكتب عنوانا لهذه القصة.

٢. اذكر الفكرة الرئيسية.

٣. عدّد الأفكار الثانوية.

٤. اعطِ مَعنى هذين الفعلين و الاسمين من القصة: أمسَكَ، هَرَبَ، سُلَّم، سَطْح.

٥. هل كانت السيدة سعيدة في نِهايةِ القصة؟ كيف عَرَفت ذلك؟

ب- اكتب «خطأ» أو «صواب» بجانب كل جملة وصحِّح الجمل الخطأ.

١. كانت قِطةُ السيدة على سَطحِ الدار.

٢. عَلِمَت السيدةُ من الأولادِ مَكانَ قِطَّتِها.

٣. اتَّصَلَتِ السيدةُ بالشُرطةِ لِمُساعَدَتِها في مُشكِلةِ قِطَّتِها.

٤. حاولَ اللِصُّ أنْ يهرُبَ مِن رجلِ الإطفاء.

٥. اعتَقَلَ رجُلُ الإطفاءِ اللِصَّ.

٦. استطاعت القِطّةُ أنْ تَنزِلَ بِنَفسِها.

ج- أكمل الجمل التالية بالاختيار المناسب وفق نص الاستماع.

١. كان الأولاد يلعبون .....

❑ على الشجرة ❑ على السَطْح ❑ أمام الدار ❑ في الدار

٢. رأى رجل الإطفاء ..... على السطح.

❑ رجلا ❑ قطة ❑ ولدا ❑ شرطيا

٣. رأت أم عادل قطتها في أعلى .....

❑ الشجرة ❑ السطح ❑ السلم ❑ الدار

٤. كان مع رجال الإطفاء ..... طويل.

❑ شرطي ❑ لص ❑ وقت ❑ سُلَّم

٥. وَجَّه رجل الإطفاء سؤالا إلى .....

❑ الأولاد ❑ الرجل ❑ السيدة ❑ الشرطة

٦. كان اللص ينتظر ..... ليدخل الدار.

❑ الشرطي ❑ السيدة ❑ النهار ❑ الليل

د- أكمل الجمل التالية وفق نص الاستماع.

١. حضر رجال الإطفاء كي ....

٢. وجدت السيدة قطتها تجلس ....

٣. رأى رجل الإطفاء رجلا ....

٤. حاول الرجل أن يهرب لكن ....

٥. اقتادت الشرطة اللص إلى ....

٦. كان الرجل ينتظر على السطح حتى ....

المفردات

إجْباريّ (adj.)	compulsory
إسْعاف (ج) إسعافات (n., m.)	first aid
اشتَعَلَ (يَشتَعِلُ) اشتِعال (v.)	to catch fire
أشِعّة (n., f.)	rays, beams
أصابُ (يُصيبُ) إصابة (v.)	to hit, injure
اصْطَدَمَ (يَصْطَدِمُ) اصْطِدام (v.)	to collide with
أطفَأ (يُطفِئُ) إطفاء (v.)	to extinguish, put out a fire
أعادَ (يُعيدُ) إعادة (v.)	to return (something)
اعتَقَلَ (يَعتَقِلُ) اعتِقال (v.)	to arrest
أكَّدَ (يُؤَكِّدُ) تأكيد (v.)	to assert, emphasize
امتَصَّ (يَمتَصُّ) امتِصاص (v.)	to absorb
انحَرَفَ (يَنحَرِفُ) انحِراف (v.)	to veer, turn to one side
أيْ (explication particle)	namely, that is (to say)
بُدّ (لابُدَّ) (n., m.)	way out, escape (it is certain, necessary, inevitable)
بَلَغَ (يَبلُغُ) بُلوغ (v.)	to amount to
تَبَيَّنَ (يَتَبَيَّنُ) تَبَيُّن (v.)	to become clear, evident, be explained, be perceived
تَقنِية (n., f.)	technology
تِلميذ (ج) تَلاميذ (n., m.)	pupil
تَوَجَّهَ (يَتَوَجَّهُ) تَوَجُّه (v.)	to head toward
تَوَصَّلَ (يَتَوَصَّلُ) تَوَصُّل (v.)	to attain, arrive at, achieve
ثَقافة (ج) ثَقافات	culture, intellectualism
جَلسة (ج) جَلَسات (n., f.)	session, meeting, gathering
جَمْعِيّة (ج) جَمعيّات (n., f.)	society, association
حادِث (ج) حَوادِث (n., m.)	accident
خَدَّرَ (يُخَدِّرُ) تَخدير (v.)	to anesthetize, numb
دَم (ج) دِماء (n., m.)	blood
سالَ (يَسيلُ) سَيَلان (v.)	to flow, stream, run

to steal .... سَرَقَ (يَسرِقُ) سَرِقة (v.)
to burglarize, break into .... سَطا (يَسْطو) سَطْوٌ (v.)
to focus, put in power .... سَلَّطَ (يُسَلِّطُ) تَسْليط (v.)
speaker (as in radio and stereo) .... سَمّاعة (ج) سَمّاعات (n., f.)
chance .... صُدْفة (ج) صُدَف (n., f.)
to join, gather, contain, combine, encompass .... ضَمَّ (يَضُمُّ) ضَمّ (v.)
extremity, outermost part, edge, limb .... طَرَف (ج) أطْراف (n., m.)
operation, procedure, method, process .... عَمَليّة (ج) عَمَليّات (n., f.)
pole, post .... عَمود (ج) أعْمِدة/عَواميد (n., m.)
difference, distinction, disparity .... فارِق (ج) فَوارِق (n., m.)
art, type, kind, variety .... فَنّ ج فُنون/أفْنان (n., m.)
artist .... فَنّان (ج) فَنّانون (n., m.)
disc, tablet .... قُرْص (ج) أقْراص (n., m.)
drop .... قَطْرة (ج) قَطَرات (n., f.)
national .... قَوْميّ (adj.)
thief, robber, burglar .... لِصّ (ج) لُصوص (n., m.)
tonsils .... لَوزة (ج) لَوْزات (اللوزَتان) (n., f.)
laser .... ليزَر (n., m.)
amount of money .... مَبْلَغ (ج) مَبالِغ (n., m.)
broken, out of order .... مُتَعَطِّل (adj.)
average, medium, intermediate .... مُتَوَسِّط (n., m.)
group, set .... مَجموعة (ج) مَجموعات (n., f.)
stage, phase .... مَرْحَلة (ج) مَراحِل (n., f.)
traffic .... مُرور (n., m.)
new, recent, incipient .... مُسْتَجِدّ (ج) مُسْتَجِدّون (n., m.)
hospital .... مُسْتَشفى (ج) مُستَشفَيات (n., f.)
stolen .... مَسْروق (n., passive participle)
knowledge .... مَعْرِفة (ج) مَعارِف (n., f.)
to enable, make possible, put in a position, give power .... مَكَّنَ (يُمَكِّنُ) تَمكين (v.)
festival .... مِهْرَجان (ج) مِهْرَجانات (n., m.)

budget .... (n., f.) ميزانيّة (ج) ميزانيّات

news.. (n., m.) نَبَأ ج أنباء

to succeed, be successful, progress well, pass .... (v.) نَجَحَ (يَنجَحُ) نَجاح

to spread out, publish, announce .... (v.) نَشَرَ (يَنشُرُ) نَشْر

to organize, put in order, regulate .... (v.) نَظَّمَ (يُنَظِّمُ) تنظيم

to be useful, beneficial .... (v.) نَفَعَ (يَنفَعُ) نَفْع

to hurry, hasten, rush .... (v., occurs only in the passive form) هُرِعَ (يُهْرَعُ) هَرَع

(news) agency .... (n., f.) وكالة (ج) وكالات (أنباء)

Objectives

- Reporting and describing facts, procedures, and events
- Expressing humor
- "Sudden" إذا; the verb of approximation كادَ
- Revisited structures: The *wāw* of manner; the passive voice, the particle فَ
- Listen to the recorded material for this lesson

ابتسم . . !

نُكَت من هنا وهناك

في ما يلي بعض النكات المأخوذة من صحف عربية بالإضافة إلى مقالة طريفة لرئيس تحرير إحدى الجرائد. قد تدلّ هذه النُكَت على طريقة تفكير العربي وما يجعله يبتسم.

١

الزوجة: ماذا تفعل لو مُتُّ فجأة؟

الزوج: أُجَنُّ من شدّة الحزن.

الزوجة: وهل تتزوج بعدي؟

الزوج: مادمت سأجن فقد أتزوج.

٢

طبيب

الطبيب: لقد أجريت فحصا دقيقا عليك وكل ما أراه أنك تحتاج إلى الراحة.

المريض: ولكني أريد علاجا. انظر إلى لساني.

الطبيب: وهذا أيضا يحتاج إلى راحة.

لسان

٣

المريض: الحقني يا دكتور، الحساسية تكاد تقتلني.

الطبيب: ارجع إلى البيت وافتح جميع الشبابيك والأبواب قبل أن تنام.

في اليوم التالي عاد المريض إلى عيادة الطبيب.

الطبيب: هل ذهبت الحساسية؟

المريض: لا يا دكتور، ذهب التلفزيون والراديو والساعة.

٤

دخل أحد الأشخاص فندقا قذرا واستغرب عندما رأى لافتة عند مدخله كتب عليها «امسح حذاءك»، فأضاف إليها «عند خروجك».

٥

الأول: لي صديق ربح تذكرة سفر لأستراليا.

الثاني: وأين هو الآن؟

الأوّل: مازال هناك منذ خمسة أعوام ينتظر أن يربح تذكرة عودة.

٦

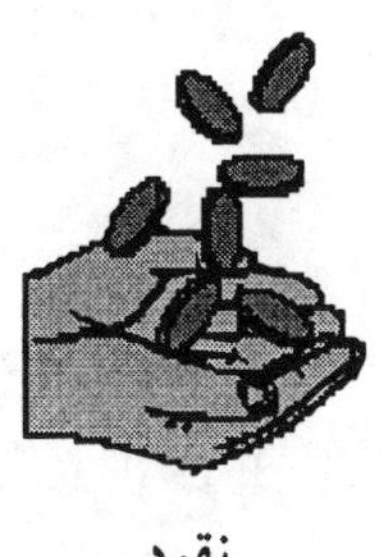
نقود

الأوّل: من أين لك هذه النقود ؟

الثاني: من الكتابة.

الأوّل: وماذا تكتب؟

الثاني: أكتب رسالة إلى أبي فيرسل لي النقود.

عيد الشكر

بقلَم جهاد الخازن

ديك حبش

كتب جهاد الخازن في عديد من الصحف العربية، وقد ظهرت المقالة التالية في صحيفة الشرق الأوسط منذ عدة سنوات حين كان رئيس تحريرها (بتصرّف).

يحتفل الأمريكيون في شهر تشرين الثاني بعيد الشكر وهو عيد يشكرون فيه الله على نعمه عليهم، ويحتفلون به بعشاء عائلي يأكلون فيه ديكا روميا (حبش) مُحضرًا على طريقة الأمريكيين الأوائل.

أحد الأمريكيين الأوائل

وكنت قبل سنوات طويلة في بيروت قد تورطت في «عيد شكر» لم أخرج منه بغير الصداع. بدأ الأمر بسيطا، فقد جاءني مدير التحرير وقال إن في بيروت شحنات كبيرة من ديوك الحبش وصلت بمناسبة عيد الشكر لاستهلاك الأمريكيين من سكان البلد. وقال إني اشتريت ديك حبش «ثلاثين پاوندا»[1].

أعجبني أن يزن ديك رومي واحد ثلاثين پاوندا. واستدعيت الساعي وطلبت منه أن يذهب إلى السوق المركزية ويشتري لي ديكا وزنه ١٤ كيلوغراما.

فرخة

وغاب الساعي ساعة وساعتين، ثم اتصل بي هاتفيا ليقول إنه لا يوجد ديك حبش بهذا الوزن. فكل ما رأى في حدود خمسة كيلوغرامات، مع واحد أو اثنين فقط وزنهما حوالي سبعة. لكن بما أن مدير التحرير اشترى ديك حبش وزنه ١٥ كيلوغراما فلا يُعقَل أن يأكل رئيس التحرير فرخة. وطلبت من الساعي أن يصلني بمدير السوق المركزية ففعل. وحكيت له القصة فقال الرجل إن عنده آخر شحنة من ديوك الحبش في الميناء وسيأخذ الساعي معه ليختار أكبرها.

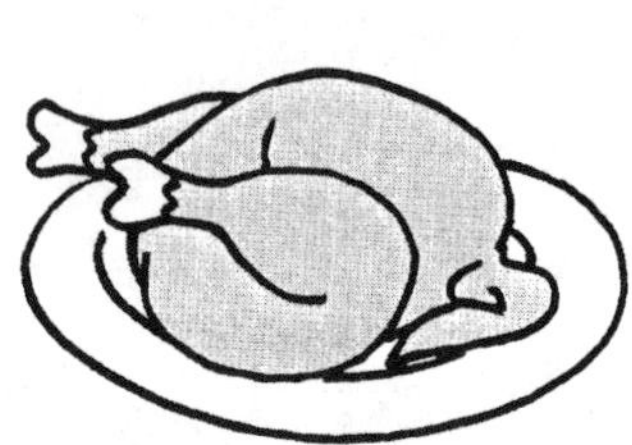

وحمل الساعي إلى البيت ديكا روميا وزنه ٣٢ رِطلا إنكليزيا، ووجدنا أنه أكبر من كل الطناجر الموجودة، بل وأكبر من الفرن. ثم رأينا أن أفضل طريقة هي أن نقطّعه قطعا لنستطيع إدخاله الفرن فنأكله مشويا.

وجلسنا نعد النفس بعشاء على الطريقة الأمريكية، وإذا بالباب يدقّ. وفتحتُ فوجدت صاحب السوق المركزية أمامي، وقد كان قلقا بشكل ظاهر. قال الرجل: الديك... الديك... أين الديك؟ قلت إنه في الفرن.

كاد صاحب السوق المركزية يبكي وهو يرى الديك مقطّعا إربًا. فهمت منه أن ذلك الديك كان الوحيد بهذا الوزن وأنّه أُرسل خصوصا إلى السفير الأمريكي في بيروت ليكون نجم حفلة عيد الشكر في السفارة.

الرجل يبكي

[1] الپاوند هو الرطْل الإنكليزي وكل ٢,٢ منه تساوي كيلوغراماً واحداً.

ورأيت مدير التحرير في اليوم التالي وحكيت له القصة ثم عاتبته على توريطي في البحث عن ديك وزنه ثلاثون رطلا مع أنه لا يوجد ديك بهذا الوزن في البلد كلها. وردّ الرجل باستغراب أنه لم يقل لي شيئا من هذا أبدا، فقد قال بالإنكليزية إن الديك «ثلاثون پاوندا» وكان يعني بكلمة «پاوند» ليرة لبنانية لا رطلا إنكليزيا كما فهمت، فقد دفع ثلاثين ليرة ثمن ديك وزنه خمسة كيلوغرامات. وكل عام وأنتم بخير.

تمرين ١

١. ما الفكرة الرئيسية في نص «عيد الشكر»؟

٢. حدّد الأفكار الثانوية في «عيد الشكر».

٣. اكتب عنوانا آخر للنص.

تمرين ٢

أكمل الجمل التالية بالاختيار المناسب وفق نص القراءة.

١. الزوجة في النكتة الأولى .....

❑ مجنونة ❑ ميتة ❑ حزينة ❑ حية

٢. المريض في النكتة الثانية مصاب .....

❑ بالحساسية ❑ بالصداع ❑ بالحزن ❑ بالجنون

٣. يرى الطبيب في النكتة الثالثة أنّ الرجلَ .....

❑ مريض ❑ بخير ❑ حزين ❑ مجنون

٤. يظن الرجل أن الفندق .....

❑ رخيص ❑ غال ❑ قذر ❑ نظيف

٥. ربح الصديق تذكرة طائرة .....

❑ ذهابا وإيابا ❑ ذهابا فقط ❑ إيابا فقط ❑ إلى بلده

٦. يحصل الشخص الثاني في النكتة الخامسة على النقود من .....

❑ الصحيفة ❑ عمله ❑ صديقه ❑ أبيه

٧. ذهب ..... إلى السوق المركزية لشراء الديك.

❑ مدير التحرير ❑ السفير الأمريكي ❑ رئيس التحرير ❑ ساعي المكتب

٨. كان احتفال الكاتب بعيد الشكر مصدرا .....

❑ لسرور عظيم ❑ لعشاء ممتاز ❑ لصداع ومشاكل ❑ لحزن شديد

٩. قطّع جهاد الخازن الديك قطعا كي .....

❑ يشويه بالفرن ❑ يأكله قطعا ❑ يضعه بالطنجرة ❑ يحتفل بالعيد

١٠. أُرسِل الديك الرومي الذي شواه الكاتب خِصّيصاً إلى .....

❑ السفارة الأمريكية ❑ الأمريكيين الأوائل

❑ الأمريكيين في بيروت ❑ رئيس تحرير الجريدة

تمرين ٣

اكتب «خطأ» أو «صواب» إلى جانب كل جملة ثم صحح الجمل الخطأ.

١. سوف يتزوّج الزوج بعد موت زوجته.

٢. حصل مريض الحساسية على علاج نفعه.

٣. يظنّ المريض في النكتة الثالثة أنّه يحتاج إلى علاج.

٤. أرض الشارع أقذر من الفندق حسب رأي أحد الأشخاص.

٥. لا يزال الصديق في أستراليا يعمل فيها.

٦. كان جهاد الخازن يسكن في أمريكا حين كتب هذه المقالة.

٧. يحتفل اللبنانيون بعيد الشكر.

٨. ورّط مدير التحرير الكاتب في أمر الديك الرومي.

تمرين ٤

أجب عن الأسئلة التالية وفق نص القراءة.

١. أي واحدة من النكات الست أعجبتك أكثر من سواها ؟ لماذا ؟
٢. حاول أن تكتب نكتة تعرفها بالعربية.
٣. المريض بالحساسية، كم كلّفه مرضه؟
٤. ما عمل جهاد الخازن؟
٥. لماذا أراد الخازن ديكا وزنه ١٤ كيلوغراما ؟
٦. لماذا كاد صاحب السوق المركزية أن يبكي؟

تمرين ٥

وافق بين كلمات من العمودين.

محضّر	نقود
رئيس تحرير	نظيف
پاوند	مطبوخ
إربا	فحص
شحنة	رطل
ثمن	دجاجة
قذر	صحيفة
فرخة	ميناء
	قطعا

تمرين ٦

اختر الكلمة التي لا تناسب باقي الكلمات في كل مجموعة وبيِّن السبب.

١. سفارة فندق مستشفى لافتة

٢. طبيب حذاء علاج مريض

٣. مات جُنّ حزن حساسية

٤. ديك حبش عيد الشكر سوق مركزية مدير تحرير

٥. ساعٍ سفير ديك مشوي رئيس تحرير

تمرين ٧

أعد ترتيب الكلمات في كل مجموعة لتشكل جملا مفيدة.

١. فابتسم / في / قرأ / المجلة / نكتة.

٢. بعد / الكويت / أصيب / أن / في / أحمد / سكن / بالحساسية.

٣. ابنها / حزنا / موت / حزنت / بسبب / الأم / شديدا.

٤. من / بسيط / ديك / المركزية / شراء / أمر / السوق / حبش.

تمرين ٨

أعد ترتيب الجمل لتشكل فقرة كاملة. الجملة الأولى في مكانها المناسب.

١. أردت وثلاثة من أصدقائي أن نقضي إجازة الربيع على الشاطئ.

كان القطار موجوداً في المحطة وفيه بعض الركاب.

استغرقت الرحلة خمس ساعات إذ وصلنا في الساعة الثانية عشرة والنصف.

أولاً اشترينا تذاكر القطار.

صعدنا إلى القطار ووضعنا الحقائب في مكانها.

ركبنا سيارة أجرة من المحطة إلى الفندق.

جلستُ إلى جانب الشباك وجلس عبد الرحيم مقابلي.

في يوم السفر اتّجهنا إلى محطة القطار بسيارة أم عبد الرحيم.

أما مروان وسعيد فجلسا إلى يسارنا.

وصلنا إلى المحطة في الساعة السابعة، أي قبل موعد القطار بنصف ساعة.

القواعد

1. Sudden إذا (الفُجائية)

This إذا is different from the conditional إذا although they are pronounced and spelled the same. This usage denotes a sudden or an unexpected action and has no effect on the following word or words. It is part of the subordinate clause, not the main one. Usually, a conjunction is used with إذا, which is either و or فَ, and the preposition بـ follows it immediately, prefixed to a noun, e.g.

١ خرجنا مِن المبنى فَإذا بلافتةٍ تسقطُ فوقَ رؤوسِنا.

We walked out of the building and unexpectedly a sign fell on top of our heads.

One instance occurred in the last reading passage:

٢ جلسنا للعشاء وإذا بالباب يُدَقّ. أو: ...وإذا البابُ يُدَقُّ.

We sat down for dinner and suddenly there was a knock on the door.

تمرين ٩

Use sudden إذا to translate the following sentences into Arabic.

1. I stepped out of the door and it was raining.
2. The mother went into the bedroom and the little child was on the floor.
3. He went to the bank to withdraw (سحب) some money and it was closed.
4. We arrived at the movie theater, and there was Nadia waiting for us.

2. The Verb of Approximation كادَ

There is a set of verbs (أوْشَكَ، كـادَ) that indicate an action about to be completed, but not

yet. The verb كادَ (see conjugation table below) is one of them. It is similar in grammatical function to the كان set, but with a difference. The verb كاد can modify a nominal sentence, but the predicate (in boxes) must be a verbal sentence in the present tense, as in example 1, or a subjunctive مضارع منصوب introduced by أنْ, as in example 2, e.g.

١ كادَتِ الشجَرَةُ [تموتُ.] — *The tree almost died.*

٢ كادتِ الشجَرَةُ [أنْ تموتَ.] — *The tree almost died.*

If the verb كادَ is negated (with لا, لم or ما), it means *hardly, scarcely*, e.g.

٣ لَم يكد يجلِسُ حتّى دقَّ الهاتف. — *He had hardly sat down when the phone rang.*

٤ ما كِدْنا نَنتهي مِن العشاء حتّى أتى الزُوّار.

We had hardly finished dinner when the visitors came.

٥ لا أكادُ أنامُ مِن شِدّةِ الحَرِّ. — *I can hardly sleep because of the heat.*

تصريف الفعل «كادَ»

الماضي كِدْتُ، كِدْنا (first person)

كِدْتَ، كِدْتِ، كِدْتُما ، كِدْتُم، كِدْتُنَّ (second person)

كادَ ، كادَتْ، كادا ، كادَتا ، كادوا ، كِدْنَ (third person)

المضارع أكادُ، نَكادُ (first person)

تَكادُ، تَكادينَ، تَكادانِ، تَكادونَ، تَكَدْنَ (second person)

يَكادُ، تَكادُ، يَكادانِ، تَكادانِ، يَكادونَ، يَكَدْنَ (third person)

تمرين ١٠

Convey these meanings in Arabic, using كاد.

1. The day is almost done.
2. No sooner had the film started than the phone rang.

3. I can barely see the ocean from this window.
4. Sami's flight is about to arrive.

Revisited Structures مراجعة القواعد

A. <u>The Passive Voice</u>: Several instances occurred: أُرسِلَ، كُتِبَ، أُجِنَّ، يُدَقُّ. Note that يُجَنّ "to go crazy," just like هُرِعَ, occurs only in the passive.

Past: *ḍamma + kasra*	(ُ + ِ)	جُنَّ
Present: *ḍamma + fatḥa*	(ُ + َ)	يُجَنّ

B. <u>Unlikely Conditions with لو</u>: Remember that in order to express a condition, this particle must be followed by a past tense verb, e.g.

١ ماذا تفعلُ لَو مُتُّ فجأةً؟ — *What would you do if I died suddenly?*

Example 1 is a question. In an affirmative conditional sentence, the answer clause requires the particle لـ prefixed to the verb (boxed). It has no effect on it either in form or meaning:

٢ لَو عَلِمتُ أنَّها في المدينةِ لَزُرتُها. — *If I knew she was in town, I would visit her.*

C. <u>The Conjunction فَـ</u>: This has no structural effect on the verb it modifies. It is used mainly to signal resumption of an earlier speech or thought. It may be translated *then, so,* or nothing at all. In some texts, it is used generously (see lesson 29, *AWS I*). Examples:

٣ فَكُلُّ ما رآه في حُدود خمسة كيلو غرامات. — *All that he saw weighed about five kilograms.*

D. <u>The Circumstantial *Wāw*</u>: Refer to the discussion of this point in the previous lesson. In the present lesson, an instance of this particle occurs:

٤ كاد يبكي وهو يرى الديكَ مُقطّعاً.

He almost cried when he saw the turkey cut up into pieces.

تمرين ١١

A. Identify instances of قـد in the reading passages and list at least two of them. Indicate which function they serve, completed action or possibility.

B. Express the following meanings in Arabic, using لو، قَد، لم and the verb جُنّ:
1. They may be a little late this evening.
2. She took two aspirin, but they did not do her any good.
3. If I were you (in your place), I would participate in the theater festival.
4. He almost went out of his mind with joy.

Vocabulary notes

1. The expression بما أنّ signifies reason (*since*, *because*). It may be followed by a noun (1) or a pronoun (2). Remember that أنّ is a member of a set of particles that introduce nominal sentences. They make the subject accusative (المطعمَ) and the keep the predicate nominative (مُغلقٌ).

١ بما أنَّ المطعمَ مُغلقٌ، هل تُحبّون أن تأتوا إلى بَيتي؟

Since the restaurant is closed, would you like to come to my house?

٢ بما أنّك تَتَكلّمُ الفرَنسيّةَ، مُمكن أنْ تقرأ لي هذه الرسالة؟

Since you speak French, could you read this letter for me?

2. There is no one Arabic equivalent for the word "supermarket" in the Western, particularly American, sense. Many people use the English word itself. However, the conventional equivalent is سوق مركزية , "central market."

تمرين ١٢

آ- أجب عن الأسئلة وفق نص الاستماع.

١ـ ما الفكرة الرئيسية في نص الاستماع؟

٢ـ حدّد بعض الأفكار الثانوية في النص.

٣ـ كم رسالة قرأت حنان ذلك اليوم؟ ممّن؟

٤ـ لماذا اتصلت حنان بريم؟

٥ـ من هؤلاء الأشخاص؟ سمر، هديل، أبَيّ

ب- اكتب «خطأ» أو «صواب» بجانب كل جملة وصحح الجمل الخطأ.

١ـ وجدت حنان رسالة في صندوق البريد.

٢ـ حضرت سمر إلى شقة ريم وأخبرتها بحفلة عيد الميلاد.

٣ـ كان الخطأ بسبب والد ريم.

ج- أكمل الجمل التالية بالاختيار المناسب وفق نص الاستماع.

١ـ وضعت ريم الرسالة .....

❑ في البريد ❑ تحت الطاولة ❑ على النافذة ❑ على الأرض

٢ـ وجدت حنان في الشقة .....

❑ رسالة من ريم ❑ رسالة من ريم ورسالة من سمر

❑ رسالة من ريم ومكالمة من سمر ❑ مكالمتين من سمر وريم

٣ـ أخذت ريم ..... معها إلى حفلة عيد الميلاد

❑ أختها سمر ❑ أباها ❑ صديقتها ❑ ابنها

د- لخّص القصة بحوالى ثلاثين كلمة. Summarize the story in about thirty words.

المفردات

small piece .... إرْبة (ج) إرَب (n., f.)
to send, transmit .... أرسَلَ (يُرسِلُ) إرسال (v.)
to call, send for, summon .... استَدعى (يَسْتَدعي) استدعاء (v.)
to find strange, odd, unusual .... اسْتَغرَبَ (يَسْتَغرِبُ) اسْتِغراب (v.)
to consume .... استَهلَكَ (يَسْتَهلِكَ) استِهلاك (v.)
to wait .... انتَظَرَ (يَنتَظِرُ) انتظار (v.)
to cry, weep .... بَكى (يَبكي) بُكاء (v.)
to get married .... تَزَوَّجَ (يتزوَّجُ) تزوُّج (v.)
to become involved, get into trouble, become entangled .... تَوَرَّطَ (يَتَوَرَّطُ) تَوَرُّط (v.)
to become insane, mad (occurs only in the passive) .... جُنَّ (يُجَنُّ) جُنون (v., passive)
to edit, write (editor in chief) .... حَرَّرَ (يُحَرِّرُ) تَحْرير (رئيس تحرير) (v.)
to be sad, mourn, grieve .... حَزِنَ (يَحزَنُ) حُزْن (v.)
allergy, sensitivity .... حَساسية (n., f.)
to tell, recount, report, speak, narrate .... حَكى (يَحْكي) حَكي/ حِكاية (v.)
specifically .... خصّيصاً (adv.)
to knock, bang .... دَقَّ (يَدقُّ) دَقّ (v.)
precise, accurate, exact, rigorous .... دَقيق (adj.)
doctor, physician (loan word used in colloquial speech) .... دُكتور (ج) دكاترة (n., m.)
rest .... راحة (n., f.)
to win .... رَبِحَ (يَربَحُ) رِبْح (v.)
office boy, janitor, carrier (mail) .... ساعٍ (الساعي) (ج) سُعاة (n., m.)
cargo, shipment, load .... شَحْنة (ج) شَحَنات (n., f.)
strength, intensity, severity .... شِدّة (n., f.)
owner of, proprietor, companion, friend .... صاحِب (ج) أصْحاب (n., m.)
headache .... صُداع (n., m.)

uncommon, novel, funny .... طَريف (adj.)
casserole, saucepan, skillet, cooking pot .... طَنْجَرة (ج) طَناجِر (n., f.)
to blame, censure, scold (mildly) .... عاتَبَ (يُعاتِبُ) مُعاتَبة (v.)
to be reasonable, conscious, comprehend .... عَقَلَ (يَعقِلُ) عَقْل (v.)
to be absent, stay away, vanish, disappear .... غابَ (يَغيبُ) غِياب (v.)
suddenly .... فَجْأةً (adv.)
to examine, test .... فَحَصَ (يَفحَصُ) فَحْص (v.)
chicken, young bird .... فَرْخة (ج) فِراخ (n., f.)
to kill, murder, slay .... قَتَلَ (يَقتُلُ) قَتْل (v.)
dirty, unclean, filthy .... قَذِر (adj.)
worried, uneasy, apprehensive, troubled, impatient, sleepless .... قَلِق (adj.)
to be about to do, on the point of, almost, all but .... كادَ (يَكادُ) (v.)
to catch up, keep close, come to the rescue .... لَحِقَ (يَلحَقُ) لَحاق (v.)
tongue, language .... لِسان (ج) أَلْسِنة/أَلْسُن (n., m.)
entrance, foyer, introduction .... مَدْخَل (ج) مَداخِل (n., m.)
to wipe off, erase, clean .... مَسَحَ (يَمسَحُ) مَسْح (v.)
essay, article, editorial .... مَقالة (ج) مَقالات (n. f.)
star .... نَجْم (ج) نُجوم (n., m.)
easy life, blessing, happiness .... نِعْمة (ج) نِعَم (n., f.)
money, currency .... نَقْد (ج) نُقود (n., m.)
joke, anecdote, witty remark .... نُكتة (ج) نُكَت/نِكات (n., f.)
to get someone in trouble, involve in difficulties .... ورَّطَ (يورِّطُ) تَوريط (v.)
to weigh .... وَزَنَ (يَزِنُ) وَزْن ج أَوْزان (v.)

٩

Objectives

- Describing activities and narrating in the past
- Describing places and people
- Prepositional phrases; prepositions that collocate with certain verbs
- Revisited structures: expressing reason with لِـ, كي and حتّى; اسم الفعل
- Culture: popular epics and folk heroes; storytelling; shadow puppets; عليه السلام
- Listen to the recorded material for this lesson

مايكل براون يزور دمشق

في عطلة الربيع سافر مايكل براون وصديقاه ويليَم وريتشارد من مِصرَ إلى سورية. هذا ما كتبه لأستاذه في الولايات المتّحدة عن رحلته:

«أردت أنا وصديقاي ويليَم وريتشارد أن نزور سورية في عطلة الربيع. أولا كان علينا أن نحصل على تأشيرات دخول إلى سورية من السِفارة السورية في حيّ الدُقّي. ثانيا اشترينا تذاكر السفر وقد كلّفت التذكرة نحو ٢٦٠ دولارا ذهابا وإيابا على الخطوط الجوية السورية. في يوم السفر ركبت سيارة أجرة إلى حي الزمالك لأصل إلى شقة ويليم وريتشارد. من هناك ركبنا سيّارة أجرة أخرى إلى المطار ودفعنا للسائق عشرين جنيها أجرة الركوب.

خَتمُ تأشيرةِ الدخول

دمشق

أقلعت الطائرة في موعدها وكانت الرحلة قصيرة إلى سورية. هبطت الطائرة في مطار دمشق الدولي بعد ساعتين تقريبا. توجهنا إلى مركز الجوازات حيث ختم الموظف جوازاتنا. خرجنا من مبنى المطار وركبنا سيارة أجرة إلى فندق «بلال»، إذ حصلنا على اسمه من صديقة لنا زارت دمشق منذ شهور. لكن لم يكن هناك غرفة شاغرة، لذلك ذهبنا إلى فندق آخر قريب من سوق الحميدية أيضا. استأجرنا غرفة واحدة بثلاثة أسِرّة. كان في الغرفة مغسلة، لكن الحمام كان خارج الغرفة، وقد كان والحمد لله نظيفا معظم الوقت.

من حارات دمشق القديمة

تحدثنا مع مدير الفندق وكان شابا لطيفا. أخبرنا أن دمشق أقدم مدينة في العالم سُكِنَت دون انقطاع. وقال إن المخطوطات التي اكتُشِفَت في إبلا تدل على أن «دامسكي» كانت مدينة ذات اقتصاد قوي في الألف الثالث قبل الميلاد. وفي الكتابات المصرية القديمة عرفها المصريون القدماء باسم «دمشقا». وفي منتصف الألف الثاني قبل الميلاد صارت عاصمة المملكة الآرامية «دار ميسيق» أي الدار المَسقِية. والآراميون هم من العرب الشماليين وكانوا يتكلمون اللغة العربية الشمالية التي تسمى اليوم السِريانيّة. ولا يزال سكان ثلاث قرى في الجبال القريبة من دمشق يتكلّمون السريانية إلى اليوم، وهي مَعْلولا وجَبَعْدين ونَجْعا.

في اليوم الثاني ذهبنا إلى الجامع الأموي. قبل أن ندخل المسجد كان علينا أن نخلع أحذيتنا. تجولنا في المسجد دون أحذية وكان منظره جميلا جدا. لكن كان هناك أعداد كبيرة من الحمام لذلك كان علينا أن نعرف أين نضع أقدامنا.

بعد ذلك تجولّنا في سوق الحميدية القريبة من الجامع، ثم ذهبنا إلى قصر العظم وهو مُتحف التقاليد الشعبية. المتحف موجود في دار دمشقية قديمة كانت دار والي دمشق أسعد باشا العَظم أيام الحكم العثماني

منذ حوالي ٢٧٠ عاما. يصوّر المُتحف الحياة الدمشقية في ذلك الوقت، وكل غرفة فيه تمثّل صورة من صورها. ففي إحدى الغرف رأينا كيف كانوا يحضِّرون العروس للعُرس، بما في ذلك ثوب العرس والحذاء الخشبي الخاص وأدوات التجميل. وفي حجرة أخرى شاهدنا أدوات الطبخِ والأواني المستعملة في ذلك الزمن. ثم دخلنا غرفة تحكي قصة المقهى الشعبي، حيث يوجد «الحكواتي» الذي يقرأ كل ليلة جزءا من حكاية طويلة كسيرة «عَنتَرَة» وسيرة «أبو زَيد الهِلالي» وسيرة «الظاهِر بيبَرْس». وكان في المقهى شاشة يظهر خلفها دُمى صغيرة تمثل قصة، ويسمّى هذا التمثيل «خيال الظِلّ». كان هناك أيضا تمثالين لرجلين يلعبان «السيجة» وهي لعبة شعبية انقرضت الآن. وفي مكان أخر شاهدنا حبّة قمح نُقِشَت عليها سورة «الفاتحة» من القرآن الكريم.

الجامعُ الأُمَويّ بِدِمَشق

مُتحف التقاليد الشعبية

قصر العظم بدمشق

في المساء ذهبنا إلى فندق الميريديان حيث تناولنا القهوة الفرنسية مع الـ«كرواسان». اشترينا من الفندق قمصانا قطنية وكلف الواحد ٢٥٠ ليرة سورية (الدولار الواحد يساوي خمسين ليرة تقريبا).

مئة ليرة سورية

في صباح اليوم التالي توجهنا إلى متحف دمشق التاريخي وهو من أحسن المتاحف العربية حيث توجد فيه آثار إغريقية ورومانية وعربية إسلامية. شاهدنا دِرع صلاح الدين الأيوبي المصنوعة من زرد الحديد. أما

أبجدية رأس شَمرا

الشيء الذي أعجبني جدا فكان رقيما فخاريا صغيرا بحجم الإصبع نقشت عليه أول أبجدية في العالم. وقد عُثر على هذا الرقيم في «رأس الشَمرا» في شمال سورية حيث كانت مملكة أوغاريت.

عدنا إلى الفندق ووجدت أن مدير الفندق قد أحضر لي كتابا وهو قصة للكاتبة السورية غادة السمّان وقدّمه لي هدية. وقد كنت أخبرته أني أريد قصصا لها وللكاتب الفلسطيني غسان كنفاني لأني لم أعثر على هذه الكتب في القاهرة. اشتريت من دمشق أيضا شريطين للمغني اللبناني مارسيل خليفة لم أجدهما في القاهرة.»

تمرين ١

أجب عن الأسئلة التالية وفق نص القراءة.

١. ما الفكرة الرئيسية في نص القراءة؟
٢. حدّد بعض الأفكار الثانوية.
٣. اكتب عنوانا آخر للدرس.
٤. كم تكلف سيارة الأجرة من القاهرة إلى المطار؟
٥. صف الغرفة التي حصل عليها مايكل؟
٦. لماذا ذهب مايكل وأصدقاؤه إلى فندق بلال أولاً؟
٧. هل انقرضت اللغة السريانية تماما؟
٨. أين أقيم مُتحف التقاليد الشعبية؟
٩. ماذا يصور متحف التقاليد الشعبية؟
١٠. ما الذي أعجب مايكل في متحف دمشق الوطني؟

تمرين ٢

اكتب «خطأ» أو «صواب» إلى جانب كل جملة ثم صحح الجمل الخطأ.

١. نزل مايكل براون في فندق بلال بدمشق.

٢. استأجر مايكل غرفة مع حمام في الفندق.

٣. دمشق أقدم مدينة في العالم.

٤. أسعد باشا العظم والي دمشق في الوقت الحاضر.

٥. شاهد مايكل عملية تحضير العروس في متحف دمشق التاريخي.

٦. رأى مايكل أول أبجدية في العالم في رأس شمرا.

٧. أراد مايكل أن يحصل على كتب للكاتبة السورية غادة السمان والكاتب الفلسطيني غسان كنفاني.

تمرين ٣

عرِّف (define) الكلمات التالية باللغة العربية.

١. تأشيرة دخول

٢. سوق الحميدية

٣. أبجدية

٤. الحكواتي

٥. رأس شمرا

تمرين ٤

وافق بين كلمات من العمودين.

عشر	مسجد
حارة	السريانية
شاغر	قلعة
جامع	قصة

حكاية	وجد
الآرامية	فارغ
حجرة	زقاق
	غرفة

تمرين ٥

اختر الكلمة التي لا تناسب باقي الكلمات في كل مجموعة وبيِّن السبب.

١. مغسلة - حمّام - نبات - مرحاض - غرفة

٢. المعادي - دامسكي - دمشقا - دار ميسيق - الشام

٣. تحدّث - تكلّم - قال - تأخر - أخبر

تمرين ٦

وافق بين كلمات من العمودين لتشكل عبارات من مضاف ومضاف إليه.

Match words that go together in order to form phrases that are *iḍāfa* structures.

تأشيرة	سفر
جواز	الفاتحة
سيرة	أجرة
خيال	دخول
سورة	دمشق
خطوط	عنترة
سيارة	الطيران
متحف	الشيوخ
	الظل

تمرين ٧

أكمل الجمل التالية بالاختيار المناسب وفق نص القراءة.

١. سافَر مايكل براون إلى سورية .....

❑ وحده ❑ مع صديق ❑ مع صديقين ❑ مع ثلاثة أصدقاء

٢. حصل مايكل على ..... دخول قبل سفره.

❑ تأشيرة ❑ جواز ❑ تذكرة ❑ بطاقة

٣. كان على مايكل أن يخلع حذاءه في .....

❑ المطار ❑ الزقاق ❑ السوق ❑ المسجد

٤. توجد آثار إغريقية في .....

❑ متحف التقاليد الشعبية ❑ متحف دمشق التاريخي

❑ مسجد بني أمية ❑ سوق الحميدية

تمرين ٨

أعد ترتيب الكلمات في كل مجموعة لتشكل جملاً مفيدة.

١. في / أدوات / القديمة / شاهدنا / التجميل / المتحف

٢. ركبت / فيه / إلى / السيارة / الذي / الحي / أسكن

٣. العالم / أول / شمرا / في / في / أبجدية /اكتُشِفتْ / رأس

تمرين ٩

أعد ترتيب الجمل لتشكّل فقرة كاملة. الجملة الأولى في مكانها المناسب.

١. أراد أسامة وزوجته كريمة السفر من القاهرة إلى بيروت من أجل عطلة الصيف.

- سمعا إعلانا من السماعات عن إقلاع طائرتهما.
- بعد وزن حقائبهما توجّها إلى مركز الجوازات.

- جلست كريمة في مقعد إلى جانب الشباك وجلس نديم إلى يسارها.
- وصل أسامة وكريمة إلى المطار قبل موعد إقلاع الطائرة بساعتين.
- عند انتهائهما من الجوازات جلسا في قاعة الانتظار أمام البوابة رقم ١٨.
- كان معهما أربع حقائب.
- صعد الركاب إلى الطائرة قبل نصف ساعة من موعد إقلاعها.
- توجها أولا إلى مكان وزن الحقائب.
- قال الإعلان: «الرجاء من حضرات الركاب التوجّه إلى البوابة رقم ١٨».

تمرين ١٠

١- صف المعروضات في أحد المتاحف التي زرتها في أمريكا أو خارجها بحوالى مئة كلمة.

القواعد

1. **Prepositional Phrases**

Prepositional phrases consisting of a preposition and another word may have specific meanings. In the last reading passage, two prepositional phrases contain the particle ما, which is a nonrestrictive relative noun. It is called nonrestrctive because it refers to an indefinite entity (شيء). It does not change its form according to the number and gender of the noun it refers to. It means *what* (see lesson 25, *AWS I*), e.g.

He got [*what*] (i.e., the thing that) *he wished for.*	١ حَصَلَ [على ما] تَمَنّى.

Here is another prepositional phrase containing ما, which means "including," as you can see in the eighth paragraph in the reading passage:

including the wedding gown	٢ [بما في ذلك] ثَوبُ العُرس.

The phrase in 2 is invariable, that is, its form stays the same regardless of the number and gender of the following noun. The final suffix (ك) in the phrase in example 3 varies with the noun following it. It means "since, because."

٣ أنت لا تحتاج إلى تأشيرةِ دُخول إلى ألمانيا بما أنَّك أمريكي.

You do not need an entry visa for Germany, since you are American.

2. **Prepositions That Collocate with Certain Verbs**

Some verbs tend to require specific prepositions to follow them. There is no correspondence in this requirement between Arabic and English in all verbs. For example, the verb "obtain" in English takes a direct object with no intervening preposition. The Arabic equivalent حصل requires the preposition على, making the object an indirect one:

١ حَصَلَ على تأشيرةِ دُخول. *He obtained [...] an entry visa.*

There are verbs that take a direct object as well as an indirect object, with the latter modified by a preposition. The indirect object may be a noun or a pronoun, e.g.

٢ قَدَّمَ حلوى لـ (البنت) = لِلبنت. *He offered sweets to the girl.*

٣ قَدَّمَ حلوى لَها. *He offered sweets to her.*

The following is a list of selected verbs that require specific prepositions to follow them:

الفِعل	حرف الجَرّ	المَعنى
حَصَلَ	على (شَهادة)	*He obtained [. . .] a degree.*
وَصَلَ	إلى/من (المَطار)	*He arrived at/from the airport.*
دَفَعَ	لـ(ي) ليرةً	*He paid (to me) a lira.*
ذَهَبَ	إلى (السوق)	*He went to the market place.*
عادَ	إلى (منزِله)	*He came back [. . .] home.*
قَدَّمَ	لـ(ي)[1] شراباً	*He offered [. . .] me a soft drink.*
سافَرَ	إلى (حَلَب)	*He traveled to Aleppo.*
أحضَرَ	لـ(ي)/إلى[2] (ي)	*He brought [something] to me.*

[1] This preposition is pronounced with a *fatḥa* if prefixed to pronouns (لَنا) (except *yā'*) and with a *kasra* when prefixed to nouns (لِعدنان).

He talked to me.	مَعَ(ي)	تَحَدَّثَ
He said to me.	لِـ(ي)	قالَ
He found [. . .] a key.	عَلى(مفتاح)	عَثَرَ
He stayed at.	بِـ/في	نَزَلَ
He seized [. . .] (it).	عَلى(ها)	استَولى
He met with (his friend).	بِـ(صديقه)	اِلتَقى
He sat at a table.	إلى (مائدة)	جَلَسَ

3. Revisited Structures مُراجَعةُ القَواعِد

A. Expressing Reason with لِـ, كي, and حتّى (حروف النصب): One can explain reason by several structures. Of these are these three particles and one combination of two particles (لِكَي). They modify a present tense verb and cause it to become subjunctive (مضارع منصوب), e.g.

١ أتى عَدنانُ إلى أمريكا لِيَدرُسَ علمَ الحاسوب. = حتّى/كي/لِكَي يدرُسَ

Adnan came to America to study computer science.

The particle لِـ may also be used to modify a verbal noun (مصدر) instead of a verb. In this case, it is considered a preposition, still serving the same function of expressing reason:

٢ أتى عدنانُ إلى أمِريكا لدراسةِ علمِ الحاسوب.

Adnan came to America to study computer science.

B. Nouns with a Verb Force اسم الفعل (see lesson 1): There are two main types: independent words and prepositional phrases. Independent words include أُفٍّ (I complain) and شَتّانَ (*What a difference!*). Prepositional phrases are used to express obligation and are formed by using the preposition على and suffixing a personal pronoun to it (e.g. عليك). This phrase is followed by a clause containing أنْ and مضارع منصوب, e.g.

١ عليك أنْ تكونَ في الساعةِ الواحدة بالمطار. *You have to be at the airport at one o'clock.*

---

[2] The *alif maqṣūra* on the end of إلى changes to *yā'* with a pronominal suffix (e.g. إليك). It does not change with nouns (إلى تدمر).

تمرين ١١

Translate into Arabic, using حروف النصب and اسم الفعل, discussed in A and B above:

1. I have to wash the car on Saturday.
2. Hala bought a book to read about American history.
3. We have to be home at eight in order to watch our favorite television show.
4. Who is designated to bring the fruit?

4. Culture

A. **Folk Heroes and Tales**: The three most popular folk tales, or epics, in Arabic are the following, in chronological order: (1) سيرة عَنْتَرَة, (2) سيرة أبو زَيْد الهِلالي, and (3) سيرة الظاهِر بيبَرْس.

(1) The tale of عنترة tells the adventures of عنترة بن شَدّاد العَبسي, a pre-Islamic hero. He was born to an Arab father from a powerful tribe and an Ethiopian slave mother. As the tradition was in pre-Islamic times, he did not acquire his father's name and was considered a slave. This fact made him feel a great injustice, expressed in much of his poetry. He was a brave and feared warrior as well as an accomplished poet. He fell in love with his cousin, but he could not marry her because he was a slave. It is believed that his best poetry was stimulated by this unfulfilled love.

When his tribe came under attack and lost much of its wealth to invading tribes, his father told him if he fought against the enemy he would become a free man. He did fight courageously, regained what was lost, and soon became a military leader. His poetry was so valued that it was placed on the wall of the holy shrine in Mecca (الكَعبة), an honor only a few poets achieved. Such poetry is called المُعَلَّقات, literally *the hanging ones*. The prophet Muhammad was reported to say that of all the Arabs of pre-Islamic times he had heard about, the only one he would have liked to meet was Antara. He lived a long life and died in 610. Below is a well-known verse that represents his pride and ideals:

لا تَسْقِني ماءَ الحَياة بِذِلَّةٍ   بَل فَاسْقِني بِالعِزِّ كَأسَ الحَنظَلِ

The glossed words below will help you to construct the meaning of this verse. Notice that in traditional poetry every line (بَيْت) is laid out in two parts, called hemistichs (شَطْر). Write your English version of the above verse.

to water, give water سَقى (يسقي)	elixir of life ماء الحياة	glory, power عِزّ
lowness, submissiveness ذِلّة	an extremely bitter plant حَنْظَل	rather بَل

(2) This epic (سيرة أبو زيد الهلالي) tells the saga of a tribe from Najd in Central Arabia who were known for their eloquence. They attacked Mecca shortly after it was taken by the prophet Muhammad in 630. Later, they emigrated to Egypt and settled in the south. In 1052, they moved to Tunisia, where the *hilal* tribes branched off from the original tribe.

(3) According to two French Arabists, Professors Gillium and Beauhas of the University of Paris, سيرة الظاهر بيبَرْس is probably the longest epic in the world. It consists of 36,000 pages. Its French translation is based on a manuscript discovered in Aleppo, Syria. It will be completed in the year 2009 and be published in sixty volumes. They believe that it will have a greater impact on European and world literature than *A Thousand and One Nights* ألف ليلة وليلة has had. The epic tells the story of بيبرس, a Mamluk king who fought the Crusaders in المنصورة, Egypt, and Syria and the Tatars in Palestine. He died in Damascus in 1277.

B. **The Social Role of the Coffeehouse**: Before the advent of the radio, movie theaters, and television, men in Iraq, Syria, Egypt, and elsewhere used to congregate in coffeehouses (مقهى). Coffeehouses served coffee, of course, tea, and herbal teas made from dried flowers and other herbs. Usually, men frequented coffeehouses after sunset. The retired and jobless spent most of the day there. Coffeehouses served as meeting places for men. During the day and part of the evening, men played games: cards, backgammon, and a game called *sījeh* (سيجة), which is now extinct. Two main evening attractions brought men to coffeehouses in substantial numbers. The first and the most common was the storyteller, and the other shadow puppets (see below).

You may wonder what women did when the men were at coffeehouses. In past centuries and up to the First World War, the majority of women were homebound. They were not expected to leave their houses, particularly in urban areas, except for some urgent matter and for visiting the public bath about once a week. However, female relatives and neighbors regularly got together, helping one another in cooking elaborate dishes and preparing for such occasions as weddings, engagement parties, celebrations of the birth of babies, and the like. In the evening, they told tales and fables, particularly the elders to the young. Such tales were passed down orally from mother to daughter almost intact. They also played games. The most popular game for women in Greater Syria was (and still is) *barjīs* (برجيس).

(1). **Storyteller** الحَكَواتي: Usually he is a literate man who possesses a talent for story telling and the ability to capture the attention of his audience. Storytellers were masters of

suspense. They would tell the story in installments, using pitch variation and gestures to enrich the context. The audience, as at a ball game, would be divided into two groups, each one siding with one of the main characters. An experienced storyteller would stop at a critical point, hoping that the audience would come the next night. Sometimes, fights would break out if one character was made to have the upper hand over the other. So, the storyteller had to strike a balance between the victories on each side.

(2) **Shadow Puppets** خيال الظل: These are figures made from thin, stiff, translucent camel hide. Each figure is composed of multiple parts (arms, legs, body, the head) joined together and attached to long sticks manipulated by the players who stand behind a white cloth screen. A powerful lantern is placed between the figures and the players manipulating them. This form of art was known in many other parts of the world, such as China, India, and Indonesia, before it came to Turkey, Syria, and Egypt. It was introduced to the Middle East about 700 years ago and quickly became popular. Many plays, from the serious to the farcical, were written for it. Cafés were among the places shadow puppet plays were performed. But performances were also given in village and town squares as well as in homes.

خيال الظل

The term literally means "fancy of the shadows" or perhaps "shadows of fancy," in reference to the imaginary world created by these figures and the stories associated with them. The plays included action, music, and songs. The players are led by the shadow master, who knew at least as many plays as the nights of the month of Ramadan when attending shadow plays was a custom for many people.

C. **Terms Used to Refer to Prophets of Islam**: Traditionally, most Muslims use a phrase following the name of a prophet. For the prophet Muhammad, the main and last prophet of Islam, the term used is صلى الله عليه وسلّم. With other prophets of Islam, including Adam, Noah, Abraham, Moses, and Jesus, the term عليه السلام is used. The two terms have roughly the same meaning: *May God bestow peace on him*.

تمرين ١٢

آ- أجب عن الأسئلة وفق نص الاستماع.

١. ما الفكرة الرئيسية في نص الاستماع؟

٢. حدّد بعض الأفكار الثانوية.

٣. مِن أيِّ بلد كارول وأصدقاؤها ؟

٤. كيف وصلوا إلى عمّان؟

٥. أين شاهدوا النواعير (waterwheels)؟

ب- اكتب «خطأ» أو «صواب» بجانب كل جملة وصحِّح الجمل الخطأ.

١. سافر الأصدقاء بالحافلة إلى البتراء.

٢. زاروا المسجد الأموي بحلب.

٣. اشترت كاسي علبةً خشبية من سوق حلب.

٤. توقّفوا بحماة في طريق العودة.

ج- أكمل الجمل التالية بالاختيار المناسب وفق نص الاستماع.

١. بقِيَت كارول في دمشق .....

❑ أسبوعاً ❑ ستةَ أيام ❑ عشرةَ أيام ❑ شهراً

٢. تقع البتراء في .....

❑ الشمال ❑ الجنوب ❑ الشرق ❑ الغرب

٣. شاهد الأصدقاء نهرَ العاصي في .....

❑ مصر ❑ الأردن ❑ سورية ❑ لبنان

٤. يقع مسجد خالد بن الوليد في .....

❑ حمص ❑ حماة ❑ حلب ❑ دمشق

٥. حين وصلوا دمشقَ توَجَّهَ الأصدِقاءُ أولاً إلى .....

❑ المُتحف ❑ سوق الحميدية ❑ المطعم ❑ الفُندُق

المفردات

Ebla (ancient Syrian kingdom discovered in 1976) .... إبْلا (n., f.)

one of .... إحْدى (مُؤنَّث أحَد) (n., f.)

Aramaic .... آراميّ (adj.)

Greek .... إغْريقيّ (adj.)

economy .... اقْتِصاد (n., m.)

to discover .... اكْتَشَفَ (يَكْتَشِفُ) اكْتِشاف (v.)

Omayyad .... أمَويّ (adj.) of أمَيّة

to become extinct .... انْقَرَضَ (يَنْقَرِضُ) انْقِراض (v.)

(entry) visa .... تأشيرة (دُخول) تأشيرات (n., f.)

beautification, makeup .... تَجْميل (n., m.)

tradition, folklore .... تَقْليد (ج) تَقاليد (n., m.)

exactly .... تَماماً (adv.)

dress, costume .... ثَوْب (ج) أثْواب (n., m.)

mosque .... جامِع (ج) جَوامِع (n., m.)

weather, atmosphere, ambiance .... جَوّ ج أجْواء (n., m.)

passport .... جَواز (سَفَر) ج جَوازات (n., m.)

narrow street, alley .... حارة (ج) حارات (n., f.)

grain .... حَبّة (ج) حَبّات (n., f.)

room, chamber .... حُجْرة (ج) حُجُرات/حُجَر (n., f.)

volume, size .... حَجْم (ج) حُجوم/أحْجام (n., m.)

silk .... حَرير (n., m.)

good .... حَسَن (adj.)

story, tale, narrative .... حِكاية (ج) حِكايات (n., f.)

to rule, sentence .... حَكَمَ (يَحْكُمُ) حُكْم (v.)

storyteller .... حَكَواتيّ (ج) حَكَواتيّون/حَكَواتيّة (n., m.)

ornament, jewelry .... حَلي (ج) حُليّ (n., m.)

pigeon, dove .... حَمامَة (ج) حَمامات/حَمام (n., f.)

around........ (adv.) حَوْلَ
life........ (n., f.) حَياة (ج) حَيَوات
special, private........ (adj.) خاصّ
to stamp, seal........ (v.) خَتَمَ (يَخْتِمُ) خَتْم
wood, lumber........ (n., m.) خَشَب (ج) أَخْشاب
wooden, of wood........ (adj.) خَشَبِيّ
to take off, undress........ (v.) خَلَعَ (يَخلَعُ) خَلْع
shadow , reflection........ (n., m.) خَيال (ج) أَخْيِلة
coat of mail, armor, shield........ (n., m.) دِرْع (ج) دُروع
to show, indicate, point out........ (v.) دَلَّ (يَدُلُّ) دَلالة
doll, dummy........ (n., f.) دُمْية (ج) دُمىً
inscription, tablet........ (n., m.) رَقيم ج رُقُم
chain mail, coat made of chain mail as armor........ (n., m.) زَرَد (ج) زُرود (زَرَد الحَديد)
Syriac, member of the Syrian Church........ (adj.) سِريانيّ
biography, history........ (n., f.) سيرة (ج) سِيَر
young man........ (n., m.) شابٌّ (ج) شَباب
vacant, empty, unoccupied, free........ (adj.) شاغِر
popular, of the people........ (adj.) شَعْبِيّ
shadow, shade........ (n., m.) ظِلٌّ (ج) ظِلال
Ottoman........ (adj.) عُثْمانيّ
wedding, marriage........ (n., m.) عُرْس (ج) أعْراس
bride........ (n., f.) عَروس (ج) عَرائِس
groom........ (n., m.) عَروس (ج) عُرُس/عُرسان
courtyard........ (n., m.) فِناء (ج) أَفْنية
foot........ (n., f.) قَدَم (ج) أقدام
story........ (n., f.) قِصّة (ج) قِصَص
wheat........ (n., m.) قَمْح
croissant........ (n., m., French borrowing) كْرواسّان
to cost........ (v.) كَلَّفَ (يُكَلِّفُ) تَكليف/تَكلفة
gentle, kind, friendly, amicable........ (n., m.) لَطيف (ج) لُطَفاء

to represent, exemplify, act out	مَثَّلَ (يُمَثِّلُ) تَمْثيل (v.)
center	مَركَز (ج) مَراكِز (n., m.)
irrigated, supplied with water	مَسقيّ (passive participle, adj.)
coffeehouse, café	مَقْهىً (ج) مَقاهٍ (المَقاهي) (n., m.)
middle, mid	مُنْتَصَف (n., m.)
to descend, land, drop, come down	هَبَطَ (يَهبُطُ، يَهبِطُ) هُبوط (v.)
ruler, governor	والٍ (الوالي) (ج) وُلاة (n., m.)

١٠

Objectives

- Describing activities in the past; narration
- Describing places and people
- Revisited structures: البَدَل، كان وإنّ وأخَواتهما، المبني للمجهول، الإضافة الوصفية
- Listen to the recorded material for this lesson

مايكل براون يزور تدمر وحلب

من آثار تدمر

ركبت وأصدقائي الحافلة إلى مدينة تدمر الأثرية الواقعة في وسط الصحراء السورية على بُعد ٢١٠ كيلومترات من دمشق. قضينا النهار هناك بين الآثار الكثيرة التي تمتدّ على مِساحة ستة كيلومترات مربعة. شاهدنا معبد بَعْل إله المطر والخِصْب لدى الكنعانيين الذين سكنوا بلاد الشام في الألف الثالثة قبل الميلاد، وزرنا قوس النصر والأعمدة العظيمة والمسرح والحمامات والشارع الطويل ومجلس الشيوخ والمدافن. في المساء عدنا بالحافلة من حيث أتينا.

تدمر وملكتها زنوبيا

بُنيَت تدمر قديما عند نبع ماء حار يُسمّى «أفقا»، وفيها بساتين النخيل[١] والزيتون والعنب. وقد كانت تدمر مركزا تجاريا هاما، وتمتّعت بثراء هائل. ثم صارت دولة منذ القرن الثالث قبل الميلاد. في عام ٢٦٧ للميلاد هزم ملكها أُذَينة الفُرْس مرتين ثم خلّص إمبراطور روما من أسْر الفرس فسرَّ ذلك الرومان كثيرا وسمّوه «زعيم المشرق». لكنّ أذينة اغتيل في العام نفسه واستلمت زوجته زنوبيا[٢] الحكم بعده وصارت ملكة هذه الدولة. كانت زنوبيا جميلة الوجه طويلة القامة عظيمة الذكاء واسعة الثقافة، وكانت تتكلّم ثلاث لغات بطلاقة وهي التدمرية والمصرية واليونانية.

صورة امرأة تَدمُرية

أرادت زنوبيا أن تحكم المنطقة كلها، بل أرادت أن تستولي على الإمبراطورية الرومانية وتخلع الإمبراطور أورليان فقد كان مشغولا بحروب داخلية وخارجية وظنت أن الفرصة مناسبة لذلك. فاستولت أولا على سورية جميعها في عام ٢٧٠ للميلاد ثم على مصر فآسيا الصُغرى (تركيا اليوم) ووصلت جيوشها إلى مضيق البوسفور. وفي عام ٢٧١ م ضربت نقودا عليها صورتها وصورة ابنها دون صورة إمبراطور روما. وبذلك جعلت مملكة تدمر الصغيرة إمبراطوريّة واسعة امتدّت من مصر جنوبا إلى آسيا الصُغرى شمالا.

لكن أورليان إمبراطور روما لم يعجبه ذلك، وما كاد ينتهي من حروبه حتى شكل جيشا كبيرا واتجه به إلى سورية. وعند حمص في وسط سورية التقى بجيش زنوبيا الأول وهزمه هناك، ثم اتجه إلى تدمر وحاصرها إلى أن سقطت عام ٢٧٤ م. دخل تدمر واعتقل زنوبيا وأخذها أسيرة إلى روما، حيث ماتت هناك بعد سنوات.

---

[١] اسم تدمر باللاتينية «بالميرا» أي «مدينة النخيل».

[٢] يُقالُ أيضاً «الزبّاء» ويقابل هذا الاسم اليوم «زَيْنَب».

مايكل في حلب

قلعة حلب

سافرنا إلى حلب بالحافلة، وحلب ثانية أكبر المدن السورية وتقع في شمال غرب سورية وتبعد عن دمشق ٣٥٠ كم. نزلنا هناك في فندق «بارون» الذي نزلت فيه الكاتبة البريطانية «أغاثا كريستي» والضابط البريطاني المُسمّى «لورنس العرب». صار الفندق قديما اليوم، لكننا حصلنا على غرفة جيدة بثلاثة أسِرّة وفيها حمام أيضا. زرنا بعد الظهر قلعة حلب وتجوّلنا في أسواق المدينة القديمة التي تقع حول القلعة.

سوق قديمة بحلب

علمت شيئا عن حلب لم أكن أعرفه من قبل. التقينا شابا حلبيا في حديقة «السبيل» وتحدثنا معه بالعربية وقد أُعجب كثيرا وقال: «إنكم تتكلمونها جيدا.» قال إن حلب تُعرف باسم «حلب الشَهْباء» وهذا الاسم له حِكاية. يُقال إن النبي إبراهيم عليه السلام نزل بهذه المدينة وحَلَبَ بقرته الشهباء أي ذات اللون الرمادي على الجبل حيث تقوم قلعتها اليوم، ومن هنا جاء الاسم «حلب الشهباء». ربما كان هذا صحيحا.

مشينا مساء في المدينة القديمة وتناولنا العشاء في مطعم شعبي أكلنا فيه الكباب الحلبي المشهور. في صباح اليوم التالي ذهبنا إلى السوق القديمة قرب القلعة وكانت أحسن سوق رأيتها حتى الآن. كانت أحسن من سوق الحميدية بدمشق وأحسن بكثير من خان الخليلي بالقاهرة. اشترينا مفارش طاولة وأوشحة حريرية وحليا من الفضة. كانت البضائع أحسن من البضائع في القاهرة وأرخص منها كذلك.

تمرين ١

أجب عن الأسئلة التالية وفق نص القراءة.

١. ما الفكرة الرئيسية لهذا الدرس؟

٢. حدّد بعض الأفكار الثانوية.

٣. اكتب عنوانا آخر لهذا الدرس.

٤. كم تبعد تدمر عن دمشق؟

٥. ماذا فعل الأصدقاء الأربعة مساء في حلب؟

٦. لماذا سُمي أذينة «زعيم المشرق»؟

٧. كيف جعلت زنوبيا مملكتها إمبراطورية؟

٨. لماذا سُميت حلب باسم «الشهباء» وفق قصة الشاب؟

تمرين ٢

اكتب «خطأ» أو «صواب» إلى جانب كل جملة ثم صحح الجمل الخطأ.

١. سافر مايكل وصديقاه إلى تدمر بالطائرة.

٢. قوس النصر في مدينة حلب.

٣. كان أذينة زوج زنوبيا.

٤. توفيت زنوبيا في تدمر.

٥. نزل مايكل في فندق «لورنس العرب».

٦. أحسن سوقٍ رآها مايكل كانت سوق خان الخليلي بالقاهرة.

تمرين ٣

اختر الكلمة التي لا تناسب باقي الكلمات في كل مجموعة وبيّن السبب.

١. الحافلة - الطائرة - السيارة - الجيش - القطار

٢. معبد - كنيسة - مسجد - حرب

٣. تحدث - عثر - تكلم - حكى

٤. نبي - ملك - إمبراطور - والي - رئيس

٥. معبد بعل - أعمدة عظيمة - قلعة حلب - إله المطر

تمرين ٤

وافق بين كلمات من العمودين لتشكّل عبارات تحوي مضاف ومضاف إليه كـ «جامعة دمشق».

قلعة	بَعْل
معبد	السلام
لورنس	الشهباء
فندق	الخليلي
عليه	حلب
خان	العرب
	بارون

تمرين ٥

وافق بين كلمات من العمودين.

الفُرس	تاريخ
ذهبٌ	مضيق
آثار	قصة
ظن	ربما
حكاية	حسن
الصباح	فضة
جيد	إيران
قد	فكر
	الظهر

تمرين ٦

أكمل الجمل التالية بالاختيار المناسب وفق نص القراءة.

١. سافر مايكل إلى تدمر .....

❑ بالطائرة ❑ بالسيارة ❑ بالحافلة ❑ بالقطار

٢. معبد بعل في .....

❑ دمشق ❑ تدمر ❑ متحف دمشق ❑ متحف حلب

٣. نزل مايكل وصديقاه في فندق .....

❑ بارون ❑ أغاثا كريستي ❑ لورنس العرب ❑ حلب

٤. تقع أسواق حلب القديمة حول .....

❑ الشهباء ❑ القلعة ❑ الفندق ❑ خان الخليلي

٥. كانت البضائع في أسواق حلب جيدة و.....

❑ غالية ❑ قديمة ❑ عظيمة ❑ رخيصة

تمرين ٧

أعد ترتيب الكلمات في كل مجموعة لتشكل جملا مفيدة.

١. أحمد - يسافر - أن - علمت - لن - دُبي - إلى

٢. اللغة - تتكلم - بطلاقة - هالة - الألمانية

٣. الذكاء - زعيمة - كانت - عظيمة - زنوبيا

٤. من - الصين - الإسلامية - امتدّت - الأندلس - الدولة - إلى

٥. بَعْل - سورية - إله - القديمة - يسمّى - والخِصب - في -كان - المطر

تمرين ٨

أعد ترتيب الجمل لتشكل فقرة كاملة. الجملة الأولى في مكانها المناسب.

١. أردت أنا وصديقاتي أن نترك المدينة لبضعة أيام لنستمتع بجو الريف.

غادرنا دمشق في الساعة السابعة صباحا.

قضينا خمسة أيام هناك عدنا بعدها إلى دمشق.

لذلك قررنا أن نستأجر حافلة صغيرة مع سائقها تقلنا إلى الكفرون.

توقفنا مرتين في الطريق ووصلنا الكفرون مساء.

استأجرنا دارا كبيرة فيها أربع غرف نوم.

لقد استمتعنا جدا بهذه الرحلة واتفقنا أن نكررها مرة أخرى.

والكفرون بلدة صغيرة جميلة تقع في الجبال في غرب سورية الأوسط.

قضينا أيامنا هناك في زيارة الأماكن الجميلة والمطاعم في الجبال.

تمرين ٩

١. اكتب وصفا لشخص مشهور. لا تذكر اسمه أو اسمها، بل أعط الوصف لزميلك (classmate) أو لأستاذك واطلب منهم أن يحزروا (guess) اسم ذلك الشخص.

٢. اكتب تاريخا مختصرا للبلد الذي تعيش فيه بما لا يزيد عن ١٠٠ كلمة. اذكر متى بدأ والدولة أو الدول التي تتالت عليه والأحداث الهامة التي مر بها وغير ذلك.

٣. اشرح كيف تولد الدول وتكبر وتموت. أعط مثالا عن دولة تعرفها مرّت بهذه المراحل من التاريخ.

مراجعة القواعد

١- البَدَل (the permutative or substitute)

لكنَّ أورليانَ **إمبراطورَ** روما لم يعجبْهُ ذلك.

But Orlean, emperor of Rome, did not like that.

إنَّ كلمةَ «إمبراطورَ» منصوبةٌ لأنّها بَدَلٌ مِن «أورليانَ» (المُبدَل منه) وهو اسم «لكنَّ». البَدَلُ له حالة (case) المُبدَلِ منه نفسها، فإنْ كان مرفوعاً يكون مرفوعاً مثله، وإن كان منصوباً يكون منصوباً مثله وإن كان مجروراً يكون مجروراً مثله.

زرتُ أسْواقَ حلب، أجملَ الأسواقِ في الشرق.

⇧ مُبْدَل منه ⇧ بَدَل

٢. كانَ وأخَواتُها

«كان» فعلٌ ناقِصٌ يدخل على الجُملةِ الاسميةِ فيَرفَعُ الاسمَ وينصبُ الخَبَرَ.

قَلعَةُ حَلَبَ هامَّةٌ. ⇦ كانَتْ قَلعَةُ حَلَبَ هامَّةً.

بعضُ أخَواتِ كانَ: أصبَحَ، أضْحى، أمْسى باتَ، صارَ، ظَلَّ، لَيْسَ

مُلاحَظة: (أصبَحَ، أضْحى، أمْسى باتَ، ظَلَّ) تعني «صارَ» to become.

هذه الأفعال (كان، أصبَحَ، أضْحى، أمْسى باتَ، صارَ، ظَلَّ) تَتَصَرَّفُ في الماضي والمضارع والأمر (مِثال: أصْبَحَ، يُصْبِحُ، أصْبِحْ). (لَيْسَ) لا تَتَصَرَّفُ إلاّ بالماضي.

٣. إنَّ وأخَواتُها

تدخلُ إنَّ وأخَواتُها على الجملةِ الاسميّة فتَنصِبُ الاسمَ وترفَعُ الخَبَرَ، وهي: إنَّ، أنَّ (emphasis)، كَأنَّ (comparison)، لكِنَّ (contrast)، لَيْتَ (wishing)، لَعَلَّ (hope).

آثارُ تَدْمُرَ عَظيمةٌ. ⇦ إنَّ آثارَ تَدْمُرَ عَظيمةٌ.

٤. الفِعْلُ المَبْنيُّ لِلمَجْهول

الفاعِلُ مَحْذوف والمَفْعولُ بِهِ يصبح نائباً لِلفاعِل.

هَزَمَ أورليانُ جَيْشَ زَنوبيا. ⇦ هُزِمَ جَيْشُ زَنوبيا.

فعل فاعِل مَفعول — فعل مبني للمجهول نائِب فاعِل

٥. الإضافة الوَصفية

هذه إضافةٌ تصِفُ شيْئاً أو شخصاً.

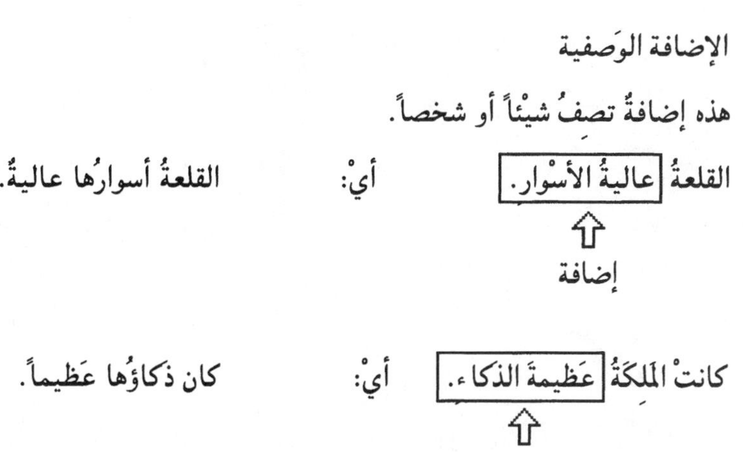

تمرين ١٠

Translate into Arabic, using structures that reflect the five grammatical categories above. Provide all the inflectional endings.

1. I wish the stores were open now.
2. The castle was besieged for two months.
3. Humam هُمام has become a doctor at the age of twenty-four.
4. Our professor has vast knowledge (use إضافة).
5. Rana رنا studies law, her favorite subject.
6. The sky is not cloudy.

تمرين ١١

آ- أجب عن الأسئلة وفق نص الاستماع.

١. ما موضوع هذا النص؟

٢. ما اسم الكاتبة الكامل؟

٣. من كان عند الكاتبة ذلك المساء؟

٤. كيف علمت الكاتبة أن وعاء (container, pot) الشجرة انكسر؟

٥. من كسر الوِعاء الذي كانت فيه الشجرة؟

٦. ماذا فعلت الكاتبة بالشجرة؟

ب- اكتب «خطأ» أو «صواب» بجانب كل جملة وصحح الجمل الخطأ.

١. نص الاستماع جزء من قصة كتبتها الكاتبة.

٢. انكسرت الشجرة حين كان ضيوفها (guests) في البيت.

٣. حمدت الكاتبة الله أن قطتها لم تَمُت.

ج- أكمل الجمل التالية بالاختيار المناسب وفق نص الاستماع.

١. كاتبة القصة ...

❑ لبنانية ❑ فلسطينية ❑ مصرية

٢. كانت شجرة الكاتبة ...

❑ في حديقة البيت ❑ على سطح الدار ❑ في غرفة الاستقبال

٣. علمت الكاتبة أن الشجرة لا تزال حيّةً بعد ...

❑ يوم ❑ أسبوع ❑ شهر

٤. وضعت الكاتبة الوعاء الجديد في ...

❑ الشمس ❑ غرفة النوم ❑ الحديقة

المفردات

to seize, take possession of, capture, take over .... (v.) استولى (يَستَولي) استيلاء
prisoner (of war).. (n., m.) أسير (ج) أسْرى
gray color .... أشهَب (n., m.) شَهْباء (n., f.) ج شُهْب
god.. (n., m.) إله (ج) آلِهة
cow .... (n., f.) بَقَرة (ج) بَقَرات
Bosporus (strait) .... (n., m.) بوسفور (مَضيق البوسفور)
to enjoy.. (v.) تَمَتَّعَ (يَتَمَتَّعُ) تَمَتُّع،
to milk .... (v.) حَلَبَ (يَحْلِبُ) حَلْب
intelligence, acumen, brightness .... (n., m.) ذكاء
cheap, inexpensive .... (adj.) رَخيص
gray .... (adj.) رَماديّ
old man, an elderly person, chief, senator, religious person .... (n., m.) شَيْخ (ج) شُيوخ
to hit, strike, beat .... (v.) ضَرَبَ (يَضْرِبُ) ضَرْب
bow, arch (triumphal arch) .... (n., m. and f.) قَوْس (ج) أقْواس (قَوس النَصْر)
strait, narrow pass .... (n., m.) مَضيق (ج) مَضائق
queen .... (n., f.) مَلِكة (ج) مَلِكات
spring, water source .... (n., m.) نَبْع (ج) يَنابيع
prophet .... (n., m.) نَبيّ (ج) أنبِياء
palm, date palm .... (n., m.) نَخيل

١١

Objectives

- Describing feelings, places, and situations; narration
- Times of the day; pronunciation of من and عن; idioms; verbs of hope and beginning
- Revisited structures: dual *muḍāf*; the absolute object; the feminine plural; the verb أعجب; use of restrictive relatives; sudden إذا; passive participles; nouns containing similar consonants; the five nouns; describing manner with بـ; verbs of approximation (كاد), beginning (شرع), and hope (عسى); the particle أنَّ; adverb of manner الحال; jussive of doubled verbs; assimilation
- Parts of the body
- Listen to the recorded material for this lesson

دعوة منحوسة

كتب لي صديقي عبد الرحمن التلمساني رسالة يدعوني فيها إلى قضاء يومَي الخميس والجمعة معه ومع أسرته في داره الريفية التي تقع وسط مزرعته الكبيرة قرب دمشق. فرحتُ بهذه الدعوة فرحا شديدا لأني أحتاج إلى إجازة حقيقية أسترخي فيها في مكان هادئ وإلى إنسان أتحدّث معه، لأني أشعر بوحدة شديدة بعد سفر زوجتي والأولاد إلى بيروت لزيارة بيت جدّهم.

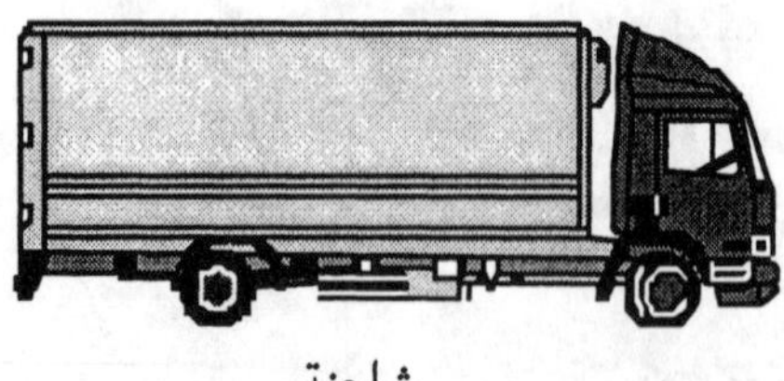
شاحنة

عدت من عملي مبكرا يوم الخميس وتناولت الغداء. بعد العصر بقليل ركبت سيارتي وانطلقت إلى دار صديقي على طريق ريفية تحفّ بها الأشجار من الجانبين. أعجبني هذا المنظر وتذكّرت العطلة السابقة التي قضيتها في تلك المنطقة الرائعة. لم

أصادف سيارات كثيرة على الطريق باستثناء بعض الجرارات والشاحنات. بعد حوالي ساعة وصلت مزرعة صديقي أبي مروان، وأوقفت سيارتي في فناء واسع إلى يمين الدار.

جرّار

أطفأت محرك السيارة ونظرت من النافذة فإذا بي أرى كلبا كبيرا شرشا يستقبلني بعوائه المخيف. بقيت داخل السيارة ولم أجرؤ أن أفتح الباب. لكن لحسن الحظ لاحظت أن الكلب مربوط بجنزير قوي، فارتحت لذلك ونزلت من السيارة واقتربت من البيت. إلا إني لاحظت أن جميع الأنوار مطفأة في المنزل وأن الشبابيك مغلقة وبعض الستائر مسدلة.

عبد الرحمن التلمساني

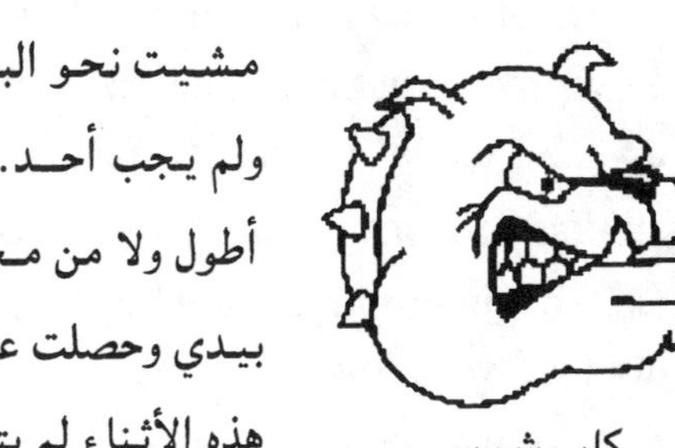

كلب شرس

مشيت نحو الباب وضغطت على الجرس ولم يجب أحد. ضغطت على الزرّ ولمدة أطول ولا من مجيب. قرعت الباب بقوة بيدي وحصلت على النتيجة نفسها. وفي هذه الأثناء لم يتوقف ذلك الكلب اللعين عن النباح لحظة واحدة مما زاد من ارتباكي.

نظرت حولي فوجدت صحيفة الصباح مازالت على عتبة الباب لم يرفعها أحد، فأدركت أن أبا مروان وأسرته ليسوا في البيت. غضبت لذلك غضبا شديدا وكدت أقرر وأنا في منتهى الحنق أن أقاطع هذا الصديق لأنه نسي موعدي معه. وفي الحال كتبت له رسالة عاتبته فيها عتابا شديدا.

علقت الرسالة على الباب ثم توجهت نحو سيارتي لأعود إلى المدينة وإذا بي أجد ذلك الكلب الضخم يقف إلى جانب باب السيارة وينظر إلي نظرة تهديد. استغربت ذلك جدا. "تُرى كيف استطاع أن يصل إلى السيارة وهو مربوط بذلك الجنزير القوي؟" ألقيت نظرة أخرى على الجنزير وتبيّن لي أنه جنزير طويل. وبدأ الكلب ينبح بشراسة أشدّ

عزيزي أبو مروان ،
حضرتُ حسب دعوتك ولم أجدك .
عسى أن تكون بخير. تمنيت أن أشرب عندك فنجان شاي . لكن لا بأس ، خيرها بغيرها .
بالمناسبة كلبك لم يحيّني ولم أحيّه ، وكان استقباله لي أسوأ استقبال .
أخوك
رياض

وجه غاضب

وأقوى فارتجف قلبي من الخوف، وتراجعت ببطء ودرت حول السيارة والكلب يتبعني، ولما وصلت باب السائق فتحته بسرعة وقفزت إلى داخل السيارة وأغلقت الباب خلفي.

لعنت أبا مروان ألف لعنة على هذه الدعوة المنحوسة. ثم أدرت محرّك السيارة وشتمت الكلب من خلف زجاج النافذة منفّسا عن حنقي، وتوجّهت إلى دمشق في الظلام. وقبل أن أصل إلى داري رأيت أن أملأ خزان سيارتي بالوقود، فتوقفت من أجل ذلك عند محطة وقود. وبينما كان العامل يملأ الخزان بالوقود مددت يدي إلى العلبة التي أمامي وفتحتها لأتناول ورقة وقلما كي أكتب الرقم الذي سجّله عدّاد المسافة وإذا برسالة الدعوة التي بعثها لي أبو مروان بالعلبة.

تناولت الرسالة وشعرت بالحنق يعود إلي ثانية، وشرعت أقرأها والغيظ يتزايد داخلي. وفجأة شعرت بالخجل الشديد وتصبّب العَرَق من جبيني، إذ اكتشفت من الرسالة أن موعد الدعوة ليس هذا الأسبوع بل الأسبوع المقبل.

تمرين ١

آ- أجب عن الأسئلة التالية وفق نص القراءة.

١- ما الفكرة الرئيسية لهذا الدرس؟

٢- حدّد بعض الأفكار الثانوية.

٣- اكتب عنوانا آخر لهذا الدرس.

٤- من صاحب الدعوة؟

٥- لماذا سُميت الدعوة "منحوسة"؟

٦- أين قضى كاتب القصة إجازته السابقة؟

ب- أكمل الجمل التالية بالاختيار المناسب وفق نص القراءة.

١ـ فرح كاتب القصة بالدعوة ...

❑ لأن زوجته وأولاده في بيروت ❑ لأنه لم يزر تلك المنطقة من قبل

❑ لأنه يحتاج إلى إجازة ❑ لأنّ صديقه يسكن دارا ريفية

٢ـ ترك الكاتب عمله يوم الخميس ...

❑ صباحا ❑ ظهرا ❑ عصرا ❑ مساء

٣ـ شاهد الكاتب ... على جانبي الطريق.

❑ أشجارا ❑ شاحنات ❑ جرّارات ❑ سيارات

٤ـ ظن الكاتب أن صديقه قد ...

❑ نسي الكلب في فناء الدار ❑ ترك باب الدار مفتوحا

❑ كتب له رسالة دعوة ❑ نسي موعده معه

٥ـ استطاع الكلب أن يقترب من سيارة الكاتب لأنه ...

❑ كان مربوطا بجنزير طويل ❑ كلب قوي

❑ كلب شرس ❑ لم يكن مربوطا

٦ـ شتم الكاتب الكلب كي ...

❑ يعود إلى مكانه ❑ يتوجه إلى المدينة ❑ ينفس عن غضبه ❑ يدخل السيارة

٧ـ توقف الكاتب قبل أن يصل إلى منزله في ...

❑ الطريق الريفية ❑ مزرعة صديقه ❑ مكان هادئ ❑ محطة وقود

ج- اكتب «خطأ» أو «صواب» بجانب كل جملة وصحح الجمل الخطأ.

١ـ انطلق الكاتب إلى منزل صديقه كي يشرب فنجان شاي.

٢ـ شعر الكاتب بوحدة شديدة على الطريقِ الريفية.

٣ـ لم يكُن هناك أحد في دار السيد التلمساني.

٤ـ قضى الكاتب ليلة يوم الخميسِ في محطة الوقود.

٥- في نهاية القصة كان الكاتب لا يزال يشعر بالغضب.

تمرين ٢

آ- وافق بين كلمات من العمودين لها علاقة في المعنى (related in meaning).

إجازة	بسرعة
غضب	مسدل
مزرعة	عطلة
مغلق	عرق
ببطء	حنق
بدأ	ريف
	شرَع

ب- وافق بين كل كلمتين تشكلان عبارة من مضاف ومضاف إليه واكتب المعنى بالإنكليزية.

عداد	دعوة
محطة	البيت
بطاقة	المسافة
محرك	الجنزير
جرس	الوقود
	السيارة

تمرين ٣

اختر الكلمة التي لا تناسب باقي الكلمات في كل مجموعة وبيّن السبب.

١-	أُسرة	عامِل	جد	أولاد
٢-	ستارة	سيارة	جرار	شاحنة
٣-	أشجار	مزرعة	عواء	ريف

٤. غضب حنق غيظ فرح

٥. عطلة قهوة شاي فنجان

تمرين ٤

(آ) أكمل القصة التالية بكلمات من هذا الدرس ثم (ب) اعط معنى الكلمات التي تحتها خط. (ج) لخص القصة بعد ذلك بحوالى ثلاثين كلمة.

(a) Complete the following story with words from this lesson, (b) provide the meanings of the underlined words, and (c) summarize the story either in English or in Arabic.

عملتُ ساعات طويلة في الأسبوع الماضي وشعرت أني أريد أن أنام متأخرة يوم الجمعة. لذلك حين اتّصلت بي صديقتي نور ودعتني لقضاء يوم الجمعة في مزرعة والدها اعتذرت وقلت لها آسفة وإني أريد أن أنام ولن أستطيع الذهاب معها. في ليلة يوم الخميسِ .... النوافذ في بيتي و........ الستائر كي لا أسمع أي صوت من خارج البيت. في الصباح وقبل .... السادسة استيقظت على صوت .... الهاتف. رفعت السماعة وأنا نصف نائمة وكان .... خطأ. عدت إلى السرير وحاولت أن أنام. لكن بعد دقائق سمعت .... كلب من الطريق. بقي الكلب تحت نافذتي يعوي أكثر من عشر دقائق وشعرت بـ .... شديد. بعد قليل ذهب .... وأغمضت عينيّ واسترخيت. مضت بضع ... وإذا بي أسمع شخصا .... بابي بقوة، فهرعت إلى الباب لأرى ما يجري، وإذا بشرطي يقف بالباب. سألني إن كنت .... بالشرطة لأشكو كلبا. قلت لا، فاعتذر الشرطي وذهب.

في تلك اللحظة ذهب عني .... تماما ولم أحب أن أرجع إلى السرير. تذكرت دعوة نور، فهرعت إلى .... واتصلت بها راجية أنها ما زالت في البيت. رن جرس هاتفها عدة مرات ولا من .... ، وتبين لي أنها قد ذهبت إلى ....

تمرين ٥

أعد ترتيب الكلمات في كل مجموعة لتشكل جملة مفيدة.

١. من/سيارتي/الوقود/يتسع/ليترا/خزان/لخمسين.

٢. شديد/لأمي/أشعر/وأبي/بشوق/وإخوتي.

٣. كل/مفتوحة/اقتربتُ/البيت/ وجدت/لما/من/النوافذ.

٤. الريف/زُهَيْر/صغيرة/قضى/قرية/في/إجازته/في.

تمرين ٦

أعد ترتيب الجمل لتشكل فقرة كاملة. الجملة الأولى في مكانها المناسب.

١. يسكن عمي في قرية بعيدة في الريف ولم أزره منذ أشهر.

غادر القطار المحطة في موعده.

وصل القطار إلى محطة بلدة عمي بعد ثلاث ساعات تقريبا.

لذلك اشتريت تذكرة قطار إلى بلدته ذهابا وإيابا.

نزلت من العربة وكان عمي في انتظاري بالمحطة مع ابنه.

وصعدت إلى إحدى العربات وجلست إلى جانب النافذة.

قضيتُ في دار عمي خمسة أيام استمتعت بها استمتاعا عظيما.

فقررت أن أزوره وأقضي معه بضعة أيام في الريف.

في صباح يوم الخميس ذهبت إلى محطة القطار.

وفي الطريق شاهدت مزارع كثيرة من نافذة القطار.

ركبنا شاحنة ابن عمي الصغيرة وانطلقنا إلى دار عمي في المزرعة.

تمرين ٧

١- تصوّر أنّك رياض بالقصة في هذا الدرس. اكتب فقرة تصف فيها ما يجب أن تفعل بعد أنْ اكتشفت خطأك في محطة الوقود.

٢. تصوّر أنك رياض واكتب رسالة إلى أبي مروان تعتذر فيها عن الرسالة التي تركتها وتصف فيها ما حدث معك أمام بيته ذلك اليوم.

٣. اكتب رسالة إلى صديق أو (صديقة) تدعوه إلى بيت أسرتك الواقع على شاطئ بحيرة لقضاء عطلة نهاية الأسبوع. صف في الرسالة ما تستطيعان أن تفعلا معا في تلك العطلة.

القواعد

New Structures

1. **Pronunciation of مِن and عَن**

The preposition مِنْ is pronounced *min* when it precedes words with no definite article:

١ مِنْ دِمَشقَ / مِنْ آثارِ تَدمُر. *from Damascus/of Palmyra's ruins*

It is pronounced مِنَ when it precedes words that have the definite article, e.g.

٢ مِنَ السوقِ/ مِنَ المدينة. *from the marketplace/from the city*

The preposition عَنْ undergoes a similar process. Before words with the definite article, it is pronounced عَنِ. Examine 3 and 4, without and with ال:

٣ عَنْ رحلتِها *about her trip*

٤ عَنِ الرحلة *about the trip*

2. **Times of the Day**

There are six distinct times of the day which bear names. They are:

١. صُبْح / فَجْر — morning/dawn

٢. ضُحىً — midmorning, before noon

٣. ظُهْر — noon

٤. عَصْر — midafternoon

٥. مَغْرِب — sunset

٦. عِشاء — evening

These times are associated with formal Muslim prayers that are named as follows:

صَلاةُ الصُبْحِ، صَلاةُ الضُحى، صَلاةُ الظُهْرِ، صَلاةُ العَصْرِ، صَلاةُ المَغْرِبِ، صَلاةُ العِشاءِ.

3. **Idioms**

As you may know, an idiom is an expression used in a particular way to denote meaning. After an extended period of use, a phrase becomes frozen, and its intended meaning tends to be the pragmatic one, not the literal meaning, as you can see in the following idioms that occurred in this lesson:

a. بالـمُناسَبَـة: Literally, it may mean "with suitability, in relationship." However, the pragmatic, intended meaning is "by the way."

b. خَيـرُها بغَيـرِها. The pronoun ها in both words refers to a situation or occurrence. The phrase literally means "may the good of this occasion be transferred to another one." It is usually said when an opportunity is missed or when one is disappointed by the result of one's action and expects to do better in the future when the opportunity to fulfill expectations presents itself. The pragmatic, intended meaning varies, however, depending on the situation in which the phrase is used is used. In the reading passage in this lesson, it means "I hope to come again," because the writer of the story missed his friend that evening, and the socially appropriate thing to do is to promise another visit.

c. لحُسْنِ الحَظ. The literal and pragmatic meanings of this idiom overlap. Literally, it means "for the good fortune," and pragmatically, it means "fortunately."

d. لا مِن مُجيب. This idiom is used when an action does not receive an expected response. For example, if you knock on a door and nobody answers, you may say:

١ قَرَعتُ البابَ ولا مِن مُجيب.

تمرين ٨

أكمل الجمل بهذه العبارات: (بالمُناسَبة، لحُسْنِ الحَظّ، ولا مِن مُجيب، خَيرُها بغَيرِها)

١. أردت أنْ ألتقي بك حين كنتَ تزور أخاك، لكنّي لم أستطعِ الحُضور. .....

٢. انتهيتُ من قراءة ذلك الكتاب الذي أعجبك. ..... مؤلّفه جزائريّ وليس مغربيًا.

٣. قرعتُ باب شقّة أحمد أكثر من ستّ مرات، .....

٤. حين عدتُ مِن عملي مساءً تبيّن لي أنّي نسيت مفتاح البيت في المكتب. .....
وصل زوجي بعدي بخمس دقائق.

4. **The Verb of Hope عسى**

The verb عَسى, one of three verbs that express hope (the other two are حَرى and اخلَولَقَ, which are of old usage and rarely used today). It means "perhaps, might/could be" when followed by أنْ:

١ عَسى القِطارُ أنْ يتأخَّرَ. *The train might be late.*

In sentence 1, the verb عسى functions just like a member of the set of كان, where it has a subject and predicate. The subject is القطارُ, and the predicate is the phrase أن يتأخّرَ.

In the reading passage, the verb عسى expresses hope:

٢ عَسى أنْ تكونَ بخير. *I hope you are all right (literally, "you may be well").*

The verb عسى may also be used without an أنْ phrase:

٣ عَسى القِطارُ يصِلُ قريباً. *I hope the train arrives soon.*

In this usage, you may substitute a noun for the pronoun and suffix it to عسى:

٤ عَساهُ يصِلُ قريباً. *I hope it (the train) arrives soon.*

A common phrase without an أن phrase functioning as predicate reads:

٥ عَساكَ بِخَير. *I hope you are all right.*

Remember that when عسى takes a suffix, the particle أن cannot be used.

5. **Verbs of Beginning** (شَرَعَ)

There are several Arabic verbs (twelve of them) that mean "to begin." In addition to بَدَأ, another one is used in this lesson: شَرَعَ. Like verbs of hope, they function in a similar manner to كان and the members of its set. That is, a verb of beginning introduces a nominal sentence with subject and predicate. Example:

١ شَرَعَ الأستاذُ يشرحُ الدرسَ. *The teacher started to explain the lesson.*

The subject is الأستاذُ, and the predicate is the clause يشرحُ الدرسَ. Note that verbs of beginning do not require an أنْ phrase as a predicate, only a verbal clause. The reason the use of أن is inappropriate as a predicate for verbs of beginning is that these verbs refer to an action

taking place in the present, whereas أنْ has future reference. (See Revisited Structures below for a summary.) Another structural pattern that may follow verbs of beginning is the verbal noun (مَصْدَر) preceded by a preposition. The verbal noun is equivalent to the gerund in English (e.g. swimming). Consider example 2.

٢ شَرَعَ الأستاذُ بِشرحِ الدرسِ. *The professor began explaining the lesson.*

تمرين ٩

استخدم (بَدَأَ، شَرَعَ، عَسى) لتكمل الجمل التالية. يجب أن يطابق الفعل الفاعل.

١. ...... الكتب تصل المكتبة في الأسبوعِ المقبل.

٢. ...... أختي بشراء الأثاث لبيتها الجديد.

٣. ......ـها تنجح في دراستها.

٤. ...... الطلاب يصلون الجامعة للعام الدراسي الجديد.

٥. ......ـني أجد شقّة أكبر من شقتي.

تمرين ١٠

Translate into Arabic the following sentences, using verbs of beginning and hope.

1. I hope the plane arrives on time.
2. She started speaking Arabic at the age of fifteen.
3. I hope he comes back next week.
4. The students of my class began to correspond by electronic mail with students from the Arab world in Arabic.

Revisited Structures مراجعة القواعد

1. Dual *Muḍāf*

An *iḍāfa* structure is made up of two parts: مُضاف and مُضاف إليه. The first noun can have any case, but the second must be genitive (مَجرور). Dual nouns are marked with ان for the nominative or ـَيْن for the accusative and genitive, and some plural nouns with ون or ين. However, if the *muḍāf* (first noun of the structure) is dual or plural marked with ون or ين, it loses the final ن (e.g. يومَيْ الخميس والجمعة).

2. The Absolute Object المَفعولُ المُطلَق

The absolute object is an object of a verb and therefore is accusative (مَنصوب). It is different from other objects in that it is a verbal noun derived from the same verb modifying it (see lesson 4). It does not add anything to meaning except emphasizing the action. It is usually followed by an intensifying adjective, as in this example:

١ فَرِحتُ فَرَحاً شَديداً. *I was extremely happy.*

3. The verb أعجب

This widely used form (IV) of the verb عجب means "to please." Although it may be translated with "like," the action of the verb is not performed by the person to whom the pronoun refers, e.g.

١ تُعجِبُني السِباحةُ. *I like swimming (= swimming pleases me).*

In 1, the pronominal suffix ني refers to the object "me" of the verb تُعجِب. The agent is the noun السِباحة.

4. The Feminine Plural

Some feminine nouns are formed by suffixing ات to them (e.g. سيارات). This same marker, with *kasra* or double *kasra*, is used for accusative (نَصب) and genitive (جَرّ) cases. (Note that double *kasra* becomes a single *kasra* if the noun is مضاف.) So, what looks like a discrepancy in the markers of a noun and its adjective is due to this fact, as in 1 below:

١ صادفتُ سيّاراتٍ كثيرةً. *I passed by many cars.*

Since سيارات is a direct object and therefore accusative (منصوب), the adjective must also be of the same case, regardless of the mark. Compare with sentence 2.

٢ نَظرتُ إلى سيّاراتٍ كثيرةٍ. *I looked at many cars.*

In example 2, the noun سيّارات is modified by a preposition and therefore is genitive (مجرور); so is the adjective modifying it.

5. The Use of Restrictive Relatives

Restrictive relatives (الذي، التي, etc.) agree in number and gender with the noun they modify. Two of them (اللذان، اللتان) agree in case as well. An important aspect that should be remembered about this set is that they are used only if the noun they modify is definite:

١ أعرف كلَّ الأشخاصِ الَّذينَ حَضَروا. *I know all the persons* who *came.*

However, if the noun is indefinite, the relative adjective is dropped (in the Arabic sentence):

٢ أعرِف أشخاصا حضروا دون دعوة. *I know people* who *came without an invitation.*

The English translation, though, retains the relative pronoun.

6. Sudden إذا

This particle, not be confused with the conditional إذا, introduces an unexpected action (see lesson 8). It takes either و or فـ as a prefix, and the noun or pronoun following it has the preposition بـ prefixed to it.

١ نظرتُ من النافذة فإذا بي أرى كلباً كبيراً. *I looked out of the window and saw a huge dog.*

7. Adjectives Containing Identical Consonants

Certain adjectives derived according to the pattern فعيل have the same consonant in the second and fourth positions in the derived word (1 to 3 below). When a comparative adjective is derived according to the pattern أفعَل, these two consonants are not repeated consecutively, but rather geminated (i.e., one only is used doubled with a *shadda*), e.g.

١ جَديد أجَدُّ (ليس أجدَد)

٢ لَذيذ ألَذُّ (ليس ألذَذ)

٣ شَديد أشَدُّ (ليس أشدَد)

٤ عزيز أعَزّ (ليس أعزَز)

8. **Passive Participles** اسم المفعول

Several instances of the passive participle occurred in this lesson. Remember that اسم المفعول is derived from a passive verb. (See Grammar Review and lesson 6.) The pattern for deriving a passive participle from the triliteral verb (form I) is مَفعول. Other forms of the verb (II to X) have different patterns. The following table listing verb forms I to X with patterns and examples might help you in identifying and forming اسم المفعول.

Patterns of the Passive Participle

Meaning	Example	Pattern	Verb Form
written	مَكتوب	مَفعول	I
tented place/camp	مُخَيَّم	مُفَعَّل	II
being accountable	مُحاسَب	مُفاعَل	III
closed	مُغلَق	مُفعَل	IV
learned, acquired	مُتَعَلَّم	مُتَفَعَّل	V
attainable	مُتَناوَل	مُتَفاعَل	VI
cleaned, purified	مُنظَّف	مُنفَعَل	VII
believed	مُعتَقَد	مُفتَعَل	VIII
reddish	مُحمَرّ	مُفعَلّ	IX
used	مُستَخدَم	مُستَفعَل	X

9. **The Five Nouns** الأسماء الخمسة

A. Special marking: The five nouns (أبٌ، أخٌ، حَمٌ، فَمٌ، ذو)[1] differ from regular nouns in the way they are marked for the three cases when they are singular and function as مضاف. The marker used for the nominative (الرفع) is the *wāw*, for the accusative (النصب) it is the *alif*, and for the genitive it is the *yā'*. Examples:

[1] حَمٌ = father-in-law; فَمٌ = mouth.

١ يعيش أبو مروان في مزرعة. *Abu Marwan lives on a farm.*

٢ زرتُ أبا مروان. *I visited Abu Marwan.*

٣ كتبت إلى أبي مروان. *I wrote to Abu Marwan.*

In example 1, أبو is nominative (agent of the verb يعيش), and at the same time it is مضاف (added to مروان). It is marked by a *wāw* instead of a *ḍamma*. In example 2, the same conditions exist, except that the noun أبا is the direct object of the verb زرت and is therefore accusative. It is marked by an *alif* instead of a *fatḥa*. In example 3, أبي is genitive because it is the object of a preposition, and is marked by a *yā'* instead of a *kasra*.

B. Regular Marking: However, if the five nouns are not مضاف in the singular, they are marked in the regular manner (with *ḍamma, fatḥa,* and *kasra*), as in:

٤ هذا أبٌ وابنتُه. *These are father and daughter.*

٥ رأيتُ أباً وابنتَه. *I saw a father and his daughter.*

٦ مَرَرتُ بأبٍ وابنتِه. *I passed by a father and his daughter.*

Depending on their case, they are marked with double *ḍamma,* double *fatḥa,* and double *kasra* (double because they are indefinite).

They also display the usual markings (ان، ـَيْن) when dual, whether or not they are مضاف:

٧ جاءَ الأخوان. *The two brothers came by.*

٨ رأيتُ الأخوَين. *I saw the two brothers.*

٩ كتبتُ إلى الأخوَين. *I wrote to the two brothers.*

The *alif* (in ان) in example 7 marks the nominative, and the *yā'* in examples 8 and 9 marks the accusative and genitive. The noun أخـو in sentences 10 to 13 can be مضاف, with the possessive pronouns (ي، ك، نا) serving as مضاف إليه, as in the following sentences.

١٠ جاءَ أخواي. *My two brothers came by.*

١٢ رأيتُ أخوَيك. *I saw your two brothers.*

١٣ كتبتُ إلى أخوَيْنا. *I wrote to our two brothers.*

The five nouns have regular marking when they are plural, and all have broken plurals:

أب (آباء) / أخ (إخوة) / فَم (أفواه) / حَم (أحْماء) / ذو (أذواء)

Examine these sentences, illustrating the three cases with plural nouns:

١٤ هؤلاء إخوةٌ لكُم. *These are brothers (brethren) of yours.*

١٥ شاهدنا آباءَنا يفعلونَ ذلك. *We saw our fathers doing that.*

١٦ سمعتُ ذلك من أفواهِ العلماء. *I heard this from the mouths of scholars.*

Notes

(1) The noun ذو can only be used when it is مضاف, in simple or complex structures:

١٧ عدنانُ ذو مالٍ. *Adnan is (a man) of wealth (= He is wealthy).*

١٨ عدنانُ ذو مواعيدَ دقيقة. *Adnan is of accurate appointments (= He is punctual).*

(2) The noun فَم cannot be declined like the other four nouns unless the last letter م is dropped, leaving only the ف. The following sentence is said in appreciation of something nice someone has said, especially in public:

١٩ سَلِمَ فوكَ. *May your mouth be safe* (literal). *Bravo! Well said!* (functional).

تمرين ١١

آ- اختر التكملة المناسبة لهذه الجمل المحتوية على الأسماء الخمسة.

Select the appropriate completions for these sentences that contain the five nouns.

١. وصل ..... على الطائرة نفسِها.

❑ الأخَوانِ ❑ الأخَوَينِ ❑ الأخانِ ❑ الأخَينِ

٢. تلكَ سيارةُ ..... سَعيد.

❑ أب ❑ أبا ❑ أبو ❑ أبي

٣. لا أعلم لماذا وضعت القلمَ في .....

❑ فِها ❑ فيها ❑ فاها ❑ فوها

٤- أتعرفُ الرجلَ ..... الشَعرِ الأسوَد ؟

❑ ذو ❑ ذا ❑ ذي ❑ ذوا

٥- هذا ..... وأختُه.

❑ أخٌ ❑ أخو ❑ أخا ❑ أخي

٦- هذا الطعامُ سيذهب لملءِ ..... أطفالِ العالَم.

❑ أفمام ❑ أفياه ❑ أفواه ❑ فُواه

ب- ترجِم إلى العربية:

1. This letter is for your father.
2. I have a brother who lives in Alaska.
3. Are those your brothers?
4. How many brothers do you have?
5. Hani is a man with a great deal of problems.

10. **Describing Circumstance with بِـ**

The preposition بِـ may be used to describe the circumstance in which an action is performed. In the reading passage, these two sentences occur:

١ بدأ الكلبُ يعوي بشَراسة. — *The dog started to bark viciously.*

٢ فتَحتُه بسُرعة. — *I opened it quickly.*

In both examples, manner is expressed by a prepositional phrase, containing a preposition and a noun. The noun is, of course, مجرور (genitive).

11. **Verbs of Beginning, Hope, and Approximation** أفعال الشُروع والرجاء والمقاربة

A summary of the rules governing the verbs of hope, beginning, and approximation follows. More details in section 4 under New Structures above and in lesson 8.

1. كاد, a verb of approximation, conjugates in past and present, e.g.

١	كادَت الحَرارةُ تصِلُ إلى ٩٦ دَرَجة.	*The temperature almost reached 96 degrees.*
٢	تكادُ المشاكِلُ لا تَنتَهي.	*Problems almost never cease.*

2. No أنْ phrase may be used as a predicate of verbs of beginning (e.g. بدأ، شَرَعَ):

٣	بدأ الطلابُ يصلون إلى حرم الجامعة.	*Students started to arrive on campus.*

3. The use of an أنْ phrase as a predicate of عَسى and كادَ is optional:

٤	عسى الطائرةُ تصلُ في موعدها.	*I hope the plane arrives on time.*
٥	عسى الطائرةُ أنْ تصلَ في موعدها.	*I hope the plane arrives on time.*

تمرين ١٢

اختر التكملة المناسبة لهذه الجمل المحتوية على أفعال الشروع والرجاء والمقاربة.

١. كادَت ريما ..... موعدَ طبيبِ الأسنان.

☐ نسيَت ☐ أنْ تنسى ☐ نسيان

٢. شرعت مدينة بيروت ..... شوارع جديدة.

☐ تبني ☐ أنْ تبني ☐ بنت

٣. عساكَ ..... في هذا الكتاب ما تريد.

☐ أنْ تجد ☐ وجدتَ ☐ وجود

٤. بدأنا ..... إلى أصدقائنا دعوات لحفلة تخرُّج سميرة.

☐ نكتبُ ☐ أن نكتبَ ☐ نكتبُ

12. **Assimilation**

When ن is in the final position in a word and م is the initial sound of the following word, assimilation takes place. The ن assimilates to م, creating a doubled consonant م:

١	عَن + ما = عَمّا	*about what*
٢	مِن + ما = مِمّا	*of what*

٣ مِن + مَن = مِمَّن — *from whom*

The ن sound is, in fact, not lost. It is represented by the *shadda*, indicating its presence.

13. Doubled Verbs Negated with لم

Some verbs end in two similar consonants, resulting in a doubled consonant:

١ دَلَّ — *to indicate, point out*

When a past tense verb is negated with لم, it becomes مضارع مجزوم (jussive), which is marked with a *sukūn* or the deletion of ن. But if it is a doubled verb (i.e., ending with a doubled consonant), a *fatḥa* is used instead of the *sukūn* (other examples in parentheses):

٢ لم يدُلَّ (يمُرَّ، يظُنَّ، يرُدَّ، يمُدَّ)

تمرين ١٣

آ- أجب عن الأسئلة وفق نص الاستماع.

١- ما الفكرة الرئيسية في نص الاستماع؟

٢- حدّد بعض الأفكار الثانوية.

٣- اكتب عنوانا لهذه القصة.

٤- صف طقس ذلك اليوم.

٥- لماذا اضطرّ الزوج إلى الخروج مساء في ذلك اليوم؟

٦- صف حال الزوج حين عاد إلى البيت.

ب- أكمل الجمل بالاختيار المناسب وفق نصّ الاستماع.

١- خرج الرجل إلى السوق ...

❑ لأن الطقس حار وماطر

❑ لأنه لم يخرج طول النهار

❑ لأن أصدقاءه سيحضرون

❑ لأنه يريد زيارة بعض الأصدقاء

٢ـ عمُر نبيل ...

- ❑ سنتان ❑ أربع سنوات ❑ ست سنوات ❑ عشر سنوات

٣ـ وضع الرجل ابنه في السيارة ...

- ❑ على كرسي ❑ على الأرض ❑ في المقعد الأمامي ❑ إلى جانبه

٤ـ أوقف الرجل سيارته ... دكان بائع الحلوى.

- ❑ أمام ❑ مقابل ❑ خلف ❑ جانب

٥ـ نسي الرجل مفاتيحه في ...

- ❑ السيارة ❑ البيت ❑ الدكان ❑ الطريق

٦ـ كان على الشرطة أن تكسر زجاج نافذة السيارة لأن ...

- ❑ الرجل كان خارج السيارة ❑ الطفل كان في السيارة
- ❑ المفاتيح كانت مع الرجل ❑ الناس حاولوا أن يفتحوا السيارة

ج- اكتب «خطأ» أو «صواب» بجانب كل جملة وصحح الجمل الخطأ.

١ـ ظنت الزوجة أن خروج زوجها مساء شيء حسن.

٢ـ ذهب الابن إلى السوق لشراء الحلوى لوالديه.

٣ـ كسر الناس زجاج نافذة السيارة لأن الرجل أوقفها في الشارع المقابل.

٤ـ وصل الأصدقاء إلى دار الزوجين في موعدهم.

المفردات

thumb .... إبْهام ج أباهيم (n., m.)
vacation .... إجازة ج إجازات (n., f.)
to start (up), run, turn on, actuate, set in operation .... أدارَ (يُديرُ) إدارة (v.)
to attain, reach, arrive at, realize .... أدركَ (يُدْرِكُ) إدْراك (v.)
ear .... أذُن ج آذان (n., f.)
to have a rest .... ارتاحَ (يَرتاحُ) ارتياح (v.)
to be embarrassed, confused, perplexed .... ارتَبَكَ (يرتَبِكُ) ارتباك (v.)
to tremble, shiver, shudder, quiver .... ارْتَجَفَ (يرتَجِفُ) ارْتِجاف (v.)
exception .... استِثناء ج استِثناءات (n., m.)
to relax .... استَرخى (يستَرخي) استرخاء (v.)
to set out for .... انطَلَقَ (ينطَلِقُ) انطلاق (v.)
nose .... أنْف ج أنوف (n., m.)
to stop, park .... أوقَفَ (يوقِفُ) إيقاف (v.)
ring finger .... بِنْصِر (ج) بَناصِر (n.)
while, whereas .... بَينَما (conj.)
to retreat, withdraw, draw back, retract .... تَراجَعَ (يَتَراجَعُ) تَراجُع (v.)
I wonder; would you say? .... تُرى/يا تُرى (exclamation)
to intensify, grow and grow .... تَزايَدَ (يَتَزايَدُ) تَزايُد (v.)
to flow, pour forth (be wet with perspiration) .... تَصَبَّبَ (يَتَصَبَّبُ) تَصَبُّب (عَرَقاً) (v.)
forehead .... جَبين ج جِباه / أجْبُن (n., m.)
to dare, have courage .... جَرُؤَ (يَجرُؤُ) جُرأة (v.)
tractor .... جَرّار ج جَرّارات (n., m.)
bell, ringer .... جَرَس ج أجْراس (n., m.)
chain .... جِنزير ج جَنازير (n., m.)
eyebrow .... حاجِب ج حَواجِب (n., m.)
fortune, luck, lot, fate .... حَظّ ج حُظوظ (n., m.)

real .... حَقيقيّ (adj.)
to be furious, full of rage .... حَنِقَ (يحنَقُ) حَنَق (v.)
to fear, dread, be afraid, scared, terrified .... خافَ (يَخافُ) خَوْف (v.)
to be ashamed, embarrassed, abashed .... خَجِلَ (يَخجَلُ) خَجَل (v.)
cheek .... خَدّ ج خُدود (n., m.)
little finger .... خِنصِر (ج) خَناصِر (n.)
to turn, go around, rotate, revolve .... دارَ (يَدورُ) دَوَران (v.)
to invite, call, summon .... دَعا (يَدعو) دُعاء (v.)
invitation .... دَعْوة ج دَعَوات (n., f.)
arm .... ذِراع ج أذْرُع (n., f.)
chin .... ذَقْن ج ذُقون (n., f.)
wonderful .... رائِع (adj.)
to pick up, raise, lift .... رَفَعَ (يَرفَعُ) رَفْع (v.)
to become greater, grow, increase .... زادَ (يَزيدُ) زِيادة (v.)
glass .... زُجاج (n., m.)
button, push button .... زِرّ ج أزْرار (n., m)
leg, thigh .... ساق ج سيقان (n., f.)
drape, curtain, screen .... سِتارة ج سَتائِر (n., f.)
to write down, register .... سَجَّلَ (يُسَجِّلُ) تَسجيل (v.)
moustache .... شارِب ج شَوارِب (n., m.)
to curse, swear (at), call names .... شَتَمَ (يَشتُمُ) شَتْم (v.)
intense, powerful .... شَديد (ج) أشِدّاء (adj.)
vicious, fierce .... شَرِس (ج) -ون (adj.)
to begin, start, commence .... شَرَعَ (يَشْرَعُ) شُروع (v.)
to feel, have a feeling .... شَعَرَ (يَشعُرُ) شُعور (v.)
hair .... شَعْر ج أشْعار (n., m.)
to come across, meet by chance .... صادَفَ (يُصادِفُ) مُصادَفة (v.)
huge, great .... ضَخْم (ج) ضِخام (adj.)
to press, push .... ضَغَطَ (يضغَطُ) ضَغْط (v.)

doorstep, threshold .... عَتَبة ج عَتَبات (n., f.)
meter, counter .... عدّاد ج عدّادات (n., m.)
to perspire, sweat .... عَرِقَ (يعرَقُ) عرَق (v.)
midafternoon .... عَصْر ج أعْصار (n., m.)
box, case, glove compartment, carton .... عُلبة ج عُلَب (n., f.)
to hang, suspend, attach .... علّقَ (يُعلّقُ) تَعليق (v.)
neck .... عُنُق ج أعْناق (n., f.)
to howl .... عَوى (يَعوي) عُواء (v.)
to get angry, get furious .... غَضِبَ (يغْضَبُ) غَضَب (v.)
to break off relationship, part company, interrupt .... قاطعَ (يقاطِعُ) مُقاطَعة (v.)
to decide .... قرّرَ (يقرّرُ) تَقرير (v.)
to knock, rap, beat, thump .... قَرَعَ (يقرَعُ) قَرْع (v.)
to spend, pass (time) .... قَضى (يَقضي) قَضاء (v.)
shoulder .... كَتِف ج أكْتاف (n., f.)
palm (of a hand) .... كَفّ ج كُفوف/أكُفّ (n., m.)
to notice, take note .... لاحَظَ (يُلاحِظُ) مُلاحَظة (v.)
to curse, damn .... لَعَنَ (يلعَنُ) لَعْن (v.)
curse .... لَعْنة ج لَعَنات (n., f.)
cursed, damned, detested, evil .... لَعين ج مَلاعين (n., m.)
responder .... مُجيب ج مجيبون (n., m.)
engine, motor .... مُحَرِّك ج مُحَرِّكات (n., m.)
frightening, intimidating .... مُخيف (adj.)
to stretch (out), reach, extend .... مَدَّ (يَمُدُّ) مَدّ (v.)
tied, bound, fastened .... مَربوط (passive participle)
drawn (a curtain) .... مُسدَل (passive participle)
turned off, extinguished .... مُطفأ (passive participle)
to fill, fill up, in, out .... مَلأ (يَملأ) مَلْء (v.)
the extreme, highest, utmost .... مُنتَهى (n., m.)
unlucky, unfortunate, ill-fated, star-crossed .... مَنحوس ج مَناحيس (n., m.)

to bark .... نَبَحَ (ينبَحُ) نُباح (v.)
result, outcome .... نَتيجة ج نَتائِج (n., f.)
to find a vent, outlet .... نَفَّسَ (يُنَفِّسُ) تنفيس (v.) مُنَفِّس (active participle)
light .... نور ج أنوار (n., m.)
to threaten .... هَدَّدَ (يهَدِّدُ) تَهْديد (v.)
loneliness, being alone .... وَحدة (n., f.)
fuel .... وَقود (n., m.)

أعضاء الجسم

١٢

Objectives

- Describing current actions, status, plans, and feelings
- Describing hypothetical situations
- Feminine superlative adjectives; the verb جعل; verbs used in the passive only
- Revisited structures: المضارع المرفوع والمنصوب والمجزوم، إذا، لو، الاسم الموصول، كاد
- Listen to the recorded material for this lesson

تمرين ١

أجب عن هذه الأسئلة قبل قراءة النص.

١. متى تشتري بطاقات اليانصيب؟

٢. لماذا يشتري بعض الناس بطاقات اليانصيب؟

٣. لو ربحت أربعة ملايين دولار في الجائزة الكُبرى في اليانصيب ماذا تفعل بها؟

حلم وحقيقة

سهام عاملة بسيطة في معمل صغير للجوارِب. لم تتخرج من المدرسة الثانوية لأنها تركتها كي تساعد أباها في مصروف البيت، فراتبه قليل لا يكفي أسرته الكبيرة. سهام فتاة شابة في الثامنة عشرة من عمرها وهي أكبر إخوتها وأخواتها. لها أخوان وثلاث أخوات ما زالوا في المدرسة.

تعمل سهام ثماني ساعات في اليوم، ستة أيام في الأسبوع. تركب الحافلة كل يوم صباحا من موقف قرب دارها إلى المعمل وتستغرق رحلة الذهاب ثلاثة أرباع الساعة ومثلها في الإياب. خلال الرحلة لا تنظر سهام إلى الركاب الآخرين ولا إلى الطريق بل تحلم دوما أحلاما حلوة. تحلم أحيانا أنها عادت إلى المدرسة تدرس وتمرح مع صديقاتها، وتحلم أيضا أن صاحب المعمل أعجِب بعملها وجعلها مراقبة على العاملات ورفع راتبها خمسين بالمئة. كانت تقول بينها وبين نفسها: «لوكنت صاحبة المعمل لرفعت أجور العاملات وجعلتهن يعملن خمسة أيام في الأسبوع بدلا من ستة.»

بدأت سهام مؤخرا شراء بطاقة يانصيب مرة في الأسبوع، ومنذ ذلك الوقت صارت أحلامها تدور حول الأمور التي تنوي أن تفعلها إذا ربحت الجائزة الكبرى. قالت لنفسها: «إذا ربحت الجائزة الكبرى فسأشتري لنفسي ملابس أنيقة وأحذية غالية وحليا، وربما اشتريت سيارة أذهب بها إلى عملي... لكن لا، لن أعمل بعد أن أربح الجائزة الكبرى. سأذهب بالسيارة إلى صديقاتي أزورهن وإلى السوق أشتري منها كل ما يعجبني. وربما أسافر إلى أوروبا وأرى روما وباريس ولندن. إذا ربحت الجائزة الكبرى فسوف أكون أسعد فتاة على وجه الأرض.»

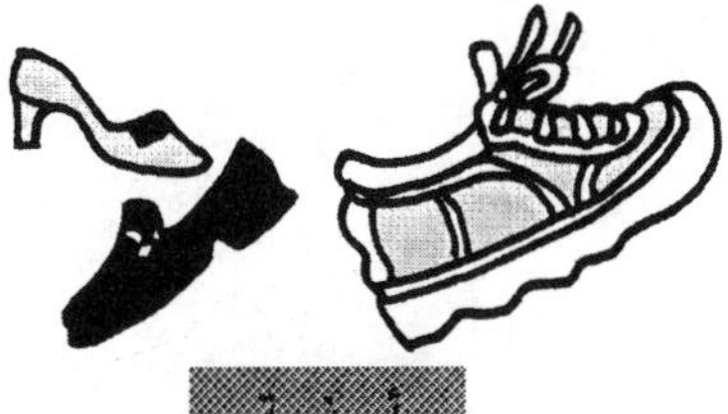

في يوم من الأيام في طريق العودة إلى دارها توجهت نحو دكان أبي خليل كعادتها كي تشتري بطاقة يا نصيب. لكنها توقفت أولا أمام الواجهة الزجاجية لتقارن الرقم الرابح برقم بطاقتها، فإذا بالرقمين يتطابقان. غمرها شعور غريب وكاد يغمى عليها من الفرح، وركضت بأقصى سرعة إلى البيت لتخبر أمها وأباها وإخوتها.

مساء ذلك اليوم جلست في سريرها تفكر ماذا تفعل بهذه الثروة المفاجئة. أتنزل إلى السوق قبل كل شيء في اليوم التالي وتشتري كل ما كانت تتمناه؟ ثم قالت في نفسها: «يجب أولا أن أساعد أهلي. سأشتري لهم دارا وأثاثا.» ثم تذكرت خالها

المريض الذي اضطُرّ أن يترك عمله، وهو بحاجة شديدة إلى المساعدة. «سأبعث له مبلغا من المال كي يشتري الدواء ويصرف على أسرته ونفسه. هناك أيضا جارتنا أم خالد، وهي امرأة مسنة وفقيرة. سأستأجر لها خادمة تساعدها في البيت وتطهو لها طعامها.»

حسبت سهام المبلغ اللازم لكل ذلك فوجدت أنه لا يكاد يكفي لشراء بيت وأثاث لأهلها ومساعدة خالها وإعانة أم خالد، ولن يبقى لها شيء من المال لشراء الملابس الجديدة والأحذية الغالية والحليّ والسيارة والسفر إلى أوروبا الذي وعدت نفسها به.

حليّ

في صباح اليوم التالي كانت سهام تجلس في مقعدها بالحافلة في طريقها إلى معمل الجوارب تحلم بالملابس وبالأحذية وبالحليّ وبالسيارة التي سوف تشتريها وبالبلدان الأوروبية التي سوف تزورها إذا ربحت في السحب مرة ثانية.

تمرين ٢

آ- أجب عن الأسئلة التالية وفق نص القراءة.

١ـ ما الفكرة الرئيسية في هذه القصة؟

٢ـ هات بعض الأفكار الثانوية من القصة.

٣ـ لماذا لا تنظر سهام إلى الطريق أو الركّاب الآخرين حين تكون في الحافلة؟

٤ـ متى ستكون سهام أسعد فتاة على وجه الأرض؟

٥ـ ماذا فعلت سهام بالمال الذي ربحته؟

ب- أكمل الجمل التالية بالاختيار المناسب وفق نص القراءة.

١ـ أكمَلت سهام تعليمها ....

❑ الابتدائي ❑ الإعدادي ❑ الثانوي ❑ الجامعي

٢ـ لوالد سهام ....

❑ ولدان وأربع بنات ❑ ثلاث بنات وولدان

❑ ثلاث بنات وثلاثة أولاد ❑ بنتان وأربعة أولاد

٣ـ إذا ربحت سهام الجائزة الكبرى باليانصيب فسوف ....

❑ تعود إلى المدرسة ❑ تعيش في أوروبا

❑ تساعد أهلها ❑ تصبح مراقبة على العاملات

٤ـ حصلت سهام على بطاقة اليانصيب الرابحة من ....

❑ جارتها أم خالد ❑ دكان أبي خليل ❑ معمل الجوارب ❑ خالها المريض

٥ـ يحتاج خال سهام إلى ....

❑ دواء ❑ سيارة ❑ بطاقة يانصيب ❑ خادمة

٦ـ تعمل سهام .... ساعة في الأسبوع.

❑ ٣٠ ❑ ٤٠ ❑ ٤٨ ❑ ٥٦

ج- اكتب «خطأ» أو «صواب» إلى جانب كل جملة ثم صحح الجمل الخطأ.

١ـ جعل صاحب المعمل سهام مراقبة.

٢ـ أم خالد هي خالة سهام الغنية.

٣ـ تساعد سهام أباها في مصروف البيت.

٤ـ زارت سهام بلداناً أوروبية.

٥ـ سوف تشتري سهام أحذية غالية.

تمرين ٣

اختر الكلمة التي لا تناسب باقي الكلمات في كل مجموعة وبين السبب.

١ـ موقف - راكب - حافلة - سائق - دواء

٢ـ صاحب عمل - خال - عامل - مراقب - معمل

٣. بيت - دار - أثاث - سرير - نفس

٤. مصروف - أسرة - أم - أب - إخوة

تمرين ٤

وافق بين كل كلمة وعكسها (antonym).

مسن	حُزن
ذهاب	صحيح
سعادة	مقعد
فقير	شاب
مريض	إياب
	غني

تمرين ٥

وافق بين كلمات من العمودين.

موقف	يانصيب
أجر	جوارب
مال	سفر
حذاء	راتب
مساعدة	حافلة
سحب	دواء
مريض	إعانة
	نقود

تمرين ٦

أعد ترتيب الكلمات في كل مجموعة لتشكل جملاً مفيدة.

١- اليانصيب / جديدة / إذا / دارا / فسوف / ربحتُ / أشتري / في

٢- شهريا / خمسمئة / هل / مبلغ / دولار / يكفيك / مصروفا ؟

٣- لنفسه / هذه / ماهر / أن / قال / يجب / السنة / أتخرج

٤- دول / الدول / الفقيرة / الغنية / العالم / مساعدة / إلى / تحتاج

تمرين ٧

أولا، أعد ترتيب الجمل لتشكل فقرة مترابطة (الجملة الأولى في مكانها المناسب). ثانيا، ترجم الفقرة إلى اللغة الإنكليزية. ثالثا اكتب عنوانا لهذه القصة. انظر الكلمات التي تحتها خط في المفردات.

Look up the underlined words in the glossary.

١- كان هشام معجبا جدا بفتاة اسمها دانة من أيام المدرسة وشعر أنه يحبها وتمنى أن يتزوجها.

- لذلك اتصل بأبيها وشرح له قصته وقال له إنه يودّ الزواج من ابنته.
- فلما طلبها هشام خطيبة له وافقت، ووافقت أسرتها أيضا.
- لكن المشكلة أنه كان فقيرا ودانة من أسرة غنية فلم يفكر بخطبتها.
- لكنّ دانة أعجبها هشام بعد التعرف عليه وشعرت أنها قد أحبته.
- فسألها أبوها إن كانت تحب أن تراه حتى تتعرف عليه أكثر.
- وافقت دانة أن ترى هشام وأن يخرجا معا لتعرف شعورها نحوه.
- رد الأب أنه يجب أن يسأل ابنته دانة أولا.
- فخرجا إلى المُتَنَزَّهات معا وإلى المطاعم وأحيانا إلى دار السينما.
- حين تخرّج من الجامعة حصل على عمل جيد في مصرف وبسرعة نجح في عمله.
- لما سألها أبوها عن رأيها بهشام قالت له إنها لا تعرفه جيدا.
- بعد أن نجح بعمله قال لنفسه إنه يجب أن يطلبها من أسرتها زوجة له.

القواعد

1. **Verbs Used in the Passive Only**

Some Arabic verbs are used only in the passive. Two of them occurred in this lesson.

١ اضطُرَّ أن يترك عمله. *He had to quit his job.*

٢ كاد يُغْمى عليها من الفَرَح. *She almost fainted of extreme happiness.*

Doubled verbs have the last consonant doubled. Because it is a doubled verb, the conjugations of اضطُرَّ vary a little from other verbs. The doubled consonant (marked with a *shadda*) is spelled out as two letters in the first and second person in the past, as in the table below.

الضمير	الماضي	المضارع
أنا	أُضْطُرِرْتُ	أُضطَرُّ
أنتَ	أُضطُرِرْتَ	تُضطَرُّ
أنتُما .m	أُضْطُرِرْتُما	تُضطَرّان
أنتُم	أُضْطُرِرْتُم	تُضطَرّون
هو	أُضْطُرَّ	يُضطَرُّ
هُما	أُضْطُرّا	يُضطَرّان
هُم	أُضْطُرّوا	يُضطَرّون

الضمير	الماضي	المضارع
نحن	أُضْطُرِرْنا	نُضْطَرُّ
أنتِ	أُضطُرِرْتِ	تُضْطَرّين
أنتُما .f	أُضطُرِرْتُما	تُضطَرّان
أنتُنَّ	أُضطُرِرْتُنَّ	تُضطَرَرْنَ
هي	أُضْطُرَّتْ	تُضطَرُّ
هُما	أُضْطُرَّتا	تَضْطَرّان
هُنَّ	أُضْطُرِرْنَ	يَضطَرِرْنَ

2. **Feminine superlative nouns**

Feminine superlative nouns are formed according to the pattern فُعْلى. Remember that the masculine superlative is formed after أفْعَل. Three superlative nouns occurred in the reading passage, one of them feminine. Examine the examples below.

١	أخي الأكْبَر	*my eldest bother*	أختي الكُبْرى	*my eldest sister*
٢	المسجِد الأقصى	*the Farthest Mosque*	السُرعة القُصْوى	*top speed*

3. **Doubly Transitive Verbs**

These verbs take two objects instead of just one. This is similar to the English direct and indirect objects (e.g. I gave John a book). The word *book* is the direct object of the verb, and "John" is the indirect object because when the sentence is rephrased, "John" follows the preposition "to" (e.g. I gave a book to John).

The verb أعطى functions similarly in Arabic, e.g.

I gave your friend your phone number.	أعطيت صديقَكَ رقمَ هاتفِك.	١
I gave your phone number to your friend.	أعطيتُ رقمَ هاتفك لصديقك.	٢

The verb جعَل takes two objects, e.g.

The boss made the worker a supervisor.	جعل صاحِبُ العملِ العامِلةَ مُراقِبةً.	٣

In example 3, صاحبُ العمل is the agent, العاملةَ the first object, and مراقبةً the second object. Note that both objects are منصوب, marked with *fatḥa* and double *fatḥa*, respectively.

Revisited Structures مراجعة القواعد

Among the major categories that occurred in the context of the story in this lesson are the following:

1. **Moods of the Present Tense (Imperfect)** المضارع المرفوع والمنصوب والمجزوم

All three moods are represented in the reading passage, as in these sentences.

She rides the bus.	تركَبُ الحافلةَ. (مضارع مرفوع indicative)	١
In order to help her father.	كَي تساعِدَ أباها. (مضارع منصوب subjunctive)	٢
She didn't graduate from school.	لم تتخرَّجْ من المدرسة. (مضارع مجزوم jussive)	٣

Remember that المضارع المنصوب is used in conjunction with the particles أنْ، لنْ، كَيْ، حتّى، لِ. The مضارع مجزوم is used with لم، لمّا، لِ, and لا. Remember that لمّا is rarely used in MSA, and لا is used to negate commands.

2. Conditional Sentences الشَرْط

Of the two types of use, إذا is used with likely conditions; لَوْ with unlikely conditions. The conditional sentence is made up of two clauses, the condition clause and the answer, or result, clause, as in the examples.

إذا ربحتُ الجائزةَ الكُبرى / فَسأشتري ملابسَ غالية.
condition clause / answer clause

If I win the jackpot, I will buy expensive clothes.

لَوْ كنتُ صاحبة المعمل / لَرفعتُ أجورَ العاملات.
condition clause / answer clause

If I were the boss, I would raise the workers' pay.

Note that the answer clause in a likely condition is introduced by فَ and in an unlikely condition by لَ.

3. Relative Pronouns الاسم الموصول

Relative pronouns are considered nouns in traditional Arabic grammar. They change form according to person, number, gender, and case. They are used only when the noun to which they refer is definite (صَديقي).

١ كَتَبْتُ إلى صَديقي الّذي يعمَلُ في الكُوَيت. — *I wrote to my friend who works in Kuwait.*

But if the noun is indefinite (صَديق), no relative is used.

٢ كَتَبْتُ إلى صَديق يعمَلُ في الكُوَيت. — *I wrote to a friend [who] works in Kuwait.*

الأسماءُ المَوصولةُ

	Plural	Dual (nom., acc., gen.)	Singular
Masculine	الّذينَ	اللّذانِ/اللّذَيْنِ	الّذي
Feminine	اللاتي/اللّواتي	اللّتانِ/اللّتَيْنِ	الّتي

There are two words that are also considered relative pronouns: مَنْ, "who," which refers to rational nouns (i.e., people) and مـا, "what," which refers to nonrational nouns (e.g. objects). They are nonrestrictive and refer to no specific entity.

٣ هل تعرفين مَن سيحضُر اليوم؟ — *Do you know who will come today?*

٤ لا أستطيع أنْ أقرأ ما كتبتُ. — *I cannot read what I wrote.*

4. The Verb of Approximation كادَ

The use of كاد signifies action that is about to happen, but not yet. It has a similar function to the verb كان. It can introduce nominal sentences.

٥ كاد الثلجُ أن ينزلَ. — *The snow almost fell.*

The noun الثلجُ is the subject, and it is nominative (مرفوع). The phrase أن ينزلَ. is the predicate, which is in the accusative case (منصوب). The verb كاد may be in the present, e.g.

٦ لا يكاد راتبُه يكفي أسرتَه. — *His salary is hardly adequate for his family.*

5. Sudden إذا

This particle signifies unexpected action. The particle فـ may be prefixed to إذا, as in the example. Note that the noun following إذا has بـ prefixed to it.

٧ فإذا بالرقمين يتطابقان. — *The two numbers matched.*

تمرين ٨

أعد ترتيب الكلمات في كل جملة لتشكل جملا صحيحة وفق القواعد أعلاه ثم ترجمها إلى الإنكليزية.

١. فإذا - فتحت - يقف - بصديقي - هناك - الباب.

٢. من - الجديد - تعرفون - الأستاذ - أتانا - هل - تونس - الذي؟

٣. رئيس - مَن - أحمد - جعل - نعرف - هذا - النادي - لا.

٤. معتدل - بلد - أعمل - في - أن - طقسه - أحب.

٥. هذا - أكاد - لا - أحدا - في - أعرف - المكان.

٦. ما - المتحف - أعجبني - رأيت - كل - في.

٧. أكتب - لي - لها - إذا - فسوف - كتبتْ.

٨. عملها - سامية - حتى - لم - إلى - تصل - الآن.

٩. لَلبستُ - الطقس - عرفتُ - أن - حار - لو - قميصا.

١٠. يسكن - معهم - في - هل - الشقة - مَن - تعرفون؟

تمرين ٩

١. اقرأ قصة سهام مرة أخرى ثم صف ما تفعله أنت من الصباح حتى المساء. اكتب متى تنهض صباحاً وكيف تذهب إلى الجامعة أو العمل وماذا تفعل هناك وفي أيّ ساعة ترجع إلى البيت وأين تشتري حاجاتك.

٢. اسرد (narrate) قصة أو حادثة غريبة حدثت معك أو مع شخص تعرفه. بيّن متى وقعت وأين، والأشخاص الذين كان لهم علاقة بها وأسبابها وأثرها على هؤلاء الأشخاص.

تمرين ١٠

آ- انظر الكلمات الجديدة أولا في المفردات (أنشأ، بَعْد، دهشة، متحرك) ثم أجب عن الأسئلة وفق النص.

١. حدّد الفكرة الرئيسية في نص الاستماع؟

٢. حدّد الأفكار الثانوية.

٣. في أيّ سنة تقريباً دخل التلفاز إلى دار الكاتب؟

٤. مَن أنشأ محطة التلفزيون؟

٥- ماذا كان أول برنامج شاهده هو وأسرته؟

٦- من شاهد التلفاز مع الأسرة في الليلة الأولى؟

ب- اكتب «خطأ» أو «صواب» بجانب كل جملة وصحح الجمل الخطأ.

١- اشترى الأب تلفازاً لأسرته لأن أصدقاءهم وأقاربهم كان لديهم أجهزة تلفاز.

٢- شاهدت الأسرة أخبارا محلية فقط على التلفاز في الليلة الأولى.

٣- وافق الوالد على أن يشاهد أولاده التلفاز في المساء فقط.

٤- كانت مدة الإرسال نحو عشر ساعات كل يوم.

٥- كانت دهشتهم بالتلفاز مثل فرحهم به.

ج- أكمل الجمل وفق نص الاستماع.

١- سمع أولاد الأسرة أنّ ....

٢- رجا الأولاد أباهم أن ....

٣- كانت الأسرة تشاهد التلفاز في الظّلام لأنهم كانوا يظنون ....

٤- بدأ الإرسال التلفزيوني في شهر ....

د- اكتب عنوانا لهذه القصة.

المفردات

to tell, inform .... (v.) أخْبَر (يخبر) إخْبار
to be compelled, forced .... (v., only passive) اضْطُرَّ (يُضْطَرُّ) اضطِرار
to help, assist, aid, support .... (v.) أعان (يعين) إعانة
to lose consciousness, faint .... (v., only passive) أُغْمِيَ (يُغْمى) إغْماء
instead of .... (adv.) بَدَلاً (مِن)
to send, dispatch .... (v.) بَعَث (يبعَث) بَعْث
to remember .... (v.) تذكَّر (يتذكَّر) تَذَكُّر
to match, fit, agree, be consistent .... (v.) تطابَق (يتَطابَق) تَطابُق
fortune, riches .... (n., f.) ثَرْوة (ج) ثَرْوات
neighbor .... (n., m.) جار (ج) جيران
to calculate, compute, reckon, take into account .... (v.) حَسَب (يحسُب) حِساب
to dream .... (v.) حَلَم (يحلُم) حُلْم
sweet, beautiful .... (n.) حُلْوٌ
engagement, betrothal, courtship .... (n.) خِطْبة
suitor, fiance .... (n., m.) خَطيب (ج) خُطَباء
fiancee .... (n., f.) خَطيبة ج خَطيبات
during .... (adverbial) خِلالَ
medicine .... (n., m.) دَواء (ج) أدْوِية
opinion, point of view .... (n.) رَأيٌ (ج) آراء
to run, race, rush .... (v.) رَكَض (يركُض) رَكْضٌ
to spend, expend .... (v.) صَرَف (يصرِف) صَرْف
guest, visitor .... (n., m.) ضَيْف (ج) ضُيوف
to cook .... (v.) طها (يطهو) طَهو/طَهي
strange, stranger .... (n./adj.) غَريب (ج) غُرَباء
to flood, inundate, fill .... (v.) غَمَر (يغمُر) غَمْر
to compare, contrast .... (v.) قارَن (يقارِن) مُقارَنة

far, distant	قاصٍ، أقْصى (m.) قُصْوى (f.)، (n., superlative)
biggest, greatest, eldest	كُبْرى (ج) كُبْرَيات (n., f., superlative)
lately	مُؤَخَّراً (adv.)
money, wealth	مال (ج) أمْوال (n., m.)
park, recreation ground	مُتَنَزَّه (ج) مُتَنَزَّهات (n., m.)
supervisor, observer	مُراقِب (ج) مُراقِبون (n.)
to rejoice, be merry, frolic, joyful	مَرِح (يمرَح) مَرَح (v.)
elderly, old	مُسِنّ (ج) مُسِنّون (n., m.)
expenditure, money spent, allowance	مَصْروف (ج) مَصاريف (n., m.)
factory, plant	مَعْمَل (ج) مَعامِل (n., m.)
sudden, unexpected, surprising	مُفاجِئ (adj.)
store window, facade	واجِهة (ج) واجِهات (n., f.)
to agree, consent	وافَق (يوافِق) مُوافَقة (v.)
to like, love, want, wish (I wish/would like)	وَدَّ (يوَدُّ) وُدّ (وَدِدْتُ) (v.)
lottery	يانَصيب (n.,m.)

Objectives

- Expressing humor; cause and effect
- Idioms; similes (تَشبيه)
- Describing manner using the preposition بِ with the verbal noun مصدر
- Connectors; indicating transition; phrasal verbs (انقطع لـ، انقطع عن)
- Multiple مضاف and multiple مضاف إليه
- Assimilated verbs مثال
- Revisited structures: descriptive *iḍāfa*; verbs of beginning; use of superlatives; passive of hollow verbs
- Listen to the recorded material for this lesson

قصتان قصيرتان

هاتان القصتان القصيرتان بقلم اثنين من أشهر الكتاب المصريين في النصف الأول من القرن العشرين الذين قدّموا الكثير للأدب العربي الحديث، إبراهيم عبد القادر المازني ومصطفى لطفي المنفلوطي، وقد كانا معاصرين لبعضهما البعض. القصة الأولى تصف شيئا وهو سيارة المازني التي امتلكها ربما في الثلاثينات من القرن العشرين، والقصة الأخرى تصف صورة لشخص رسمها المنفلوطي للحلاّق جرت أحداثها أثناء الحرب الروسية اليابانية. وكلاهما تعبّران عن روح الفكاهة التي اتّصف بها الكاتبان.

تمرين ١

أجب عن الأسئلة التالية قبل قراءة القصة.

١. ما هي بعض البلاد العربية التي تنتج النِفط؟

٢. ما هو أول بلد عربي ظهر فيه النفط وصار يصدّره بكميّات تجارية؟

٣. أين تقع المَوصِل؟

٤. ما المادة التي تحتاج إليها السيارة حتى تسير؟

٥. كيف تختلف سيارات اليوم عن سيارة المازني؟

السيارة الملعونة

بقلم إبراهيم عبد القادرِ المازني

المازني كاتب عربي من مصر عاش في القاهرة وعمل مدرّسا وصحافيا ثم انقطع للأدب فأنتج أكثر من عشرين كتابا أشهرها «صندوق الدنيا» و«عوْد على بدء» و«حصاد الهشيم» و«قبْض الريح». وُلد المازني عام ١٨٨٩ وتوفي عام ١٩٤٩.

كانت لي سيارة كبيرة أرتني النجوم في الظهر. ذلك أنها كانت تستنفد من البنزين والزيت كل ما هو معروض في طريقها منهما، ثم لا تشبع، حتى فكرت أن أربط خزّانها بآبار المَوصِل.

بئر نِفط

ثم إن خزان الماء كان يغلي كالمرجل بعد دقائق قليلة من السير فتبدو لي علامة الخطر الحمراء، فأقف وأغيّر لها الماء، ثم أستأنف السير، وهكذا.

هذا في الشتاء، فكيف بها في الصيف؟ ولهذا صرت أشتري لها الثلج وأحشو به خزانها بدلا من الماء، ولا أركبها إلا ومعي ذخيرة كافية من ألواح الثلج على المقاعد الخلفية.

وقد أكون سائرا مغتبطا، راضي النفس منشرح الصدر وإذا بصوت يقول: كركركركر.... وإذا بإحدى العجلتين خرجت من محورها وذهبت تجري وحدها في الطريق.

تمرين ٢

آ- أجب عن الأسئلة التالية وفق نص «السيارة الملعونة.»

١- في أي قطر عربي عاش وعمل المازني؟

٢- ما المهنة التي اختارها المازني في النهاية وماذا عمل قبل ذلك؟

٣- ما هو «قبض الريح»؟

٤- ما الأشياء التي كانت تستنفدها سيارة المازني؟

ب- أكمل الجمل التالية وفق نص «السيارة الملعونة.»

١- كتب المازني أكثر من ..... كتابا.

❑ إثني عشر ❑ عشرين ❑ ثلاثين ❑ أربعين

٢- ربما كانت سيارة المازني من ..... القرن العشرين.

❑ عشرينات ❑ ثلاثينات ❑ أربعينات ❑ خمسينات

٣ـ كان الكاتب يتوقف كل بضع دقائق ....

❑ ليملأ خزان الوقود ❑ ليملأ خزان الماء

❑ ليصلح العجلة ❑ ليضع ألواح الثلج على المقعد الخلفي

٤ـ فكر المازني أن يربط خزان سيارته بآبار الموصل كي ....

❑ لا يتوقف عند محطات الوقود ❑ لا يغلي الماء في خزانها

❑ تشبع من الزيت والبنزين ❑ يبقى مغتبطا وهي تسير

٥ـ ظن المازني أن ماء السيارة يغلي ....

❑ في الشتاء كما في الصيف ❑ في الصيف أكثر من الشتاء

❑ في الصيف أقل من الشتاء ❑ في الصيف فقط

ج- اكتب «خطأ» أو «صواب» بجانب كل جملة وصحح الجمل الخطأ.

١ـ خرجت عجلة السيارة من محورها عندما بدت علامة الخطر الحمراء.

٢ـ كان المازني يضع الثلج في خزان السيارة بدلاً من الماء في الصيف.

د- هات كلمات أو عبارات من القصة تتعلّق بكل من الكلمات التالية. يدل الرقم على عدد الكلمات أو العبارات المتعلقة بكل منها.

In the short story, identify words that are related to the following words. The number in parentheses indicates the number of possible related words.

١ـ سعيد (٣)

٢ـ وقود (٣)

٣ـ سيارة (٨)

٤ـ فصول السنة (٢)

هـ - ما بعض المفردات والجمل التي استخدمها المازني لتحقيق غرضه من القصة (روح الفُكاهة)؟

الحلاق الثرثار

بقلم مصطفى لطفي المنفلوطي

المنفلوطي (١٨٧٦-١٩٢٤) أديب مصري درس في الأزهر وكتب العديد من القصص القصيرة والروايات الطويلة في أوائل القرن العشرين، وهذه القصة القصيرة واحدة منها.

تمرين ٣

أجب عن الأسئلة التالية قبل قراءة القصة.

١. هل تعلم متى وقعت الحرب الروسية اليابانية؟
٢. هل الشخص الذي يقص لك شعرك رجل أم امرأة؟
٣. هل حلاقك ثرثار كما يظن كثير من الناس؟
٤. عن أي شيء يتحدث حلاقك؟
٥. إلى كم زبون يتسّع حانوت حلاقك في وقت واحد؟
٦. صف حانوت حلاقك من الداخل باختصار.

حدثني أحد الأصدقاء أنه دخل في أيام الحرب الروسية اليابانية حانوت حلاق معروف بالثرثرة ليحلق له رأسه، وكان عنده جماعة من زائريه، فأجلسه على كرسي أمام المرآة وأمسك بالموسى وأنشأ يحلق له رأسه حلقا غريبا لا عهد له بمثله من قبل، فكان يحلق بقعة ويترك إلى جانبها أخرى مستطيلة أو مستديرة وأخرى مثلثة أو مربعة، حتى ريع الرجل وظن أن الحلاق أصابه مسّ من الجنون، فارتعد بين يديه وخاف أن يمتدّ به جنونه إلى ما لا تُحمد عقباه، واعتُقل لسانه فلم يستطع أن يسأله عن سرّ عمله.

مدمِّرة

فـمـا انتـهى الحـلاق من أشكاله الهندسـيـة ورسـومـه الجغـرافيـة حتى التـفت إلى جلسـائه وقـال لـهم وكـأنه يتـمِّم حديثا سابقا بينه وبينهم، «لأجل فضّ النزاع بيننا قد رسمت لكم خـريطة الحـرب الروسيـة اليـابـانيـة في رأس الزبون. هنا طوكـيـو وهنا بور آرثَر، وفي هذا الخط مر الأسطول الروسي. وفي هذه البقعة تلاقى الأسطولان.»

روسيا

الصين

اليابان

وهنا أخذ يتكلم بحدة وحماسة عن شجاعة اليابانيين وبسالتهم، ثم أردف كلامه بقوله، «وفي هذه البقعة ضرب

اليابا

يده أ

مكش

والرو

خرج الرجل مكشوف الرأس يولول ويهرول.

تمرين ٤

آ- أجب عن هذه الأسئلة وفق القصة.

١- حدّد الفكرة الرئيسية في قصة «الحلاق الثرثار».

٢- ما هي بعض الأفكار الثانوية؟

٣- في أي بلد وقعت هذه القصة في رأيك؟

٤- ماذا كانت تحوي أخبار ذلك الوقت الذي حدثت فيه القصة؟

٥- لماذا ظن الزبون أن الحلاق قد جُنّ؟

٦- صف شكل الزبون حين خرج من دكان الحلاق.

ب- أكمل الجمل بكلمات مناسبة وفق النص.

١. حدثت هذه القصة ....

❑ للمنفلوطي ❑ لصديق الكاتب ❑ لحلاق الكاتب

٢. هذه القصة عن ....

❑ زبون أحد الحلاقين ❑ الحرب الروسية اليابانية ❑ الحلاقين

٣. رسم الحلاق خريطة على ....

❑ المرآة ❑ جلسائه ❑ رأس زبونه

٤. لم يسأل الزبون الحلاق عن سبب حلقه الغريب لأن ....

❑ الحلاق لا يتكلم اليابانية ❑ لسان الزبون ارتبط ❑ جلساءه في الحانوت

ج- بيّن إن كانت الجمل التالية صوابا أو خطأ وفق النص وصحح الخطأ منها.

١. كان الرجال في زمن كتابة هذه القصة يمشون في الشارع مكشوفي الرأس.

٢. كان الحلاق من الذين يعجبهم الجيش الروسي.

٣. كان الحلاق وزبونه وحدهما في الحانوت.

٤. اختلف الحلاق وجلساؤه على أحد أمور الحرب العالمية الأولى.

د- استخرِج من القصة كلمات لها معنى يشبه معنى الكلمات التالية.

١. خاف ٥. جرى

٢. دكان ٦. شجاعة

٣. يكمّل ٧. بدأ

٤. وسط ٨. نتيجة

تمرين ٥

وافق بين كلمات من العمودين لهما معنيان متشابهان (similar meanings).

وقود	بسالة
سير	بقعة
مغتبط	أدرك
شجاعة	بنزين
مكان	شارع
طريق	سعيد
	مشي

تمرين ٦

اختر الكلمة التي لا تناسب باقي الكلمات في كل مجموعة وبين السبب.

١.	منشرح	مدرس	صحافي	كاتب
٢.	زيت	وقود	بنزين	ثلج
٣.	ماء	ذخيرة	بئر	مِرجَل
٤.	أسطول	مُدمِّرة	حرب	زبون
٥.	حلاق	نزاع	شعر	رأس

تمرين ٧

وافق بين كل كلمتين لتشكلا عبارة واحدة.

نجوم	النفس
لوح	ماء
بئر	الظهر
محور	نفط
راضي	العجلة
منشرح	ثلج

الصدر

تمرين ٨

أعد ترتيب الكلمات في كل مجموعة لتشكل جملا مفيدة.

١. عام - العالمية - ١٩٣٩ - قامت - الثانية - الحرب

٢. رسم - المسيح - صورة - داڤينشي - وهو - مع - العشاء - أصحابه - يتناول

٣. رئيسا - أن - محاميا - قبل - عمل - يكون - لِنكَن

٤. آلاف - العراق - منذ - الإنسان - النفط - عرف - في - السنين

٥. قصيرا - رانية - طويلا - يحبه - تقصّ - بينما - شعرها - زوجها

تمرين ٩

أعد ترتيب الجمل لتشكل فقرة مترابطة.

١. كان عدد من الناس يجلسون في مقهى إلى جانب الطريق.
لحسن الحظ لم يُصَب أحد من الزبائن.
فجأة ظهرت قطة أمام إحدى السيارات فانحرف السائق إلى اليمين.
استمرت السيارة في السير على الرصيف ودخلت المقهى.
إلا أن الواجهة الزجاجية وعدد من الطاولات والكراسي تحطمت.
لكن السائق لم يستطع أن يوقف السيارة فصعدت على الرصيف.
وكان هناك سيارات تسير في وسط الشارع أمام المقهى.

تمرين ١٠

Do either A or B. Remember that descriptive *iḍāfa* is used to describe people and objects.

A. Describe your barber or hairdresser and his or her shop. Include information about the size of the place, furniture, tools, equipment, and fixtures. Describe this person in terms of height, shape, hair, and other physical features. Mention whether he or she fits the stereotype of barbers or hairdressers.

B. Describe the car you own, drive, or are familiar with. Write about its physical properties, make, year, and model. Say if you like it and explain why. Do you think it is dependable? Why and why not? Where do you drive it? Who goes with you?

القواعد

1. Expressing Humor

In both stories, the writers use several devices to infuse humor into their writing, including exaggeration, action verbs, dramatic events, and imagery. Examine these examples below according to these categories.

a. Exaggeration: These are overstatements intended to dramatize the situation, e.g.

١ كانت تستنفد من البنزين والزيت كلّ ما هو معروض في طريقها منهما ثم لا تشبع.

٢ فكّرت أن أربط خزّانها بآبار الموصل.

b. Action verbs: This is another device to create humor by describing activities incongruent with reality. Here the act of "stuffing" the radiator with ice is intended to serve as a humorous element.

٣ أحشو به خزّانها بدلاً من الماء.

c. Dramatic actions: The mere description of the unusual act creates humor, e.g.

٤ وإذا بإحدى العجلتين خرجت من محورها وذهبت تجري وحدها في الطريق.

The wheel came out of its axle and rolled on its own down the road.

٥ وضرب بجمع يده أم رأس الزبون. *He hit the top of the patron's head with his fist.*

٦ فقام صارخاً يولول ويهرول. *He scrambled, got up, and rushed out of the shop.*

d. Imagery: The two writers create images that have a humorous effect by virtue of

their incongruence with the normal state of affairs, such as comparing the radiator to a huge caldron, the stacking of ice blocks on the back seat, the creation of strange shapes on the man's head, the man being terrified, and, finally, being unable to speak.

٧ ثم إنّ خزّان الماء كان يغلي كالمرجل.

٨ ذخيرة كافية من ألواح الثلج على المقاعد الخلفية.

٩ أخذ يحلق له رأسه حلقاً غريباً.

١٠ ربع الرجل.

١١ اعتُقل لسانه.

- Note that the term *imagery* above is not used in its rhetorical sense, although the first sentence is a simile (تشبيه). It is intended to represent the images created in order to produce the intended humorous effect.

2. **Cause and Effect**

Describing cause and effect is a characteristic of coherent discourse. The writer needs first to describe a situation that causes a certain action. The effect is generally marked by various particles. In the two stories of this lesson, you can find several examples, using حتى، لهذا، فَ. Some selected examples follow.

١ كانت تستَنفد من البَنزين والزيت كلَّ ما هو معروض في طريقِها منهما، ثُمَّ لا تشبع، حتى فكّرتُ أنْ أربط خزّانها بآبارِ الموصل.

٢ ولهذا صرتُ أشتري لها الثلجَ وأحشو به خزانَها.

٣ ثم إنّ خزان الماء كان يغلي كالمرجَل بعد دقائق قليلة من السير فتبدو لي علامةُ الخَطرِ الحمراء.

٤ فكان يحلِق بُقعةً ويترك أخرى حتى ربع الرجل.

تمرين ١١

In a paragraph, express cause and effect based on the context of the situation described

below, using these connectors: لذلك، لهذا، حتّى، فَ. Use the first person.

> Your bedroom was so hot that you could not sleep. So, you got up and went to the window and opened it, but street noise came into your room and prevented you from sleeping. Thus, you decided to read and went to the bookshelf, picked up a book, and started reading until you fell asleep.

3. **Idioms**

All languages contain expressions that are peculiar to them and cannot be understood from the individual meanings of their elements. The English idiom *out of the blue*, for example, cannot be understood by looking up the meanings of its different words. Al-Mazini's story contains an idiom: أرتني النجوم في الظهر. It is used to indicate unusual trouble, hardship, or distress caused by an extraneous agent. Literally it means, "X caused me to see the stars at midday," which is an improbable situation. This idiom is used in colloquial speech as well as in formal writing.

4. **Similes** التَشبيه

In English, a simile is a figure of speech in which two essentially unlike things are compared, often in a phrase introduced by *like* or *as* (e.g. She used her umbrella as a weapon; He jumped like a tiger). In Arabic, the preposition ك and the noun مِثل are usually used in a similar manner to create similes تشبيه. There are several other particles, such as كأنّ, "as though" and حاكى and أشبَه ,"to be similar." We have seen an instance of a simile in the first story, خزّان الماء كان يغلي كالمرجل. Examine the following examples.

١ يمشي كالطاووس. *He walks like a peacock.*

٢ ذاكرِته مثلُ البحر عُمقاً. *His memory is as deep (i.e., long) as the sea.*

٣ كأنّ عينيها البحرُ زُرقةً. *Her eyes are as blue as the sea.*

٤ حاكى قُوامُها عودَ الخَيْزُران. *Her figure is like a reed.*

٥ هذا المكان أشبَهُ بالجنّة. *This place is like paradise.*

5. **Describing Circumstance Using the Preposition بِ with the Verbal Noun** المصدر

Prepositional phrases formed by a preposition and a verbal noun are used in a similar

fashion to adverbs of manner in English. The phrase بِحِدّة in the second story means "intensely," describing how the barber was speaking. In order to describe an action, using more than one adverb consecutively, the preposition is only prefixed to the first one, e.g. بحدّة وحماسة. Here are some useful such phrases, with their meanings.

باختصار	*in short, briefly*	باعتدال	*moderately*
بانتِظام	*regularly*	بسُرعة	*quickly*
باحتِشام	*modestly*	بتَهْذيب	*politely*
برُعونة	*recklessly*	باحتِرام	*respectfully*

6. **Connectors and Indicating Transition**

Connectors like و، ف، ثم are encountered fairly frequently in writing. They function as either conjunctions or devices to indicate transition from one state to another, one idea to the next, or one sentence to the next. They provide cohesion to a text by binding sentences and thoughts together. Examine this excerpt from Al-Mazini's story:

ثم إنّ خزان الماء كان يغلي كالمِرجَل بعد دقائق قليلة من السير فتبدو لي علامةُ الخَطَرِ الحمراءُ، فأقفُ وأغيِّرُ لها الماءَ، ثم أستأنِفُ السيرَ، وهكذا.

In a single sentence, six such particles are used. The quick succession in which they are used is intended to highlight the brisk action. Note that these particles serve as both conjunctions (e.g. and) and transition devices (e.g. then). Remember that و and ف when in the initial position in a sentence may have no function at all (e.g., ولما سمعت الجرس فتحت الباب).

تمرين ١٢

Identify the connectors in the following passage and indicate whether they are conjunctions (c), transition devices (t), or dummy particles (p) with no function.

ولما وصل القطار إلى المحطة توجّه الركّاب نحوه بسرعة وصعدوا إلى العربات وجلسوا في مقاعدهم. ثم صعد إلى القطار موظف يسمّى «الجابي» وعمله هو جمع التذاكر أو بيعها للركاب. ولم يكن مع أحد الركاب تذكرة، فقال له الجابي إنه يمكن

أن يشتري واحدة منه وطلب ثمناً مرتفعاً للتذكرة. فرفض الراكب شراء التذكرة بهذا السعر المرتفع وقال إنها أرخص من ذلك في شباك التذاكر. وطلب الجابي منه إمّا أن يشتري التذكرة أو ينزل من القطار. فاضطُرّ الراكب أن يشتري التذكرة بالسعر المرتفع لأن الوقت كان متأخراً ولم يكن يريد التأخر عن عمله.

7. Phrasal Verbs (انقطع لـ، انقطع عن)

A phrasal verb is composed of a verb with either a preposition after it, a noun functioning as a direct object, a prepositional phrase, or an *iḍāfa* structure. In this section, we are interested in those verbs that are followed by specific prepositions. Verbs change their meaning as the following preposition changes. In the introduction to the first story, the phrasal verb انقطع لـ occurs. See how the meaning changes with a different preposition.

١ انقَطَع إلى الكتابة. / لِـ *to dedicate, apply oneself to something*

٢ انقَطَع عَن أصحابه. *to dissociate oneself from, to break up or part with*

٣ انقَطَع عَن التدخين. *to desist, abstain from, cease*

8. Multiple *Iḍāfa* مضاف إليه

While an *iḍāfa* structure may have multiple مضاف إليه, it may have only one مضاف. An example of multiple مضاف إليه: هذه سيارةُ زوجِ أستاذةِ مادةِ الإحصاء. This is a perfectly grammatical sentence with a four-part مضاف إليه.

In the last paragraph of the second story, the following sentence occurs:

- أخذ يتكلم بحدّة عن شجاعةِ اليابانيين وبسالتِهم.

The underlined part represents a مضاف, a مضاف إليه, and then another مضاف separated from the first مضاف by the مضاف إليه. It would be an awkward structure should there be more than one مضاف (e.g. شجاعة وبسالة اليابانيين). In other words, the rule states that a مضاف should not be separated from the مضاف إليه, even by another مضاف.

9. The Assimilated Verb مثال

Some verbs begin with a و or ي. These are called "assimilated" (مثال). They are thus called because the semivowel assimilates to the ت following it in form VIII (افـتـعل), that is, the semivowel becomes a ت (the two instances of ت are represented by تّ). Examples:

فعل (I)	افتعل (VIII)	Originally
وصل *(to connect)*	اتّصل *(to get in touch)*	(اوتَصَلَ)
وصف *(to describe)*	اتّصف *(to be characterized by)*	(اوتَصَفَ)
وضح *(to be clear)*	اتّضح *(to become clear)*	(اوتَضَحَ)

- Remember that assimilated verbs undergo other changes as well. They lose the semivowel in the present (وصل - يصل) and in the imperative (صِلْ). However, it is restored in the passive (يوصَل).

Revisited Structures مراجعة القواعد

1. Descriptive *Iḍāfa* الإضافة

These are descriptive phrases made up of مضاف and مضاف إليه. Al-Mazini uses such structures consecutively, both meaning "happy" or "joyful." Instead of using a noun phrase (n. + adj.) (e.g. نفس راضية، صدر منشرح), he uses an إضافة phrase (e.g. راضي النفس، منشرح الصدر). Examine his phrases and their nominal sentence counterparts. The second sentence of each pair is composed of a subject (مـبـتـدأ) and predicate (خـبـر). This use is probably determined by stylistic, not grammatical, demands.

2. Verbs of Beginning أفعال البدء

Two verbs of beginning are used in the second story: أنشأ and أخذ. Others include بدأ، طفِق، شرَع، ابتدأ، جعل. Like كان and its set, they introduce a nominal sentence in which the subject is nominative and the predicate (in the form of a sentence) is accusative, e.g.

- أخذ يتكلّم بحِدّة. — *He started to speak intensely.*

3. Another Use of Superlatives اسم التفضيل

The plural forms of أوّل، أوسط، آخِـر signify a few (i.e., three to five) of what is referred to, e.g.

- أوائل الشهر. *The first few days of the month.*

4. Passive of Hollow Verbs الفعل الأجوف

Verbs with a long middle vowel, such as قال، باع، راع change to قيل، بيع، ريع in the passive. Note, however, that if the verb has the increased pattern فاعَل, the *alif* changes to و, e.g.

- شاهد to watch ⇦ شوهِد to be watched

تمرين ١٣

Using sentence context as clue, fill in the blanks with the appropriate word or phrase. Select from descriptive *iḍāfa* structures, verbs of beginning, superlatives, and verbs with a long vowel to be used in the passive. Use the proper form of the verbs.

أواسط، أخذ، قابل، حمراء اللون، باع، لاحظ، طويلة الشَعر، جعل، صغير الأنف

١. لقد .... (use the passive voice) سيارته بخمسمئة ألف ليرة تقريبا.

٢. سترجع أختي وعائلتها من المغرب في .... الشتاء.

٣. بعد تخرّجهم من الجامعة .... يعملون في تعليم الرياضيات.

٤. اشترت وفاء سيارة .... لتذهب بها إلى عملها.

٥. .... أمي أن البريد لا يصل قبل الساعة العاشرة.

تمرين ١٤

آ- أكمل الجمل التالية بالاختيار المناسب وفق نص الاستماع.

١. عمر الجمعية ....

❑ أقل من ثلاث سنوات ❑ ثلاث سنوات ❑ أكثر من ثلاث سنوات

٢. ترعى الجمعية أكثر من .... شخص.

❑ ١٠٠ ❑ ٥٠٠ ❑ ٦٠٠٠

٣. تساعد الجمعية الأشخاص الذين هم .... الثامنة عشرة.

❑ في سن ❑ تحت سن ❑ أعلى من سن

ب- اكتب «خطأ» أو «صواب» بجانب كل جملة وصحح الجمل الخطأ.

١. تساعد الجمعية الأفراد الذين ليس لهم أباء أو أمّهات.

٢. لهذه الجمعية مدير من بغداد.

٣. يسكن الأشخاص الذين تساعدهم الجمعية في مبنى الجمعية.

ج- أجب عن الأسئلة وفق نص الاستماع.

١. ما هدف الجمعية؟

٢. ماذا فعل بعض الأيتام بعد تخرجهم من المدرسة؟

٣. كيف يكون الإنسان مواطنا صالحا وفق النص؟

د- أكمل الجمل التالية وفق نص الاستماع.

١. توفّر الجمعية لهؤلاء الأشخاص فرصة إتمام ....

٢. تقدم الجمعية العناية ....

٣. حصل بعض مَن تساعدهم الجمعية على عمل في الشركات ....

المفردات

center, middle, most significant, mother .... (n., f.) أُمّ (ج) أمَّهات
to be characterized, marked, distinguished by .... (v.) اتَّصَف (يتَّصف) اتِّصاف
all, all of, the whole of, entire, entirety .... (n., m.) أَجْمَع (ج) أجْمَعين
to start, begin, commence, take, seize, capture .... (v.) أَخَذَ (يأخُذُ) أخْذ
to tremble, shake, shudder .... (v.) ارْتَعَد (يَرْتَعد) ارتعاد
to add, follow up with, say further .... (v.) أَردَفَ (يُرْدِفُ) إرْداف
to show, demonstrate .... (v.) أرى (يُري)
to resume, continue, recommence .... (v.) استأنَف (يستأنف) استئناف
to exhaust, consume, deplete, use up .... (v.) اَستَنفَدَ (يستَنفِدُ) استنفاد
fleet, navy .... (n., m.) أسْطول ج أساطيل
famous, renowned .... (adj.) أشهَر (شَهير)
to turn, turn around, turn one's face .... (v.) التَفَتَ (يَلتَفتُ) اِلْتفات
to extend, spread out, extend .... (v.) اَمتَدَّ (يمتَدُّ) امتداد
to own, possess .... (v.) اَمتَلك (يَمتَلك) امتلاك
to hold, grasp, grip, clutch, take hold of .... (v.) أمسَك (يُمسك) إمساك
to begin start, build, construct, set up, compose .... (v.) أنشأ (يُنشئ) إنْشاء
well .... (n., m.) بِئْر ج آبار
bravery, courage, boldness, valor, valiance .... (n., f.) بَسالة
yet, still, so far, hitherto .... (particle) بَعْدُ
spot, stain, patch .... (n., f.) بُقْعة (ج) بُقَع
gasoline .... (n., m.) بَنْزين
to complete, conclude, finish .... (v.) تَمَّمَ (يُتَمِّمُ) تَتْميم
chatty, garrulous, talkative .... (n., m.) ثَرْثار (ج) ثَرثارون
companion, friend, associate .... (n., m.) جَليس (ج) جُلَساء
group, company, party, community .... (n., f.) جَماعة (ج) جماعات
shop, store .... (n.) حانوت (ج) حَوانيت

sharpness, acuteness, intensity .... حدّة (n., f.)
to report, tell, relate, narrate, converse with .... حَدَّث (يحدِّث) تَحديث (v.)
barber, hair dresser .... حَلاّق (ج) حَلاّقون (n., m.)
enthusiasm, ardor, zeal, fervor .... حَماسة (n., f.)
to praise, laud, commend, extol .... حَمد (يحمَدُ) حَمْد (v.)
reservoir, tank, dam .... خزّان (ج) خزّانات (n., m.)
danger, peril, hazard, risk .... خَطَر (ج) أخْطار (n., m.)
astonishment, amazement, surprise .... دَهْشة (verbal n.)
supply, hoard, provisions, ammunition .... ذَخيرة (ج) ذَخائِر (n., f.)
satisfied, content, pleased .... راضٍ (ج) رُضاة (n., m.)
to frighten, scare, alarm .... راع (يروع) رَوْع (v.)
to tie, bind, fasten, connect, link .... رَبَط (يربِط) رَبْط (v.)
spirit, soul, essence .... روح (ج) أرْواح (n., f.)
oil .... زَيْت (ج) زُيوت (n., m.)
secret, mystery .... سِرّ (ج) أسْرار (n., m.)
to eat one's fill, satisfy one's appetite, be full .... شَبِع (يشبَع) شَبَع (v.)
bravery, courage, boldness, valor .... شجاعة (n., f.)
form, shape .... شَكْل (ج) أشْكال (n., m.)
chest, breast, bosom .... صَدْر (ج) صُدور (n., m.)
wheel .... عَجَلة (ج) عَجَلات (n., f.)
end, issue, effect, outcome, result, consequence .... عُقْبى/عاقبة (ج) عَواقِب (n., f.)
knowledge, covenant, treaty, protection, oath, decree .... عَهْد (ج) عُهود (n., m.)
to change, alter, modify .... غيَّر (يغيِّر) تَغْيير (v.)
to settle, resolve, open, close, conclude .... فَضَّ (يَفُضُّ) فَضّ (v.)
humor, joke, fun .... فُكاهة (ج) فُكاهات (n., f.)
to think, consider, contemplate, reason .... فَكَّر (يفكِّر) تَفكير (v.)
deadly, lethal, fatal (knockout blow) .... قاضٍ (الضَربة القاضية) (adj.)
to rise, get up, stand up, break out, flare up, stand erect .... قام (يَقوم) قيام (v.)
to cut, cut off, clip, crop, lop, narrate, relate, tell .... قَصَّ (يقُصُّ) قَصّ (v.)

adequate, enough .... (adj.) كاف
moving, movable, mobile .... (adj.) مُتَحَرِّك
similar, like, equal, analogous .... (n., m.) مِثْل (ج) أمْثال
axis, axle, pivot .... (n., m.) مَحْوَر (ج) مَحاوِر
boiler, caldron .... (n., m.) مِرْجَل (ج) مَراجِل
touch of/slight insanity, madness, mania .... (n., m.) مَسّ (مِن الجُنون)
round, circular .... (adj.) مُسْتَدير
contemporary .... (n.) مُعاصِر (ج) مُعاصِرون
shown, displayed, offered, made available, put forward .... (passive participle) مَعْروض
glad, happy, delighted, joyful, exultant .... (n., m.) مُغْتَبِط (ج) مُغتَبِطون
uncovered, bare, exposed, unconcealed .... (adj.) مَكْشوف
cursed, damned, evil, wicked .... (n., m.) مَلْعون (ج) مَلاعين
cheerful, happy, glad, in high spirits .... (adj.) مُنْشَرِح (الصَدْر)
straight razor, razor blade .... (n., f.) موسى (ج) أمْواس
dispute, controversy, conflict, contention .... (n., m.) نِزاع (ج) نزاعات
soul, spirit, psyche, mind .... (n. f.) نَفس (ج) أَنْفُس، نُفوس
to jog, trot, hurry, hasten .... (v.) هَرْوَلَ (يُهَرْوِلُ) هَرْوَلَة
to wail, howl, lament, cry .... (v.) وَلْوَلَ (يُوَلْوِلُ) وَلْوَلَة

١٤

Objectives

- Terms children use and terms parents use to address their children
- Children's nicknames
- Ellipsis
- Compound question words
- Useful structures
- The structure على الرغم من
- Colloquial usage
- Listen to the recorded material for this lesson

جنة الأطفال

هذه قصة من مجموعة قصص صدرت لنجيب محفوظ بعنوان «من خمّارة القط الأسود». والجدير بالذكر أن نجيب محفوظ هو أول كاتب عربي ينال جائزة نوبل للأدب، وكان ذلك عام ١٩٨٨. وهذه القصة عبارة عن حوار بين أب وابنته.

تمرين ١

أجب عن هذه الأسئلة قبل قراءة النص.

١. هل لك أصدقاء مِن دين آخر غير دينك؟

٢. ما هي الأديان الرئيسية في الولايات المتحدة الأمريكية؟

٣. هل يتعلم التلاميذ الدين في المدارس العامة في الولايات المتحدة؟ لماذا؟

٤. أي البلاد العربية تتمتع بنسبة لابأس بها من المسيحيين؟

٥. ما الطوائف المسيحية الرئيسية في البلاد العربية؟

الطفلة (ط) بابا ...

الأب (أ) نعم.

ط أنا وصاحبتي نادية دائما مع بعض.

أ طبعاً يا حبيبتي فهي صاحبتك.

ط في الفصل، في الفُسحة، وساعة الأكل.

أ شيء لطيف، وهي بنت جميلة ومؤدبة.

ط لكن في درس الدين أدخل أنا في حجرة وتدخل هي في حجرة أخرى.

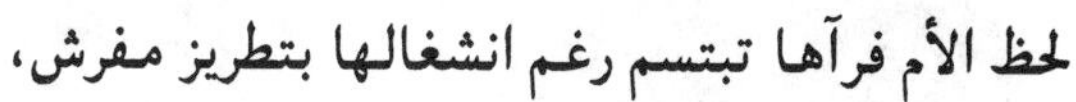

لحظ الأم فرآها تبتسم رغم انشغالها بتطريز مفرش، فقال وهو يبتسم:

أ هذا في درس الدين فقط...

ط لِم يا بابا؟

أ لأنك لك دين وهي لها دين آخر.

ط كيف يا بابا؟

أ أنت مسلمة وهي مسيحية.

ط لِمَ يا بابا؟

أ أنت صغيرة وسوف تفهمين فيما بعد.

ط أنا كبيرة يا بابا.

أ بل صغيرة يا حبيبتي.

ط لِم أنا مسلمة؟

عليه أن يكون واسع الصدر وأن يكون حذرا ولا يكفر بالتربية الحديثة عند أول تجربة. قال:

أ بابا مسلم وماما مسلمة، ولذلك فأنت مسلمة.

ط ونادية؟

أ باباها مسيحي وأمها مسيحية ولذلك فهي مسيحية.

ط هل لأن باباها يلبس نظارة؟

أ كلاّ، لا دخل للنظارة في ذلك، ولكن لأن جدها كان مسيحيا كذلك.

وقرر أن يتابع سلسلة الأجداد إلى ما لا نهاية حتى تضجر وتتحول إلى موضوع آخر، لكنها سألت:

ط من أحسن؟

وتفكر قليلا ثم قال:

أ المسلمة حسنة والمسيحية حسنة.

ط ضروري واحدة أحسن.

أ هذه حسنة وتلك حسنة.

ط هل أعمل مسيحية لنبقى دائما معا؟

أ كلاّ يا حبيبتي، هذا غير ممكن. كل واحدة تظل كباباها وماماها.

ط ولكن لِم؟

حق أن التربية الحديثة طاغية... وسألها:

أ ألا تنتظرين حتى تكبري؟

ط لا يا بابا.

ط حسن. أنت تعرفين الموضة. واحدة تحب موضة وواحدة تفضّل موضة، وكونك مسلمة هو آخِر موضة، لذلك يجب أن تبقي مسلمة.

ط يعني أن نادية موضة قديمة؟

الله يقطعك أنت ونادية في يوم واحد. الظاهر أنه يخطئ رغم الحذر وأنه يدفع بلا رحمة إلى عنق زجاجة، وقال:

أ المسألة مسألة أذواق، ولكن يجب أن تبقى كل واحدة كباباها وماماها.

ط هل أقول لها إنها موضة قديمة وإني موضة جديدة؟

فبادرها:

أ كل دين حسن، المسلمة تعبد الله والمسيحية تعبد الله...

ط ولم تعبده هي في حجرة وأعبده أنا في حجرة؟

أ هنا يعبد بطريقة وهناك يعبد بطريقة...

ط وما الفرق يا بابا؟

أ ستعرفينه في العام القادم أو الذي يليه، وكفاية أن تعرفي الآن أن المسلمة تعبد الله والمسيحية تعبد الله.

ط ومن هو الله يا بابا؟

وأخذ، وفكر مليا، ثم سأل مستزيدا من الهدنة:

أ ماذا قالت «أبلة»[1] في المدرسة؟

ط تقرأ السورة وتعلمنا الصلاة، ولكني لا أعرف. فمن هو الله يا بابا؟

فتفكر وهو يبتسم ابتسامة غامضة، وقال:

أ هو خالق الدنيا كلها.

ط كلها؟

أ كلها.

ط معنى «خالق» يا بابا؟

أ يعني أنه صنع كل شيء.

ط كيف يا بابا؟

أ بقدرة عظيمة...

ط وأين يعيش؟

أ في الدنيا كلها...

---

[1] كلمة تركية تعني «الأخت الكبرى» تُستعمل لمخاطبة النساء الأكبر سناً بقليل، وتستعمل في مصر لمخاطبة المدرّسة أيضاً.

بسم الله الرحمن الرحيم

ط وقبل الدنيا؟

أ فوق...

ط في السماء؟

أ نعم.

ط أريد إن أراه.

أ غير مُمكِن.

ط ولو في التلفزيون؟

أ غير ممكن أيضا.

ط ألم يره أحد؟

أ كلا.

ط وكيف عرفت أنه فوق؟

أ هو كذلك.

ط من عرف أنه فوق؟

أ الأنبياء.

ط الأنبياء؟

أ نعم... مثل سيدنا محمد...

ط وكيف يا بابا؟

أ بقُدرة خاصة به.

ط عيناه قويتان؟

أ نعم.

ط لِم يا بابا؟

أ الله خلقه كذلك.

ط لِم يا بابا؟

وأجاب وهو يروّض نفاد صبره:

أ هو حرّ يفعل ما يشاء.

ط وكيف رآه؟

أ عظيم جدا، قوي جدا، قادر على كل شيء...

ط مثلك يا بابا؟

فأجاب وهو يداري ضحكه:

أ لا مثيل له.

ط ولِم يعيش فوق؟

أ الأرض لا تسعه ولكنه يرى كل شيء.

سرحت قليلاً ثم قالت:

ط ولكن نادية قالت لي إنه عاش على الأرض.

أ لأنه يرى كل مكان، فكأنه يعيش في كل مكان.

ط وقالت لي إن الناس قتلوه.!!

أ ولكنه حي لا يموت.

ط نادية قالت إنهم قتلوه.

أ كلا يا حبيبتي، ظنوا أنهم قتلوه، ولكنه حي لا يموت.

عيسى المسيح عليه السلام

ط وجدي حي أيضا؟

أ جدك مات.

ط هل قتله الناس؟

أ كلا، مات وحده.

ط كيف؟

أ مرض ثم مات.

ط وأختي ستموت لأنها مريضة؟

وقطّب قائلا وهو يلحظ حركة احتجاج آتية من ناحية الأم:

أ كلا، ستشفى إن شاء الله.

ط ولِم مات جدي؟

أ مرض وهو كبير.

ط وأنت مرضت وأنت كبير فلم تمت.

ونهرتها أمها، فنقلت عيناها بينهما في حيرة، فقال هو:

أ نموت إذا أراد الله لنا أن نموت.

ط ولِم يريد الله أن نموت؟

أ هو حرّ يفعل ما يشاء.

ط والموت حلو؟

أ كلا يا عزيزتي...

ط ولِمَ يريد الله شيئا غير حلو؟

أ هو حلو ما دام الله يريده لنا.

ط ولكنك قلت إنه غير حلو.

أ أخطأت يا حبيبتي...

ط ولِم زعلت ماما لما قلت إنك ستموت؟

أ لأن الله لم يرد ذلك بعد.

ط ولِم يريده يا بابا؟

أ هو يأتي بنا إلى هنا ثم يذهب بنا.

ط لِم يا بابا؟

أ لنعمل أشياء جميلة هنا قبل أن نذهب.

ط ولِم لا نبقى؟

أ لا تتّسع الدنيا للناس إذا بقوا.

ط ونترك الأشياء الجميلة؟

أ سنذهب إلى أشياء أجمل منها.

ط أين؟

أ فوق.

ط عند الله؟

أ نعم.

ط ونراه؟

أ نعم.

ط وهل هذا حلو؟

أ طبعاً.

ط إذن يجب أن نذهب.

أ لكننا لم نفعل أشياء جميلة بعد.

ط وجدي فعل؟

أ نعم.

ط ماذا فعل؟

أ بنى بيتا وزرع حديقة.

ط وتوتو ابن خالي ماذا فعل؟

وتجهّم وجهه لحظة، واسترق إلى الأم نظرة مشفِقة ثم قال:

أ هو أيضا بنى بيتا صغيرا قبل أن يذهب.

ط لكن لولو جارنا يضربني ولا يفعل شيئاً جميلاً.

أ ولد شقي.

ط ولكنه سيموت...

ط إلا إذا أراد الله...

أ رغم أنه لا يفعل أشياء جميلة؟

ط الكل يموت، فمن يفعل أشياء جميلة يذهب إلى الله ومن يفعل أشياء قبيحة يذهب إلى النار.

وتنهّدت ثم صمتت، فشعر بمدى ما حلّ به من إرهاق. ولم يدرِ كم أصاب وكم أخطأ. وحرك تيار الأسئلة علامات استفهام راسبة في أعماقه. ولكن الصغيرة ما لبثت أن هتفت:

ط أريد أن أبقى دائما مع نادية.

فنظر إليها مستطلعا، فقالت:

ط حتى في درس الدين.

وضحك ضحكة عالية، وضحكت أمها أيضاً، وقال وهو يتثاءب:

أ لم أتصور أنه من الممكن مناقشة هذه الأسئلة على ذلك المستوى.

فقالت المرأة: ستكبر البنت يوما فتستطيع أن تدلي لها بما عندك من حقائق.

والتفت نحوها بحدّة ليرى ما ينطوي عليه قولها من صدق أو سخرية فوجد أنها قد انهمكت مرة أخرى بالتطريز.

تمرين ٢

آ- أجب عن هذه الأسئلة وفق القصة.

١. ما الفكرة الرئيسية في هذه القصة وما هي بعض الأفكار الثانوية؟

٢. ما عمر البنت في رأيك؟

٣. أي نوع من التربية يتّبع الأب في تربيته؟ صفه كما يبدو لك من القصة.

٤. لماذا يريد الأب من ابنته أن تنتظر حتى تكبر؟

٥. ماذا حاول الأب أن يفعل حتى تضجر ابنته من السؤال؟

٦. هل شرح الأب لابنته الفرق بين المسلمين والمسيحيين في عبادة الله؟ لماذا؟

٧. من هو «سيدنا محمد»؟

٨. كيف استطاع الأنبياء رؤية الله؟

٩. كيف فسّر الأب الموت لابنته؟

١٠. هل تظن أن الأم تعجبها مناقشة فكرة الموت؟ كيف تعرف ذلك؟

١١. ماذا أثارت أسئلة البنت في ذهن الأب؟

ب- أكمل الجمل التالية بالكلمة المناسبة.

١. البنت دائما مع صاحبتها إلا في ...

❑ درس الدين ❑ الفسحة ❑ ساعة الأكل

٢. كانت الأم خلال حديث الأب مع ابنته ...

❑ تطرّز ❑ في المطبخ ❑ نائمة

٣. نادية ...

❑ بنت الجيران ❑ ابنة خال البنت ❑ صديقة البنت

٤. تتعلم البنت في المدرسة ...

❑ الصلاة ❑ الموضة الحديثة ❑ الفرق بين الأديان

٥. يعيش الله حسب رأي الأب ...

❑ في السماء ❑ على الأرض ❑ في كل مكان

٦. لولو ...

❑ ابن الجيران ❑ ابن خال البنت ❑ صاحب البنت

٧. يذهب الذين يفعلون أشياء جميلة إلى ...

❑ الأرض ❑ النار ❑ الجنة

٨. الفرق بين المسيحية والإسلام في القصة هو في ...

❑ الموضة ❑ طبيعة الله ❑ معنى الموت

ج - بيّن إن كانت الجمل التالية صوابا أو خطأ وفق النص وصحح الخطأ منها.

١. نادية مسيحية لأن أباها يلبس نظارة.

٢. يؤمن المسيحيون بأن الله عاش على الأرض.

٣. الإسلام والمسيحية مثل الموضة يتبعهما الناس وفقا لأذواقهم.

٤. المسلمون والمسيحيون يعبدون الله.

٥. الله هو خالق الدنيا بالنسبة للأب.

٦. لم ير الله أحد من البشر.

٧. يعيش الله في السماء لأنه قادر على كل شيء.

٨. جد الطفلة لا يزال حيا.

٩. من الأشخاص الذين لم يفعلوا أشياء جميلة في القصة ابن خال البنت.

د ـ اختر عنوانا مناسبا للنص من العناوين التالية وبرّر اختيارك له.

Select an appropriate title for the text from those below and justify your choice.

- الاختلافات بين المسيحية والإسلام.
- الدين الإسلامي أحدث الأديان.
- لا فرق بين الناس بسبب الدين.
- لم يعش الله على الأرض ولم يقتله البشر.

تمرين ٣

وافق بين كلمات من العمودين متوافقة في المعنى أو متعلقة ببعضها البعض.

بلى	نوبل
حجرة	حصل على
دين	سماء
جائزة	نعم
سورة	حيرة
جنة	إسلام
نال	غرفة
	قرآن

تمرين ٤

أكمل الجمل التالية بالكلمات المناسبة.

١ـ دار .... بين طالبة من صفّنا وشاب حول الدين.

❑ احتجاج ❑ حوار ❑ موضوع ❑ انشغال

٢ـ تعلمتْ سُها الـ ... من أمها.

❑ حقيقة ❑ جائزة ❑ قدرة ❑ تطريز

٣. ما الـ .... بين مدينتَي لندن وباريس؟

- ❑ فرق ❑ هدنة ❑ حركة ❑ عبارة

٤. حين .... أخي أخذناه إلى الطبيب.

- ❑ حرّك ❑ تفكر ❑ مرِض ❑ نال

٥. كنت في .... أمس، هل أذهب إلى السينما أم أدرس؟

- ❑ حيرة ❑ فسحة ❑ تربية ❑ إرهاق

تمرين ٥

وافق بين كلمات متعاكسة في المعنى (opposites) من العمودين.

نعم	شقي
مرض	هتف
جنة	زجاجة
جميل	أخطأ
هدنة	كَلا
صمت	شفي
مؤدّب	حرب
أصاب	قبيح
	نار

تمرين ٦

اختر الكلمة التي لا تناسب باقي الكلمات في كل مجموعة وبين السبب.

١. الله – نبي – دين – جنة – سخرية

٢. يا – كلا – لا – نعم – بلى

٣. فصل – فسحة – مفرش – مدرّسة – تربية

٤. كَفَر – تثاءب – صَدّق – خَلَق – عَبَد

تمرين ٧

أعد ترتيب الكلمات في كل مجموعة لتشكل جملا مفيدة.

١. ذهب - ومات - إلى - عملا - الجنة - عمل - إذا - الإنسان - حسنا.

٢. في - الكريم - الفاتحة - سورة - أول - القرآن - هي.

٣. أفعل - أشاء - ما - أنا - حرّ - إنسان.

٤. الطعام - تأكل - الفواكه - أن - تفضل - بعد - أمي.

٥. سأقابله - بالرغم - يوم - انشغالي - من - بالدراسة - الخميس.

تمرين ٨

أعد ترتيب الجمل لتشكل فقرة مترابطة. الجملة الأولى في مكانها المناسب.

١. تثاءبت الطفلة الصغيرة وفتحت عينيها في سريرها صباحا.

لكنها فكرت أن أمها لن تتركها تبقى في البيت دون مدرسة.

لذلك تظاهرت أنها مريضة ولا قدرة لها على الذهاب إلى المدرسة.

ثم تخرج مع صاحباتها إلى الفسحة وتلعب معهن.

لم يعجبها ما ستفعل ذلك اليوم فقررت أن تبقى في البيت.

وفي المدرسة ستدخل حجرة الدراسة وتتعلم القراءة وبعض الأغاني.

أولا ستلبس ملابسها وتذهب إلى المدرسة.

قبل أن تنهض من السرير فكرت فيما ستفعل ذلك اليوم.

وفي نهاية النهار سوف تعود إلى دارها متعبة.

القواعد

1. Terms Children Use to Address Their Parents

Two terms of address used with and by children occur in the dialogue between the father and his daughter. They are ماما, "mommy" and بابا "daddy." It is interesting to note that in

addition to their being used by the child to address a parent, parents could use them to address their children. A father might say this to a son, asking him not to be late:

- لا تتأخّر، بابا.

It should translate, "Don't be late, son!" rather than "Don't be late, dad!" Another popular term is دادا, which is used to address a sibling, regardless of sex.

2. **Children's Nicknames**

Young children sometimes acquire nicknames based on the first letter of their names. For example, if a child's name is تَوفيق, he may be called توتو, and if a girl's name is لُبنى, she may be called لولو, and if she is مَيْساء, her nickname may be ميمي. Generally, once they are in their teens, this practice ceases.

3. **Ellipsis**

Sometimes a phrase is not used in its entirety. The key item is used to the exclusion of the others. In the text, the sentence ضروري واحدة أحسن occurs. It means, "One must be better (than the other)." It is a phrase reduced from من الضروري أن تكون واحدة أحسن. As can be seen, ضروري stands for من الضروري أن. In a previous lesson, we encountered the request ممكن أستعمل الهاتف؟, which is a reduction of هل من الممكن أن أستعمل الهاتف؟.

4. **Compound Question Words**

Sometimes a question word combines with a preposition or a particle, taking it as either a prefix or suffix. The meaning of the compound word reflects the meaning of both items. There are three such words in the reading selection.

a. ألا is made up of the yes/no question particle أ and the negative particle لا used with present tense verbs, e.g.

Can't you wait until you are older? ألا تنتظرين حتّى تكبري؟

b. ألَم consists of the particle أ and the negative particle لم used with past tense verbs, e.g.

Hasn't anyone seen him? ألَم يَرَهُ أحَد؟

c. لِمَ is a contracted form of لِـمـاذا, which is a combination of the preposition لِـ and the question word ماذا, e.g.

Why, Daddy? لِمَ يا بابا؟

Several other combinations are often used, including the following shown with component parts and meanings.

بِمَ = بِـ + ماذا	*with what*	مِمَّ = مِن + ما	*of what*
عَمَّ/عَمّا = عَن + ما	*about what*	عَمَّن = عَن + مَن	*about whom*
مِمَّن = مِن + مَن	*from whom*	إلامَ = إلى + مَتى/ماذا	*until when/to what*

تمرين ٩

Select appropriate compound question words from the section above to complete the following sentences. Translate your sentences into English to evaluate their meaningfulness.

١- .... وصلتَ متأخرا؟

٢- .... اشتريت تلك السيارة القديمة؟

٣- .... تريدين أن تكتبي لوالديك؟

٤- .... يتحدث هذا الخبر؟

٥- .... تبحثون؟

٦- .... تنظر؟

٧- .... أقل لك إنه ليس هنا؟

٨- .... تتألف السوق الأوروبية؟

5. Useful Structures

Some structures acquire a more or less fixed pattern because of recurrent usage. Three of them occur in the reading selection. Here are their meanings and uses.

١ جَديرٌ بالذِكْر/مِنَ الجَديرِ بالذِكْر *it is worth noting/mentioning*

٢ ما لَبِثَ أنْ... no sooner did he . . . than

٣ لا دَخْلَ لِـ ... to have nothing to do with . . .

6. The Structure على الرَغمِ مِن

There are variations of this widely used phrase. In the text, the widely used phrase رَغمَ الحَذَر, "despite caution," occurs. However, most grammarians prefer على الرَغمِ مِن or بالرَغمِ مِن "in spite of."

7. Colloquialisms

Being a dialogue, the text contains a number of expressions that are colloquial usage.

١ باباها، ماماها *her father, her mother*

٢ هل أعمل مسيحية؟ *Shall I act as a Christian/convert to Christianity?*

Number 2 is perhaps another example of ellipsis. It is originally هل أعمل نفسي مسيحية؟.

٣ الله يقطعك أنت ونادية. *May God take you and Nadia* (literal).

Although this invocation implies a death wish on the part of the speaker, the intention is not that extreme. It expresses displeasure or annoyance caused by the addressee.

٤ موضة *fashion* (Italian *moda*)

٥ أبلة *older sister* (Turkish *abla*), also used to address a female teacher in Egypt.

٦ زَعِلَ *to be upset, annoyed, mildly angry*

Item 6 is a verb usually used in colloquial Arabic, but it is a standard verb. It originally meant "to be bored, fed up."

تمرين ١٠

آ - أجب عن الأسئلة وفق نص الاستماع.

١- ما المواد المدرسية التي كانت تعجب هاني كثيرا؟

٢- بم كان يحلم هاني حين كان صبيا؟

٣ـ لماذا ذهبت هناء إلى المسرح وحدها؟

٤ـ هل تحقق حلم هاني؟

٥ـ اكتب عنوانا لهذه القصة.

ب ـ اكتب «خطأ» أو «صواب» بجانب كل جملة وصحح الجمل الخطأ.

١ـ عمِل هاني طبيبا بعد تخرجه من الجامعة.

٢ـ زوجة هاني ربة بيت.

٣ـ بدأت المسرحية في الساعة الثامنة مساء.

٤ـ كانت هناء تعرف أن زوجها واحد من الممثلين.

٥ـ لم يكن هاني يذهب إلى المسرح والسينما كثيراً.

٦ـ كانت هناء تلتفت نحو الباب لأن زوجها كان يقف عند الباب.

ج ـ أكمل الجمل التالية بالاختيار المناسب وفق نص الاستماع.

١ـ اهتم هاني بالعلوم حين كان في ....

❑ المدرسة ❑ الجامعة ❑ العيادة ❑ المسرح

٢ـ فتح هاني .... ليعمل بمهنته.

❑ عيادة ❑ مسرحا ❑ بيتا ❑ علبة

٣ـ حَلَم هاني بأن يصبح ....

❑ صبيا ❑ طبيبا ❑ ممثلا ❑ صيدليا

٤ـ كان هاني يقول النكات أمام ....

❑ زوجته ❑ أصدقائه ❑ الناس في المسرح ❑ المرآة

٥ـ جلست هناء وحدها في المسرح لأن زوجها كان ....

❑ متأخرا ❑ على المسرح ❑ في العيادة ❑ في البيت

٦ـ تُرفع الستارة في المسرح عادة ....

❑ في الساعة الثامنة ❑ في الساعة التاسعة ❑ بعد المسرحية ❑ بالمناسبات

المفردات

to protest, object .... احتَجَّ (يَحتَجُّ) احتِجاج (v.)

to err, make a mistake, commit an error .... أخطَأ (يُخطِئُ) خَطأ (v.)

to express, voice, declare, announce, state .... أدْلى (بِـ) (يُدلي) إدلاء (v.)

exhaustion, fatigue .... إرْهاق (n., m.)

to steal, rip off (to glance furtively) .... استَرَقَ (يَسْتَرِقُ) استِراق (نظرةً) (v.)

to ask for more .... استَزادَ (يَستَزيدُ) استِزادة (v.)

to be busy, occupied, engaged .... انشَغَلَ (يَنشَغِلُ) (بِـ)انْشِغال (v.)

to involve, imply, carry, include, contain .... انطَوى (يَنْطَوي) انطِواء (على) (v.)

to be absorbed with, engrossed in .... انْهَمَكَ (يَنهَمِكُ) انهِماك (v.)

Daddy; child's term of address .... بابا (n., m.)

to take the initiative, begin, set out to, proceed, act .... بادَرَ (يُبادِرُ) مُبادَرة (v.)

to yawn .... تَثاءَبَ (يَتَثاءَبُ) تَثاؤُب (v.)

experiment, test, trial, experience .... تَجْرِبة ج تَجارِب (n., m.)

to frown, scowl, be gloomy .... تَجَهَّمَ (يَتَجَهَّمُ) تَجَهُّم (v.)

to change, alter, shift, transform .... تَحَوَّلَ (يتَحَوَّلُ) تَحَوُّل (v.)

education, upbringing, cultivation .... تَربية (n., f.)

embroidery .... تَطْريز (n., m.)

to think, reason, consider .... تَفَكَّرَ (يَتَفَكَّرُ) تَفَكُّر (v.)

to sigh .... تَنَهَّدَ (يَتَنَهَّدُ) تَنَهُّد (v.)

current, flow, trend, tendency .... تَيّار (ج) تَيّارات (n., m.)

prize, award .... جائزة (ج) جَوائِز (n., f.)

worthy, meriting .... جَدير (n., m.)

paradise .... جَنّة (ج) جَنّات، جِنان (n., f.)

cautious, wary .... حَذِر (adj.)

free, independent, at large .... حُرٌّ (ج) أحْرار (n., m.)

to move, drive, stir, stimulate .... حَرَّكَ (يُحَرِّكُ) تَحريك (v.)

movement, motion .... حَرَكة (ج) حَرَكات (n., f.)
fact, reality .... حَقيقة (ج) حَقائق (n., f.)
to descend upon, befall, afflict, strike, occur to .... حَلَّ (بـِ) (v.)
dialogue, conversation .... حِوار (ج) حِوارات (n., m.)
confusion, perplexity, bewilderment .... حيرة (n., f.)
to create, make .... خَلَقَ (يخلُقُ) خَلْق (v.)
tavern, wine shop .... خَمّارة (ج) خَمّارات (n., f.)
to humor, indulge, flatter, deceive, hide .... دارى (يُداري) مُداراة (v.)
concern, connection, business, bearing, relevance .... دَخْل (n., m.)
to know, have knowledge, be aware of .... دَرى (يَدْري) (بـِ) (v.)
world, earth, worldly existence .... دُنْيا (n., f.)
religion .... دين (ج) أدْيان (n., m.)
mentioning, citing .... ذِكْر (n., m.)
taste, liking, inclination .... ذَوْق (ج) أذْواق (n., m.)
deposit, sediment, residue .... راسِب (n., m.)
in spite of .... رَغْمَ (بالرَغْمِ مِن) (prep.)
to tame, housebreak, habituate .... رَوَّضَ (يُرَوِّضُ) تَرْويض (v.)
bottle, flask, vial .... زُجاجة (ج) زُجاجات (n., f.)
to be annoyed, upset, vexed .... زَعِلَ (يزعَلُ) زَعَل (v.)
ridicule, scorn, derision, mockery .... سُخرية (n., f.)
to be lost in thought, distracted .... سَرَحَ (يَسرَحُ) سُروح (v.)
chapter in the Qur'an .... سورة (ج) سُوَر (n., f.)
to heal, cure, restore to health .... شَفى (يَشْفي) شِفاء (v.)
scoundrel, rascal, rogue .... شَقِيّ (n., m.)
patience, forbearance, tolerance .... صَبْر (n., m.)
truth, truthfulness, sincerity, veracity .... صِدْق (n., m.)
to be/keep silent, stop talking, say nothing .... صَمَتَ (يَصمُتُ) صَمْت (v.)
to be dissatisfied, annoyed, irritated .... ضَجِرَ (يضْجَرُ) ضَجَر (v.)
essential, necessary, requisite .... ضَروريّ (*nisba* adj., m.)

prevailing, oppressive person .... (n., m.) طاغٍ (ج) طُغاة

apparent, visible, obvious .... (adj.) ظاهِر

consisting in, equivalent to, tantamount to .... (n., f.) عِبارة (عَن)

to worship .... (v.) عَبَدَ (يعبُدُ) عِبادة

depth, bottom, innermost .... (n., m.) عُمْق (ج) أعْماق

obscure, vague, unclear .... (adj.) غامِض

difference, distinction .... (n., m.) فَرْق (ج) فُروق

recess, intermission, picnic .... (n., f.) فُسْحة (ج) فُسَح

classroom (Egypt) .... (n., m.) فَصْل (ج) فُصول

to prefer, favor .... (v.) فَضَّلَ (يُفَضِّلُ) تَفضيل

coming, next, following .... (n., m.) قادِم(ج) قادمون

ugly, unsightly, repulsive .... (adj.) قَبيح

power, faculty, strength .... (n., f.) قُدْرة (ج) قُدرات

to frown, scowl .... (v.) قَطَّبَ (يُقَطِّبُ) تَقطيب

to be irreligious, not to believe in God .... (v.) كَفَرَ (يكفُرُ) كَفْر/كُفْر

not at all, by no means .... (particle used for emphatic reprimand) كَلاّ

to linger, tarry, remain, hesitate .... (v.) لَبِثَ (يَلْبَثُ) لَبْث

to notice, look, observe .... (v.) لَحَظَ (يَلحَظُ) لَحْظ

well-behaved, well-mannered, polite, courteous .... (n., m.) مُؤَدَّب (ج) مُؤَدَّبون

Mummy, child's term of address .... (n., f.) ماما

like, similar, equal .... (n., m.) مَثيل (ج) مُثُل

extent, range, scope, stretch, distance .... (n., m.) مَدى

to be ill, sick .... (v.) مَرِضَ (يَمرَضُ) مَرَض

inquiring .... (n., m.) مَسْتَطلِعاً

level, standard .... (n., m.) مُستَوى (ج) مُسْتَوَيات

one who has compassion, sympathy .... (n., m.) مُشْفِق

bedspread, bed cover, tablecloth .... (n., m.) مَفْرَش (ج) مَفارِش

a long period of time .... (n., m.) مَليّ

discussion .... (n., f.) مُناقَشة (ج) مُناقَشات

fashion (Italian *moda*) .... (n., f.) موضة (ج) موضات
subject, topic, theme, item .... (n., m.) مَوْضوع (ج) مَواضيع
to obtain, get, win .... (v.) نال (ينالُ) نَوْل
to be used up, be exhausted .... (v.) نَفَدَ (ينفَدُ) نَفاد
to keep moving .... (v.) نَقّلَ (يُنَقِّلُ) تنقيل
to reproach, scold, chide .... (v.) نَهَرَ (يَنهَرُ) نَهْر
to shout, cry, yell, exclaim .... (v.) هَتَفَ (يهتِف) هُتاف
quietness, peace, truce, armistice .... (n., f.) هُدْنة (ج) هُدْنات

١٥

Objectives

- Describing activities, narrating in the past, and giving advice
- Guessing meaning and grammatical function from sentential context
- Revisited structures: Connectors; relative pronouns; the elative, nouns with verbal meaning
- Listen to the recorded material for this lesson

أوّل جامعية
وطبيبة ومرشّحة نيابية

عن مجلة سيدتي بتصرّف (العدد ١٠٢٢)

لوريس ماهر
أول جامعية سورية
وأول طبيبة في
الشرق الأوسط:

ولدت لوريس ماهر في دمشق سنة ١٩٠٦. إنّها أول امرأة في الوطن العربي تدخل الجامعة لدراسة الطب وتتخرّج طبيبة وهي أول عربية ترشّح نفسها للمجلِس النيابي السوري. إن الدكتورة لوريس ماهر مؤلِّفة إلى جانب عملها بالطب، كما أنها دخلت عالم التجارة مع والدها حيث أسسا شركة لطعام الأطفال. في ما يلي مقابلة أجراها الصحافي علي طه مع الدكتورة ماهر عام ٢٠٠٠ ميلادي.

ط ه ماهي الصعوبات التي واجهتك في بداية رحلتك العلمية؟

ل م في العام ١٩٢٤ انتسبت للمعهد الطبي في الجامعة السورية، وكان عدد طلاب الطب آنذاك لا يتجاوز سبعة طلاب ذكور وكنت أنا الفتاة الوحيدة في الجامعة السورية، وتخصصت في طب الأطفال. وقد استغرب زملائي وجود فتاة بينهم وخصصوا لي مقعداً منفرداً عنهم. لكن سرعان ما تأقلموا معي، وقد أصبحوا في ما بعد من خيرة أطباء سورية.

لوريس ماهر مع شقيقها وعائلته

ط ه هل عارضت أسرتك دخولك الجامعة؟ وكيف نظر المجتمع السوري لك في البداية؟

ل م كانت أسرتي خير داعم لي، وكان والدي يريد أن أدرس الصيدلة، إذ أنه كان أول من حصل على شهادة علمية في مجال الصيدلة في سورية، وقد كان رئيس «دار الاستحضارات الطبية» في إدارة الصحة والإسعاف العام في دمشق أيام الحكم العثماني. لكني فضلتُ الطب وأثبتُّ للمجتمع أن المرأة قادرة على العطاء كالرجل، خصوصاً أنني كنت دائماً الأولى على دُفعتي في كلية الطب. والحقيقة أن نظرة المجتمع لم تكن متخلِّفة في ذلك الوقت لأن المجتمع اعتبر دخولي الجامعة أمراً طبيعياً. وبعد تخرجي من الجامعة عام ١٩٢٩ سافرت إلى باريس وتخصصت لمدة ثلاث سنوات في طب الأطفال.

ط ه وماذا عملت بعد عودتك من فرنسا؟

ل م عملت في مجال الطب طبعاً حيث افتتحت عيادة خاصة للأطفال في زمن الانتداب الفرنسي حيث شهدت سورية زيادة في الفقر والمرض وتكررت حوادث الوفيات نتيجة الإصابة بمرض السلّ والكوليرا وغيرهما من الأمراض. وبما أنني لم أرزق بأطفال فقد كنت أعتبر كل طفل عالجته بمثابة ابني لأني كنت مدفوعة بعاطفة الأمومة التي حُرمت منها طيلة حياتي لكن الله عوّضني عن ذلك بانغماسي في عالم الأطفال الذي أنساني ألم عدم الإنجاب.

ط ه أسستِ خلال فترة الحرب العالمية الثانية مع والدك شركة «سيريلاك» السورية. كيف كانت هذه التجربةَ؟

ل م لم تكن شركة للربح بل كانت عملاً خيرياً إنسانياً يهدف إلى تصنيع الأغذية البديلة التي كانت تصلنا

من شركات أوروبية والتي انقطعت منتجاتها عن بلادنا بسبب الحرب، فقمنا بتصنيع خمسة أصناف غذائية للأطفال الرُضّع وزّعت في سورية ولبنان ووصل بعضها حتى فرنسا. لقد لبينا بذلك حاجات الأطفال في بلادنا. وقد كانت الكلية الفرنسية في بيروت تستورد منا هذه المواد وتوزعها على أطفال لبنان، وكان أكثر من نصف منتجاتنا يوزّع مجّاناً على المحتاجين والفقراء.

ط ه هل أثّر زواجك من الصحافي الراحل جورج فارس على عملك؟

ل م على العكس تماماً. فبعد زواجي منه زاد نشاطي، حيث كان يساعدني على نشر موضوعات علمية في جريدة «صدى سورية» التي أسسها والتي كانت تصدر بالفرنسية. كما ساعدني على نشر مقالات في جريدته «بردى» التي كانت تصدر بالعربية، وكان دائماً محفّزاً لي على العمل حتى وفاته.

الدكتورة لوريس ماهر تعزف على البيانو

ط ه كنت أول امرأة ترشح نفسها للمجلس النيابي السوري، فكيف دخلت هذه التجربة؟

ل م كانت تجربة غنية جداً بالنسبة لي رغم أني لم أنجح في حملتي الانتخابية. لقد كان هدفي الدخول إلى المجلس للدفاع عن قضايا الطفل، إلا أنّ النجاح لم يحالفني في ذلك لكنه حالفني في محبة الأطفال.

ط ه وما هي أهم النشاطات الاجتماعية التي تقومين بها؟

ل م أنا عضوة في جمعيات الإسعاف الخيري والدفاع المدني، ولي مشاركات في جمعية «نقطة الحليب» السورية التي تسعى إلى مساعدة المحتاجين والأطفال الفقراء حيث توزع عليهم الحليب بالمجّان. كما أنني عضوة في جمعية «أطبّاء بلا حدود» وفي منظمة الصليب الأحمر الدولية.

ط ه ما هي أهم مساهماتك الفكرية في مجال الطب؟

ل م كتبت عدة مقالات في صحف عربية وفرنسية وألّفت ثلاثة كتب باللغة الفرنسية، وأنا أعتز بكتابي الذي صدر عام ١٩٣٥ بالفرنسية تحت عنوان «تمريض الأطفال ودور القائمات على ذلك» لأنه لاقى رواجاً جيداً بين أطباء فرنسا.

طه عمرك الآن أربع وتسعون سنة. ما نصيحتك للمرأة حتى تحافظ على صحتها؟

ل م أنصحها بهذه الأشياء: الرياضة والعمل والتفكير، وتناول الخضر الطازجة والماء بكثرة، وتناول السكريات والدهون باعتدال، والحصول على الراحة الكافية، والنوم المبكر والاستيقاظ المبكر.

تمرين ١

آ- أجب عن الأسئلة التالية حول نص القراءة.

١. ما علاقة سورية بالدولة العثمانية؟

٢. متى بدأ ومتى انتهى الانتداب الفرنسي على سورية؟

٣. هل للمرأة السورية حقوق مثل حقوق الرجل في رأيك؟

٤. حدّد الفكرة الرئيسية في النص أعلاه وبعض الأفكار الثانوية.

٥. ما هي الصعوبات التي واجهت الطفل خاصة بسبب الحرب والانتداب؟

٦. اعط عنوانا آخر للدرس.

ب- أكمل الجمل التالية وفق نص القراءة.

١. كان والد لوريس ماهر ...

❑ طبيباً ❑ عثمانياً ❑ صيدلياً ❑ رئيساً

٢. كاتب نص المقابلة في هذا الدرس ...

❑ لوريس ماهر ❑ جورج فارس ❑ علي طه ❑ والد لوريس

٣. صار زملاء لوريس من ... الأطباء في سورية.

❑ أحسن ❑ أكثر ❑ أقلّ ❑ أصعب

٤. كان والد لوريس موظفاً حكومياً أيام ...

❑ الحكم العثماني ❑ الانتداب الفرنسي ❑ الحرب الثانية ❑ الحكم السوري

٥. «سيريلاك» هو اسم ...

❑ شركة سورية ❑ طبيب فرنسي ❑ جمعية خيرية ❑ طعام فرنسي

٦. نشرت لوريس ماهر مقالات في مجلة ...

❑ طبية ❑ زوجها ❑ فرنسية ❑ الجامعة

٧. «الإسعاف الخيري» اسم ...

❑ منظمة دولية ❑ جمعية خيرية ❑ دائرة حكومية ❑ شركة صيدلانية

٨. نشرت لوريس ماهر ...

❑ كتاباً واحداً ❑ كتابين ❑ ثلاثة كتب ❑ أربعة كتب

٩. تنصح لوريس المرأة بـ ...

❑ تناول اللحوم ❑ شرب الكثير من الماء

❑ النوم بعد الظهر ❑ طبخ الخضر

ج- اكتب «خطأ» أو «صواب» بجانب كل جملة وصحح الجمل الخطأ.

١. انتُخبت الدكتورة لوريس ماهر نائبة في المجلس النيابي السوري.

٢. ظلّت لوريس ماهر تجلس منفردة في قاعة الدرس طيلة دراستها الجامعية.

٣- لم ير المجتمع السوري مانعاً في دخول المرأة في مجال الطب في بداية القرن العشرين.

٤. أنجبت لوريس عدّة أولاد.

٥. «نقطة الحليب» إحدى منتجات سيريلاك.

تمرين ٢

اختر الكلمة التي لا تناسب باقي الكلمات في كل مجموعة وبين السبب.

١.	غذاء	متخلّف	خضر	طعام
٢.	نقطة	رضيع	ولد	طفل
٣.	وزّع	أعطى	قدّم	افتتح
٤.	عاطفة	حُب	عدم	غضب

تمرين ٣

وافق بين كلمات لها عكس المعنى في العمودين.

غنيّ	نام
مرَض	عاطفة
وفاة	أنثى
استيقظ	حرم
أعطى	ولادة
اعتزّ	صحّة
ذكر	خجِل
	فقير

تمرين ٤

وافق بين كلمات لها لها علاقة ببعضها البعض في العمودين.

السلّ	صحيفة
منظّمة	زيت
مقالة	وحيد
صليب	محفّز
عثماني	رأى
دهِن	جمعية
شهد	تركي
منفرد	الكوليرا
	المسيحية

تمرين ٥

أعد ترتيب الكلمات في كل مجموعة لتشكّل جملاً مفيدة.

١. في صباحاً السادسة أستيقظ الساعة.

٢. العمل قادر أثبت على والدراسة أنّه أخي معاً.

٣. المستقل الماضية في المرشح الانتخابات انتخبتُ.

٤. عمل فريد عن فقره جيد حصل عوضه على سنوات.

٥. على العثمانية في الأولى استولى ممتلَكات العالمية الحرب الدولة المنتصرون.

تمرين ٦

أعد ترتيب الجمل لتشكّل فقرة مترابطة.

١. انتَسَبَت سلمى إلى جمعية خيرية لتساعد الفقراء.

لكنّ سلمى لم تنس أن ترسل للجمعية مالاً كل شهر.

بقيَت سلمى عُضوة في الجمعية إلى أن انتقل عمل زوجها إلى مدينة أخرى.

وشعرَت بأنّها يجب أن تساعد هؤلاء الناس.

فزارت شركات كبيرة تطلب منهم مالاً لمساعدة هؤلاء الفقراء.

وقد تعرّفت من خلال عملها على عدد من هذه الأسَر المحتاجة.

وكان عملها التعرّف على الأسَر الفقيرة.

وقد تبرّعَت الشركات بالمال والمنتجات لمساعدتِهم.

الإمبراطورية العثمانية

أسس هذه الدولة عثمان الأول في القرن الثالث عشر في ما يعرف اليوم بتركيا كواحدة من الدويلات التركية المتعددة في بلاد الأناضول. توسعت الدولة بسرعة وامتدّت إلى جميع أنحاء تركيا وإيران وبلاد الشام

ومصر وشمال إفريقيا وأوروبا بما في ذلك اليونان والبلقان. في عام ١٤٥٣ فتح محمد الثاني مدينة القسطنطينية عاصمة الدولة البيزنطية وسمّاها إستنبول وجعلها عاصمة الدولة. وصلت الإمبراطورية العثمانية إلى أوجها حين استولى سليم الأول على سورية ومصر سنة ١٥١٧ وأعلن نفسه خليفة المسلمين. بدأت الدولة تضعف في أواخر القرن السادس عشر وفقدت أجزاء كثيرة منها إلى أن انتهت تماماً بعد الحرب العالمية الأولى وبدأ تاريخ الجمهورية التركية الحديثة.

يقع معظم تركيا الحديثة في آسيا الصغرى وجزء صغير منها في أوروبا. عاصمتها أنقرة ونظامها السياسي جمهوري ديموقراطي. يحدها من الشمال البحر الأسود ومن الغرب اليونان ومن الجنوب سورية والعراق ومن الشرق إيران وأرمينيا.

الانتداب الفرنسي على سورية

الانتداب نظام أحدثته الدول المنتصرة في الحرب العالمية الأولى في عصبة الأمم (وهي المنظمة التي سبقت الأمم المتحدة) بحيث تشرف الدول المنتصرة على ممتلكات ألمانيا والدولة العثمانية بعد هزيمتهما في الحرب. كانت سورية ولبنان من نصيب فرنسا ودخلت القوات الفرنسية سورية عام ١٩٢٠، لكن السوريين رفضوا الانتداب وحاربوه بقوة إلى أن استطاعوا تحقيق الاستقلال عام ١٩٤٦ بعد انتهاء الحرب العالمية الثانية.

Reviewed Structures مراجعة القواعد

1. **Superlative and Comparative Pronouns (the Elative)** اسم التفضيل: Recall that superlative and comparative pronouns have the same pattern (أفْعَل) but differ in the words with which they associate. Comparative pronouns are followed by (مِن) and superlatives by another noun with which they form an *iḍāfa* structure. In the reading passage, one occurrence has the pattern أفعل (e.g. أوّلُ سيِّدةٍ, "the first lady"), whereas the other occurrence (خيرة) does not have the elative pattern أفعل, but it signifies superlative meaning (خيرةُ الأطبّاء, "the best physicians").

2. **Relative Pronouns** الاسم الموصول: Relative pronouns are considered nouns in Arabic grammar. They are divided into two categories, restrictive (e.g. التي، الذي) and nonrestrictive (e.g. مَن، ما). A restrictive relative pronoun (الاسم الموصول الخاص) refers to a specific noun and agrees with it in number, gender, and case, e.g.

١ ما هي الصعوبات التي واجهتك؟ *What are the difficulties <u>that</u> faced you?*

A nonrestrictive relative pronoun, on the other hand, modifies a noun with no specific number or gender. The referent (or antecedent) in example 2 can be a man, a woman, or a group of people.

٢ كان والدُها أوّلَ مَن حصل على شهادة علمية.

Her father was the first of those <u>who</u> obtained an academic degree.

- Remember that nonrestrictive relatives may combine with prepositions, e.g.

مِمَّن = مِن + مَن   مِمّا = مِن + ما   عَمّا = عَن + ما

تمرين ٧

Use the appropriate relative nouns (ما، مَن، الذي، التي، اللذان، اللذين، اللتان، اللتين، الذين، اللاتي).

١. هل تعرف تلك السيدة .... تقف بالباب؟

٢. حضر جميع العمّال .... يعملون في فترة الصباح.

٣. هي لا تريد أن تفعل .... أفعل.

٤. من هما الرجلان .... تكلمت معهما ؟

٥. اتصلتُ بكل .... زارني في العيد.

٦. إنّ الطالبات .... نجحن بالامتحان سيدخلن الجامعة.

٧. ما اسم المدينتين .... تقعان متقابلتين على ضفّتَي نهر الدانوب؟

٨. هل تذكر عنوان الكتاب .... قرأته في الشهر الماضي؟

3. **Connectors** أدوات الربط: Well-written texts are characterized by the use of connectors. The reading passage above contains the following connectors:

بما أنّ، لأنّ، كما أنّ، إلاّ أنّ، إذ أنّ، والحقيقة، و، فـ، حتّى، خصوصاً، لكنّ، إلى جانب، حيث، قد، نتيجة، بل

Each one of them binds two sentences or clauses together, thus making the writing more cohesive.

تمرين ٨

Select from the above connectors to connect the following pairs of sentences and make the necessary changes in the structure. Do not use the same connector twice.

١. درس الهندسة. لم يعمل في مجال الهندسة.

٢. رانية ليست مِن حلب. هي من الموصل.

٣. ذهبت مَها إلى حمص لتدرس في جامعة تشرين. يسكن أخوها هناك.

٤. ذهبنا لزيارة الأقصُر في الشتاء. الطقس مناسب.

٥. عمل بالتجارة. وعمل بالتعليم.

٦. لم تعُد تلعب الرياضة. هي مريضة.

٧. لا أعلم من أين أتى بالمال. أخوه لا يعلم ذلك.

٨. الرياضة جيدة. إنها ممتعة.

4. **Forming Similes with كَ**: Like مِثلَ, the preposition كَ forms a simile with the word that follows it, e.g.

١	المرأة قادرة على العطاء كالرجل.	*Women are capable of giving like men.*

5. **Nouns with Verbal Meaning** اسم الفعل (see Grammar Review): These are words that are not verbs but have a verbal meaning. One of them is سُرْعانَ, meaning "in no time," among other things. Usually, it is followed by ما, as in this sentence.

٢	لكن سُرعان ما تأقلموا معي.	*But they quickly got used to me.*

تمرين ٩

1. Describe the life achievements of a person you know or you have read about in a similar fashion to Loris Maher's biography. That person can be yourself, one of your relatives, friends, acquaintances, or a national or world figure.

2. Narrate a story or incident that you have experienced. Provide information about when and where it happened, who was involved, what the circumstances were, and how it developed from the beginning until it came to an end.

تمرين ١٠

آ- أجب عن الأسئلة وفق نص الاستماع.

١- ما الفكرة الرئيسية في نص الاستماع وما هي بعض الأفكار الثانوية؟

٢- أين تقع المنيا؟

٣- ماذا كان يعمل والد هُدى؟

٤- ماذا حدث في مصر عام ١٩١٩؟

٥- كم كان عمرها حين توفيت؟

ب- اكتب «خطأ» أو «صواب» بجانب كل جملة وصحح الجمل الخطأ.

١. كانت هدى شعراوي تعرف لغتين.

٢. كان زوجها عضواً في الجمعية الشريعية.

٣. صارت هدى غنية بسبب زوجها.

ج- أكمل الجمل بالاختيار المناسب وفق نص الاستماع.

١. ثار المصريون ضد .... عام ١٩١٩.

❑ الإنكليز ❑ الأتراك ❑ الفرنسيين ❑ الملك

٢. كانت هدى شعراوي أول مصرية مسلمة تخرج إلى الشارع ....

❑ ماشية ❑ سياسية ❑ سافرة ❑ تشريعية

٣. ألّفت هدى شعراوي جمعية ....

❑ العمل الخيري ❑ الاتحاد النسائي ❑ الأدب العربي ❑ المجلس النيابي

٤. أصدرت هدى شعراوي مجلة ....

❑ العروبة ❑ المرأة ❑ النساء ❑ المصرية

د- افعل ما هو مطلوب.

١. بيّن المقصود من عبارة «ذكرى فقيدة العروبة».

٢. لخّص النص بحوالى ثلاثين كلمة.

٣. اكتب عنوانا للنص مع عدم استخدام اسم تلك السيدة.

المفردات

to prove, establish, verify	أثبَتَ (يُثبِتُ) إثبات (v.)
to affect, influence, impact	أثَّرَ (يُؤثِّرُ) تأثير (على) (v.)
to create, produce	أحْدَثَ (يُحْدِثُ) إحْداث (v.)
preparation, formulation, compound	استِحضار (ج) -ات (n., m.)
to wake up, awaken, rise	استَيْقَظَ (يَسْتَيْقِظُ) استيقاظ (v.)
to supervise, oversee, manage, watch over	أشْرَفَ (يُشرِفُ) إشراف (v.)
to be moderate	اعتَدَلَ (يعتَدِلُ) اعتِدال (v.)
to be proud of, take pride in, glory oneself in	اعتزَّ (يَعْتَزُّ) (بِـ) اعتِزاز (v.)
to open, begin, start, inaugurate	افتَتَحَ (يَفتَتِحُ) افتِتاح (v.)
to compose, write, compile	ألَّفَ (يُؤلِّفُ) تأليف (v.)
nation	أُمّة (ج) أُمَم (n., f.)
mandate	انتِداب (n., m.)
to join, be associated with, become a member of	انتَسَبَ (يَنتَسِبُ) انتِساب (v.)
to beget, give birth, bear, procreate	أنجَبَ (يُنجِبُ) إنجاب (v.)
then, at that time	آنَذاك (آنَ+ذاك) (adv.)
man, human being	إنسان (n., m.)
to be immersed, submerged, absorbed in, engaged in	انغَمَسَ (يَنغَمِسُ) انغِماس (v.)
highest point, acme, peak, climax	أوْج (n., m.)
alternative, alternate, substitute	بَديل (ج) بُدَلاء (n., m.)
as, like, similar to, tantamount to	بِمَثابَة (prep. phrase)
to exceed, surpass	تَجاوَزَ (يَتَجاوَزُ) تَجاوُز (v.)
to recur, be repeated	تَكَرَّرَ (يَتَكَرَّرُ) تَكَرُّر (v.)
to expand, spread	تَوَسَّعَ (يَتَوَسَّعُ) تَوَسُّع (v.)
need, want, necessity, demand	حاجة (ج) حاجات (n., f.)
to ally with, keep to	حالَفَ (يُحالِفُ) مُحالَفة (v.)
to deprive, bereave, dispossess	حَرَمَ (يَحرِمُ) حِرْمان (v.)

campaign, attack, offensive .... (n., f.) حَمْلة (ج) حَمَلات
elite, choice, pick .... (n., f.) خيرة
supporter .... (n., m.) داعِم (ج) -ون
to defend, protect, advocate .... (v.) دافَعَ (يُدافِعُ) دِفاع/مُدافَعة
group, class, set .... (n., f.) دُفْعة (ج) -ات
fat, grease, lipid, oil .... (n., m.) دُهْن (ج) دُهون
role, part .... (n., m.) دَوْر (ج) أدْوار
male .... (n., m.) ذَكَرٌ (ج) ذُكور
the late, deceased .... (n., m.) راحِل (ج) -ون
(God) to give, bestow, provide with the means of subsistence .... (v.) رَزَقَ (يَرزُقُ) رِزْق
to nominate, name, propose, run (candidate) .... (v.) رَشَّحَ (يُرَشِّحُ) تَرْشيح: مُرَشَّح
infant, newborn, suckling .... (n., m.) رَضيع (ج) رُضَّع
popularity, currency, marketability .... (n., m.) رَواج
increase, increment, addition .... (n., f.) زِيادة (ج) -ات
to participate, contribute, take part .... (v.) ساهَمَ (يُساهِمُ) مُساهَمة
no sooner than, at which point .... (noun with verbal meaning) سُرْعانَ (سَرْعانَ) (ما)
tuberculosis .... (n., m.) سِلّ
to witness, see .... (v.) شَهِدَ (يَشهَدُ) شَهادة
sign of the cross .... (n., m.) صَليب (ج) صُلْبان
sort, type, category, kind .... (n., m.) صِنْف (ج) أصْناف
to weaken, flag, languish, lose strength .... (v.) ضَعُفَ (يَضْعُفُ) ضَعْف
throughout, during, all through, round .... (n., f.) طيلَةَ / طوالَ
to oppose, resist, object .... (v.) عارَضَ (يُعارِضُ) مُعارَضة
emotion, passion .... (n., f.) عاطِفة (ج) عَواطِف
to treat, remedy, cure, medicate .... (v.) عالَجَ (يُعالِجُ) مُعالَجة
nonexistence, nothingness, absence, lack .... (n., m.) عَدَم
League (of Nations) .... (n., f.) عُصْبة (الأمَم)
member .... (n., m.) عُضْوٌ (ج) أعْضاء
giving, gift, grant, donation .... (n., m.) عَطاء

to compensate, make up for, redress .... عَوَّضَ (يُعَوِّضُ) تَعْويض (.v)
food, nourishment, nutrient .... غذاء (ج) أغذية (.n., m)
interval of time, period .... فَتْرة ج فَتَرات (.n., f)
poverty, need, destitution .... فَقْر (.n., m)
able, capable, competent, powerful .... قادِر (ج) -ون (.n., m)
issue, cause, affair, case, problem .... قَضِيّة (ج) قَضايا (.n., f)
to meet, encounter, find, come upon .... لاقى (يُلاقي) مُلاقاة (.v)
to comply, respond to, fulfill, satisfy .... لَبّى (يُلَبّي) تَلبية (.v)
backward, lagging, falling behind, retarded .... مُتَخَلِّف (ج) -ون (.n., m)
society, community .... مُجْتَمَع (ج) -ات (.n., m)
needy, poor, destitute, wanting .... مُحْتاج (ج) -ون (.n., m)
motivator, stimulator, incentive .... مُحَفِّز (ج) -ون (.n., m)
driven forward, motivated, propelled .... مَدْفوع (passive participle)
to nurse, tend .... مَرَّضَ (يُمَرِّضُ) تَمْريض (.v)
victor, victorious, conqueror .... مُنتَصِر (ج) -ون (.n., m)
organization .... مُنَظَّمة (ج) -ات (.n., f)
alone, solitary, isolated .... مُنْفَرِد (ج) -ون (.n., m)
activity, vigor, liveliness .... نَشاط (ج) أنْشِطة (.n., m)
share, portion, cut .... نَصيب (ج) نُصُب (.n., m)
advice, counsel .... نَصيحة (ج) نَصائِح (.n., f)
drop, point, period .... نُقْطة (ج) نُقَط/نِقاط (.n., f)
parliamentary, representative .... نِيابيّ (.adj)
target, aim, goal .... هَدَف (ج) أهْداف (.n., m)
defeat, rout .... هَزيمة (ج) هَزائِم (.n., f)
to face, encounter, oppose, confront .... واجَهَ (يُواجِهُ) مُواجَهة (.v)
to distribute, allot, dispense .... وَزَّعَ (يُوَزِّعُ) تَوْزيع (.v)

١٦

Objectives

- Narration in the past; describing places and objects
- Collocation; diminutive nouns; spelling of ابن; synonyms
- Revisited structures: Elative اسم التفضيل; passive المبني للمجهول
- Listen to the recorded material for this lesson

الأندلس

لمحة تاريخية

خريطة الأندلس

الأندلس هو الاسم الذي أطلقه العرب على إسبانيا بعد الفتح الإسلامي عام ٧١١ للميلاد على يد موسى بن نُصير والي شمال إفريقيا الأموي. بعث موسى أحد قادته البربر، طريف بن مالك، سِرّاً في حملة استطلاعية إلى إسبانيا حيث نزل في بلدة صغيرة حملت اسمه فيما بعد «طريفة». وفي السنة التالية أرسل أفضل قادته طارق بن زياد على رأس جيش من ٧٠٠٠ من البربر. وفي سنة ٧١٢ قاد موسى بن نصير بنفسه جيشا من ١٨٠٠٠ مقاتل معظمهم من العرب، وفتح إشبيلية بعد فترة قصيرة. وإشبيلية أغنى مدن الأندلس وأصبحت عاصمتها الأولى. وقد كتب عبد العزيز بن موسى بن نصير إلى أقاربه وأصدقائه في الشام عن البلاد الجديدة مما جعل أكثر من ١٣٠٠٠ شخص يأتون إلى الأندلس.

حكم الأمويون الأندلس من دمشق بواسطة حاكمهم في شمال إفريقيا حتى سنة ٧٥٠ حين سقطت دولتهم أمام العباسيين وقُتل معظمهم. لكن عبد الرحمن بن معاوية بن هشام أحد أفراد الأسرة الأموية نجا من الموت وفرّ إلى الأندلس حيث أسس هناك دولة أموية مستقلة عام ٧٥٦. إلا أن هذه الدولة ظلت تعترف بالخلافة الإسلامية في بغداد لمدة قرنين تقريبا. وفي عام ٩٢٩ أعلن الأمير الأموي الثامن عبد الرحمن الناصر الخلافة.

قصر الحمراء

وشهدت الأندلس وعاصمتها قُرطُبة عصرها الذهبي خلال الخلافة الأموية في الأندلس. إلا أن ضعف الحكّام ونشوب ثورات متعددة بين عامي ١٠٠٩ و١٠٣١ أدّى إلى سقوط الخلافة الأموية في الأندلس وانتقال الحكم إلى ملوك دويلات صغيرة سمّيت الطوائف. تميّز حكم ملوك الطوائف بالتنازع فيما بينهم وبتعاونهم مع أعدائهم ضد بعضهم البعض وبضعفهم أمام الممالك الإسبانية في الشمال وفقدانهم الكثير من الأراضي لأعدائهم. لكن بالرغم من ضعفهم السياسي والعسكري فقد ازدهرت العلوم والفنون لتنافس هؤلاء الملوك في اجتذاب العلماء والفنانين والأدباء إلى قصورهم.

داخل قصر الحمراء

أدى الضعف المزمِن والتنازع بين الملوك إلى سقوط طُليطُلة عام ١٠٨٥، واستعان ملوك الطوائف بالمرابطين حكام المغرب الذين حكموا منطقة واسعة من الجزائر إلى السنغال،دخل يوسف بن تاشِفين زعيم المرابطين الأندلس، وبعد أن لمس التنازع بين ملوك الطوائف وغضب الناس عليهم أزاحهم واستولى على الحكم. ثم ثار الناس على المرابطين وطلبوا العون من الموحدين في المغرب. وما كان حال الموحدين أفضل من حال المرابطين فقد هُزِموا في معركة العِقاب أمام المسيحيين سنة ١٢١٢ وبدأوا ينسحبون بالتدريج وتساقطت المدن الأندلسية الواحدة تِلوَ الأخرى حيث لم يبقَ سوى مملكة غَرناطة في عام ١٢٦٠. استمرت غرناطة قائمة رغم ضعفها والخطر المحدِق بها أكثر من قرنين من الزمان. وفي العام ١٤٩١ وصلت جيوش الملك فردينان والملكة إيزابيلا إلى أبواب المدينة. وفي اليوم الثاني من كانون الثاني سنة ١٤٩٢ خرج آخر ملوك بني الأحمر محمد أبو عبد الله منها وبذلك انتهت الدولة الإسلامية في الأندلس.

التراث الأندلسي

ترك العرب والمسلمون آثارا واضحة في شبه الجزيرة الإيبيرية، في أسماء الأماكن وفي اللغة والعمارة والموسيقا والفلسفة والعلوم. فاسم ميناء Algeciras مثلا في جنوب إسبانيا اليوم يرجع إلى اسم «الجزيرة الخضراء» الذي أطلقه الفاتحون العرب على البلاد لدى وصولهم إليها. واسم Gibraltar يرجع إلى «جَبَل طارِق» نسبة إلى طارق بن زياد، ومدينة غَرناطة هي Granada اليوم، وكذلك قُرطُبة Cordoba وطُلَيطلة Toledo.

في الجدول إلى اليسار بعض أسماء الأماكن الإسبانية الأخرى ذات الأصل العربي. لاحظ أن المقطع -Guada يُقصد به الكلمة العربية «وادي» والتي تعني أيضا «نهر.»

أسماء بعض الأماكن بإسبانيا ذات الأصل العربي

الكلمة الإسبانية	الأصل العربي	المعنى
Albufera	البحيرة	the lake
Alborg	البرج	the tower
Alcázar	القصر	the palace
Alhambra	الحمراء	red castle
Almeida	المائدة	the dining table
Almadén	الميدان	the field
Almenara	المنارة	lighthouse; minaret
Almansil	المنزل	stopping place; house
Guadalcázar	وادي القصر	river of the palace
Guadalhorra	وادي المَغارة	Cave River
Guadalquivir	الوادي الكبير	Great River
Guadalahara	وادي الحجر	Stony River
Guadilimar	الوادي الأحمر	Red River
Alqueria	القرية	the village
Medinaceli	مدينة سالم	the city of Salim
Almazara	المعصرة	(olive) oil press
Arrecife	الرصيف	sidewalk
Alcantara	القنطرة	the bridge

قصر الحمراء

بُني قصر الحمراء على قِمة تلّ يطلّ على غَرناطة آخر مدينة سقطت في الأندلس. والقصر عبارة عن قلعة تضم قصر الملك ومجموعة من الأبهاء والقاعات تحيط بها من الجانبين دواوين الدولة. وهناك أيضا حمّام ومسجد. بُدئ ببنائه في القرن الثالث عشر واستمرّ البناء حتى القرن الرابع عشر. ومن أهم أجزاءه الأبهاء والأقواس القائمة على أعمدة رخامية. أما البحرات والنوافير فتضفي جمالا وروعة على القصر وأبهائه من النور المنعكس عنها، وبخاصة في قاعة السباع.

وقد كتب مؤلفون كثيرون عن الأندلس ونظم الشعراء القصائد فيها وسمّاها العرب «الفِردَوس المفقود». ومن الذين وصفوا قصر الحمراء في الأندلس حديثا سامي الكيّالي وهو أديب سوري ولِد في حلب سنة ١٨٩٨ وأصدر جريدة «الحديث» عام ١٩٢٧ وكتب عدة كتب ومثّل سورية في اليونيسكو. إليك ما كتب عن قصر الحمراء في غرناطة.

منظر داخلي في قصر الحمراء

«إنني اليوم في كَنَف الحمراء. أقلعة هي أم قصر، أم عدّة قصور؟ إنها قلعة وقصور وحدائق قامت على هضبات تحيط بها قِمم عالية صعبة المنحدر، تتدفّق في سفحها الشمالي مياه نهر «حِدرو» قُبَيْل التقائه بنهر التاج. وقد حُصّن القصر بأسوار غُطيت بالمرمر.

من أروقة الحمراء

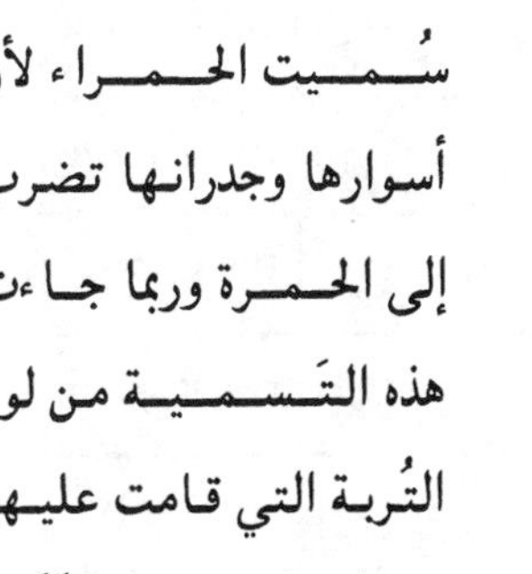

سُميت الحمراء لأن أسوارها وجدرانها تضرب إلى الحمرة وربما جاءت هذه التَسمية من لون التُربة التي قامت عليها

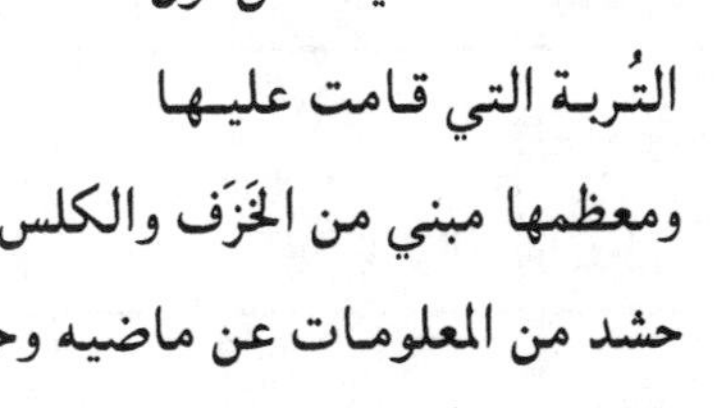

ومعظمها مبني من الخَزَف والكلس والحصباء. دخلتُ قصر الحمراء وفي ذهني حشد من المعلومات عن ماضيه وحاضره، عن «بَهو السِباع» و«بهو البركة» و«قاعة الأختين» و«قاعة بني سراج». فمن هذه القاعات والأبهاء يتكوّن

قصر الحمراء. اخترتُ المدخل إلى «باب العدل» وهو مدخل تعلوه قُبّة ضخمة برتقالية اللون تضرب إلى الحمرة ذو أروقة تعصف بها الرياح. أما برج العدل نفسه فهو أحد الأبراج الأربعة التي يتكون منها مدخل الحمراء. وقد بُنيت واجهته من عقدين على شكل حدوة الفَرَس.

وأعظم أبهاء قصر الحمراء بهو السباع، إذ يبلغ طوله مئة قدم وعرضه خمسين، وأنت حين تسير بين أروقته التي قامت على أكثر من مئة عمود مَرمري، تقف مشدوها بتناسقها الجميل، وبعقودها المزخرفة، ولعل أظهر ما في البهو النافورة التي تحمل اثني عشر أسدا من المرمر الأبيض، يقذف كل منها المياه من فمه.»

واجهة قصر الحمراء من الداخل

الموَشّحات الأندلسية

الـمُوَشّح نوع من أنواع الشِعر فيه حرية أكبر للشاعر في نظم الكلمات وهو من اختراع أهل الأندلس. نُظم الكثير من شعر الموشّحات وغنّاه المغنون والمغنيات وصارت له شعبية كبيرة في شمال إفريقيا وبلاد الشام. وكان من أحسن الشعراء الوزير أبو عبد الله بن الخطيب شاعر الأندلس الذي نظم الأبيات التالية (غناء المغنية اللبنانية فيروز وتلحين الأخوين رحباني). استمع إليها في التسجيل المرفق مع الكتاب عدّة مرات، وحاول فهم هذه الأبيات بالاستعانة بمعجم عربي لتعرف ماذا يدور بين الحبيب وحبيبته. راجع الترجمة الإنكليزية في آخر صفحة من هذا الدرس.

١	لَو كانَ قَلبي مَعي ما اختَرْتُ غَيرَكُمُ	ولا رَضيتُ سِواكُم في الهَوى بَدَلا
٢	لكِنّهُ رَغِبٌ فيمَن يُعَذِّبُهُ	وليسَ يقبَلُ لا لَوْماً ولا عَتَبا

٣	يا مَن حَـــوى وَردَ الرياضِ بخَـــدِّهِ	وحكى قَـــضيبَ الخَـيْـزَرانِ بقـدِّهِ
٤	دَعْ عَنكَ ذا السـيفَ الذي جَـرَّدتَهُ	عَـيناكَ أمْـضى مِن مَـضارِبِ حَـدِّهِ
٥	كُلُّ السُـيوفِ قَـواطِعٌ إنْ جُـرِّدَتْ	وحُسـامُ لَحْظِكَ قـاطِعٌ في غِـمْـدِهِ
٦	إنْ شِـئْتَ تقـتُلُني فـأنتَ مُـحَكَّمٌ	مَن ذا يطالِبُ سـيِّداً في عَـبْـدِهِ؟
٧	جاءَتْ مُـعَذِّبَتي في غَـيْـهَبِ الغَـسَقِ	كَـأنَّها الكَوكَبُ الدُرِّيُّ في الأُفُقِ
٨	فـقلتُ: نَوَّرتِني يا خَـيـرَ زائرةٍ	أما خَـشيتِ مِنَ الحُـرّاسِ في الطُرُقِ؟
٩	فـجاوَبَتني ودَمعُ العَـيْنِ يسـبِقُها	مَن يركَبِ البحرَ لا يخشى مِنَ الغَـرَقِ
١٠	لَو تَعلمينَ بِما أجِنُّ مِنَ الهَوى لَعَذَرْتِ	أو لَظَلَمتِ إنْ لَم تَعـذُري
١١	لا تَحـسَبي أنّي هَجَـرتُكِ طائعاً	حَـدَثٌ لَعَـمْـرُكِ رائِعٌ أنْ تُهـجَـري
١٢	ما أنتِ والوَعدَ الّذي تَعِـدينَني	إلاّ كَـبَـرقِ سَـحـابَةٍ لَم تَمطِرِ

The above verses are full of rhetorical devices such as similes and metaphors. They represent a dialogue between the two tormented hearts. The first two lines are the words said by the female sweetheart, who starts off by addressing her suitor in a formal manner as evidenced by the use of the plural forms غَيْرُكُمْ and سِواكُم, suggesting that he might be a man of very high position.

The next four lines (3 to 6) extol the charming characteristics of the lover (e.g. cheeks like garden roses, a slim stature that is like a bamboo shoot, eyes that are sharper than the cutting edge of a sword). She goes on to say that all swords cut when unsheathed, but his eyes "cut" even when sheathed. She puts her life at his disposal, saying that no one would question what a master would do with his slave.

The last six lines are from the suitor's perspective. Line 7 describes his tormentor as a glittering star on the horizon showing up in the dark of night. Her coming to see him at night (lines 8, 9) is shown as an act of valor. When he asks her if she was afraid of the guards on the streets, she responds by saying that one who sets sail is not afraid of drowning. In line 10, he tells her how much he loves her, but in 11, we learn that he has forsaken her, though not of his own volition. Perhaps line 12 explains why he decided to part with her, saying that her promises are never fulfilled, just like the lightning coming from a cloud that brings no rain.

تمرين ١

آ- أجب عن الأسئلة التالية حول «لمحة تاريخية».

١. حدّد الفكرة الرئيسية في نص «لمحة تاريخية» .
٢. اذكر الأفكار الثانوية.
٣. من كان حاكم شمال إفريقيا وقت فتح الأندلس؟
٤. في أي عام دخلت أول حملة إسلامية إلى الأندلس وما كان هدفها؟
٥. ما اسم أول عاصمة للأندلس، وهل كانت الأندلس دولة مستقلة؟
٦. متى كان عصر الأندلس الذهبي؟
٧. عدّد بعض الأسباب التي أدّت إلى ضعف الحكم وبالتالي إلى سقوط الأندلس.
٨. متى انتهت الدولة الأندلسية؟
٩. ما هو الدرس الذي يمكن أن يتعلمه عرب اليوم من عرب الأندلس؟
١٠. اسرد تاريخ بلدة أو دولة من اختيارك باختصار.

ب- أكمل الجمل التالية وفق نص «لمحة تاريخية».

١. نزل طريف بن مالك بإسبانيا ....

❑ مبكّرا ❑ سرًا ❑ ضعيفا ❑ مهزوما

٢. كانت .... أول عاصمة للعرب في الأندلس.

❑ طليطلة ❑ غرناطة ❑ قرطبة ❑ إشبيلية

٣. سقطت الخلافة الأموية في الأندلس في العام .... للميلاد.

❑ ٧١٢ ❑ ١٠٠٩ ❑ ١٠٣١ ❑ ١٠٨٥

٤. حكم ملوك الطوائف ....

❑ دويلات صغيرة ❑ المغرب العربي ❑ الجزائر والسنغال ❑ الدولة الأموية

٥. كانت .... آخر مملكة عربية بالأندلس.

❑ غرناطة ❑ دولة الموحدين ❑ إشبيلية ❑ دولة المرابطين

ج- اكتب «خطأ» أو «صواب» بجانب كل جملة وفق نص «لمحة تاريخية» وصحح الجمل الخطأ.

١. قاد موسى بن نُصير أول حملة عسكرية إلى إسبانيا.

٢. حكم العباسيون الأندلس حوالى قرنين من الزمن.

٣. أعلن عبد الرحمن الناصر الأمير الأموي الخلافة في الأندلس.

٤. انتصر المسلمون على الأمراء المسيحيين في معركة العقاب.

٥. دخل الجيش الإسباني غرناطة عام ١٤٩٢.

تمرين ٢

آ- أجب عن هذه الأسئلة وفق نص «قصر الحمراء».

١. حدّد الفكرة الرئيسية في نص «قصر الحمراء».

٢. اذكر الأفكار الثانوية في نص «قصر الحمراء».

٣. من كتب أحد النصوص وما أهم عمل له في رأيك؟

٤. لماذا أطلِق اسم «الحمراء» على القصر؟

٥. ما اسم أكبر أبهاء القصر؟

ب- أكمل الجمل التالية بأفضل خيار.

١. ينبعث الجمال في قاعة السباع بخاصة من ....

❑ الأبهاء ❑ البحرات والنوافير ❑ دواوين الدولة ❑ الحمّام

٢. يقع قصر الحمراء وسط ....

❑ نهرين كبيرين ❑ جبال منحدرة ❑ عدة قلاع ❑ هضبات عالية

٣. يسمى أحد أجزاء قصر الحمراء ....

❑ بهو البِركة ❑ نهر التاج ❑ قُمة المنحدر ❑ التربة الحمراء

٤. دخل الكاتب القصر من باب ....

❑ الكلس ❑ النافورة ❑ السباع ❑ العدل

٥ـ تحمل النافورة اثني عشر ....

❑ قدما ❑ أسدا ❑ بهوا ❑ رجلا

ج- اكتب «خطأ» أو «صواب» بجانب كل جملة وفق نص «قصر الحمراء» وصحح الجمل الخطأ.

١ـ تمّ بناء قصر الحمراء في القرن الثالث عشر.

٢ـ مثّل الكيالي الأندلس في اليونيسكو.

٣ـ بنِي قصر الحمراء على شكل حدوة الفَرس.

٤ـ يحوي بهو السباع أكثر من مئة عمود مرمري.

٥ـ يتكوّن مدخل القصر من أكثر من عشرة أبراج.

٦ـ القبّة البرتقالية فوق باب العدل.

تمرين ٣

وافق بين كلمات من العمودين.

جيش	جدار
قصر	حيوان
موسيقا	ملك
معركة	مُزخرف
خليفة	فن
سور	عسكري
نافورة	ماء
أسَد	قلعة
طول	عرْض
	حرب

تمرين ٤

اختر الكلمة التي لا تناسب باقي الكلمات في كل مجموعة وبيّن السبب.

١.	قلعة	سفح	قاعة	قصر
٢.	ضَعف	قائد	عسكري	جيش
٣.	معركة	حملة	دولة	ثورة
٤.	ثقافة	علوم	موسيقا	سقوط

تمرين ٥

أعد ترتيب الكلمات في كل مجموعة لتشكّل جملاً مفيدة.

١. من - رأسِ - والي - مقاتل - على - البلادِ - جيشٍ - خرج - ألفَي.

٢. والآداب - لكن -يتحسّن - والفنون - الاقتصاد - العلوم - بعد - انتهاء - ازدهرت - الحرب - لم.

٣. المدينة - رئيسية - من - بالإضافة - تتكوّن - إلى - أحياء - السوق - ستة - التجارية - تلك.

٤. القصائدِ - لسانُ - بن - الشِعريةِ - نظم - الخطيب - الدينِ - الأندلسية - أجملَ - الوزيرُ.

تمرين ٦

أعد ترتيب الجمل لتشكّل فقرة. لا تغيّر مكان الجملة الأولى.

١. صار مُعاوية بن أبي سُفيان والي الشام في عهد الخليفة الثالث عثمان.

٢. وكان الأمويون يفضلون العرب على غيرهم من المسلمين.

٣. وهكذا سقطت الدولة الأموية عام ٧٥٠ وانتقلت العاصمة إلى بغداد وقُتل معظم الأمويين.

٤. لذلك ظهرت معارضة شديدة ضدّ الأمويين خصوصا بين غير العرب في الجزيزة والعراق وفارس.

٥. لكن أحد أفراد الأسرة الأموية (عبد الرحمن بن معاوية) نجا من الموت وفرّ إلى الأندلس حيث أسس دولة أموية هناك عام ٧٥٦.

٦. وفي عام ٦٦١ تمكّن معاوية من تأسيس الدولة الأموية ونقل العاصمة إلى دمشق. >>> يتبع ص ٣١٢

٧. وقد استطاع معاوية الاستيلاء على الحكم في عهد علي بن أبي طالب الخليفة الرابع.

٨. وتحالف العبّاسيون أعداء الأمويين مع الفرس وثاروا عليهم.

٩. قاوم الخليفة مروان الثاني الثورة على دولته طوال أيام حكمه (من ٧٤٤ إلى ٧٥٠) لكن الثورة العباسية كانت أقوى منه.

Grammar القواعد

1. Diminutive Nouns التصغير

Nouns are made diminutive mainly for four purposes: endearment (e.g. ابن < بُنَي), reduction (e. g. جَبَل < جُبَيْل), degradation or scorn (e.g. شاعِر < شُوَيْعِر), and proximity (e.g. قَبل < قُبَيْل). The process involves adding a *ḍamma* to the first letter and a *yā'* after the second in triliteral words. In addition to the basic pattern فُعَيْل, there are several patterns, the most important of which are فُعَيْعِل for quadriliteral words (e.g. مُحْسِن < مُحَيْسِن) and فُعَيْعِيل for words that are made up of five letters (e.g. عُصفور < عُصَيْفير). In the reading passage, دُوَيْلات is used to refer to petty states. Many of the diminutive examples cited in grammar books are archaic and have fallen out of use. Here are some nouns with commonly used diminutive forms:

سَلمان <<	سُلَيْمان (name, m.)	كوت <<	كُوَيْت (town)
كِتاب <<	كُتَيِّب (booklet)	حَسَن <<	حُسَيْن (name, m.)
أب <<	أُبَيّ (name, m.)	أم <<	أُمَيْمة (name, f.)
جَبَل <<	جُبَيْل (town)	عَبدُ الله <<	عُبَيْدُ الله (name, m.)
بَعْدَ <<	بُعَيْدَ (a little after)	سَلمى <<	سُلَيْمى (name, f.)
قَنْطرة <<	قُنَيْطِرة (town)	سَوْداء <<	سُوَيْداء (town)

2. Collocation التلازم اللفظي

Certain words tend to co-occur with particular words. English *bar* collocates with *soap, steel,* and *chocolate*. This feature applies to other categories, such as verbs, prepositions, and adjectives (e.g. *remind of, mad with, amenable to*). In Arabic, we find the same phenomenon, and in the reading passages several collocations occur. For instance, the verb تصبّب immediately triggers the use of عَرَقاً, and سامَحَك is most often followed by الله (a phrase which literally means *May God forgive you* but is usually intended as a reprimand).

تمرين ٧

وافق من العمودين بين كلمات وردت في نصوص القراءة تتلازم مع بعضها البعض عادة.

تدفّق	أغنية
عصفت	اسما
نظم	العدو
لحّن	عمودا
أطلق	الشِعر
نَشَبت	النهر
فتح	الريح
هزم	بلدا
	الحرب

3. The Spelling of ابن

The word ابن is spelled with همزة وصل، whose seat is the *alif*. When this word is in the initial position in a sentence or a phrase, the *alif* should be retained. However, if it is in a medial position, the *alif* is dropped, e.g.

ابن خَلدون   عبد الرحمن بن خَلدون

4. Synonyms المترادفات

A synonym is a word having the same or nearly the same meaning as another word or other words in a language. Nonetheless, two words rarely if ever have exactly the same meaning. So, care should be taken before such words are used interchangeably. In this lesson, several words occur that have synonyms or near-synonyms, e.g. حائط/ جدار / سور.

تمرين ٨

هات مُرادِفات عربية للكلمات التالية وردت في نصوص القراءة.

١ـ مُؤلّف : .... ٢ـ أتى: ....

٣ـ عاد: .... ٤ـ بَعَث: ....

٥ـ تلوَ: .... ٦ـ فَرد: ....

٧ـ مَسْجِد: ....   ٨ـ رُخام: ....

٩ـ عَقْد: ....   ١٠ـ جَمال: ....

١١ـ استمرّ: ....   ١٢ـ سنة: ....

تمرين ٩

اختر كلمات من النصوص أعلاه تتناسب والفئات التالية.

مثال: (مدرسة) مادة، طالب، أستاذ، كتاب، دراسة. اختبار، امتحان، قراءة، كتابة، مبنى، غرفة صف

١ـ (عَمارة) ....

٢ـ (حكومة) ....

٣ـ (عسكري) ....

٤ـ (جماعات دينية وعرقية وطائفية) ....

٥ـ (أدَب) ....

Revisited Structures مراجعة القواعد

1. *The elative اسم التفضيل*: Adjectives, when made comparative, are formed after أفعَل and are followed by من (e.g. أكثر من, "more than"). For superlative use, the أفعل form is followed by another noun, producing an *iḍāfa* (e.g. أفضل قادته, "the best of his commanders").

2. *The passive المبني للمجهول*: The passive form of the verb is used when no agent or subject is specified. One can recognize the passive by the *ḍamma-kasra* sequence in the perfect verb (e.g. قُتِل, "was killed"), the *ḍamma-fatḥa* sequence in the imperfect (e.g. يُقتَل), or the use of ي in place of ا (e.g. قال/قيل، بنى/بُنِيَ, "it was said; it was built").

تمرين ١٠

In the reading passages, identify the eleven instances of the elative and the thirteen passive forms, including the sample verses of poetry.

تمرين ١١

آ- أجب عن الأسئلة وفق نص الاستماع.

١. ما الفكرة الرئيسية في النص؟ عدّد بعض الأفكار الثانوية.

٢. اكتب عنوانا للنص.

٣. إلى أين اتّجهت السفينة؟

٤. ماذا سُمي عبد الرحمن بن معاوية؟

ب- اكتب «خطأ» أو «صواب» بجانب كل جملة وصحّح الجمل الخطأ.

١. استولى الملك ويتيزا على ممتلكات سارة.

٢. طلب الخليفة من والي شمال إفريقيا مساعدة سارة للحصول على حقّها.

٣. التقت سارة بالأمير عبد الرحمن عند زيارتها لدمشق.

٤. جعل عبد الرحمن عاصمته إشبيليّة.

٥. تزوجت سارة وعاشت في شمال إفريقيا.

ج- أكمل الجمل بالاختيارِ المناسب وفق نصِّ الاستماع.

١. لسارة ....

❑ عَمّ واحد ❑ عَمّان ❑ ثلاثة أعمام ❑ أربعة أعمام

٢. ذهبت سارة إلى دمشق ....

❑ لتتعرّف على الخليفة ❑ لتطلب المساعدة ❑ لتتزوّج رجلاً ❑ لزيارة عمّها

٣. وُلِدَ لسارة ....

❑ ولد واحد ❑ ولدان ❑ ثلاثة أولاد ❑ أربعة أولاد

٤. تزوّجت سارة من ....

❑ عيسى بن مزاحم ❑ عبد الرحمن بن معاوية ❑ حفيد هشام ❑ والي شمال إفريقيا

٥. سكنت سارة وزوجها في ....

❑ دمشق ❑ قرطبة ❑ إشبيليّة ❑ شمال إفريقيا

المفردات

to attract .... اجتَذَبَ (يجتَذِبُ) اجتِذاب (.v)

to invent .... اختَرَعَ (يَختَرِعُ) اختِراع (.v)

to lead to .... أدّى (يؤدّي) تأدية (.v)

man of letters, educated, refined, cultured, well-mannered .... أديب (ج) أُدَباء (.n., m)

to remove, drive away, banish .... أزاح (يُزيحُ) إزاحة (.v)

to flourish, prosper, thrive .... ازدَهَرَ (يزدَهِرُ) ازدِهار (.v)

exploration, reconnaissance, investigation .... استَطلَعَ (يستَطلِع) استِطلاع (.v)

to seek the help of .... استَعانَ (يستَعينُ) استِعانة (.v)

lion .... أسَد (ج) أُسود (.n., m)

to name, call .... أطلق (يُطلِق) إطلاق (أطلق اسما على) (v)

to recognize, acknowledge, confess .... اعتَرَفَ (يَعتَرِف) اعتِراف (.v)

to withdraw, retreat, pull out .... انسَحَبَ (ينسحِبُ) انسِحاب (.v)

Berber of North Africa .... بَرْبَري (ج) بَرْبَر (.n., m)

tower, castle .... بُرْج (ج) أبْراج / بُروج (.n., m)

hall, parlor .... بَهْو (ج) أبْهاء (.n., m)

to pour forth, gush .... تَدَفَّقَ (يَتَدَفَّقُ) تَدَفُّق (.v)

soil .... تُرْبة (.n., f)

to fall down, collapse .... تَساقَطَ (يَتَساقَطُ) تَساقُط (.v)

to be created, formed, composed .... تَكَوَّنَ (يَتَكَوَّنُ) تَكَوُّن (.v)

after, upon .... تِلْوَ (.prep)

to be distinguished, set apart .... تَمَيَّزَ (يَتَمَيَّزُ) تَمَيُّز (.v)

to dispute, contend, rival .... تَنازَعَ (يَتَنازَعُ) تَنازُع (.v)

to be well-coordinated, symmetrical .... تَناسَقَ (يَتَناسَقُ) تَناسُق (.v)

to compete, rival .... تَنافَسَ (يَتَنافَسُ) تَنافُس (.v)

to revolt, rebel .... ثارَ (يَثورُ) ثَورة (.v)

governor, ruler .... حاكِم (ج) حُكّام (.n., m)

horseshoe .... حَدْوَة (ج) حَدوات (n., f.)
crowd, gathering, assembly .... حَشْد (ج) حَشود (n., m.)
pebbles, gravel .... حَصْباء (n., f.)
to fortify, strengthen .... حَصَّنَ (يُحَصِّنُ) تَحْصين (v.)
pottery, porcelain, ceramics .... خَزَف (n., m.)
governmental office, chancellery .... ديوان (ج) دَواوين (n., m.)
gold .... ذَهَب (n.)
mind, intellect .... ذِهْن (ج) أذْهان (n., m.)
colonnade, portico .... رِواق (ج) أرْوِقة (n., m.)
beauty, charm, splendor, fear, alarm .... رَوْعة (n., f.)
wall, fence .... سور (ج) أسْوار (n., m.)
to shade into (red) .... ضَرَبَ (يَضْرِبُ) ضَرْب (إلى الحُمرة) (v.)
faction, sect, religious minority .... طائِفة (ج) طَوائِف (n., f.)
enemy, foe .... عَدوّ (ج) أعْداء (n., m.)
breadth, width .... عَرْض (ج) عُروض (n., m.)
military, soldier .... عَسْكَريّ (adj., n.)
to storm, blow violently .... عَصَفَ (يَعصِفُ) عَصْف (v.)
arch, vault .... عَقْد (ج) عُقود (n., m.)
building, architecture .... عَمارة (ج) عَمارات (n., f.)
to cover, wrap, conceal .... غَطّى (يُغَطّي) تغطية (v.)
to conquer .... فَتَحَ (يفتَحُ) فَتْح (فتح بلدا) (v.)
to flee, run away .... فَرَّ (يَفِرُّ) فِرار (v.)
individual, single person, member .... فَرْد (ج) أفْراد (n., m.)
paradise .... فِرْدَوْس (ج) فَراديس (n., m.)
horse, mare .... فَرَس (ج) أفْراس (n., m./f.)
to lose .... فَقَدَ (يَفقِدُ) فُقْدان (v.)
dome .... قُبّة (ج) قِباب / قُبَب (n., f.)
to throw, cast .... قَذَفَ (يَقذِفُ) قَذْف (v.)
century .... قَرْن (ج) قُرون (n., m.)

poem .... قَصيدة (ج) قَصائِد (n., f.)
fortress, castle .... قَلعة (ج) قِلاع (n., f.)
lime, limestone .... كِلس (n., m.)
side, shadow, shelter .... كَنَف (ج) أكناف (n., m.)
to set to music, compose music .... لحَّنَ (يُلحِّنُ) تَلحين (v.)
author, writer .... مُؤلِّف (ج) مُؤلِّفون (n., m.)
surrounding, encircling, imminent .... مُحْدِق (adj.)
attached, enclosed .... مُرفَق (adj.)
marble .... مَرمَر (n., m.)
chronic, enduring .... مُزمِن (adj.)
decorated, adorned with ornaments .... مُزَخْرَف (adj.)
independent .... مُسْتَقِلّ (adj.)
baffled, confused, perplexed .... مَشْدوه (ج) -ون (n., m.)
battle .... مَعْرَكة (ج) مَعارِك (n., f.)
lost .... مَفقود (adj.)
warrior, fighter, combatant .... مُقاتِل (ج) مُقاتِلون (n., m.)
slope, incline, descent (of river) .... مُنْحَدَر (ج) مَنحَدَرات (n., m.)
reflected .... مُنْعَكِس (active participle) (انعَكَسَ ينعكِسُ)
fountain .... نافورة (ج) نَوافير/نافورات (n., f.)
to escape, save oneself, survive .... نَجا (يَنجو) نَجاة (v.)
to break out (war or rebellion) .... نَشَبَ (يَنشَبُ) نَشوب (الحرب، الثورة) (v.)
hill .... هَضْبة (ج) هِضاب / هَضَبات (n., f.)

١٧

Objectives

- Biographical information; life achievements; intellectual pursuits
- Describing and explaining abstract ideas
- Revisited structures: accusative pronouns ضمائر النصب; defective nouns الاسم المقصور
- Listen to the recorded material for this lesson

ابن رشد

فيلسوف ومفكّر أندلسي

تمثال ابن رشد في مدينة قرطبة

هو أبو الوليد محمد بن أحمد بن رُشد ولِد في قرطبة عام ١١٢٦ للميلاد وتُوفي في مَراكُش عام ١١٩٨ ودُفِن فيها، لكنه نُقل بعد ثلاثة أشهر ليدفن في مدفن أسرته في مدينته قُرطُبة حيث كان جدُّه قاضيا فيها وكذلك والده.

نشأ ابن رشد على حُبِّ العلم واللغة والأدب، وامتاز في علم الطب وقد أخذه عن أبي مروان البَلَنسي وعن أبي جعفر هارون وألّف فيه كتاب «الكُلّيات». ودرس أيضا الفِقه مثل والده وجده، إلا أن الفلسفة كانت أهم ما عُني به أبو الوليد واشتُهر بها في المغرب العربي ومشرقه وفي أوروبا حيث عرفه الأوروبيون باسم Averroes. وكان على صِلة بالفيلسوف ابن

طُفيل الذي عرّفه على الخليفة أبي يعقوب يوسف في المغرب الذي عيّنه في سنة ١١٦٩ قاضيَ إشبيليّة ثم قاضيَ قرطبة حوالى عام ١١٧١، ثم تلاه ابنه المنصور وعيّنه قاضيَ القُضاة بقرطبة في أواخر حياته.

لكن ابن رشد مرّ بمشكلة كبيرة، ففي عام ١١٩٥ أيام حكم الخليفة المنصور اتهمه أعداؤه ومعظمهم من علماء الدين بالكُفر وصدّقهم الخليفة وأبعده بعد أن كان مقرّبا منه وحرّم قراءة الكتب الفلسفية. والسبب في كُره أعدائه له هو أن آراء ابن رشد كانت مخالفة لآرائهم وأن بعضها كان مخالفا للعقيدة الإسلامية. وبما أن المنصور كان يسير إلى الحرب ضد الفونس الثامن ملك قشتالة أراد أن يرضيَ الرأي العام في الأندلس، لكنه حين عاد إلى مرّاكش وابتعد عن جو التنازع في الأندلس رضي عن ابن رشد وعفا عنه ودعاه إلى بَلاطه، إلا أن عودته إلى الحياة العامة لم تدم طويلا وتوفي أبو الوليد بعد بضعة أشهر.

الواجهة الغربية للجامع الكبير بقرطبة

أعماله

إن أهم عمل قام به ابن رشد هو شرح كتب أرسطو وتفسيرها، وكذلك تلخيص بعض الكتب والمقالات وشرحها لأرسطو وأفلاطون وبطليموس وجالينوس والفارابي وابن سينا وابن باجة. فقد لخّص كتاب «الجمهورية» لأفلاطون وشرح ولخّص لأرسطو كتبا عديدة. كما لخّص تسع مقالات من كتاب «الحيوان».

وكان لابن رشد مقالات عديدة أصلية في المنطِق وعلم النفس والعقل والفَلَك والحكمة والجَدَل الفلسفي والطب والفِقه وعلم الكلام. وله كتب منها «الكليات» في الطب و«بداية المُجتَهد ونهاية المقتصِد» في الفقه و«فصل المَقال» في علم الكلام و«تهافُت التهافُت» في الفلسفة، وهذا الكتاب الأخير ردّ على كتاب «تهافُت الفلاسفة» لأبي حامِد الغزالي الذي هاجم فيه الفلسفة والفلاسفة. جدير بالذِكر أن «تهافت التهافت» كُتب بعد كتابة «تهافت الفلاسفة» بحوالى قرن من الزمان في ١١٨٠ م تقريبا.

تأثيره في الغرب

تعرّف الغرب على أرسطو وفهمه من خلال شروحات ابن رشد التي تُرجمت إلى اللاتينية، فهو أول من عرّف الغرب بالفكر اليوناني القديم والتفكير الفلسفي. واعتنق العديد من المفكرين الأوروبيين نَظَريات ابن رشد وتكوّن حولها مذهب «الرُشدية» نسبة له وقام حول هذا المذهب صِراع عَنيف في أوروبا. فقد هاجمت الكنيسة الرشديين وحرّم أسقُف باريس القول بهذه النظريات، كما ألّف توما الأكويني رسالة ضدّ أفكاره.

فلسفته

حاول ابن رشد الوِفاق بين الدين والفلسفة أو بين الإيمان والعقل وذلك بالإجابة عن أسئلة هامة كموقف الدين من الفلسفة، والتوافق بين الشرع والفلسفة، وقِدَم العالَم، وعلم الله بالجزئيات، والبَعث الجسماني، وسنعرض هنا رأيه في السؤالين الأولين. أمّا بالنسبة لموقف الدين من الفلسفة فأكّد ابن رشد أن الشرع يطلب دراسة الفلسفة وعلوم المنطق لأن الفلسفة إنما هي النظر بالموجودات والتفكير بها وأن هذا النظر يرينا إيّاها مصنوعات لها صانع وهو الله. وأيّد أبو الوليد رأيه بآيات من القرآن:

«أوَ لم ينظروا في مَلَكوتِ السماواتِ والأرضِ وما خَلَقَ اللهُ من شيء؟» الأعراف ١٨٥

«أفَلا يَنظُرون إلى الإبلِ كيف خُلِقَتْ وإلى السماءِ كيف رُفِعَت؟» الغاشية ١٧

«ويتفكّرون في خلقِ السماواتِ والأرض.» آل عمران ١٩١

أمّا في ما يتعلّق بالتوافق بين الشرع والفلسفة فقد رأى أن لا خلاف بينهما لأن الإسلام حقّ ونتيجة التفكير الفلسفي حقّ، والحقُّ لا يكون ضدّ الحقّ. إلا أن للشرع في رأيه ظاهر وباطِن، ظاهِر سهل يفهمه جميع الناس، وباطِن صعب لا يفهمه سِوى الفلاسفة ويفهم بعضَه المتكلّمون. ويعتقِد أن هناك ثلاثة أنواع من الناس: البُرهانيّون والجدَليّون والخطابيّون. والبرهانيون هم الفلاسفة، والجدليون هم المتكلّمون كالمُعتَزِلة الذين يقتربون من الحق ولا يبلغونه، والخطابيون هم عامّة الناس. ويعتقد أن العلم كالغذاء، «قد يكون رأي هو سُمّ في حق نوع من الناس، وغذاء في حقّ نوع آخر. فمن جعل الآراء كلها مُلائِمة لكل نوع من أنواع الناس بمنزلة مَن جعل الأشياء كلها أغذية لجميع الناس.» فإذا أدّى النظر البرهاني إلى معرفة اتّفقت وظاهر الشرع فلا خلاف بين الشرع والفلسفة. أمّا إذا أدّى النظر البرهاني إلى معرفة تخالف الشرع، فهي إنما تخالف ظاهرَه لا باطنَه، ويمكن أن نصل إلى الباطن بتأويل هذا الظاهر أي بشرحه وتفسيره، وبذلك يتمّ التوافق.

تمرين ١

آ- أجب عن الأسئلة التالية وفق نص القراءة.

١. ما أهم شيء تعرفه من النص عن ابن رَشد؟

٢. اذكر أمرين تراهما هامين في حياة ابن رشد.

٣. اذكر ثلاثة على الأقل من كتاباته.

٤. كيف أثّر أبو الوليد بالغرب؟

٥. بأي شيء اتُّهم ابن رشد؟

ب- أكمل الجمل التالية بأفضل إجابة وفق نص القراءة.

١. توفي ابن رشد عن ...

❑ ٤٦ عاما ❑ ٦٨ عاما ❑ ٧٠ عاما ❑ ٧٢ عاما

٢. اشتُهِر ابن رشد ...

❑ كحاكم وزعيم ❑ كفيلسوف وطبيب ❑ كعالم بالفلك ❑ بالشعر والأدب

٣. أبعد الخليفة ابن رشد كي يرضيَ ...

❑ ملك قشتالة ❑ أهل المغرب ❑ أفلاطون ❑ الرأي العام

٤. من أعمال ابن رشد الأصلية ...

❑ تهافُت التهافت ❑ تهافت الفلاسفة ❑ الحيوان ❑ الجمهورية

٥. تكوّن في أوروبا ... الرشدية من المفكّرين الذين اعتقدوا بأفكار ابن رشد.

❑ فِكر ❑ نظرية ❑ مذهب ❑ شَرع

٦. اعتقد ابن رشد أن ... بين الدين والفلسفة ممكن.

❑ الخلاف ❑ الشرع ❑ الوفاق ❑ المنطق

٧. من الأمور الهامة التي حاول ابن رشد الإجابة عن أسئلة حولها ...

❑ البعث ❑ القرآن ❑ الفلسفة ❑ الإبِل

٨- ... سورة من سُوَر القرآن.

❑ الآيات ❑ البعث ❑ السماوات ❑ الأعراف

٩- الشرع والفلسفة كلاهما ...

❑ برهان ❑ حق ❑ ظاهر ❑ باطن

ج- اكتب «خطأ» أو «صواب» بجانب كل جملة وصحح الجمل الخطأ.

١- انحدر ابن رشد من أسرة من القضاة.

٢- تعلّم بن رشد الطب في جامعة أوروبية.

٣- إن سبب غضب الخليفة على ابن رشد هو خروجه عن العقيدة الإسلامية.

٤- توفي ابن رشد ودفن في قرطبة.

٥- كانت الكنيسة ضدّ أفكار ابن رشد.

٦- يرى ابن رشد أن القرآن يدعو الإنسان إلى التفكير وبالتالي فهو لا يتعارض مع الفلسفة.

٧- عامّة الناس والفلاسفة وغيرهم يفهمون كل الأمور.

تمرين ٢

آ - وافق بين كلمات من العمودين تتشابه بالمعنى.

توفي	استَمرّ
قانون	عالَم
حقّ	آية
قصر	دُفِن
شرح	أيّد
كَوْن	شَرْع
دام	تفسير
هاجم	بَلاط
سورة	صدّق
	نظرية

ب – وافق بين كلمات من العمودين لا تتوافق بالمعنى.

اتّهم	إيمان
رضي	فِكْر
حُبّ	باطِن
مخالِف	عفا (عن)
كُفْر	سُمّ
ظاهِر	كُرْه
غِذاء	مُلائم
	غَضِب

تمرين ٣

اختر الكلمة التي لا تناسب باقي الكلمات في كل مجموعة وبيّن السبب.

١ـ	مذهب	طريقة	مدفَن	نظرية
٢ـ	صِراع	شرْع	فِقْه	قاضٍ
٣ـ	فَكّرَ	فَهِم	اعتقَد	دَفَن
٤ـ	فلسفة	تهافُت	تفسير	فِقْه
٥ـ	لَخَّص	نَشَأ	تُوفي	وُلِد
٦ـ	خَلَقَ	صَنَعَ	مَنَعَ	جَعَلَ

تمرين ٤

اختر كلمات من النصوص أعلاه تتناسب والفِئات التالية.

١ـ فُروع المعرفة والدراسة disciplines : ....

٢ـ الأسرة: ....

٣ـ مَناصِب positions : ....

٤ـ أدوات الربط في الفقرة الثانية من «فلسفته»: ....

تمرين ٥

أعد ترتيب الكلمات في كل مجموعة لتشكّل جملاً مفيدة.

١- أستاذي لي النسبية لم فشرحها أفهم لأينشتاين نظرية.

٢- بغرناطة في ونشأ طُفَيْل ببلدة وُلد الأندلس ابن آش.

٣- مِن ابنتِه على جارنا رَنا عِماد خِلال تعرّفنا أبي.

٤- تنجح توافق عملها أن حاولَت بين ودراستها لَمى فلم.

٥- نجيب إلى مؤلّفات كبيرٌ الأجنبية محفوظ اللغاتِ عددٌ تُرجِم من.

تمرين ٦

أعد ترتيب الجمل لتشكّل فقرة مترابطة. الجملة الأولى في مكانها المناسب.

١- وُلد ابنُ خَلّكان في عام ١٢١١ م بالعراق من أسرة البرامِكة المشهورة.

٢- ولا يوجد إلاّ كتاب الواقِدي بهذه الأهمية.

٣- عيَّنه السلطان بيبَرس قاضيَ القُضاة في دمشق بعد أن صار عالما معروفا.

٤- ويُعتَبَر كتابه هذا مرجعا هامًا في تاريخ الشخصيات العربية والإسلامية.

٥- درس علوم الدين في حلب ودمشق والقاهرة.

٦- وهي الأسرة التي كان منها وُزَراء هارون الرشيد.

٧- وهذا الكتاب يحوي سيَرَ أكثر من ٨٠٠ رجل مشهور.

٨- ألّف ابن خلكان «كتاب وَفَيات الأعيان».

Revisited Structures مراجعة القواعد

1. *Independent accusative pronouns ضَمائر النَصب المُنفَصلة*: These consist of إيّا, the base pronoun, plus an attached pronoun (e.g. إيّاكم، إيّانا، إيّاها). They serve as direct objects of verbs, especially when the object precedes the verb (e.g. إيّاكَ نعبدُ, "We Thee worship"). They are also used as the second of two object pronouns (e.g. يُرينا إيّاها, "He shows it to us").

تمرين ٧

Translate the following sentences into Arabic, using independent accusative pronouns in the position of the direct object. Note that when a verb governs two objects, it is called doubly transitive.

1. I requested his book, so he gave it to me.
2. She cut the apple up and fed it to them.
3. We asked him about the photographs from his trip, and he showed them to us.

2. *Defective Nouns* *الاسم المقصور* (see lesson 1): Some nouns end with an ي that is part of their root. The final ي is deleted in indefinite active participles. For example, the active participle (اسم الفاعل) of the perfect verb قَضى is قاضٍ. The deleted ي, however, is restored by suffixing the article ال (e.g. القاضي). The ي is also restored by adding the dual suffix (قاضيان) or when it is the first part of an *iḍāfa* (e.g. قاضي إشبيلية).

تمرين ٨

Identify instances of the following categories in the reading passage.

1. Verbal noun مصدر.
2. Active participle اسم فاعل.

تمرين ٩

آ- أجب عن الأسئلة وفق نص الاستماع.

١- ما الفكرة الرئيسية في النص؟

٢- حدِّد فكرتين ثانويتين في النص.

٣- لماذا أمَرَ الخليفة بقتل ابن المقفّع؟

٤- ما أعمال ابن المقفع المذكورة بالنص؟

ب- اكتب «خطأ» أو «صواب» بجانب كل جملة وصحح الجمل الخطأ.

١. كان ابن المقفع من الزرادشتيين أول حياته.

٢. صار ابن المقفّع وزيراً للمنصور.

٣. قُتِل ابنُ المقفّع بسبب هجومه على الخليفة في قصصه.

٤. والي البصرة هو الذي قتل ابن المقفّع.

ج- أكمل الجمل بالاختيارِ المناسب وفق نصٍّ الاستماع.

١. عبد الله بن المقفّع مؤلّف ...

❑ فارسي ❑ عربي ❑ إسلامي ❑ هندي

٢. ترجم ابن المقفّع «كليلة ودمنة» من ...

❑ الفهلوية ❑ الهندية ❑ العربية ❑ المانوية

٣. قصة كليلة ودمنة ...

❑ حيوانية ❑ فارسية ❑ عربية ❑ سياسية

٤. كان المنصور ...

❑ ملكاً ❑ حاكماً ❑ خليفةً ❑ قاضياً

المفردات

أرْضى (يُرْضي) إرْضاء (.v) .... to try to satisfy, please, conciliate
ابْتَعَدَ (يَبْتَعِدُ) ابتعاد (عن) (.v) .... to move or keep away, withdraw
اتَّهَمَ (يَتَّهِمُ) اتِّهام (.v) .... to accuse
أرِسْطو/أرِسْطوطاليس (.n., m) .... Aristotle
أُسْقُف (ج) أساقِفة (.n., m) .... bishop
أصْليّ (.adj) .... original, authentic, primary, genuine
اعتَنَقَ (يَعْتَنِقُ) اعتِناق (.v) .... to embrace, convert
أفْلاطون (name) .... Plato
امتازَ (يَمتازُ) امتِياز (.v) .... to excel, surpass, be distinguished
إيّآ (ضمير النصب) (.pron) .... base form of the accusative separate pronoun
آية (ج) آيات (.n., f) .... sign, wonder, Qur'anic verse
أيّدَ (يُؤَيِّدُ) تأييد (.v) .... to support, back
إيمان (.n.,m) .... faith, belief
بُرْهان (ج) بَراهين (.n., m) .... proof
بَطْليموس (ج) بَطالِسة .... Ptolomy
بَلاط (ج) أبْلِطة (.n., m) .... royal court
تَرْجَمَ (يُتَرْجِمُ) تَرْجَمة (.v) .... to translate
تَهافَتَ (يَتَهافَتُ) تَهافُت (.v) .... to fall, plunge
تَوافُق (.n., m) .... congruity, agreement, conformity
جالينوس .... Galen
جَدَل (.n., m) .... argument, debate, dispute, disputation
حَرَّمَ (يُحَرِّمُ) تَحريم (.v) .... to prohibit
خِلاف (ج) خِلافات (.n., m) .... difference, disparity, incongruence
دامَ (يَدومُ) دَوام (.v) .... to last, continue, persist
دَفَنَ (يَدفِنُ) دَفْن (.v) .... to bury, inter, conceal
رَضِيَ (يَرْضى) رِضىً (عن) (.v) .... to be satisfied, consent, agree, approve

to move along, walk, go, run, operate .... سارَ (يَسيرُ) سَيْر/مَسير (v.)
poison .... سُمّ (ج) سُموم (n., m.)
except .... سِوى (particle)
canonical law of Islam .... شَرْع (n., m.)
to believe .... صَدَّقَ (يُصَدِّقُ) تَصْديق (v.)
fight, struggle .... صِراع (ج) صِراعات (n., m.)
number of, numerous, large quantity .... عَديد (مِن) (n., m.)
to forgive, excuse .... عَفا (يَعْفو) عَفْو (عن) (v.)
article of faith, tenet, dogma, doctrine, creed, belief .... عَقيدة (ج) عَقائِد (n., f.)
violent, severe, tough .... عَنيف (adj.)
to appoint .... عَيَّنَ (يُعَيِّنُ) تَعيين (v.)
to explain, explicate, expound .... فَسَّرَ (يُفَسِّرُ) تَفسير (v.)
understanding, jurisprudence .... فِقْه (n., m.)
thinking, thought .... فِكْر (ج) أفْكار (n.,m.)
judge, magistrate, justice .... قاضٍ (ج) قُضاة (n., m.)
to hate, detest, loathe, dislike .... كَرِهَ (يَكْرَهُ) كُرْه/كَراهة/كَراهية (v.)
scholastic theology .... كلام (علم الكلام) (n., m.)
to summarize, abridge, condense .... لَخَّصَ (يُلَخِّصُ) تَلْخيص (v.)
contradictory, conflicting, divergent, varying .... مُخالِف (ج) مُخالِفون (n., m.)
movement, trend, creed, doctrine .... مَذْهَب (ج) مَذاهِب (n., m.)
thinker .... مُفَكِّر (ج) مُفَكِّرون (n.m.)
close companion, favorite .... مُقَرَّب (ج) مُقَرَّبون (n., m.)
suitable .... مُلائِم (adj.)
rank, position, status .... مَنزِلة (n., f.)
theory .... نَظَرِيّة (ج) نَظَرِيّات (n., f.)
to attack, assail .... هاجَمَ (يُهاجِمُ) مُهاجَمة (v.)
harmony, concord, conformity .... وِفاق (n., m.)

Objectives

- Culture and literature: Proverbs and their backgrounds
- Using the preposition رُبَّ with a following indefinite noun and with ما; compound particles (إنّما، ممّا، عمّا)
- Revisited structures: types of ما, the elative with خير, types of لا
- Listen to the recorded material for this lesson

هكذا قالت العرب

الأمثال هي أقوال يتداولها الناس يوميا على مرّ السنين وهي تدلّ على طريقة تفكيرهم وكيف ينظرون إلى أنفسهم وإلى العالم. كل مَثَل من هذه الأمثال المختارة في هذا الدرس يحمل في طَواياه جزءاً من الحضارة العربية ومن الفكر العربي ومن الشعور العربي. بعبارة أخرى، الأمثال تنبئ عمّا في التُراث والعقل والقلب. بعض هذه الأمثال قديم جدا ويعود إلى ما قبل الإسلام إلاّ أنّها لا تزال مستعملة إلى يومنا هذا كلاماً وكتابة.

والأمثال كالشِعر، هي كلمات قليلة تحمل معان كثيرة. لذلك فإنّ كل مَثَل يرد وإلى جانبه المعنى المقصود باختصار أو المناسبة التي قيل فيها. لاحظ أنّ الأمثال مكتوبة بالخط الكوفي لتمييزها، وهي مصنّفة حسب مواضيعها كالمعاملات والأسرة والحكمة والنصيحة والتشبيه. هناك المئات من الأمثال والأقوال لدى الناطقين بالعربية وقد اختير بعضها فقط لهذا الدرس. يجدر بالذِكر أن العاميات العربية فيها كثير من الأمثال والأقوال والحِكَم أيضاً، لكن تمّ اختيار الفصيح منها فقط.

الأسرة

١ **الولدُ سِرُّ أبيه** . يُقالُ حين يُستَدَلُّ على صفات الأب من خلال صفات الابن لأن الابن عادة يكون مثل أبيه.

٢ **مَن شابَه أباهُ فما ظَلَم**. من الطبيعي أن يشبه الإنسان والده إما في الشكل أو السلوك.

٣ **إنّ هذا الشِبْلُ مِن ذاكَ الأسَد** . يُقالُ عن الشخص الذي يشبه والدَه، بخاصة إن كان الشَبَه في أمر جيد، لأن صورة الشِبل (ابن الأسَد) وصورة الأسد لدى العرب صورتان حسنتان.

التَشبيه

٤ **كُلٌّ يُغَنّي على لَيْلاه**. يُقالُ عند اختلاف الناس بآرائهم حيث يحاول كل منهم تأييد رأيه بقوة، فهم كالذين يغنّون أغان مختلفة في وقت واحد، ولا يهتمّ أحدهم بما يقوله الآخرون.

٥ **كالمُسْتَجير مِنَ الرَمْضاء بالنار**. يُقالُ حين يحاول الإنسان الهروب من مشكلة ليقع في أخرى أسوأ منها وأخطر، أي كمَن يحاول الهروب من شدة الحرّ بالقفز في النار.

٦ **كأنَّ على رُؤوسهم الطَيْر** . يُستَعمَل لوصف جماعة من الناس يجلسون في مجلِس بصَمْت تام وكأنّ طيرا يجلس فوق رأَس كل منهم، ولا يريدون أن يتحركوا حتى لا تطير الطيور.

٧ **أسمَعُ جَعْجَعَةً ولا أرى طَحنا** . يُقالُ حين يكثُر الكلام وتَقِلُّ الأفعال، أي حين يعِدُ أحدهم مستَمعيه بأشياء كثيرة دون تنفيذ ما يقول. والصورة مأخوذة من طاحونة القمح حيث يُصدِر حَجَر الرَحى صوتا عاليا حين يدور لطحن القمح، فإذا لم يكن هناك قمح يُطحن فلا فائدة من الدوران والصوت العالي أو الضجيج (الجعجعة).

الوَصْف

٨ **أنْ تسمَعَ بالمُعَيْديِّ خَيْرٌ مِن أنْ تَراه**. يُقالُ حين تكون سُمْعة الشخص أفضل من شكله. والقصة وراءه هي أنّ النُعمان بن المُنذِر آخر ملوك اللَخميين في الحيرة بالعراق (حَكَمَ من ٥٨٠ إلى ٦٠٢ م) سمِع أنّ أحدَ الأعراب كان يستولي على أموال الناس ولايحترم أملاكهم ولا يخاف أحداً فأمَر النُعمان بحبسه. ولمّا اعتُقل المعيدي أراد أن يرى هذا الرجل الذي أدخل الخوف في قلوب الناس ولم يخف أحدا. فأحضروه أمامه وكان قصيرا جدا وقد أكلت آثار الجُدَريّ وجهه، فقال هذا القول. لكن المعيدي لم يسكت

بل قال للملك: «يا مولاي، أخطأت بحكمك، لأن الرجل يقوّم بقلبه ولسانه» وكان يقصد بذلك الشجاعة والفصاحة. أعجبَ الملك بهذا الردّ وضمّه إلى بلاطه مستشارا ونديما.

٩ **لا ناقةَ لي في هذا ولا جمَل**. يُقالُ للتعبير عن عدم وجود علاقة لشخص بأمر ما، والصورة تمثّل شخصا كأنّه ينظر إلى مجموعة من الإبل ويقول إنه لا يملك منها شيئا.

١٠ **لا يَملِكُ شَرْوى نَقير**. يُقالُ للتَعْبير عن الفقر الشديد، والشَرْوى معناها «المِثْل» والنَقير جزء صغير من نُواة التَمْرة، أي أنه شديد الفقر لا يملِك حتى الشيء الذي لا قيمة له.

١١ **الجُنون فُنون**. يُقالُ لوصف سلوكٍ غيرِ عادي، أي أن الجُنون أو مخالفة العادي لَهُ أشكال عديدة.

١٢ **لا في العيرِ ولا في النَفير**. يُقالُ في وصف شخص لا يصلُح لشيء. والصورة تمثّل مجموعتين: العير (مجموعة من الحَمير) والنفير (مجموعة من الناس)، والشخص المقصود لا ينتمي لأيٍّ منهما فهو أسوأ من الناس ولكنه أحسن من الحمير.

١٣ **رُبَّ رَميةٍ مِن غيرِ رامٍ**. يُقالُ في وصفِ عمل نجح لكن ليس بسبب الاستِعداد أو التحضير الجيد له إنّما نتيجةَ الصُدْفة.

النصيحة

١٤ **إذا أطعَمْتَ فأشبِعْ وإذا ضَرَبْتَ فأوْجِعْ**. يجب إعطاء كلّ شيء حقّه. مثلا إنْ ذهبت في نُزهة فاستمتعِ بها وإذا قمت للعمل فاعمل بجدٍّ وإذا بدأت الدراسة فاعطها كل وقتك.

١٥ **الحِلْمُ عند الغضَب والعَفْوُ عندَ المَقْدِرة**. يُقالُ في صِفات الإنسان النبيل،فهو يصبر ويهدّئ نفسه إذا غضِب ويعفو عن عدوّه حين ينتصر عليه. وقصة هذا القول أنّ معاوية بن أبي سُفيان والي الشام (في القرن السابع) سُئِل عن معنى النُبْل فقال هذا القول.

١٦ **الجارُ قَبْلَ الدار**. يُقالُ لنصْح شخص في اختيار جيرانه قبل أن يختار داره، وهذا يعبِّر عن أهمية الجار في العلاقات الاجتماعية عند العرب.

١٧ **لِكُلِّ مَقامٍ مَقال**. اختيار الكلمة المناسبة لقولها في المكان المناسب، أي أنّ كل مناسبة تحتاج إلى نوع خاص من الكلام يختلف عمّا هو مطلوب في مناسبات أخرى. فحين يتكلّم الإنسان أمام مجموعة من الناس في حفلٍ كبير يستعمل العربية الفصحى وإذا تكلّم مع صديقه يستخدم العامية. وهو يستعمل النكتة والفكاهة في حفلة مثلا ويكون جاداً وقت الحُزن.

١٨ **خالِفْ تُعْرَف**. يُقالُ عن الشخص الذي يحبّ أن يكون مشهورا أو معروفا، وذلك بسلوكه سلوكاً مُخالِفا لسلوكِ معظم الناس.

١٩ **مَن حَفَرَ حُفْرةً لأخيهِ وَقَعَ فيها**. للتحذير مِن نتائج العمل السيِّئ نحو الناس الآخرين، فالعمل السيِّئ لا يعود على صاحبه إلا بالسوء.

٢٠ **لا تَنْهَ عن خُلُقٍ وتأتي مِثْلَهُ**. يقال في ضرورة تناسُب الأقوال مع الأفعال، أي لا تطلب من الآخرين الامتناع عن فعل شيء ثم تفعله أنت.

٢١ **مَن جَدَّ وَجَدَ**. يُقالُ لتشجيع الناس على الجِدّ بالعمل، فالجِدّ يؤدّي للنجاح. أي أنك إذا عملت بجد وجدت النجاح أمامك.

٢٢ **خَيرُ الأمورِ أوْسَطُها**. يُقالُ في تفضيل الطريق الوسط والابتِعاد عن التَطَرُّف، فالوسَط هو الأفضل.

٢٣ **اتَّقِ شَرَّ مَن أحسَنْتَ إليْهِ**. إن العمل الحسن نحو الآخرين قد لا يعود عليك بالشيء الحَسَن دائما، أي يجب على المرء أن يحذَر الناس حتى الذين أحسن إليهم.

٢٤ **خَيْرُ الكلامِ ما قَلَّ ودَلّ**. إنّ أحسن الكلام هو المختَصَر المفيد، أي الكلام القليل ذو المعنى الواضح.

٢٥ **إذا كنتَ في قَوْمٍ فاحلِبْ في إنائهم**. تدلّ هذه النصيحة على أنه من الأحسن أن يكون سلوكَ المرءِ ولباسَه وكلامَه مثلا مشابها لسلوك الناس الذين يعيش بينهم.

٢٦ **القَناعةُ كَنْزٌ لا يفنى**. يُقالُ لنصح المرء في القبول بما لديه وعَدَم النَظَر إلى ما لدى الآخرين، لأن القبول بما لديه يجعله يشعر وكأنّه يملك كل شيء.

٢٧ **أعذَرَ مَن أنذَر**. لا لوم على فعل سبقه إنذار.

٢٨ **بَلَغَ السَيْلُ الزُبى**. للتحذير من خطر قادم تبدو بَوادرُه. والسيل يمثّل الخطر المتوقّع والزُبى (جمع زُبية وهي المكان المرتفع) تمثل بَوادرَ الخطر. فحين يصل ماء السيل إلى الزُبى فكل مكان أضحى في خطر. ويستعمل هذا القول أيضا للتعبير عن نفاد الصبر.

الحِكمة

٢٩ **زامِرُ الحَيِّ لا يُطْرِب**. ينظر الناس إلى ما لدى غيرهم ويرون فيه شيئا جميلا، بينما لا يرون الشيء نفسه جميلا إذا كان عندهم. والصورة هنا لعازِف المِزمار من أهل الحي الذي لا يطرَب له الناس أي لا يعجبون بعزفه لأنه منهم، لكن لو قام بالعزف نفسه زامِر من حَيٍّ آخَر أو من بلد آخر لَطرِب له الناس.

٣٠ **الطُيورُ على أشكالِها تَقَعُ**. يخالط الناس مَن هم مِثلَهم، فالطيِّب يخالط الطيِّبين والسيِّئ يخالط السيِّئين.

٣١ **ينضَحُ الإناءُ بِما فيه**. لا يستطيع المرء أن يعطي ما لا يملك. فالعالِم يمكن أن يعطيَك علما كثيرا، لكن الجاهِل لا يستطيع ذلك ولو حاول. والصورة لإناء فخّاري فيه سائل يرشح منه، فلا يمكن للإناء أن يرشح إلا من هذا السائل ولا شيء سِواه.

٣٢ **سبَقَ السيفُ العَذَلَ**. يُقالُ حين يفعل الإنسان شيئا ويريد أن يلوم نفسه أو غيره على ما حدث، أي أن الفعل قد وقع ولا فائدة من اللَوم (أي العَذَل).

٣٣ **رُبَّ أخٍ لكَ لم تَلِدْهُ أمُّكَ**. يُقالُ عن الصديق الذي هو أقرب إليك من أخيك. أي أن هناك ناس مخلصون لك ليسوا من أفراد أسرتك لكنهم يعاملونك كإخوانك.

٣٤ **مَصائِبُ قَوْمٍ عِندَ قَوْمٍ فوائِدُ**. يُقالُ حين يستفيد بعض الناس من مصيبة أصابت غيرهم.

٣٥ **لا يفُلُّ الحَديدَ إلاّ الحَديد**. حول ضرورة استعمال قوّة مُماثِلة لصدِّ قوّة أخرى، فنحن نحتاج إلى الحديد أو إلى ما هو أقوى منه ليؤثِّر بالحديد.

٣٦ **مَن شَبَّ على شيءٍ شابَ عليه**. الأمور التي يتعلّمها الإنسان في صِغَره تبقى معه طَوال حياته من سن الطفولة إلى أن يصبح شيخا.

٣٧ **مَن عاشَرَ قَوْماً أربَعين يوماً صار منهم**. يقال عن تأثير الحياة بين مجموعة من الناس لمدة من الزمن على سلوك المرء، فإذا عاش بينهم حوالى أربعين يوما يصبح سلوكه مثل سلوكهم.

٣٨ **ما حَكَّ جِلْدَكَ مِثْلُ ظِفْرِكَ**. يدلّ على أهمية الاعتماد على النفس، أي أن ما تفعله بنفسك أفضل ممّا يمكن أن يفعله الآخرون لك.

٣٩ **ومعظَمُ النارِ مِن مُسْتَصْغَرِ الشَرَرِ**. المشاكل الكبيرة سببها أمور صغيرة، كالنار أو الحريق الذي يشبّ بسبب شَرَر بسيط.

٤٠ **عَدوٌّ عاقِلٌ خَيْرٌ مِن صَديقٍ جاهِلٍ**. عن أهمية الحكمة والعقل، لدرجة أن العدو قد يكون أفضل بالنسبة لك من الصديق إن كان هذا العدو عاقلا وكان الصديق جاهلا.

٤١ **الحربُ خُدعة**. لا تعتمد الحرب على استخدام القوة فقط بل على الخدعة ربما أكثر.

٤٢ **أولُ الغَيْثِ قَطْرٌ**. الأمور الكبيرة تبدأ بداية بسيطة كالمطر الغزير الذي يسبقه رذاذ خفيف.

تمرين ١

اكتب رقم المَثَل المناسب لكل من الجمل التالية بين القوسين.

١. تحذير الناس من الإساءة إلى بعضهم البعض، والإساءة تعود على صاحبها. (.......)

٢. مظهر الشخص قد لا يدلّ على حقيقة ذلك الشخص. (.......)

٣. تبرير أي عمل على أنه مقبول بسبب الحرب. (.......)

٤. مجموعة من الناس أفرادها مختلفون بالرأي ولا يحاولون فهم آراء بعضهم البعض. (.......)

٥. وصف شخص على أنه لا يصلح لأي عمل. (.......)

٦. قول ينصح الناس باستعمال كلمات تناسب الموقف الذي هم فيه. (.......)

٧. توقّع قدوم الخير بناء على أشياء تدل عليه. (.......)

٨. من المؤكد أن هذا الطفل من ذلك الأب. (.......)

٩. وصف سلوك غير طبيعي وغير مقبول. (.......)

١٠. يستفيد بعض الناس من المشاكل التي تصيب غيرهم من الناس. (.......)

تمرين ٢

اختر الأمثال العربية من الدرس التي توافق الأمثال الإنكليزية التالية واكتب رقم المثل العربي بين القوسين.

1. Much ado about nothing/all talk no action. (.............)
2. With friends like these, who needs enmies? (.............)
3. Birds of a feather flock together. (.............)
4. Like father, like son. (.............)
5. To each his own. (.............)
6. When in Rome, do as the Romans do. (.............)
7. Out of the frying pan into the fire. (.............)
8. He hasn't a red cent to his name. (.............)
9. Constant dripping wears away a stone. (.............)

تمرين ٣

وافق بين كلمات من العمودين لها معان متعاكسة.

حِلم	صَديق
طارَ	جِلْد
شَبَّ	عاقِل
حرب	هُدوء
عَدوّ	غَضَب
عاميّ	شابَ
جاهِل	فَصيح
ضَجيج	سلام
	وَقَعَ

تمرين ٤

وافق بين كلمات من العمودين لها معان متشابهة.

حِكْمة	سَيِّدي
اختار	حَضارة
أسَد	مِثْل
ناقة	أخذ
مَولاي	مَثَل
عير	شِبْل
خَيْر	أفضَل (من)
شَرْوى	حَمير
	جَمَل

تمرين ٥

اختر الكلمة التي لا تناسب باقي الكلمات في كل مجموعة وبيّن السبب.

١- غَضَب	حُزْن	ناقة	فَرَح
٢- فائدة	ناس	أمّة	قَوم
٣- فِكْر	رَذاذ	تُراث	حَضارة
٤- شِبْل	أسَد	حِمار	رَحى
٥- مقال	فُصحى	خُدعة	عاميّة

تمرين ٦

اكتب إلى جانب كلّ من الكلمات التالية الكلمة التي لها معنى مشابه.

١- غَيث (......................)

٢- أضحى (......................)

٣- رَشَحَ (......................)

٤- تَبيين (......................)

٥- انتصر (على) (......................)

٦- خالَطَ (......................)

٧- سَكَتَ (......................)

القواعد

1. The Preposition رُبَّ

Like all prepositions, رُبَّ is followed immediately by a genitive noun. It roughly means "many a." Check its use in proverbs 13 and 33 (rarely used in Modern Arabic).

When the particle ـمـا is suffixed to it, however, the resulting compound word may be followed by nouns, verbs, or prepositional phrases (see Types of ما below). The compound رُبَّما is fairly frequent in MSA, e.g.

I might buy a convertible.	١- رُبَّما أشتري سيارة مكشوفة.
Perhaps his mother is sick.	٢- رُبَّما أمّه مَريضة.
Perhaps [it is] in your pocket.	٣- رُبَّما في جَيْبِك.

2. **Compound Particles** (إنّما ، مِمّا ، عمّا)

Some particles and prepositions may be strung together in one word. One of them is رُبَّما, discussed above. Others that occur in the proverbs in this lesson include the words below. They are listed with their component parts indicated and an example of each. The first two have the relative pronoun ـمـا as the second part of the compound and the third the particle ما. This particle neutralizes the effect of إنّ on the following noun, that is, it is not in the accusative (see ما الكافّة below). In addition, إنّما may be followed by a verb, something that is not allowed with إنّ alone.

I don't know what he is asking about.	لا أعلم عما يسأل.	عَمّا = عَن + ما
What is chewing gum made from?	مِمّا تُصنع العلكة؟	مِمّا = مِن + ما
Believers are like brothers.	إنّما المُؤمِنون إخوة.	إنّما = إنَّ + ما
Hard workers achieve success.	إنّما ينجح المُجِدّون.	

مراجعة القواعد

1. *Types of* ما

A. Relative pronoun (اسم موصول), e.g. .لا أعلم ما يريد, *I don't know what he wants.*

B. Exclamatory (التعجّبية), e.g. .ما أحسنَ الطقسَ, *How nice the weather is!*

C. Question particle (الاستفهامية), e.g. ؟ما اسمُك, *What's your name?*

D. Negative of perfect verbs (النافية), e.g. .ما اتَّصَلَتْ سَلمى بَعْد, *Salma hasn't called yet.*

E. Redundant (الزائدة). It is so when suffixed to conditional particles or with لاسيَّ, e.g.

١ أينما تذهبْ أذهبْ. *I'll go wherever you go.*

ب أحب الفاكهةَ لاسيَّما العنبَ. *I like fruits, especially grapes.*

F. Preventive (الكافّة); occurring when suffixed to certain verbs and particles, preventing them from functioning as they would, e.g.

ج قلّما أذهبُ إلى السينما. *I rarely go to the movies.*

د ربَّما نراه في الحفلة. *We might see him at the party.*

2. *The elative with* «خَير» *التفضيل باستخدام*

Although the word خَيْرٌ is not an elative (i.e., comparative/superlative) in form, that is, it does not have the form أفعَل, it functions as one. It is followed by a noun that forms with it an *iḍāfa* structure, as in proverbs numbers 22 and 24 (خَيْرُ الأمور، خَيْرُ الكلام). It may also be used with مِن and a clause introduced by أن, as in proverb number 8 (e.g. خَيْرٌ مِن أن تراه).

3. *Types of* لا

A. Negative particle: This negates imperfect and perfect verbs (آ), predicates (ب), adjectives (ج), and circumstantial adverbs (حال) (د) without affecting their mood or case, e.g.

آ لا يعملُ أخي في البِناء. *My brother does not work in construction.*

ب هادية لا كتبت ولا اتصلت. *Hadia forgot us quickly; she neither wrote nor called.*

ج رامي لا طويلٌ ولا قصير. *Rami is neither tall nor short.*

د رجعنا لا تَعبين ولا جائعين. *We returned neither tired not hungry.*

- Note that when لا is used with the perfect verbs (ب), adjectives (ج), and circumstantial adverbs (د), لا is repeated before each one of these words.

B. Negative and conjunction. These are preceded by an affirmative (هـ), and the conjoined parts are opposites (و).

هـ أعطني الكتابَ لا المجلةَ. *Hand me the book, not the magazine.*

و اتّصل رجلٌ لا امرأةٌ. *A man called, not a woman.*

C. Response particle لا, "no."

D. Negative of a whole class (نافية للجنس). This is followed by an accusative (ز).

ز لا بُدَّ من شراءِ دارٍ أكبر. *It's necessary to buy a larger house.*

E. Negative of the imperative (لا الناهية). The imperfect verb has the jussive mood.

ح لا تتأخّري. *Don't be late!*

تمرين ٧

استمع إلي الأمثال الإثنى عشر المسجلة ثم افعل ما هو مطلوب. لاحظ أن أحد الأمثلة حديث شريف، أي من قول محمد رسول المسلمين، لكنه يجري على ألسنة الناس كالأمثال.

١. هناك مثَل في نص الاستماع قريب بالمعنى والقصد من مثل في الدرس. ما هما المثلان؟

٢. اكتب بين القوسين رقم المَثَل العربي في الاستماع الذي يشبه أحد الأمثال الإنكليزية التالية؟

a. Speech is silver, but silence is gold. (............)

b. A bird in the hand is worth two in the bush. (............)

c. Actions speak louder than words. (............)

d. Prevention is better than cure. (............)

e. Cleanliness is next to godliness. (............)

f. Let bygones be bygones. (............)

g. Out of sight, out of mind. (............)

h. A tempest in a teapot. (............)

٤. ما المثل الإنكليزي الذي ينصح الناس بالقيام بأعمالهم دون تأخيرها إلى الغد؟ ما المثل العربي الذي يحمل نفس المعنى؟ ....

٥. أي مثل يبيّن أن الإنسان يتعلّم من خطئه (في الأصل حديث شريف)؟

....

<u>بعض الكلمات الجديدة في الاستماع:</u> درهَم، قنطار (measures of weight)، خاتَم (نهاية)، سُكوت (silence)، بليغ (eloquent)، جَفاء (alienation)، أجّل (to postpone)، عَفا (to forgive)، تمخّض (be in labor)

المفردات

to honor, respect, revere, esteem	احترمَ (يَحْتَرِمُ) احترام (v.)
to seek or obtain information	اسْتَدَلَّ (يَسْتَدِلُّ) استدلال (v.)
to become, turn into, come to a point	أضْحى (v., member of *kana* set)
vessel, container	إناء ج آنية/أوانٍ (n., m.)
to inform, tell	أنْبَأَ (يُنبِئُ) إنْباء (v.)
to triumph, prevail, win, defeat	انْتَصَرَ (يَنْتَصِرُ) انْتِصار (v.)
to hurt, cause pain	أوْجَعَ (يوجِعُ) ايجاع (v.)
sign, indication, precursor	بادِرة ج بَوادِر (n., f.)
full, complete, whole, total, perfect	تامّ (adj.)
to make frequent use, exchange	تَداوَلَ (يَتَداوَلُ) تَداوُل (v.)
legacy, inheritance	تُراث ج تُراثات (n., m.)
comparison, simile	تَشبيه (شَبَّهَ، يُشَبِّهُ) (verbal noun)
to go to extremes, hold extreme position, become excessive	تَطَرَّفَ (يَتَطَرَّفُ) تَطَرُّف (v.)
ignorant, fool, foolish	جاهِل ج جَهَلَة/جُهّال/جُهَلاء (n., m.)
seriousness, earnestness, diligence	جِدّ (n., m.)
smallpox	جُدَرِيّ (n., m.)
clamor, noise, din, shouting, uproar, racket	جَعْجَعة (n., f.)
millstone	(حَجَر) رَحى (n., f.)
iron, steel	حَديد (n., m.)
civilization	حَضارة ج حَضارات (n., f.)
to dig a hole, excavate, bore a hole	حَفَرَ (يَحفِرُ) حَفْر (v.)
to scratch, scrape, rub	حَكَّ (يَحُكُّ) حَكّ (v.)
patience, forbearance, indulgence, discretion	حِلْم (n., m.)
donkey	حِمار ج حَمير (n., m.)
to mix with, associate with	خالَطَ (يُخالِطُ) مُخالَطة (v.)
to contradict, disagree with, conflict with	خالَفَ (يُخالِفُ) مُخالَفة (v.)
deception, cheating	خُدعة ج خُدَع (n., f.)

moral constitution, character, nature .... خُلق ج أخْلاق (n., m.)
good, better than .... خَيْر (مِن) (n., m.)
many a .... رُبَّ (prep.)
drizzle .... رَذاذ (n., m.)
to exude, ooze, seep, leak .... رَشَحَ (يَرْشَحُ) رَشْح (v.)
scorching heat (old usage) .... رَمْضاء (n., f.)
to thow, cast, toss, shoot, charge with, aim at .... رَمى (يَرْمي) رَمْي (v.)
piper, player on a wind instrument .... زامِر ج -ون (n., m.)
to be before, precede, arrive before, anticipate .... سَبَقَ (يَسبِقُ) سَبْق (v.)
to be silent, quiet .... سَكَتَ (يسْكُتُ) سَكوت (v.)
to behave, act, conduct oneself .... سَلَكَ (يَسْلُكُ) سُلوك (v.)
reputation, standing, renown .... سُمْعة (n., f.)
flood, torrent .... سَيْل ج سُيول (n., m.)
to become white-haired, grow old .... شابَ (يَشيبُ) شَيْب (v.)
to resemble .... شابَهَ (يُشابِهُ) مُشابَهة (v.)
to become a youth, grow up .... شَبَّ (يَشِبُّ) شَباب (v.)
lion cub .... شِبْل ج أشْبال (n., m.)
similar to, like .... شَرْوى (n., m.)
to be silent, quiet .... صَمَتَ (يَصْمُتُ) صَمْت (v.)
noise, din, clamor, pandemonium .... ضَجيج (n., m.)
to grind, mill, pulverize .... طَحَنَ (يَطحَنُ) طحْن (v.)
to be moved (mostly with joy), delighted .... طَرِبَ (يَطرَبُ) طَرَب (v.)
fold; conviction .... طَويّة ج طَوايا (n., f.)
fingernail, toenail, claw .... ظِفْر/ظُفُر ج أظْفار/أظافِر (n., m.)
to do injustice, do wrong, act tyrannically .... ظَلَمَ (يَظلِمُ) ظُلم (v.)
to associate with, mix with .... عاشَرَ (يُعاشِرُ) مُعاشَرة (v.)
abundant, copious .... غَزير (adj.)
abundant rain .... غَيْث ج غُيوث (n., m.)
to dent, blunt, notch, break .... فَلَّ (يَفُلُّ) فَلّ (v.)

to perish, cease to exist, vanish .... (v.) فَنيَ (يَفنى) فَناء

to accept, agree, consent, approve .... (v.) قَبِلَ (يَقْبَلُ) قَبول

dripping, dribbling .... (n.) قَطْر

to jump, leap .... (v.) قَفَزَ (يقفِزُ) قَفْز

satisfaction, contentment, conviction .... (n., f.) قَناعة ج -ات

to evaluate, assess, rectify .... (v.) قَوَّمَ (يُقَوِّمُ) تَقويم

people, nation .... (n., m.) قَوْم ج أقْوام

as if, as though .... (conjunction; member of *inna* set) كَأنَّ

treasure .... (n., m.) كَنْز ج كُنوز

to blame, reproach, admonish .... (v.) لامَ (يَلومُ) لَوْم

proverb .... (n., m.) مَثَل ج أمثال

summed up, abbreviated, reduced, summarized .... (adj.) مُختَصَر

seeker of refuge or asylum .... (n., m.) مُسْتَجير ج مُسْتَجيرون

consultant, counsel, adviser .... (n., m.) مُسْتَشار ج -رون

listener .... (active participle) مُسْتَمِع (اسْتَمَعَ، يَسْتَمِعُ)

classified, sorted .... (passive participle) مُصَنَّف (صَنَّفَ، يُصَنِّفُ)

misfortune, calamity, disaster .... (n., f.) مُصيبة ج مَصائب

social intercourse, transaction .... (n., f.) مُعامَلة ج مُعامَلات

way of speaking, article, essay .... (n., m.) مَقال ج -ات

standing, rank, position, prestige .... (n., m.) مَقام ج -ات

power, strength, capacity .... (n., f.) مَقدِرة ج -ات

intended .... (passive participle) مَقْصود (قَصَدَ، يَقصِدُ)

to own, possess .... (v.) مَلَكَ (يَمْلِكُ) مُلْك/مَلْك/مِلْك

occasion, opportunity .... (n., f.) مُناسَبة ج -ات

master, lord, chief .... (n., m.) مَوْلى ج مَوالٍ

to distinguish .... (v.) مَيَّزَ (يُمَيِّزُ) تَمْييز

she-camel .... (n., f.) ناقة ج نوق/ناقات

noble, highborn, magnanimous .... (n., m.) نَبيل ج نُبَلاء

companion, confidant, intimate .... (n., m.) نَديم ج نُدَماء

picnic, excursion, stroll, promenade.. نُزهة ج نُزهات (n., f.)
to exude, ooze, seep, leak.. نَضَحَ (يَنْضَحُ) نضْح (v.)
to carry out, execute, implement.. نَفَّذَ (يُنَفِّذُ) تَنْفيذ (v.)
tiny spot on a date pit.. نَقير (n., m.)
to forbid, prohibit, prevent.. نَهى (يَنْهى) نَهي (v.)
date pit, fruit kernel, stone, nucleus.. نَواة ج نَوَيات (n., f.)
to escape, run away, flee.. هَرَبَ (يَهْرُبُ) هُروب (v.)
to occur, appear, be found, mentioned.. وَرَدَ (يَرِدُ) وُرود (v.)
to describe.. وَصَفَ (يَصِفُ) وَصْف (v.)

المعجم

Vocabulary items are listed in alphabetical order. Nouns are followed by their plurals (جَمع) after the letter ج for "plural." Verbs are listed in their third person masculine singular past tense form, followed by each verb's present tense in parentheses. Verbal nouns appear after the parentheses. Nouns starting with a definite article are listed according to the first letter of the word that follows the article. Active and passive participles are listed as independent nouns. Some consonants may have two short vowels shown indicating two different pronunciations. The lesson in which a word first appears is listed next to its English meaning in brackets.

used to make yes/no questions [5] .... أ (interrogative particle)
to smile [5] .... ابْتَسَمَ (يَبتَسِمُ) ابتِسام (v.)
to move or keep away, withdraw [17] .... ابْتَعَدَ (يَبْتَعِدُ) ابتِعاد (عن) (v.)
Ebla (ancient Syrian kingdom discovered in 1976) [9] .... إبْلا (n., f.)
thumb [11] .... إبْهام ج أباهيم (n., m.)
to make for, head toward [1] .... اتَّجَهَ (يَتَّجِهُ) اتِّجاه (v.)
to be characterized, marked, distinguished by [13] .... اتَّصَفَ (يتَّصِفُ) اتِّصاف (v.)
to accuse [17] .... اتَّهَمَ (يَتَّهِمُ) اتِّهام (v.)
to prove, establish, verify [15] .... أثبَتَ (يُثبِتُ) إثبات (v.)
to affect, influence, impact [15] .... أثَّرَ (يُؤَثِّرُ) تأثير (على) (v.)
during [3] .... أثْناءَ (adv.)
vacation [11] .... إجازة ج إجازات (n., f.)
compulsory [7] .... إجْباريّ (adj.)
to cross, pass [4] .... اجتازَ (يَجتازُ) اجتِياز (v.)
to attract [16] .... اجتَذَبَ (يجتَذِبُ) اجتِذاب (v.)
to perform, do [5] .... أجرى (يُجْري) إجْراء (v.)
all, all of, the whole of, entire, entirety [13] .... أجْمَع (ج) أجْمَعين (n., m.)
to have need, to be in want [2] .... احْتاجَ (يَحْتاجُ) احْتِياج (v.)
protest, objection [14] .... احتَجَّ (يَحْتَجُّ) احتِجاج
to honor, respect, revere, esteem [18] .... احترمَ (يَحْتَرِمُ) احتِرام (v.)
to create, produce [15] .... أحْدَثَ (يُحْدِثُ) إحْداث (v.)
one of [9] .... إحْدى (مُؤَنَّث أحَد) (n., f.)
to become red in color [3] .... احْمَرَّ (يَحْمَرُّ) احْمِرار (v.)
to tell, inform [12] .... أخْبَرَ (يخبِر) إخْبار (v.)
to invent [16] .... اختَرَعَ (يَختَرِعُ) اختِراع (v.)

to start, begin, commence, take, seize, capture [13] .... أخَذَ (يأخُذُ) أخْذ (v.)
to err, make a mistake, commit an error [14] .... أخطأ (يُخطِئُ) خَطأ (v.)
tool, implement, instrument [2] .... أداة (ج) أدَوات (n., f.)
to start (up), run, turn on, actuate, set in operation [11] .... أدارَ (يُديرُ) إدارة (v.)
to attain, reach, arrive at, realize [11] .... أدركَ (يُدْرِكُ) إدْراك (v.)
to express, voice, declare, announce, state [14] .... أدْلى (بِـ) (يُدلي) إدلاء (v.)
to lead to [16] .... أدّى (يؤدّي) تأدية (v.)
man of letters, educated, refined, cultured, well-mannered [16] .... أديب (ج) أُدَباء (n., m.)
since, because [2] .... إذْ (particle)
ear [11] .... أُذُن ج آذان (n., f.)
aramaic [9] .... آراميّ (adj.)
small piece [8] .... إرْبة (ج) إرَب (n., f.)
to have a rest [11] .... ارتاحَ (يَرتاحُ) ارتِياح (v.)
to be embarrassed, confused, perplexed [11] .... ارتَبَكَ (يرتَبِكُ) ارتِباك (v.)
to tremble, shiver, shudder, quiver [11] .... ارْتَجَفَ (يَرتَجِفُ) ارْتِجاف (v.)
to wear [5] .... ارْتَدى (يرتَدي) ارتِداء (v.)
to tremble, shake, shudder [13] .... ارْتَعَد (يَرْتَعِد) ارتِعاد (v.)
to add, follow up with, say further [13] .... أردَفَ (يُرْدِفُ) إرْداف (v.)
Aristotle [17] .... أرِسْطو/أرِسْطوطاليس (n., m.)
to send, transmit [8] .... أرسَلَ (يُرسِلُ) إرسال (v.)
to try to satisfy, please conciliate [17] .... أرْضى (يُرْضي) إرْضاء (v.)
exhaustion, fatigue [14] .... إرْهاق (n., m.)
to show, demonstrate [13] .... أرى (يُري) (v.)
to remove, drive away, banish [16] .... أزاح (يُزيحُ) إزاحة (v.)
to flourish, prosper, thrive [16] .... ازدَهَرَ (يزدَهِرُ) ازدِهار (v.)
to support, back up, cheer [1] .... آزَرَ (يُؤازِرُ) مُؤازَرة (v.)
to resume, continue, recommence [13] .... استَأنَفَ (يستأنِف) استِئناف (v.)
exception [11] .... استِثناء ج استِثناءات (n., m.)
preparation, formulation, compound [15] .... استِحضار (ج) -ات (n., m.)
to call, send for, summon [8] .... استَدعى (يَسْتَدعي) استِدعاء (v.)
to seek or obtain information .... اسْتَدَلَّ (يَسْتَدِلُّ) استِدلال (v.)
to relax [11] .... استَرخى (يستَرخي) استِرخاء (v.)

to steal, rip off (to glance furtively) [14] .... استرَقَ (يَستَرِقُ) استراق (نظرةً) (v.)

to ask for more [14] .... استَزادَ (يَستَزيدُ) استزادة (v.)

exploration, reconnaissance, investigation [16] .... استَطلَعَ (يستَطلِع) استِطلاع (v.)

to seek the help of [16] .... استَعانَ (يستَعينُ) استعانة (v.)

to find strange, odd, unusual [8] .... اِسْتَغرَبَ (يَسْتَغرِبُ) اِسْتِغراب (v.)

to take (time) [6] .... استَغرَقَ (يَستَغرِقُ) استِغراق (v.)

to benefit, to make use of [1] .... اِسْتَفادَ (يَسْتَفيدُ) اِستِفادة (v.)

to receive [2] .... اِستَلَمَ (يَسْتَلِمُ) اِستِلام (v.)

to continue, resume, go on [4] .... اِستَمَرَّ (يَسْتَمِرُّ) اِستِمرار (v.)

to exhaust, consume, deplete, use up [13] .... استَنفَدَ (يَستَنفِدُ) استِنفاد (v.)

to consume [8] .... اِستَهلَكَ (يَسْتَهلِكُ) اِستِهلاك (v.)

to seize, take possession of, capture, take over [10] .... استَولى (يَستَولي) استيلاء (v.)

to wake up, awaken, rise [15] .... استَيْقَظَ (يَسْتَيْقِظُ) استيقاظ (v.)

lion [16] .... أَسَد (ج) أسود (n., m.)

fleet, navy [13] .... أُسْطول ج أساطيل (n., m.)

first aid [7] .... إِسْعاف (ج) إسعافات (n., m.)

to please, to make happy [2] .... أَسْعَدَ (يُسْعِدُ) إسعاد (v.)

bishop [17] .... أُسْقُف (ج) أساقفة (n., m.)

prisoner (of war) [10] .... أسير (ج) أَسْرى (n., m.)

to point, make a signal, allude [5] .... أَشارَ (يُشيرُ) إشارة (v.)

sign, signal [1] .... إشارة (ج) إشارات (n., f.)

to catch fire [7] .... اِشتَعَلَ (يَشتَعِلُ) اِشتِعال (v.)

to supervise, oversee, manage, watch over [15] .... أَشْرَفَ (يُشرِفُ) إشراف (v.)

rays, beams [7] .... أشِعَّة (n., f.)

blond [2] .... أَشْقَر (m.)، شَقراء (f.)، ج شُقْر (m., f.)

gray color [10] .... أَشهَب (n., m.) شَهْباء (n., f.) ج شُهْب

famous, renowned [13] .... أشهَر (شَهير) (adj.)

to hit, injure [7] .... أَصابَ (يُصيبُ) إصابة (v.)

to become [2] .... أَصْبَحَ (يُصْبِحُ) (v.)

finger, toe [2] .... إِصْبَع (أو أُصْبُع) ج أصابع (n., f., less frequently m.)

to collide with [7] .... اِصْطَدَمَ (يَصْطَدِمُ) اِصْطِدام (v.)

to repair [2] .... (v.) أصْلَحَ (يُصْلِحُ) إصْلاح

original, authentic, primary, genuine [17] .... (adj.) أصْليّ

to add [3] .... (v.) أضافَ (يُضيفُ) إضافَة

to become, turn into, come to a point [18] .... (v., member of *kana* set) أضْحى

to be compelled, forced [12] .... (v., only passive) اضْطُرَّ (يُضْطَرُّ) اضطِرار

to extinguish, put out a fire [7] .... (v.) أطفَأ (يُطفِئُ) إطفاء

to name, call [16] .... (v.) أطلق (يُطلِق) إطلاق (أطلق اسما على)

to return (something) [7] .... (v.) أعادَ (يُعيدُ) إعادة

to help, assist, aid, support [12] .... (v.) أعان (يعين) إعانة

beginning, as of, effective from [1] .... (adv.) اعتِباراً (مِن)

to be moderate [15] .... (v.) اعتَدَلَ (يَعتَدِلُ) اعتِدال

to recognize, acknowledge, confess [16] .... (v.) اعتَرَفَ (يَعتَرِف) اعتِراف

to be proud of, take pride in, glory oneself on [15] .... (v.) اعتَزَّ (يَعْتَزُّ) (بِـ) اعتِزاز

to arrest [7] .... (v.) اعتَقَلَ (يَعتَقِلُ) اعتِقال

to embrace, convert [17] .... (v.) اعتَنَقَ (يَعْتَنِقُ) اعتِناق

to announce [1] .... (v.) أعْلَنَ (يُعْلِنُ) إعْلان

Greek [9] .... (adj.) إغْريقيّ

to close [1] .... (v.) أغْلَقَ (يُغْلِقُ) إغْلاق

to lose consciousness, faint [12] .... (v., only passive) أُغْمِيَ (يُغْمى) إغْماء

to open, begin, start, inaugurate [15] .... (v.) افتَتَحَ (يَفتَتِحُ) افتِتاح

Plato [17] .... (name) أفْلاطون

to set up, found, hold [5] .... (v.) أقامَ (يُقيمُ) إقامة

to approach, come close, draw near [5] .... (v.) اقتَرَبَ (يَقتَرِبُ) اقتِراب

economy [9] .... (n., m.) اقْتِصاد

to discover [9] .... (v.) اكْتَشَفَ (يَكْتَشِفُ) اكْتِشاف

to assert, emphasize [7] .... (v.) أكَّدَ (يُؤكِّدُ) تأكيد

to turn, turn around, turn one's face [13] .... (v.) التَفَتَ (يَلتَفِتُ) الْتِفات

to turn, turn one's face, pay attention [5] .... (v.) التَفَتَ (يَلتَفِتُ) التِفات

to compose, write, compile [15] .... (v.) ألَّفَ (يُؤلِّفُ) تأليف

god .... (n., m.) إله (ج) آلِهة

hello (telephone greeting, came into Arabic through French) [4] .... (interjection) ألو

until [3] .... (prep. + particle) إلى أنْ
tame, domesticated, friendly [2] .... (adj.) أليف
take! Here is [1] .... (noun with the meaning of a verb) إليْكَ
center, middle, most significant, mother [13] .... (n., f.) أمّ (ج) أمّهات
nation, people [1] .... (n., f.) أمّة (ج) أمَم
to excel, surpass, be distinguished [17]............................... (v.) امتازَ (يَمتازُ) امتياز
to examine, to test [2] .... (v.) امْتحَنَ (يَمتحِنُ) امْتحان
to extend, spread out, extend [13] .... (v.) امَتدّ (يمَتدُّ) امتداد
to stretch, extend [6].. (v.) امتَدّ (يمتَدُّ) امتداد
to absorb [7] .... (v.) امتَصّ (يَمتَصُّ) امتِصاص
to own, possess [13] .... (v.) امتَلك (يَمتَلِك) امتلاك
a command, an order [5] .... (n., m.) أمْر ج أوامر
to hold, grasp, grip, clutch, take hold of [13] .... (v.) أمسَك (يُمسِك) إمساك
hope [2] .... (n., m.) أمَل ج آمال
Omayyad [9]... of أمَيّة (adj.) أمَويّ
if [4] .... (particle) إنْ
vessel, container [18]... (n., m.) إناء ج آنية/أوانٍ
to inform, tell.. (v.) أنبَأ (يُنبِئُ) إنْباء
mandate [15] .... (n., m.) انتداب
to join, be associated with, become a member of [15] .... (v.) انتَسَبَ (يَنتَسِبُ) انتساب
to spread [2] .... (v.) انتَشرَ (يَنتَشِرُ) انْتشار
to triumph, prevail, win, defeat [18].. (v.) انْتَصرَ (يَنْتَصِرُ) انْتصار
to wait [8] .... (v.) انتَظرَ (يَنتَظِرُ) انتظار
to end, expire [6] .... (v.) انتهى (يَنتهي) انتهاء
to beget, give birth, bear, procreate [15] .... (v.) أنجَبَ (يُنجِبُ) إنجاب
to veer, turn to one side [7] .... (v.) انحَرَفَ (يَنحَرِفُ) انحراف
then, at that time [15] .... (adv.) (آنَ+ذاك) آنَذاك
man, human being [15] .... (n., m.) إنسان
to withdraw, retreat, pull out [16] .... (v.) انسَحَبَ (ينسحِبُ) انسحاب
to begin, start, build, construct, set up, compose [13] .... (v.) أنشأ (يُنشئ) إنْشاء
to be busy, occupied, engaged [14] .... (v.) انشَغَلَ (يَنشَغِلُ) (بـ)انْشغال
to set out for [11] .... (v.) انطَلَقَ (ينطَلِقُ) انطلاق
to involve, imply, carry, include, contain [14] .... (v.) انطوى (يَنْطَوي) انطواء (على)

to turn, swerve, swing [4] .... (v.) انعطفَ (يَنعَطِفُ) انعطاف
to me immersed, submerged, absorbed in, engaged in [15] .... (v.) انغمَسَ (يَنغَمِسُ) انغماس
nose [11] .... (n., m.) أنْف ج أُنوف
to become extinct [9] .... (v.) انْقَرَضَ (يَنْقَرِضُ) انْقراض
to be absorbed, engrossed in [14] .... (v.) انْهَمَكَ (يَنهَمِكُ) انهِماك
neat, well dressed [5] .... (n., m.) أنيق
to find the right way [4] .... (v.) اهتَدى (يَهتَدي) اهتداء
family, one's folks [4] .... (n., m.) أَهل (ج) أهالٍ
highest point, acme, peak, climax [15] .... (n., m.) أَوْج
to hurt, cause pain [18] .... (v.) أَوْجَعَ (يوجِعُ) ايجاع
to stop, park [11] .... (v.) أوقَفَ (يوقِفُ) إيقاف
namely, that is (to say) [7] .... (explication particle) أيْ
base form of the accusative separate pronoun [17] .... (pron.) إيّا (ضمير النصب)
sign, wonder, Qur'anic verse [17] .... (n., f.) آية (ج) آيات
to support, back [17] .... (v.) أيَّدَ (يُؤَيِّدُ) تأييد
left [5] .... (adj., f.) (adj., m.) أيْسَر ، يُسْرى
faith, belief [17] .... (n.,m.) إيمان
wherever (n. + particle) [1] .... أيْنَما
chapter, column (in a newspaper) [2] .... (n., m.) باب (ج) أبْوابٌ
Daddy; child's term of address [14] .... (n., m.) بابا
to take the initiative, begin, set out to, proceed, act [13] .... (v.) بادَرَ (يُبادِرُ) مُبادَرة
sign, indication, precursor [18] .... (n., f.) بادرة ج بَوادر
well [13] .... (n., m.) بِئْر ج آبار
way out, escape (it is certain, necessary, inevitable) [7] .... (n., m.) بُدّ (لابُدَّ)
instead of [12] .... (adv.) بَدَلاً (مِن)
alternative, alternate, substitute [15] .... (n., m.) بَديل (ج) بُدَلاء
Berber of North Africa [16] .... (n., m.) بَرْبَري (ج) بَرْبَر
tower, castle [16] .... (n., m.) بُرْج (ج) أبْراج / بُروج
to become cold [3] .... (v.) بَرَدَ (يَبْرُدُ) بَرْد
to program [2] .... (v.) بَرْمَجَ (يُبَرمِجُ) بَرْمَجة
proof [17] .... (n., m.) بُرْهان (ج) بَراهين
bravery, courage, boldness, valor, valiance [13] .... (n., f.) بَسالة
simple, easy, plain, modest [1] .... (adj.) بَسيط
Ptolomy [17] .... بَطْليموس (ج) بَطالسة
championship [1] .... (n., f.) بُطولة (ج) بُطولات
to send, dispatch [12] .... (v.) بَعَثَ (يبعَث) بَعْث

yet, still, so far, hitherto [13] .... (particle) بَعْدُ
to be distant, far away [6] .... بَعُدَ (يَبعُدُ) بُعْد (v.)
cow [10] .... بَقَرة (ج) بَقَرات (n., f.)
spot, stain, patch [13] .... بُقْعة (ج) بُقَع (n., f.)
to cry, weep [8] .... بَكى (يَبكي) بُكاء (v.)
royal court [17] .... بَلاط (ج) أَبْلِطة (n., m.)
to amount to [7] .... بَلَغَ (يَبلُغُ) بُلوغ (v.)
to reach, get to a place [4] .... بَلَغَ (يَبلُغُ) بُلوغ (v.)
as, like, similar to, tantamount to [15] .... (prep. phrase) بِمَثابَة
gasoline [13] .... بَنْزين (n., m.)
ring finger [11] .... بِنْصِر (ج) بَناصِر (n.)
brown [2] .... بُنّيّ (adj.)
hall, parlor [16] .... بَهْو (ج) أَبْهاء (n., m.)
Bosporus (strait) [10] .... بوسفور (مَضيق البوسفور) (n., m.)
while, whereas [11] .... (particle) بَينَما
to pursue [2] .... تابَعَ (يُتابِعُ) مُتابَعة (v.)
(entry) visa [9] .... تأشيرة (دُخول) تأشيرات (n., f.)
assurance (most certainly) [4] .... تأكيد (بالتأكيد) (n., m.)
full, complete, whole, total, perfect .... تامّ (adj.)
to become clear, evident, be explained, be perceived [7] .... تَبيَّنَ (يَتَبيَّنُ) تَبيُّن (v.)
to yawn [14] .... تَثاءَبَ (يَتَثاءَبُ) تَثاؤُب (v.)
to exceed, surpass [15] .... تَجاوَزَ (يَتَجاوَزُ) تَجاوُز (v.)
experiment, test, trial, experience [14] .... تَجْرِبة (ج) تَجارِب (n., m.)
beautification, makeup [9] .... تَجْميل (n., m.)
to frown, scowl, be gloomy [14] .... تَجَهَّمَ (يَتَجَهَّمُ) تَجَهُّم (v.)
to wander about, to tour [6] .... تَجَوَّلَ (يَتَجَوَّلُ) تَجَوُّل (v.)
to talk to, speak [5] .... تَحَدَّثَ (يَتَحَدَّثُ) تَحَدُّث (v.)
to control [1] .... تَحَكَّمَ (يَتَحَكَّمُ) تَحَكُّم (v.)
to bear, to endure, to assume responsibility [2] .... تَحَمَّلَ (يَتَحَمَّلُ) تَحَمُّل (v.)
to change, alter, shift, transform [14] .... تَحَوَّلَ (يتَحَوَّلُ) تَحَوُّل (v.)
greeting [2] .... تَحيّة (ج) تَحيّات (n., f.)
to specialize [2] .... تَخَصَّصَ (يَتَخَصَّصُ) تَخَصُّص (v.)
to make frequent use, exchange .... تَداوَلَ (يَتَداوَلُ) تَداوُل (v.)
to pour forth, gush [16] .... تَدَفَّقَ (يَتَدَفَّقُ) تَدَفُّق (v.)
to remember [12] .... تذكَّر (يتذكَّرُ) تَذَكُّر (v.)
legacy, inheritance .... تُراث ج تُراثات (n., m.)

to retreat, withdraw, draw back, retract [11] .... تَراجَعَ (يَتَراجَعُ) تَراجُع (v.)
to correspond (with) [2] .... تَراسَلَ (يَتَراسَلُ) تَراسُل/مُراسَلَة (مَعَ) (v.)
soil [16] .... تُرْبَة (n., f.)
education, upbringing, cultivation [14] .... تَربية (n., f.)
to translate [17] .... تَرْجَمَ (يُتَرجِمُ) تَرْجَمة (v.)
to leave, to abandon [2] .... تَرَكَ (يَتْرُكُ) تَرْك (v.)
I wonder; would you say? [11] .... تُرى/يا تُرى (exclamation)
to intensify, to grow and grow [11] .... تَزايَدَ (يَتَزايَدُ) تَزايُد (v.)
to slide, glide, skate, ski [6] .... تَزَلَّجَ (يَتَزَلَّجُ) تَزَلُّج (v.)
to get married [8] .... تَزَوَّجَ (يَتَزَوَّجُ) تَزَوُّج (v.)
to fall down, collapse [16] .... تَساقَطَ (يَتَساقَطُ) تَساقُط (v.)
to climb [6] .... تَسَلَّقَ (يَتَسَلَّقُ) تَسَلُّق (v.)
entertainment [2] .... تَسْلِيَة (ج) تَسليات/ تَسالٍ (n., f.)
comparision, simile .... تَشبيه (شَبَّهَ، يُشَبِّهُ) (verbal noun)
to flow, pour forth (be wet with perspiration) [11] .... تَصَبَّبَ (يَتَصَبَّبُ) تَصَبُّب (عَرَقاً) (v.)
to match, fit, agree, be consistent [12] .... تَطابَقَ (يَتَطابَقُ) تَطابُق (v.)
to go to extremes, hold extreme position, become excessive [18] .... تَطَرَّفَ (يَتَطَرَّفُ) تَطَرُّف (v.)
embroidery [14] .... تَطْرِيز (n., m.)
to be acquainted [2] .... تَعارَفَ (يَتَعارَفُ) تَعارُف (v.)
come here! [5] .... تَعالَ (quasi verb)
to think, reason, consider [14] .... تَفَكَّرَ (يَتَفَكَّرُ) تَفَكُّر (v.)
to cross, intersect with [4] .... تَقاطَعَ (يَتَقاطَعُ) تَقاطُع (v.)
tradition, folklore [9] .... تَقْليد (ج) تَقاليد (n., m.)
technology [7] .... تَقنية (n., f.)
to recur, be repeated [15] .... تَكَرَّرَ (يَتَكَرَّرُ) تَكَرُّر (v.)
cost, expense [2] .... تَكْلفة (ج) تَكاليف (n., f.)
to be created, formed, composed [16] .... تَكَوَّنَ (يَتَكَوَّنُ) تَكَوُّن (v.)
pupil [7] .... تلميذ (ج) تلاميذ (n., m.)
after, upon [16] .... تِلْوَ (prep.)
exactly [9] .... تَماماً (adv.)
to enjoy [10] .... تَمَتَّعَ (يَتَمَتَّعُ) تَمَتُّع، (v.)
to complete, conclude, finish [13] .... تَمَّمَ (يُتَمِّمُ) تَتْميم (v.)
to wish, desire [2] .... تَمَنّى (يَتَمَنّى) تَمَنٍّ (v.)
to be distinguished, set apart [16] .... تَمَيَّزَ (يَتَمَيَّزُ) تَمَيُّز (v.)
to dispute, contend, rival [16] .... تَنازَعَ (يَتَنازَعُ) تَنازُع (v.)
to be well-coordinated, symmetrical [16] .... تَناسَقَ (يَتَناسَقُ) تَناسُق (v.)

to compete, rival [16] .... تَنافَسَ (يَتَنافَسُ) تَنافُس (v.)
to eavesdrop, listen secretly [1] .... تَنَصَّتَ (يَتَنَصَّتُ) تَنَصُّت (v.)
to sigh [14] .... تَنَهَّدَ (يَتَنَهَّدُ) تَنَهُّد (v.)
to fall, plunge [17] .... تَهافَتَ (يَتَهافَتُ) تَهافُت (v.)
congruity, agreement, conformity [17] .... تَوافُق (n., m.)
to head toward [7] .... تَوَجَّهَ (يَتَوَجَّهُ) تَوَجُّه (v.)
to become involved, get into trouble, become entangled [8] .... تَوَرَّطَ (يَتَوَرَّطُ) تَوَرُّط (v.)
to expand, spread [15] .... تَوَسَّعَ (يَتَوَسَّعُ) تَوَسُّع (v.)
to attain, arrive at, achieve [7] .... تَوَصَّلَ (يَتَوَصَّلُ) تَوَصُّل (v.)
to stop, stop over [6] .... تَوَقَّفَ (يَتَوَقَّفُ) تَوَقُّف (v.)
current, flow, trend, tendency [14] .... تَيّار (ج) تَيّارات (n., m.)
to revolt, rebel [16] .... ثارَ (يَثورُ) ثَورة (v.)
chatty, garrulous, talkative [13] .... ثَرْثار (ج) ثَرثارون (n., m.)
fortune, riches [12] .... ثَرْوة (ج) ثَرْوات (n., f.)
culture, intellectualism [7] .... ثَقافة (ج) ثَقافات (n., f.)
hole, perforation [2] .... ثُقْب (ج) ثُقوب (n., m.)
heavy, burdensome [5] .... ثَقيل ج ثُقَلاء (n., m.)
dress, costume [9] .... ثَوْب (ج) أَثْواب (n., m.)
prize, award [14] .... جائزة (ج) جَوائِز (n., f.)
neighbor [12] .... جار (ج) جيران (n., m.)
Galen [17] .... جالينوس
mosque [9] .... جامِع (ج) جَوامِع (n., m.)
ignorant, fool, foolish [18] .... جاهِل ج جَهَلة/جُهّال/جُهَلاء (n., m.)
forehead [11] .... جَبين (ج) جِباه / أَجْبُن (n., m.)
seriousness, earnestness, diligence [18] .... جِدّ (n., m.)
smallpox [18] .... جُدَرِيّ (n., m.)
argument, debate, dispute, disputation [17] .... جَدَل (n., m.)
worthy, meriting [14] .... جَدير (n., m.)
to dare, have courage [11] .... جَرُؤَ (يَجرُؤُ) جُرأة (v.)
tractor [11] .... جَرّار (ج) جَرّارات (n., m.)
bell, ringer [11] .... جَرَس (ج) أَجْراس (n., m.)
clamor, noise, din, shouting, uproar, racket .... جَعْجَعة (n., f.)
to make [5] .... جَعَلَ (يَجْعَلُ) جَعْل (v.)
skin [2] .... جِلْد (ج) جُلود (n., m.)
session, meeting, gathering [7] .... جَلسة (ج) جَلسات (n., f.)
companion, friend, associate [13] .... جَليس (ج) جُلَساء (n., m.)

group, company, party, community [13] .... (n., f.) جَماعة (ج) جماعات
society, association [7] .... (n., f.) جَمْعيّة (ج) جَمعيّات
to beautify [1] .... (v.) جَمَّلَ (يُجَمِّلُ) تجْميل
public [1] .... (n., m.) جُمْهور (ج) جَماهير
to become insane, mad (occurs only in the passive) [8] .... (v., passive) جُنَّ (يُجَنُّ) جُنون
pavilion [5] .... (n., m.) جَناح (ج) أجْنحة
paradise [14] .... (n., f.) جَنّة (ج) جَنّات، جِنان
chain [11] .... (n., m.) جنزير (ج) جَنازير
atmosphere, environment, weather, ambiance [5] .... (n., m.) جَوّ (ج) أجْواء
passport [9] .... (n., m.) جَواز (سَفَر) ج جَوازات
mobile [1] .... (n./adj.) جَوّال
coconut [3] .... (n., m.) جَوْزُ الهِنْد
eyebrow [11] .... (n., m.) حاجِب (ج) حَواجِب
need, want, necessity, demand [15] .... (n., f.) حاجة (ج) حاجات
accident [7] .... (n., m.) حادِث (ج) حَوادِث
narrow street, alley [9] .... (n., f.) حارة (ج) حارات
to preserve, to protect [2] .... (v.) حافَظَ (يُحافِظُ) مُحافَظَة
governor, ruler [16] .... (n., m.) حاكِم (ج) حُكّام
to ally with, keep to [15] .... (v.) حالَفَ (يُحالِفُ) مُحالَفة
(for time) to come, approach, draw near [1] .... (v.) حانَ (يَحينُ) حَيْن
shop, store [13] .... (n.) حانوت (ج) حَوانيت
to try, attempt [5] .... (v.) حاوَلَ (يُحاوِلُ) مُحاوَلة
grain [9] .... (n., f.) حَبّة (ج) حَبّات
millstone [18] .... (n., f.) (حَجَر) رَحى
room, chamber [9] .... (n., f.) حُجْرة (ج) حُجَرات/حُجَر
size, volume [3] .... (n., m.) حَجْم (ج) حُجوم/أحْجام
sharpness, acuteness, intensity [13] .... (n., f.) حِدّة
to report, tell, relate, narrate, converse with [13] .... (v.) حَدَّث (يحدِّث) تَحديث
horseshoe [16] .... (n., f.) حَدْوَة (ج) حَدوات
iron, steel [18] .... (n., m.) حَديد
cautious, wary [14] .... (adj.) حَذِر
free, independent, at large [14] .... (n., m.) حُرّ (ج) أحْرار
guarding, watching [2] .... (n., f.) حِراسة
to edit, write (editor in chief) [8] .... (v.) حَرَّرَ (يُحَرِّرُ) تَحْرير (رئيس تحرير)
to move, drive, stir, stimulate [14] .... (v.) حَرَّكَ (يُحَرِّكُ) تَحريك
movement, motion [14] .... (n., f.) حَرَكة (ج) حَرَكات

campus, sacred possession [6] .... (n., m.) حَرَم (ج) أحْرام
to prohibit [17] .... (v.) حَرَّمَ (يُحَرِّمُ) تَحريم
to deprive, bereave, dispossess [15] .... (v.) حَرَمَ (يَحرِمُ) حِرْمان
silk [9] .... (n., m.) حَرير
belt [5] .... (n., m.) حِزام( )ج أحْزِمة
to be sad, mourn, grieve [8] .... (v.) حَزِنَ (يَحزَنُ) حُزْن
allergy, sensitivity [8] .... (n., f.) حَساسية
to calculate, compute, reckon, take into account [12] .... (v.) حَسَبَ (يحسُب) حِساب
good [9] .... (adj.) حَسَن
crowd, gathering, assembly [16] .... (n., m.) حَشْد (ج) حُشود
pebbles, gravel [16] .... (n., f.) حَصْباء
to fortify, strengthen [16] .... (v.) حَصَّنَ (يُحَصِّنُ) تَحْصين
civilization .... (n., f.) حَضارة ج حَضارات
respectful term of address used with both men and women [4] .... (n. f.) حَضْرة (ج) حَضَرات
fortune, luck, lot, fate [11] .... (n., m.) حَظّ (ج) حُظوظ
to dig a hole, excavate, bore a hole [18] .... (v.) حَفَرَ (يَحفِرُ) حَفْر
party, concert, gathering, celebration [6] .... (n., f.) حَفْلة (ج) حَفَلات
to realize, fulfill, make something come true [2] .... (v.) حَقَّقَ (يُحَقِّقُ) تَحْقيق
fact, reality [14] .... (n., f.) حَقيقة (ج) حَقائق
real [11] .... (adj.) حَقيقيّ
to scratch, scrape, rub [18] .... (v.) حَكَّ (يَحُكُّ) حَكّ
story, tale, narrative [9] .... (n., f.) حكاية (ج) حكايات
to rule, sentence [9] .... (v.) حَكَمَ (يَحْكُمُ) حُكْم
story-teller [9] .... (n., m.) حَكَواتيّ (ج) حَكَواتيّون/حَكَواتيّة
to tell, recount, report, speak, narrate [8] .... (v.) حَكى (يَحْكي) حَكي/ حِكاية
to descend upon, befall, afflict, strike, occur to [14] .... (v.) حَلَّ (بـ)
barber, hair dresser [13] .... (n., m.) حَلّاق (ج) حَلّاقون
part of a series, a show of a TV or radio series, ring [5] .... (n., f.) حَلْقة (ج) حَلَقات
patience, forebearance, indulgence, discretion [18] .... (n., m.) حِلم
to dream [12] .... (v.) حَلَم (يحلُم) حُلْم
sweet, beautiful [12] .... (n.) حُلْوٌ
ornament, jewelry [9] .... (n., m.) حَلي (ج) حُليّ
donkey [18] .... (n., m.) حمار ج حَمير
enthusiasm, ardor, zeal, fervor [13] .... (n., f.) حَماسة
pigeon, dove [9] .... (n., f.) حَمامَة (ج) حَمامات/حَمام
to praise, laud, commend, extol [13] .... (v.) حَمِد (يحمَدُ) حَمْد

campaign, attack, offensive [15] .... حَمْلة (ج) حَمَلات (n., f.)
to protect [1] .... حَمى (يَحْمي) حماية (v.)
to be furious, full of rage [11] .... حَنِقَ (يحنَقُ) حَنَق (v.)
dialogue, conversation [14] .... حِوار (ج) حوارات (n., m.)
around [9] .... حَوْلَ (adv.)
life [9] .... حَياة (ج) حَيَوات (n., f.)
confusion, perplexity, bewilderment [14] .... حيرة (n., f.)
special, private [9] .... خاصّ (adj.)
to address, talk [5] .... خاطَبَ (يُخاطِبُ) مَخاطبة (v.)
to fear, dread, be afraid, scared, terrified [11] .... خافَ (يَخافُ) خَوْف (v.)
to mix with, associate with [18] .... خالَطَ (يُخالِطُ) مُخالَطة (v.)
to contradict, disagree with, conflict with [18] .... خالَفَ (يُخالِفُ) مُخالَفة (v.)
to stamp, seal [9] .... خَتَمَ (يَخْتِمُ) خَتْم (v.)
to become thick like a syrup [3] .... خَثَرَ (يَخثُرُ) خُثور (v.)
to be ashamed, embarrassed, abashed [11] .... خَجِلَ (يَخجَلُ) خَجَل (v.)
cheek [11] .... خَدّ ج خُدود (n., m.)
to anesthetize, numb [7] .... خَدَّرَ (يُخَدِّرُ) تَخدير (v.)
deception, cheating [18] .... خُدعة ج خُدَع (n., f.)
service [1] .... خدمة (ج) خَدَمات (n., f.)
reservoir, tank, dam [13] .... خَزّان (ج) خَزّانات (n., m.)
pottery, porcelain, ceramics [16] .... خَزَف (n., m.)
wood [2] .... خَشَب (ج) أخْشاب (n., m.)
wood, lumber [9] .... خَشَب (ج) أُخْشاب (n., m.)
wooden, of wood [9] .... خَشَبِيّ (adj.)
to specify, allocate, designate [1] .... خَصَّصَ (يُخَصِّصُ) تَخصيص (v.)
specifically [8] .... خصّيصاً (adv.)
penmanship, calligraphy, handwriting, line [1] .... خَطّ (ج) خُطوط (n., m.)
engagement, betrothal, courtship [12] .... خِطْبة (n., f.)
danger, peril, hazard, risk [13] .... خَطَر (ج) أخْطار (n., m.)
suitor, fiancé [12] .... خَطيب (ج) خُطَباء (n., m.)
fiancée [12] .... خَطيبة (ج) خَطيبات (n., f.)
difference, disparity, incongruence [17] .... خِلاف (ج) خلافات (n., m.)
during [12] .... خَلالَ (adverbial)
to mix, confuse [3] .... خَلَطَ (يخلِطُ) خَلْط (v.)
mixture [3] .... خَلطة (ج) خَلَطات (n., m.)
to take off, undress [9] .... خَلَعَ (يَخلَعُ) خَلْع (v.)

to create, make [14] .... خَلَقَ (يخلُقُ) خَلْق (v.)
moral constitution, character, nature [18] .... خُلُق ج أخْلاق (n., m.)
tavern, wine shop [14] .... خَمّارة (ج) خَمّارات (n., f.)
yeast, leaven [3] .... خَميرة (ج) خَمائر (n., f.)
little finger [11] .... خنصر (ج) خَناصِر (n.)
shadow, reflection [9] .... خَيال (ج) أخْيِلة (n., m.)
good, better than [18] .... خَيْر (مِن) (n., m.)
elite, choice, pick [15] .... خيرة (n., f.)
circle [3] .... دائرة (ج) دَوائِر (n., f.)
inner, inside, interior [5] .... داخِل (n., m.)
to turn, go around, rotate, revolve [11] .... دارَ (يَدورُ) دَوَران (v.)
to humor, indulge, flatter, deceive, hide [14] .... دارى (يُداري) مُداراة (v.)
supporter [15] .... داعِم (ج) -ون (n., m.)
to defend, protect, advocate [15] .... دافَعَ (يُدافِعُ) دِفاع/مُدافَعة (v.)
to last, continue, persist [17] .... دامَ (يَدومُ) دَوام (v.)
concern, connection, business, bearing, relevance [14] .... دَخْل (n., m.)
to smoke [1] .... دَخَّنَ (يُدَخِّنُ) تَدْخين (v.)
to chat [5] .... دَرْدَشَ (يُدَردِشُ) دَردَشة (v., colloquial)
to teach [2] .... دَرَّسَ (يُدَرِّسُ) تَدْريس (v.)
coat of mail, armor, shield [9] .... دِرْع (ج) دُروع (n., m.)
to know, have knowledge, be aware of [13] .... دَرى (يَدْري) (بـ) (v.)
to invite, call, summon [11] .... دَعا (يَدعو) دُعاء (v.)
advertisement [1] .... دعاية (ج) دعايات (n., f.)
invitation [11] .... دَعْوة (ج) دَعَوات (n., f.)
tambourine [2] .... دَفّ (ج) دُفوف (n., m.)
to push [1] .... دَفَعَ (يَدفَعُ) دَفع (v.)
group, class, set [15] .... دُفْعة (ج) -ات (n., f.)
to bury, inter, conceal [17] .... دَفَنَ (يَدفِنُ) دَفْن (v.)
to knock, bang [8] .... دَقَّ (يَدُقُّ) دَقّ (v.)
precise, accurate, exact, rigorous [8] .... دَقيق (adj.)
doctor, physician (loan word used in colloquial speech) [8] .... دُكتور (ج) دكاترة (n., m.)
to show, indicate, point out [9] .... دَلَّ (يَدُلُّ) دَلالة (v.)
blood [7] .... دَم (ج) دماء (n., m.)
doll, dummy [9] .... دُمْية (ج) دُمىً (n., f.)
world, earth, worldly existence [14] .... دُنْيا (n., f.)
paint [2] .... دِهان (n., m.)

astonishment, amazement, surprise [13] .... (n., f.) دَهْشة
fat, grease, lipid, oil [15] .... (n., m.) دُهْن (ج) دُهون
to daub, cover with paint [3] .... (v.) دَهَنَ (يَدهُنُ) دَهْن
medicine [12] .... (n., m.) دَواء (ج) أدْوِية
role, part [15] .... (n., m.) دَوْر (ج) أدْوار
state, country [5] .... (n., f.) دَولة (ج) دُوَل
religion [14] .... (n., m.) دين (ج) أدْيان
governmental office, chancellery [16] .... (n., m.) ديوان (ج) دَواوين
supply, hoard, provisions, ammunition [13] .... (n., f.) ذَخيرة (ج) ذَخائر
arm [11] .... (n., f.) ذراع (ج) أذْرُع
chin [11] .... (n., f.) ذَقْن (ج) ذُقون
intelligence, acumen, brightness [10] .... (n., m.) ذكاء
mentioning, citing [14] .... (n., m.) ذِكْر
male [15] .... (n., m.) ذَكَرٌ (ج) ذُكور
gold [16] .... (v.) ذَهَب
mind, intellect [16] .... (n., m.) ذِهْن (ج) أذْهان
taste, liking, inclination [14] .... (n., m.) ذَوْق (ج) أذْواق
wonderful [11] .... (adj.) رائع
salary [5] .... (n., m.) راتب (ج) رَواتب
rest [8] .... (n., f.) راحة
the late, deceased [15] .... (n., m.) راحل (ج) -ون
deposit, sediment, residue [14] .... (n., m.) راسب
to correspond [2] .... (v.) راسَلَ (يُراسِلُ) مُراسَلة
satisfied, content, pleased [13] .... (n., m.) راضٍ (ج) رُضاة
to frighten, scare, alarm [13] .... (v.) راع (يروع) رَوْع
high-class, cultured, refined, of the upper class [6] .... (n., m.) راقٍ (ج) راقون
opinion, point of view [12] .... (n.) رَأْيٌ (ج) آراء
many a [18] .... (prep.) رُبَّ
to win [8] .... (v.) رَبِحَ (يَربَحُ) رِبْح
to tie, bind, fasten, connect, link [13] .... (v.) رَبَط (يربط) رَبْط
to welcome [4] .... (v.) رَحَّبَ (يُرَحِّبُ) تَرحيب
cheap, inexpensive [10] .... (adj.) رَخيص
drizzle [18] .... (n., m.) رَذاذ
(God) to give, bestow, provide with the means of subsistence [15] .... (v.) رَزَقَ (يَرزُقُ) رِزْق
to nominate, name, propose, run (candidate) [15] .... (v.) رَشَّحَ (يُرَشِّحُ) تَرْشيح: مُرَشَّح
to exude, ooze, seep, leak [18] .... (v.) رَشَحَ (يَرْشَحُ) رَشْح

to be satisfied, consent, agree, approve [17] .... رَضِيَ (يَرْضى) رضىً (عن) (v.)
infant, newborn, suckling [15] .... رَضيع (ج) رُضَّع (n., m.)
desire [2] .... رَغْبة (ج) رَغَبات (n., f.)
in spite of [14] .... رَغْمَ (بالرَغْم من)
to pick up, raise, lift [11] .... رَفَعَ (يرفَعُ) رَفْع (v.)
inscription, tablet [9] .... رَقيم (ج) رُقُم (n., m.)
to run, race, rush [12] .... ركَض (يركُض) ركْضٌ (v.)
gray [10] .... رَماديّ (adj.)
scorching heat (old usage)........ رَمْضاء (n., f.)
to thow, cast, toss, shoot, charge with, aim at [18] .... رَمى (يَرْمي) رَمْي (v.)
popularity, currency, marketability [15] .... رَواج (n., m.)
colonnade, portico [16] .... رِواق (ج) أرْوِقة (n., m.)
novel [2] .... رِوايَة (ج) روايات (n., f.)
spirit, soul, essence [13] .... روح (ج) أرْواح (n., f.)
to tame, housebreak, habituate [14] .... رَوَّضَ (يُرَوِّضُ) تَرْويض (v.)
beauty, charm, splendor, fear, alarm [16] .... رَوْعة (n., f.)
Roman [6]........ رومانيٌّ (adj.)
visitor, caller, guest [5] .... زائر (ج) زُوّار (n., m.)
to become greater, grow, increase [11] .... زادَ (يزيدُ) زيادة (v.)
piper, player on a wind instrument [18]........ زامِر ج -ون (n., m.)
customer, client [5] .... زَبون (ج) زَبائن (n., m.)
glass [11] .... زُجاج (n., m.)
bottle, flask, vial [14] .... زُجاجة (ج) زُجاجات (n., f.)
button, push button [11] .... زِرّ ج أزْرار (n., m)
chain mail, coat made of chain mail as armor [9] .... زَرَد (ج) زُرود (زَرَد الحَديد) (n., m.)
to be annoyed, upset, vexed [14] .... زَعِلَ (يزعَلُ) زَعَل (v.)
time, period, duration of time [6] .... زَمَن (ج) أزْمُن/أزمان (n., m.)
clothing, apparel, uniform [1] .... زِيّ (ج) أزْياء (n., m.)
increase, increment, addition [15] .... زيادة (ج) -ات (n., f.)
oil [13] .... زَيْت (ج) زُيوت (n., m.)
tourist, traveler [5] .... سائِح ج سُيّاح/سائِحون (n., m.)
former, previous [5] .... سابق (adj.)
to move along, walk, go, run, operate [17] .... سارَ (يَسيرُ) سَيْر/مَسير (v.)
office boy, janitor, carrier (mail) [8] .... ساعٍ (الساعي) (ج) سُعاة (n., m.)
leg, thigh [11] .... ساق (ج) سيقان (n., f.)
to ask [3] .... سألَ (يَسْألُ) سُؤال (v.)

to flow, stream, run [7] .... (v.) سالَ (يَسيلُ) سَيَلان
to participate, contribute, take part [15] .... (v.) ساهَمَ (يُساهِمُ) مُساهَمة
to be before, precede, arrive before, anticipate [18].......... (v.) سَبَقَ (يَسبِقُ) سَبْق
drape, curtain, screen [11] .... (n., f.) ستارة (ج) سَتائر
to write down, register [11] .... (v.) سَجَّلَ (يُسَجِّلُ) تَسجيل
to pull [1] .... (v.) سَحَبَ (يَسْحَبُ) سَحْب
ridicule, scorn, derision, mockery [14] .... (n., f.) سُخرية
secret, mystery [13] .... (n., m.) سِرّ (ج) أسْرار
to be lost in thought, distracted [14] .... (v.) سَرَحَ (يَسرَحُ) سُروح
no sooner than, at which point [15] .... (noun with verbal meaning) سُرْعانَ (سَرْعانَ) (ما)
speed [3] .... (n., f.) سُرْعة (ج) سُرْعات
to steal [7] .... (v.) سَرَقَ (يَسرِقُ) سَرِقة
Syriac, member of the Syrian Church [9].......... (adj.) سرياني
fast, quick [3] .... (adj.) سَريع
to burglarize, break into [7] .... (v.) سَطا (يَسْطو) سَطْوٌ
price [1] .... (n., m.) سِعْر (ج) أسْعار
embassy [6] .... (n., f.) سِفارة (ج) سَفارات
foot (of a mountain) [6].......... (n., m.) سَفْحٌ (ج) سُفوحٌ
to be silent, quiet [18].......... (v.) سَكَتَ (يَسْكُتُ) سَكوت
knife [3] .... (n., f.) سِكّين (ج) سَكاكين
tuberculosis [15] .... (n., m.) سِلّ
to focus, put in power [7] .... (v.) سَلَّطَ (يُسَلِّطُ) تَسْليط
to behave, act, conduct oneself [18].......... (v.) سَلَكَ (يَسْلُكُ) سُلوك
poison [17].......... (n., m.) سُمّ (ج) سُموم
speaker (as in radio and stereo) [7] .... (n., f.) سَمّاعة (ج) سَمّاعات
to allow, permit [5] .... (v.) سَمَحَ (يَسْمَحُ) سَماح
reputation, standing, renown [18].......... (n., f.) سُمْعة
semolina [3] .... (n., m.) سَميد
easy, plain [1] .... (adj.) سَهْل
easiness, facility [1] .... (n., f.) سُهولة
wall, fence [16].......... (n., m.) سور (ج) أسْوار
chapter in the Qur'an [14] .... (n., f.) سورة (ج) سُوَر
except [17].......... (particle) سوى
biography, history [9].......... (n., f.) سيرة (ج) سِيَر
flood, torrent [18].......... (n., m.) سَيْل ج سُيول
old name for Sri Lanka [1] .... (n.) سيلان

young man [9] .... شابٌّ (ج) شَباب (n., m.)
to become white-haired, grow old [18] .... شابَ (يَشيبُ) شَيْب (v.)
to resemble .... شابَهَ (يُشابِهُ) مُشابَهة (v.)
moustache [11] .... شارب (ج) شَوارب (n., m.)
to participate [5] .... شارَكَ (يُشارِكُ) مُشارَكة (v.)
screen [1] .... شاشَة (ج) شاشات (n., f.)
vacant, empty, unoccupied, free [9] .... شاغِر (adj.)
to become a youth, grow up [18] .... شَبَّ (يَشِبُّ) شَباب (v.)
to eat one's fill, satisfy one's appetite, be full [13] .... شَبِع (يشبَع) شبَع (v.)
lion cub .... شِبْل ج أشْبال (n., m.)
to curse, swear (at), call names [11] .... شَتَم (يَشتُمُ) شَتْم (v.)
bravery, courage, boldness, valor [13] .... شجاعة (n., f.)
to support, cheer [1] .... شَجَّعَ (يَشَجِّعُ) تَشْجيع (v.)
cargo, shipment, load [8] .... شَحْنة (ج) شَحَنات (n., f.)
to tie, to tighten, to pull taut [2] .... شَدَّ (يَشُدُّ) شَدّ (v.)
strength, intensity, severity [8] .... شِدّة (n., f.)
playing cards (colloquial, Syria) [2] .... شَدّة (ج) شَدّات (n., f.)
intense, powerful [11] .... شَديد (ج) أشِدّاء (adj.)
vicious, fierce [11] .... شَرِس (ج) -ون (adj.)
canonical law of Islam [17] .... شَرْع (n., m.)
to begin, start, commence [11] .... شَرَعَ (يَشْرَعُ) شُروع (v.)
similar to, like [18] .... شَرْوى (n., m.)
people, nation [6] .... شَعْب (ج) شُعوب (n., m.)
popular, of the people [9] .... شَعْبِيّ (adj.)
to feel, have a feeling [11] .... شَعَرَ (يَشعُرُ) شُعور (v.)
hair [11] .... شَعْر (ج) أشْعار (n., m.)
poetry [2] .... شِعْر (ج) أشْعار (n., m.)
cure, healing, recovery [3] .... شِفاء (n., m.)
lip [1] .... شَفَة (ج) شِفاه (n., f.)
to heal, cure, restore to health [14] .... شَفى (يَشْفي) شِفاء (v.)
scoundrel, rascal, rogue [14] .... شَقِيّ (n., m.)
form, shape [13] .... شَكْل (ج) أشْكال (n., m.)
to contain, comprise [1] .... شَمِلَ (يَشْمَلُ) شَمْل ؛شَمَلَ (يَشْمُلُ) شُمول (v.)
to witness, see [15] .... شَهِدَ (يَشهَدُ) شَهادة (v.)
longing, yearning, desire [4] .... شَوق (ج) أشواق (n., m.)
old man, elderly person, chief, senator, religious person [10] .... شَيْخ (ج) شُيوخ (n., m.)

owner of, proprietor, companion, friend [8] ... (n., m.) صاحِب (ج) أصْحاب

to come across, meet by chance [11] ... (v.) صادَفَ (يُصادِفُ) مُصادَفة

suitable, fit, appropriate [1] ... (adj./n., m.) صالِح

to pour, to fill [3] ... (v.) صَبَّ (يَصُبُّ) صَبّ

patience, forbearance, tolerance [14] ... (n., m.) صَبْر

to be patient, forbearing [4] ... (v.) صَبَرَ (يَصبِرُ) صَبْر

boy [5] ... (n., m.) صَبِيّ ج صِبْيَة/صِبْيان

plate [3] ... (n., m.) صَحْن (ج) صُحون

newspaper [1] ... (n., f.) صَحيفة (ج) صُحُف

headache [8] ... (n., m.) صُداع

chest, breast, bosom [13] ... (n., m.) صَدْر (ج) صُدور

chance [7] ... (n., f.) صُدْفة (ج) صُدَف

truth, truthfulness, sincerity, veracity [14] ... (n., m.) صِدْق

to believe [17] ... (v.) صَدَّقَ (يُصَدِّقُ) تَصْديق

fight, struggle [17] ... (n., m.) صِراع (ج) صِراعات

to spend, expend [12] ... (v.) صَرَفَ (يصرِفُ) صَرْف

difficult, hard [3] ... (adj.) صَعْب

to climb up [4] ... (v.) صَعِدَ (يَصعَدُ) صُعود

difficulty [3] ... (n., f.) صُعوبة (ج) صُعوبات

to repair [2] ... (v.) صَلَّحَ (يُصَلِّحُ) تَصْليح

sign of the cross [15] ... (n., m.) صَليب (ج) صُلْبان

to be/keep silent, stop talking, say nothing [14] ... (v.) صَمَتَ (يَصمُتُ) صَمْت

to be silent, quiet [18] ... (v.) صَمَتَ (يَصْمُتُ) صَمْت

to design, decide, be determined [1] ... (v.) صَمَّمَ (يُصَمِّمُ) تَصْميم

brass disc, cymbals [2] ... (n., f.) صَنْج (ج) صُنوج

sort, type, category, kind [15] ... (n., m.) صِنْف (ج) أصْناف

to be dissatisfied, annoyed, irritated [14] ... (v.) ضَجِرَ (يضْجَرُ) ضَجَر

noise, din, clamor, pandemonium [18] ... (n., m.) ضَجيج

huge, great [11] ... (adj.) ضَخْم (ج) ضِخام

to hit, strike, beat [10] ... (v.) ضَرَبَ (يَضرِبُ) ضَرْب

to shade into (red) [16] ... (v.) ضَرَبَ (يَضرِبُ) ضَرْب (إلى الحُمرة)

essential, necessary, requisite [14] ... (n., m.) ضَروريّ

to weaken, flag, languish, lose strength [15] ... (v.) ضَعُفَ (يَضْعُفُ) ضَعْف

to press, push [11] ... (v.) ضَغَطَ (يضغَطُ) ضَغْط

to join, gather, contain, combine, encompass [7] ... (v.) ضَمَّ (يَضُمُّ) ضَمّ

guest, visitor [12] ... (n., m.) ضَيْف (ج) ضُيوف

faction, sect, religious minority [16] .... (n., f.) طائفة (ج) طَوائف
prevailing, oppressive [14] .... (n., m.) طاغٍ (ج) طُغاةَ
to read, browse [1] .... (v.) طالَعَ (يُطالِعُ) مُطالعة
to cook [3] .... (v.) طَبَخَ (يطبُخُ) طَبْخ
dish, plate [3] .... (n., m.) طَبَق (ج) أطْباق
to grind, to pulverize [3] .... (v.) طَحَنَ (يَطحَنُ) طَحْن
to grind, mill, pulverize .... (v.) طَحَنَ (يَطحَنُ) طَحْن
to be moved (mostly with joy), delighted [18] .... (v.) طرِبَ (يَطْرَبُ) طرَب
extremity, outermost part, edge, limb [7] .... (n., m.) طرَف (ج) أطْراف
uncommon, novel, funny [8] .... (adj.) طَريف
way, road [1] .... (n., f.) طريق (ج) طُرُق (ج) طُرُقات
method, way, manner [3] .... (n., f.) طَريقة (ج) طَرائِق
casserole, saucepan, skillet, cooking pot [8] .... (n., f.) طنْجَرة (ج) طَناجِر
to cook [12] .... (v.) طَها (يطهو) طَهو/طَهي
fold, conviction .... (n., f.) طَويّة ج طَوايا
throughout, during, all through, round [15] .... (n., f.) طيلةَ / طَوالَ
apparent, visible, obvious [14] .... (adj.) ظاهِر
fingernail, toenail, claw [18] .... (n., m.) ظفْر/ظُفُر ج أظْفار/أظافِر
shadow, shade [9] .... (n., m.) ظَلٌّ (ج) ظلال
to do injustice, do wrong, act tyrannically .... (v.) ظَلَمَ (يَظلِمُ) ظُلم
back [5] .... (n., m.) ظَهْر ج ظُهور
to blame, censure, scold (mildly) [8] .... (v.) عاتَبَ (يُعاتِبُ) مُعاتَبة
to oppose, resist, object [15] .... (v.) عارَضَ (يُعارِضُ) مُعارَضة
to live [4] .... (v.) عاشَ (يَعيشُ) عَيش
to associate with, mix with [18] .... (v.) عاشَرَ (يُعاشِرُ) مُعاشَرة
emotion, passion [15] .... (n., f.) عاطِفة (ج) عَواطِف
to treat, remedy, cure, medicate [15] .... (v.) عالَجَ (يُعالِجُ) مَعالَجة
consisting in, equivalent to, tantamount to [14] .... (n., f.) عبارة (عَن)
to worship [14] .... (v.) عَبَدَ (يعبُدُ) عبادة
to cross, carry across, traverse [4] .... (v.) عَبَرَ (يَعبُرُ) عُبور
doorstep, threshold [11] .... (n., f.) عَتَبة ج عَتَبات
Ottoman [9] .... (adj.) عُثْمانيّ
wheel [13] .... (n., f.) عَجَلة (ج) عَجَلات
meter, counter [11] .... (n., m.) عَدّاد ج عَدّادات
nonexistence, nothingness, absence, lack [15] .... (n., m.) عَدَم

enemy, foe [16] .... (n., m.) عَدوّ (ج) أعْداء
number of, numerous, large quantity [17]........ (n., m.) عَديد (مِن)
wedding, marriage [9] .... (n., m.) عُرْس (ج) أعْراس
breadth, width [16]........ (n., m.) عَرْض (ج) عُروض
to show, display, air [5] .... (v.) عَرَضَ (يَعْرِضُ) عَرْض
to perspire, sweat [11] .... (v.) عَرِقَ (يَعرَقُ) عَرَق
licorice root [5] .... (n., m.) عِرقْسوس (عِرْق سوس)
bride [9]........ (n., f.) عَروس (ج) عَرائس
groom [9]........ (n., m.) عَروس (ج) عُرُس/عُرسان
wide [4] .... (adj.) عَريض
to play an instrument [2] .... (v.) عَزَفَ (يَعزفُ) عَزْف
military, soldier [16]........ (adj., n.) عَسْكَريّ
League (of Nations) [15] .... (n., f.) عُصْبة (الأمَم)
midafternoon [11] .... (n., m.) عَصْر (ج) أعْصار
period, era [1] .... (n., m.) عَصْر (ج) عُصور
modern [1] .... (n./adj,. m.) عَصْريّ
to storm, blow violently [16]........ (v.) عَصَفَ (يَعصفُ) عَصْف
member [15] .... (n., m.) عُضْوٌ (ج) أعْضاء
giving, gift, grant, donation [15] .... (n., m.) عَطاء
perfume, fragrance [1] .... (n., m.) عِطْر (ج) عُطور
to forgive, excuse [17]........ (v.) عَفا (يَعْفو) عَفْو (عن)
end, issue, effect, outcome, result, consequence [13] .... (n., f.) عُقْبى/عاقِبة (ج) عَواقِب
arch, vault [16]........ (n., m.) عَقْد (ج) عُقود
to be reasonable, conscious, comprehend [8] .... (v.) عَقَلَ (يَعقِلُ) عَقْل
article of faith, tenet, dogma, doctrine, creed, belief [17]........ (n., f.) عَقيدة (ج) عَقائد
treatment, therapy [2] .... (n., m.) عِلاج (ج) عِلاجات
grade, mark [2] .... (n., f.) عَلامة (ج) عَلامات
box, case, glove compartment, carton [11] .... (n., f.) عُلبة ج عُلَب
to hang, suspend, attach [11] .... (v.) عَلَّقَ (يُعَلِّقُ) تَعليق
building, architecture [16]........ (n., f.) عِمارة (ج) عِمارات
construction, development [6]........ (n., m.) عُمْرانٌ
depth, bottom, innermost [14] .... (n., m.) عُمْق (ج) أعْماق
operation, procedure, method, process [7] .... (n., f.) عَمَليّة (ج) عَمَليّات
pole, post [7] .... (n., m.) عَمود (ج) أعْمِدة/عَواميد
deep [3] .... (adj.) عَميق
neck [11] .... (n., f.) عُنُق ج أعْناق

violent, severe, tough [17] .... (adj.) عَنيف
knowledge, covenant, treaty, protection, oath, decree [13] .... (n., m.) عَهْد (ج) عُهود
lute [2] .... (n., m.) عود (ج) أعْواد
to compensate, make up for, redress [15] .... (v.) عَوَّضَ (يُعَوِّضُ) تَعْويض
to howl [11] .... (v.) عَوى (يَعوي) عُواء
spring (of water) [1] .... (n., f.) عَيْن (ج) عُيون
to appoint [17] .... (v.) عَيَّنَ (يُعَيِّنُ) تَعيين
to be absent, stay away, vanish, disappear [8] .... (v.) غابَ (يَغيبُ) غياب
to dive [6] .... (v.) غاصَ (يَغوصُ) غَوْص
obscure, vague, unclear [14] .... (adj.) غامِض
food, nourishment, nutrient [15] .... (n., m.) غِذاء (ج) أغذية
strange, stranger [12] .... (n./adj.) غَريب (ج) غُرَباء
abundant, copious [18] .... (adj.) غَزير
to get angry, get furious [11] .... (v.) غَضِبَ (يغْضَبُ) غَضَب
to cover, wrap, conceal [16] .... (v.) غَطّى (يُغَطّي) تَغطية
to boil [3] .... (v.) غَلى (يَغلي) غَلْيٌ/غَلَيان
to flood, inundate, fill [12] .... (v.) غَمَرَ (يغمُر) غَمْر
abundant rain [18] .... (n., m.) غَيْث ج غُيوث
to change, alter, modify [13] .... (v.) غَيَّر (يغَيِّر) تَغْيير
to boil, simmer, bubble [3] .... (v.) فارَ (يَفورُ) فَوَران
empty [4] .... (adj.) فارِغ
difference, distinction, disparity [7] .... (n., m.) فارق (ج) فَوارق
to open [1] .... (v.) فَتَحَ (يَفْتَحُ) فَتْح
to conquer [16] .... (v.) فَتَحَ (يفتَحُ) فَتْح (فتح بلدا)
interval of time, period [15] .... (n., f.) فَتْرة (ج) فَتَرات
suddenly [8] .... (adv.) فَجْأةً
to examine, test [8] .... (v.) فَحَصَ (يَفحَصُ) فَحْص
earthenware [2] .... (n., m.) فَخّار
magnificent, splendid, stately [6] .... (adj.) فَخْم
to flee, run away [16] .... (v.) فَرَّ (يَفِرُّ) فِرار
to be happy, rejoice [4] .... (v.) فَرِحَ (يَفرَحُ) فَرَح
chicken, young bird [8] .... (n., f.) فَرْخة (ج) فِراخ
individual, single person, member [16] .... (n., m.) فَرْد (ج) أفْراد
paradise [16] .... (n., m.) فِرْدَوْس (ج) فَراديس
horse, thoroughbred, mare [16] .... (n., m./f.) فَرَس (ج) أفْراس
difference, distinction [14] .... (n., m.) فَرْق (ج) فُروق

oven [3] .... فُرْن (ج) أفْران (n., m.)
recess, intermission, picnic [14] .... فُسْحة (ج) فُسَح (n., f.)
to explain, explicate, expound [17] .... فَسَّرَ (يُفَسِّرُ) تفسير (v.)
classroom (Egypt) [14] .... فَصْل (ج) فُصول (n., m.)
to settle, resolve, open, close, conclude [13] .... فَضَّ (يَفُضُّ) فَضّ (v.)
silver [6] .... فضّة (n., f.)
to prefer, favor [14] .... فَضَّلَ (يُفَضِّلُ) تفضيل (v.)
scandal [2] .... فَضيحَة (ج) فَضائِح (n., f.)
to lose [16] .... فَقَدَ (يَفقِدُ) فُقْدان (v.)
poverty, need, destitution [15] .... فَقْر (n., m.)
understanding, jurisprudence [17] .... فقه (n., m.)
humor, joke, fun [13] .... فُكاهة (ج) فُكاهات (n., f.)
thinking, thought [17] .... فِكْر (ج) أفْكار (n.,m.)
to think, consider, contemplate, reason [13] .... فَكَّرَ (يفكِّر) تَفكير (v.)
to dent, blunt, notch, break [18] .... فَلَّ (يَفُلُّ) فَلّ (v.)
film, movie [2] .... فلم (ج) أفلام (n., m.)
art, type, kind, variety [7] .... فَنّ (ج) فُنون/أفْنان (n., m.)
courtyard [9] .... فناء (ج) أفْنية (n., m.)
artist [7] .... فَنّان (ج) فَنّانون (n., m.)
to perish, cease to exist, vanish [18] .... فَنِيَ (يَفنى) فَناء (v.)
to interview, meet [5] .... قابَلَ (يُقابِلُ) مُقابَلة (v.)
to drive [6] .... قادَ (يَقودُ) قِيادة (v.)
able, capable, competent, powerful [15] .... قادِر (ج) -ون (n., m.)
coming, next, following [14] .... قادِم (ج) قادمون (n., m.)
reader [2] .... قارِئ (ج) قُرّاء (n., m.)
to compare, contrast [12] .... قارَنَ (يقارِن) مُقارَنَة (v.)
far, distant [12] .... قاصٍ، أقْصى (m.) قُصْوى (f.)، (n., superlative)
deadly, lethal, fatal (knockout blow) [13] .... قاضٍ (الضَربة القاضية) (adj.)
judge, magistrate, justice [17] .... قاضٍ (ج) قُضاة (n., m.)
to break off relationship, part company [11] .... قاطَعَ (يقاطِعُ) مُقاطَعة (v.)
large room, hall [1] .... قاعة (ج) قاعات (n., f.)
to rise, get up, stand up, break out, flare up, stand erect [13] .... قام (يَقوم) قيام (v.)
dome [16] .... قُبَّة (ج) قِباب / قُبَب (n., f.)
to accept, agree, consent, approve [18] .... قَبِلَ (يَقْبَلُ) قَبول (v.)
ugly, unsightly, repulsive [14] .... قَبيح (adj.)
to kill, murder, slay [8] .... قَتَلَ (يَقتُلُ) قَتْل (v.)

power, faculty, strength [14] .... (n., f.) قُدْرة (ج) قُدرات
foot [9]........ (n., f.) قَدَم (ج) أقدام
dirty, unclean, filthy [8] .... (adj.) قَذِر
to throw, cast [16]........ (v.) قَذَفَ (يَقذفُ) قَذْف
to decide [11] .... (v.) قَرَّرَ (يقرِّرُ) تَقرير
disc, tablet [7] .... (n., m.) قرْص (ج) أقْراص
to knock, rap, beat, thump [11] .... (v.) قَرَعَ (يقرَعُ) قَرْع
century [16] .... (n., m.) قَرْن (ج) قُرون
peel, rind, skin, shuck, crust [3] .... (n., m.) قشْر (ج) قُشور
to cut, cut off, clip, crop, lop, narrate, relate, tell [13] .... (v.) قَصَّ (يقُصُّ) قَصّ
story [9] .... (n., f.) قصّة (ج) قصَص
palace, mansion, castle [6] .... (n., m.) قَصْرٌ (ج) قُصورٌ
poem [16] .... (n., f.) قَصيدة (ج) قَصائد
to spend, pass (time) [11] .... (v.) قَضى (يَقضي) قَضاء
issue, cause, affair, case, problem [15] .... (n., f.) قَضيّة (ج) قَضايا
to frown, scowl [14] .... (v.) قَطَّبَ (يُقَطِّبُ) تَقطيب
cat [2] .... (n., f.) قطّة ج قطَط
dripping, dribbling [18]........ (n.) قَطْر
syrup [3] .... (n., m.) قَطْر
drop [7] .... (n., f.) قَطْرة (ج) قَطَرات
to cut up, cut into pieces [3] .... (v.) قَطَّعَ (يُقَطِّعُ) تَقْطيع
to jump, leap........ (v.) قَفَزَ (يقفِزُ) قَفْز
heart [2] .... (n., m.) قَلْب ج قُلوب
fortress, castle [16]........ (n., f.) قَلعة (ج) قِلاع
worried, uneasy, apprehensive, troubled, impatient, sleepless [8] .... (adj.) قَلِق
summit, peak [6]........ (n., f.) قِمَّةٌ (ج) قِمَم
wheat [9]........ (n., m.) قَمْح
satisfaction, contentment, conviction [18] .... (n., f.) قَناعة ج -ات
bow, arch (triumphal arch) [10] .... (n., m. and f.) قَوْس (ج) أقْواس (قَوس النَصْر)
to evaluate, assess, rectify [18]........ (v.) قَوَّم (يُقَوِّمُ) تَقويم
people, nation [18]........ (n., m.) قَوْم ج أقْوام
national [7] .... (adj.) قَوْميّ
to correspond with [2] .... (v.) كاتَبَ (يُكاتِبُ) مُكاتَبة
to be about to do, on the point of, almost, all but [8] .... (v.) كادَ (يَكادُ)
adequate, enough [13] .... (adj.) كاف
as if, as though........ (conjunction, member of *inna* set) كَأنَّ

biggest, greatest, eldest [12] .... (n., f., superlative) كُبْرى (ج) كُبْرَيات
shoulder [11] .... (n., f.) كَتف (ج) أكْتاف
to hate, detest, loathe, dislike [17] .... (v.) كَرِهَ (يَكْرَهُ) كُرْه/كَراهة/كَراهية
croissant [9] .... (n., m., French borrowing) كْرواسّان
respectable, honorable, eminent, precious, generous [5] .... (n., m./adj.) كَريم (ج) كُرَماء/كِرام
palm (of a hand) [11] .... (n., m.) كَفّ (ج) كُفوف/أكُفّ
to be irreligious, not to believe in God [14] .... (v.) كَفَرَ (يكفُرُ) كَفْر/كُفْر
to be sufficient, enough [3] .... (v.) كَفى (يَكْفي) كِفاية
not at all, by no means [14] .... (particle used for emphatic reprimand) كَلاّ
scholastic theology [17] .... (n., m.) كلام (علم الكلام)
dog [2] .... (n., m.) كَلْب (ج) كِلاب
lime, limestone [16] .... (n., m.) كِلْس
to cost [9] .... (v.) كَلَّفَ (يُكَلِّفُ) تَكليف/تَكلِفة
pliers [2] .... (n., f.) كَمّاشة (ج) كَمّاشات
treasure [18] .... (n., m.) كَنْز ج كُنوز
side, shadow, shelter [16] .... (n., m.) كَنَف (ج) أكناف
playing cards (colloquial, Egypt) [2] .... (n., f.) كوتشينة
to be suitable, appropriate [1] .... (v.) لاءَمَ (يُلائِمُ) مُلاءَمة
refugee [6] .... (n., m.) لاجِئ (ج) لاجئون
to notice, take note [11] .... (v.) لاحَظَ (يُلاحِظُ) مُلاحَظة
sign, billboard [1] .... (n., f.) لافتة (ج) لافتات
to meet, encounter, find, come upon [15] .... (v.) لاقى (يُلاقي) مُلاقاة
to blame, reproach, admonish [18] .... (v.) لامَ (يَلومُ) لَوْم
to linger, tarry, remain, hesitate [14] .... (v.) لَبِثَ (يَلْبَثُ) لَبْث
to comply, respond to, fulfill, satisfy [15] .... (v.) لَبّى (يُلَبّي) تَلبية
to notice, look, observe [14] .... (v.) لَحَظَ (يَلحَظُ) لَحْظ
moment, instant [5] .... (n., f.) لَحْظة (ج) لَحَظات
to catch up, keep close, come to the rescue [8] .... (v.) لَحِقَ (يَلحَقُ) لَحاق
to set to music, compose music [16] .... (v.) لَحَّنَ (يُلَحِّنُ) تَلحين
to summarize, abridge, condense [17] .... (v.) لَخَّصَ (يُلَخِّصُ) تَلْخيص
at, by [2] .... (adv. of time and place) لَدى
tongue, language [8] .... (n., m.) لِسان (ج) ألْسِنة/ألْسُن
thief, robber, burglar [7] .... (n., m.) لِصّ (ج) لُصوص
gentle, kind, friendly, amicable [9] .... (n., m.) لَطيف (ج) لُطَفاء
to curse, damn [11] .... (v.) لَعَنَ (يلعَنُ) لَعْن
curse [11] .... (n., f.) لَعْنة (ج) لَعَنات

cursed, damned, detested, evil [11] .... (n., m.) لَعين ج مَلاعين
almond [3] .... (n., m.) لَوْز
tonsils [7] .... (n., f.) لَوزة (ج) لَوْزات (اللوزَتان)
laser [7] .... (n., m.) ليزَر
lemon [3] .... (n., m.) لَيْمون
master's degree [2] .... (n., m.) ماجسْتير
lately [12] .... (adv.) مُؤَخَّراً
well-behaved, well-mannered, polite, courteous [14] .... (n., m.) مُؤَدَّب (ج) مُؤَدَّبون
material, substance, ingredient [3] .... (n., f.) مادّة (ج) مَوادّ
goat [2] .... (n., m.) ماعِز (ج) مَواعِز
money, wealth [12] .... (n., m.) مال (ج) أمْوال
author, writer [16] .... (n., m.) مُؤَلِّف (ج) مُؤَلِّفون
Mummy; child's term of address [14] .... (n., f) ماما
objection, obstacle, obstruction [5] .... (n., m.) مانِع ج مَوانِع
congratulations [4] .... (passive participle) مَبروك
amount of money [7] .... (n., m.) مَبْلَغ (ج) مَبالِغ
built, constructed [6] .... (passive participle) مَبْنِيٌّ
moving, movable, mobile [13] .... (adj.) مُتَحَرِّك
backward, lagging, falling behind, retarded [15] .... (n., m.) مُتَخَلِّف (ج) -ون
meter (measure of length) [4] .... (n., m.) متر (ج) أمتار
broken, out of order [7] .... (adj.) مُتَعَطِّل
park, recreation ground [12] .... (n., m.) مُتَنَزَّه (ج) مُتَنَزَّهات
average, medium, intermediate [7] .... (n., m.) مُتَوَسِّط
similar, like, equal, analogous [13] .... (n., m.) مِثْل (ج) أمْثال
to represent, exemplify, act out [9] .... (v.) مَثَّلَ (يُمَثِّلُ) تَمْثيل
proverb .... (n., m.) مَثَل ج أمثال
iced material, ice cream [5] .... (n./adj., m.) مُثَلَّج (ج) مُثَلَّجات
like, similar, equal to [14] .... (n., m.) مَثيل (ج) مُثُل
field, area of specialization, room [5] .... (n., m.) مَجال (ج) مَجالات
adjacent, next door [5] .... (adj.) مُجاوِر
society, community [15] .... (n., m.) مُجْتَمَع (ج) -ات
council, assembly [6] .... (n., m.) مَجْلِسٌ (ج) مَجالِسٌ
group, set [7] .... (n., f.) مَجموعة (ج) مَجموعات
responder [11] .... (n., m.) مُجيب (ج) مجيبون
needy, poor, destitute, wanting [15] .... (n., m.) مُحْتاج (ج) -ون
surrounding, encircling, imminent [16] .... (adj.) مُحْدِق

engine, motor [11] .... (n., m.) مُحَرِّك (ج) مُحَرِّكات
motivator, stimulator, incentive [15] .... (n., m.) مُحَفِّز (ج) -ون
axis, axle, pivot [13] .... (n., m.) محْوَر (ج) مَحاوِر
contradictory, conflicting, divergent, varying [17] .... (n., m.) مُخالِف (ج) مُخالِفون
summed up, abbreviated, reduced, summarized [18] .... (adj.) مُختَصَر
frightening, intimidating [11] .... (adj.) مُخيف
camp [6] .... (n., m.) مُخَيَّمٌ (ج) مُخَيَّماتٌ
to stretch (out), reach, extend [11] .... (v.) مَدَّ (يَمُدُّ) مَدّ
entrance, foyer, introduction [8] .... (n., m.) مَدْخَل (ج) مَداخِل
burial ground, cemetery [10] .... (n., m.) مَدفَن (ج) مَدافِن
driven forward, motivated, propelled [15] .... (passive participle) مَدْفوع
extent, range, scope, stretch, distance [14] .... (n., m.) مَدى
movement, trend, creed, doctrine [17] .... (n., m.) مَذْهَب (ج) مَذاهِب
to pass through/by, go, run [1] .... (v.) مَرَّ (يَمُرُّ) مُرور
correspondent, reporter [5] .... (n., m.) مُراسِل (ج) مُراسِلون
supervisor, observer [12] .... (n.) مُراقِب (ج) مُراقِبون
tied, bound, fastened [11] .... (passive participle) مَربوط
height, hill [2] .... (n., m.) مُرْتَفَع (ج) مُرتَفَعات
boiler, caldron [13] .... (n., m.) مِرْجَل (ج) مَراجِل
to rejoice, be merry, frolic, joyful [12] .... (v.) مَرِح (يمرَح) مَرَح
stage, phase [7] .... (n., f.) مَرْحَلة (ج) مَراحِل
to nurse, tend [15] .... (v.) مَرَّضَ (يُمَرِّضُ) تَمْريض
to be ill, sick [14] .... (v.) مَرِضَ (يَمرَضُ) مَرَض
attached, enclosed [16] .... (adj.) مُرفَق
center [9] .... (n., m.) مَركَز (ج) مَراكِز
marble [16] .... (n., m.) مَرْمَر
traffic [7] .... (n., m.) مُرور
comfortable (not for describing people) [5] .... (adj.) مُريح
decorated, adorned with ornaments [16] .... (adj.) مُزَخْرَف
double, dual [2] .... (adj.) مُزْدَوِج
chronic, enduring [16] .... (adj.) مُزمِن
touch of/slight insanity, madness, mania [13] .... (n., m.) مَسّ (من الجُنون)
help, assistance, aid [2] .... (n., f.) مُساعَدَة (ج) مُساعَدات
distance [4] .... (n., f.) مَسافة ج مَسافات
new, recent, incipient [7] .... (n., m.) مُسْتَجِدّ (ج) مُسْتَجِدّون
seeker of refuge or asylum .... (n., m.) مُسْتَجير ج مُسْتَجيرون

round, circular [13] .... مُسْتَدير (adj.)
consultant, counsel, adviser [18] .... مُسْتَشار ج -ون (n., m.)
hospital [7] .... مُسْتَشفى (ج) مُسْتَشفَيات (n., f.)
inquiring [14] .... مُسْتَطلعاً (n., m.)
independent [16] .... مُسْتَقِلّ (adj.)
listener .... مُسْتَمِع (اسْتَمَعَ، يَسْتَمِعُ) (active participle)
level, standard [14] .... مُسْتَوى (ج) مُسْتَوَيات (n., m.)
to wipe off, erase, clean [8] .... مَسَحَ (يَمسَحُ) مَسْح (v.)
powder [1] .... مَسْحوق (ج) مَساحيق (n., m.)
drawn (a curtain) [11] .... مُسدَل (passive participle)
play (theatrical) [2] .... مَسْرَحيَّة (ج) مَسْرَحيّات (n., f.)
stolen [7] .... مَسْروق (n., passive participle)
irrigated, supplied with water [9] .... مَسْقيّ (passive participle, adj.)
inhabited [6] .... مَسْكون (passive participle)
elderly, old [12] .... مُسِنّ (ج) مُسِنّون (n., m.)
common, mutual [2] .... مُشْتَرَك (adj.)
fan [1] .... مُشَجِّع (ج) مُشَجِّعون (n., m.)
baffled, confused, perplexed [16] .... مَشْدوه (ج) -ون (n., m.)
having compassion, sympathy [14] .... مُشْفِق (n., m.)
problem [2] .... مُشْكِلة (ج) مُشْكِلات/ مَشاكِل (n., f.)
expenditure, money spent, allowance [12] .... مَصْروف (ج) مَصاريف (n., m.)
worshipper [1] .... مُصَلٍّ (ج) مُصَلّون (n., m.)
classified, sorted .... مُصَنَّف (صَنَّفَ، يُصَنِّفُ) (passive participle)
misfortune, calamity, disaster [18] .... مُصيبة ج مَصائب (n., f.)
strait, narrow pass [10] .... مَضيق (ج) مَضائق (n., m.)
hammer [2] .... مِطْرَقة (ج) مَطارِق (n., f.)
turned off, extinguished [11] .... مُطْفَأ (passive participle)
contemporary [13] .... مُعاصِر (ج) مُعاصِرون (n.)
social intercourse, transaction .... مُعامَلة ج مُعامَلات (n., f.)
temple, shrine, place of worship [10] .... مَعْبَد (ج) مَعابِد (n., m.)
exhibition, fair, show [5] .... مَعْرِض ج مَعارِض (n., m.)
knowledge [7] .... مَعْرِفة (ج) مَعارِف (n., f.)
battle [16] .... مَعْرَكة (ج) مَعارِك (n., f.)
shown, displayed, offered, made available, put forward [13] ..... مَعْروض (passive participle)
bit of information [2] .... مَعْلومة (ج) مَعْلومات (n., f.)
factory, plant [12] .... مَعْمَل (ج) مَعامِل (n., m.)

college, institute, institution, academy [5] .... مَعْهَد ج مَعاهد (n., m.)
diamond (shape) [3] .... مُعَيَّن (ج) مُعَيَّنات (n., m.)
glad, happy, delighted, joyful, exultant [13] .... مُغْتَبِط (ج) مُغتَبِطون (n., m.)
closed [1] .... مُغْلَق (adj.)
sudden, unexpected, surprising [12] .... مُفاجِئ (adj.)
open [1] .... مَفتوح (adj.)
bedspread, bed cover, tablecloth [14] .... مَفْرَش (ج) مَفارِش (n., m.)
lost [16] .... مَفْقود (adj.)
screwdriver [2] .... مفَكّ (ج) مفَكّات (n., m.)
thinker [17] .... مُفَكِّر (ج) مُفَكِّرون (n., m.)
warrior, fighter, combatant [16] .... مُقاتِل (ج) مُقاتِلون (n., m.)
way of speaking, article, essay [18] .... مَقال ج -ات (n., m.)
essay, article, editorial [8] .... مَقالة (ج) مُقالات (n., f.)
standing, rank, position, prestige [18] .... مَقام ج -ات (n., m.)
measure, quantity, amount [3] .... مِقْدار (ج) مَقادير (n., m.)
power, strength, capacity [18] .... مَقدرة ج -ات (n., f.)
close companion, favorite [17] .... مُقَرَّب (ج) مُقَرَّبون (n., m.)
intended .... مَقْصود (قَصَدَ، يَقصدُ) (passive participle)
coffeehouse, café [9] .... مَقْهىً (ج) مَقاهٍ (المَقاهي) (n., m.)
(telephone) call, conversation, talk [1] .... مُكالَمة (ج) مُكالَمات (n., f.)
uncovered, bare, exposed, unconcealed [13] .... مَكْشوف (adj.)
to enable, make possible, put in a position, give power [7] .... مَكَّنَ (يُمَكِّنُ) تَمكين (v.)
to fill, fill (up, in, out) [11] .... مَلأ (يَملأُ) مَلْء (v.)
suitable [17] .... مُلائِم (adj.)
cursed, damned, evil, wicked [13] .... مَلْعون (ج) مَلاعين (n., m.)
to own, possess [18] .... مَلَكَ (يَمْلكُ) مُلْك/مَلْك/مِلْك (v.)
queen [10] .... مَلِكة (ج) مَلِكات (n., f.)
a long period of time [14] .... مَلِيّ (n., m.)
enjoyable, pleasant, delightful, interesting [5] .... مُمْتِع (adj.)
possible [5] .... مُمْكِن (adj.)
kingdom [6] .... مَمْلَكة (ج) مَمالِك (n., f.)
full [5] .... مَمْلوء (adj.)
suitable, appropriate [3] .... مُناسِب (adj.)
occasion, opportunity [18] .... مُناسَبة ج -ات (n., f.)
discussion [14] .... مُناقَشة (ج) مُناقَشات (n., f.)
team [1] .... مُنْتَخَب (ج) مُنْتَخَبات (n., m.)

victor, victorious, conqueror [15] .... مُنتَصِر (ج) -ون (n., m.)
middle, mid [9] .... مُنْتَصَف (n., m.)
the extreme, highest, utmost [11] .... مُنتَهى (n., m.)
slope, incline, descent (of river) [16] .... مُنْحَدَر (ج) مَنحَدَرات (n., m.)
unlucky, unfortunate, ill-fated, star-crossed [11] .... مَنحوس (ج) مَناحيس (n., m.)
rank, position, status [17] .... مَنزلة (n., f.)
saw [2] .... منشار (ج) مَناشير (n., m.)
cheerful, happy, glad, in high spirits [13] .... مُنْشَرِح (الصَدْر) (adj.)
area, region, zone [6] .... مِنْطَقَة (ج) مَناطِق (n., f.)
organization [15] .... مُنَظَّمة (ج) -ات (n., f.)
to prohibit, prevent [1] .... مَنَعَ (يَمْنَعُ) مَنْع - مَمْنوع (v.)
reflected [16] .... مُنْعَكِس (active participle) (انعَكَسَ ينعكِسُ)
alone, solitary, isolated [15] .... مُنْفَرِد (ج) -ون (n., m.)
festival [7] .... مِهْرَجان (ج) مِهْرَجانات (n., m.)
straight razor, razor blade [13] .... موسى (ج) أمْوَاس (n., f.)
music [2] .... موسيقا (n., f.)
fashion (Italian *moda*) [14] .... موضة (ج) موضات (n., f.)
subject, topic, theme, item [14] .... مَوْضوع (ج) مَواضيع (n., m.)
employee, civil servant [3] .... مُوَظَّف (ج) مُوَظَّفون (n., m.)
master, lord, chief [18] .... مَوْلى ج مَوالٍ (n., m.)
to distinguish .... مَيَّزَ (يُمَيِّزُ) تَمْييز (v.)
budget [7] .... ميزانيّة (ج) ميزانيّات (n., f.)
to call, call out, cry out, shout [5] .... نادى (يُنادي) مُناداة (v.)
fire, heat [3] .... نار (ج) نيران (n., f.)
fountain [16] .... نافورة (ج) نَوافير/نافورات (n., f.)
she-camel [18] .... ناقة ج نوق/ناقات (n., f.)
to obtain, get, win [14] .... نال (ينالُ) نَوْل (v.)
flute (without the mouth piece) [2] .... ناي (ج) نايات (n., m.)
news [7] .... نَبَأ (ج) أنباء (n., m.)
to bark [11] .... نَبَحَ (ينبَحُ) نُباح (v.)
spring, water source [10] .... نَبْع (ج) يَنابيع (n., m.)
prophet [10] .... نَبيّ (ج) أنبياء (n., m.)
noble, highborn, magnanimous [18] .... نَبيل ج نُبَلاء (n., m.)
result, outcome [11] .... نَتيجة ج نَتائِج (n., f.)
to escape, save oneself [16] .... نَجا (يَنجو) نَجاة (v.)
carpentry [2] .... نِجارة (n., f.)

to succeed, be successful, progress well, pass [7] .... نَجَحَ (يَنجَحُ) نَجاح (v.)
star [8] .... نَجْم (ج) نُجوم (n., m.)
brass [2] .... نُحاس (n., m.)
about, approximately, toward [4] .... نَحوَ (adv.)
palm, date palm [10] .... نَخيل (n., m.)
companion, confidant, intimate [18] .... نَديم ج نُدَماء (n., m.)
dispute, controversy, conflict, contention [13] .... نزاع (ج) نزاعات (n., m.)
to lower [1] .... نَزَّلَ (يُنَزِّلُ) تَنْزيل (v.)
picnic, excursion, stroll, promenade [18]... نُزهة ج نُزهات (n., f.)
relationship, affinity (concerning, with regard to) [5] .... نِسبة (ج) نِسَب (بالنِسْبة لِ) (n., f.)
activity, vigor, liveliness [15] .... نَشاط (ج) أنْشطة (n., m.)
to break out (of war or rebellion) [16]............................ نَشَبَ (يَنشَبُ) نَشوب (الحرب، الثورة) (v.)
to spread out, publish, announce [7] .... نَشَرَ (يَنشُرُ) نَشْر (v.)
passage, text [2] .... نَصّ (ج) نُصوص (n., m.)
share, portion, cut [15] .... نَصيب (ج) نُصُب (n., m.)
advice, counsel [15] .... نَصيحة (ج) نَصائح (n., f.)
to become ripe, mature, well-cooked [3] .... نَضِجَ (يَنْضَجُ) نَضْج/نُضْج (v.)
to exude, ooze, seep, leak [18] .... نَضَحَ (يَنْضَحُ) نَضْح (v.)
to look at, regard, see, observe [1] .... نَظَرَ (يَنْظُرُ) نَظَرٌ (إلى) (v.)
theory [17].. نَظَريّة (ج) نَظَريّات (n., f.)
to organize, put in order, regulate [7] .... نَظَّمَ (يُنَظِّمُ) تَنظيم (v.)
to write or compose poetry [2] .... نَظَمَ (يَنْظِمُ) نَظْم (v.)
easy life, blessing, happiness [8] .... نِعْمة (ج) نِعَم (n., f.)
to blow, to inflate [2] .... نَفَخَ (يَنفُخُ) نَفْخ (v.)
to be used up, be exhausted [14] .... نَفَدَ (ينفَدُ) نَفاد (v.)
to carry out, execute, implement... نَفَّذَ (يُنَفِّذُ) تَنْفيذ (v.)
soul, spirit, psyche, mind [13] .... نَفس (ج) أنْفُس، نُفوس (n., f.)
to find a vent, outlet [11] .... (active participle) مُنَفِّس (v.) نَفَّسَ (يُنَفِّسُ) تنفيس
to be useful, beneficial [7] .... نَفَعَ (يَنفَعُ) نَفْع (v.)
money, currency [8] .... نَقْد (ج) نُقود (n., m.)
drop, point, period [15] .... نُقْطة (ج) نُقَط/نقاط (n., f.)
to keep moving [14] .... نَقَّلَ (يُنَقِّلُ) تَنقيل (v.)
tiny spot on a date pit [18]... نَقير (n., m.)
joke, anecdote, witty remark [8] .... نُكتة (ج) نُكَت/نِكات (n., f.)
final [1] .... نِهائيّ (adj.)
to reproach, scold, chide [14] .... نَهَرَ (يَنهَرُ) نَهْر (v.)

to forbid, prohibit, prevent [18]............ (v.) نَهى (يَنْهى) نَهي
date pit, fruit kernel, stone, nucleus [18]............ (n., f.) نَواة ج نَوَيات
light [11]............ (n., m.) نور (ج) أنوار
to intend, to determine [2]............ (v.) نَوى (يَنوي) نِيَّة
parliamentary, representative [15]............ (adj.) نِيابيّ
there it is, there you are, here! [1]............ (prefix and independent) ها
to attack, assail [17]............ (v.) هاجَمَ (يُهاجِمُ) مُهاجَمة
of Hashim, ancestor of the ruling family in Jordan, Hashemite [6]............ (adj.) هاشميٌّ
to descend, land, drop, come down [9]............ (v.) هَبَطَ (يَهبُطُ، يَهبِطُ) هُبوط
to shout, cry, yell, exclaim [14]............ (v.) هَتَفَ (يهتف) هُتاف
to be quiet, be calm [1]............ (v.) هَدَأَ (يَهْدَأُ) هُدوء
to threaten [11]............ (v.) هَدَّدَ (يهَدِّدُ) تَهْديد
target, aim, goal [15]............ (n., m.) هَدَف (ج) أهْداف
quietness, peace, truce, armistice [14]............ (n., f.) هُدْنة (ج) هُدْنات
to escape, run away, flee [18]............ (v.) هَرَبَ (يَهْرُبَ) هُروب
to hurry, hasten, rush [7]............ (v., occurs only in the passive form) هُرِعَ (يُهْرَعُ) هَرَع
to jog, trot, hurry, hasten [13]............ (v.) هَرْوَلَ (يُهَرْوِلُ) هَرْوَلة
dessert made from semolina [3]............ (n., f.) هَريسة
defeat, rout [15]............ (n., f.) هَزيمة (ج) هَزائم
hill [16]............ (n., f.) هَضْبة (ج) هضاب / هَضَبات
like this, so, thus [5]............ (demonstrative) هكَذا
happiness, good health, well-being [3]............ (n., m.) هَناء
hobby [2]............ (n., f.) هِواية (ج) هِوايات
to face, encounter, oppose, confront [15]............ (v.) واجَهَ (يُواجِهُ) مُواجَهة
store window, facade [12]............ (n., f.) واجِهة (ج) واجِهات
to agree, consent [12]............ (v.) وافَق (يوافِق) مُوافَقة
located, existing [6]............ (active participle) واقِع
ruler, governor [9]............ (n., m.) والٍ (الوالي) (ج) وُلاة
string [2]............ (n., m.) وَتَر ج أوتار
loneliness, being alone [11]............ (n., f.) وَحدة
to like, love, want, wish (I wish/would like) [12]............ (v.) وَدَّ (يوَدُّ) وُدّ (وَدِدْتُ)
to occur, appear, be found, mentioned............ (v.) وَرَدَ (يَرِدُ) وُرود
to get someone in trouble, involve in difficulties [8]............ (v.) ورَّطَ (يوَرِّطُ) تَوريط
playing cards [2]............ (n.) وَرَقُ اللعب
(foreign) ministry, (state) department [2]............ (n., f.) وِزارَةُ (الخارِجيَّة) (ج) وِزارات

to distribute, allot, dispense [15] .... وَزَّعَ (يُوَزِّعُ) تَوْزيع (v.)
to weigh [8] .... وَزَنَ (يَزِنُ) وَزْن ج أوْزان (v.)
waist, middle, surroundings [5] .... وَسَط (ج) أوساط (n., m.)
to describe [18].......... وَصَفَ (يَصِفُ) وَصْف (v.)
function, task, duty [1] .... وَظيفة (ج) وَظائف (n., f.)
vessel, container [3] .... وِعاء (ج) أوْعِيَة (n., m.)
to promise [4] .... وَعَدَ (يَعِدُ) وَعْد (v.)
death [5] .... وَفاة (ج) وَفَيات (n., f.)
harmony, concord, conformity [17] .... وِفاق (n., m.)
to stop, halt [1] .... وَقَفَ (يَقِفُ) وُقوف (v.)
fuel [11] .... وَقود (n., m.)
(news) agency [7] .... وكالة (ج) وكالات (أنباء) (n., f.)
to wail, howl, lament, cry [13] .... وَلْوَلَ (يُوَلْوِلُ) وَلْوَلَة (v.)
lottery [12] .... يانَصيب (n.,m.)
manual, done by hand [2] .... يَدَويّ (adj.)

Appendix A

Below are representative samples of verb conjugation paradigms. The tables are organized, showing the verbal noun, active and passive participles, tense, and mood.

1. Verb (verbal noun مصدر, active participle اسم فاعل, passive participle اسم مفعول
2. Pattern numbers (II to X) الأوزان
3. Permissible forms
4. Independent personal pronouns الضمائر المنفصلة
5. Perfect conjugations ماض
6. Imperfect (indicative) مضارع مرفوع
7. Imperfect (subjunctive) مضارع منصوب
8. Imperfect (jussive) مضارع مجزوم
9. Imperative الأمر

أكَلَ (أكْلٌ، آكِلٌ، مأكولٌ)

X XI VIII VII VI V IV III II

أكّل آكَل -- -- تآكَل انأكَل -- -- استأكل

أنا نَحْنُ أنتَ أنتِ أنتما أنْتم أنْتُنَّ هُوَ هِيَ هُما هُما هُم هُنَّ

أكَلتُ أكَلنا أكَلتَ أكَلتِ أكَلتُما أكَلتُم أكَلتُنَّ أكَلَ أكَلتْ أكَلا أكَلتا أكَلوا أكَلنَ

آكُلُ نأكُلُ تأكُلُ تأكُلينَ تأكُلانِ تأكُلونَ تأكُلنَ يأكُلُ تأكُلُ يأكُلانِ تأكُلانِ يأكُلونَ يأكُلنَ

آكُلَ نأكُلَ تأكُلَ تأكُلي تأكُلا تأكُلوا تأكُلنَ يأكُلَ تأكُلَ يأكُلا تأكُلا يأكُلوا يأكُلنَ

آكُلْ نأكُلْ تأكُلْ تأكُلي تأكُلا تأكُلوا تأكُلنَ يأكُلْ تأكُلْ يأكُلا تأكُلا يأكُلوا يأكُلنَ

كُلْ كُلي كُلا كُلوا كُلْنَ

سَألَ (سُؤالُ/مَسْألةٌ، سائلٌ، مَسْؤولٌ)

X XI VIII VII VI V IV III II

-- ساءَلَ -- -- تساءَلَ انسأَلَ -- -- --

أنا نَحْنُ أنتَ أنتِ أنتما أنْتم أنْتُنَّ هُوَ هِيَ هُما هُما هُم هُنَّ

سألتُ سألنا سألتَ سألتِ سألتّما سألتُم سألتُنَّ سألَ سألَتْ سألا سألَتا سألوا سألْنَ

أسْألُ نَسْألُ تَسْألُ تَسْألينَ تَسْألانِ تَسْألونَ تَسْألْنَ يسْألُ تَسْألُ يسْألانِ تَسْألانِ يسْألونَ يسْألْنَ

أسْألَ نَسْألَ تَسْألَ تَسْألي تَسْألا تَسْألوا تَسْألْنَ يسْألَ تَسْألَ يسْألا تَسْألا يسْألوا يسْألْنَ

أسْألْ نَسْألْ تَسْألْ تَسْألي تَسْألا تَسْألوا تَسْألْنَ يسْألْ تَسْألْ يسْألا تَسْألا يسْألوا يسْألْنَ

إسْألْ إسْألي إسْألا إسْألوا إسْألْنَ

قرَأ (قراءةٌ، قارِئٌ، مَقروءٌ)

II	III	IV	V	VI	VII	VIII	XI	X	
قَرّأ	--	أقْرأ	--	--	انقَرَأ*	--	--	استَقرأ	*in colloquial usage

أنا	نَحْنُ	أنتَ	أنتِ	أنتُما	أنْتُم	أنْتُنَّ	هُوَ	هِيَ	هُما	هُما	هُم	هُنَّ
قَرَأتُ	قَرَأنا	قَرَأتَ	قَرَأتِ	قَرَأتُما	قَرَأتُم	قَرَأتُنَّ	قَرَأَ	قَرَأتْ	قَرَأا	قَرَأتا	قَرَأوا	قَرَأنَ
أقرَأ	نقرَأ	تَقْرَأ	تَقْرَأينَ	تَقْرَأانِ	تَقْرَأونَ	تَقْرَأنَ	يَقْرَأ	تَقْرَأ	يَقْرَأانِ	تَقْرَأانِ	يَقْرَأونَ	يَقْرَأنَ
أقرَأ	نقرَأ	تَقْرَأ	تَقْرَأي	تَقْرَأا	تَقْرَأوا	تَقْرَأنَ	يَقْرَأ	تَقْرَأ	يَقْرَأا	تَقْرَأا	يَقْرَأوا	يَقْرَأنَ
أقرَأ	نقرَأ	تَقْرَأ	تَقْرَأي	تَقْرَأا	تَقْرَأوا	تَقْرَأنَ	يَقْرَأ	تَقْرَأ	يَقْرَأا	تَقْرَأا	يَقْرَأوا	يَقْرَأنَ
		إقْرَأ	إقْرَأي	إقْرَأا	إقْرَأوا	إقْرَأنَ						

نَفى (نَفْيٌ، نافٍ، مَنْفيٌ)

II	III	IV	V	VI	VII	VIII	XI	X
--	--	--	--	تَنافى	--	انْتَفى	--	--

أنا	نَحْنُ	أنتَ	أنتِ	أنتُما	أنْتُم	أنْتُنَّ	هُوَ	هِيَ	هُما	هُما	هُم	هُنَّ
نَفَيْتُ	نَفَيْنا	نَفَيْتَ	نَفَيْتِ	نَفَيْتُما	نَفَيْتُم	نَفَيْتُنَّ	نَفى	نَفَتْ	نَفَيا	نَفَتا	نَفوا	نَفَيْنَ
أنْفي	نَنْفي	تَنْفي	تَنْفينَ	تَنْفِيانِ	تَنْفونَ	تَنْفينَ	يَنْفي	تَنْفي	يَنْفِيانِ	تَنْفِيانِ	يَنْفونَ	يَنْفينَ
أنْفيَ	نَنْفيَ	تَنْفيَ	تَنْفي	تَنْفِيا	تَنْفوا	تَنْفينَ	يَنْفيَ	تَنْفيَ	يَنْفِيا	تَنْفِيا	يَنْفوا	يَنْفينَ
أنْفِ	نَنْفِ	تَنْفِ	تَنْفي	تَنْفِيا	تَنْفوا	تَنْفينَ	يَنْفِ	تَنْفِ	يَنْفِيا	تَنْفِيا	يَنْفوا	يَنْفينَ
		إنْفِ	إنْفي	إنْفِيا	إنْفوا	إنْفينَ						

نَسيَ (نَسيٌ/نِسْيانٌ، ناسٍ، مَنْسيٌّ)

II	III	IV	V	VI	VII	VIII	XI	X	
قَرّأ	--	أنْسى	--	تَناسى	--	انْتَسى*	--	--	*in colloquial usage

أنا	نَحْنُ	أنتَ	أنتِ	أنتُما	أنْتُم	أنْتُنَّ	هُوَ	هِيَ	هُما	هُما	هُم	هُنَّ
نَسيتُ	نَسينا	نَسيتَ	نَسيتِ	نَسيتُما	نَسيتُم	نَسيتُنَّ	نَسِيَ	نَسِيَتْ	نَسِيا	نَسِيَتا	نَسوا	نَسينَ
أنسى	نَنْسى	تَنْسى	تَنْسينَ	تَنْسَيانِ	تَنْسونَ	تَنسينَ	يَنْسى	تَنْسى	يَنْسَيانِ	تَنْسَيانِ	يَنْسونَ	يَنْسينَ
أنْسى	نَنْسى	تَنْسى	تَنْسي	تَنْسَيا	تَنْسوا	تَنسينَ	يَنْسى	تَنْسى	يَنْسَيا	تَنْسَيا	يَنْسوا	يَنْسينَ
أنْسَ	نَنْسَ	تَنْسَ	تَنْسِ	تَنْسَيا	تَنْسوا	تَنسينَ	يَنْسَ	تَنْسَ	يَنْسَيا	تَنْسَيا	يَنْسوا	يَنْسينَ
		إنْسَ	إنْسِ	إنْسَيا	إنْسوا	إنْسينَ						

وَجَدَ (وُجودٌ، واجِدٌ، مَوْجودٌ)

II	III	IV	V	VI	VII	VIII	XI	X
--	--	أوْجَدَ	تَوَجَّدَ	تَواجَدَ	انوَجَدَ*	--	--	--

*in colloquial usage

أنا	نَحْنُ	أنتَ	أنتِ	أنتُما	أنْتُم	أنْتُنَّ	هُوَ	هِيَ	هُما	هُما	هُم	هُنَّ
وَجَدْتُ	وَجَدْنا	وَجَدْتَ	وَجَدْتِ	وَجَدْتُما	وَجَدْتُم	وَجَدْتُنَّ	وَجَدَ	وَجَدَتْ	وَجَدا	وَجَدَتا	وَجَدوا	وَجَدْنَ
أجِدُ	نَجِدُ	تَجِدُ	تَجِدينَ	تَجِدانِ	تَجِدونَ	تَجِدْنَ	يَجِدُ	تَجِدُ	يَجِدانِ	تَجِدانِ	يَجِدونَ	يَجِدْنَ
أجِدَ	نَجِدَ	تَجِدَ	تَجِدي	تَجِدا	تَجِدوا	تَجِدْنَ	يَجِدَ	تَجِدَ	يَجِدا	تَجِدا	يَجِدوا	يَجِدْنَ
أجِدْ	نَجِدْ	تَجِدْ	تَجِدي	تَجِدا	تَجِدوا	تَجِدْنَ	يَجِدْ	تَجِدْ	يَجِدا	تَجِدا	يَجِدوا	يَجِدْنَ
		جِدْ	جِدي	جِدا	جِدوا	جِدْنَ						

سَرَّ (سُرورٌ/مَسَرّةٌ، سارٌّ، مَسْرورٌ)

II	III	IV	V	VI	VII	VIII	XI	X
سَرَّ	سارَّ	أسَرَّ	تَسَرّى	--	انْسَرَّ	--	--	اسْتَسْرى

أنا	نَحْنُ	أنتَ	أنتِ	أنتُما	أنْتُم	أنْتُنَّ	هُوَ	هِيَ	هُما	هُما	هُم	هُنَّ
سَرَرْتُ	سَرَرْنا	سَرَرْتَ	سَرَرْتِ	سَرَرْتُما	سَرَرْتُم	سَرَرْتُنَّ	سَرَّ	سَرَّتْ	سَرّا	سَرَّتا	سَرّوا	سَرَرْنَ
أسُرُّ	نَسُرُّ	تَسُرُّ	تَسُرّينَ	تَسُرّانِ	تَسُرّونَ	تَسْرُرْنَ	يَسُرُّ	تَسُرُّ	يَسُرّانِ	تَسُرّانِ	يَسُرّونَ	يَسْرُرْنَ
أسُرَّ	نَسُرَّ	تَسُرَّ	تَسُرّي	تَسُرّا	تَسُرّوا	تَسْرُرْنَ	يَسُرَّ	تَسُرَّ	يَسُرّا	تَسُرّا	يَسُرّوا	يَسْرُرْنَ
أسُرَّ	نَسُرَّ	تَسُرَّ	تَسُرّي	تَسُرّا	تَسُرّوا	تَسْرُرْنَ	يَسُرَّ	تَسُرَّ	يَسُرّا	تَسُرّا	يَسُرّوا	يَسْرُرْنَ
		سُرْ	سُرّي	سُرّا	سُرّوا	اسْرُرْنَ						

رأى (رُؤيةٌ، راءٍ، مَرْئيٌّ)

II	III	IV	V	VI	VII	VIII	XI	X
قَرّأ	--	أقْرأ	--	--	انْقَرَأ	--	--	اسْتَقرأ

أنا	نَحْنُ	أنتَ	أنتِ	أنتُما	أنْتُم	أنْتُنَّ	هُوَ	هِيَ	هُما	هُما	هُم	هُنَّ
رَأيْتُ	رَأيْنا	رَأيْتَ	رَأيْتِ	رَأيْتُما	رَأيْتُم	رَأيْتُنَّ	رأى	رَأتْ	رَأيا	رَأتا	رَأوا	رَأيْنَ
أرى	نَرى	تَرى	تَرينَ	تَرَيانِ	تَرَوْنَ	تَرَيْنَ	يَرى	تَرى	يَرَيانِ	تَرَيانِ	يَرَوْنَ	يَرَيْنَ
أرى	نَرى	تَرى	تَري	تَرَيا	تَروا	تَرَيْنَ	يَرى	تَرى	يَرَيا	تَرَيا	يَروا	يَرَيْنَ
أرَ	نَرَ	تَرَ	تَرِ	تَرَيا	تَروا	تَرَيْنَ	يَرَ	تَرَ	يَرَيا	تَرَيا	يَروا	يَرَيْنَ

No attested instances of the imperative of this verb exist.

تصريفُ أوزانِ الفعلِ العَشَرة ومصادرُها واسمُ الفاعِل واسمُ المفعولِ مع الأمثِلة

Conjugation of the Ten Most Common Verb Forms, with Some Derivations (verbal nouns, active participles, passive participles)

اسم المفعول	اسم الفاعل	المصدر	المضارع	المضارع	المضارع	الماضي	المعنى	الوزن
Passive part.	Active part.	Verbal noun	المجزوم	المنصوب	المرفوع	Perfect	Meaning	Form
مَفعول	فاعِل	فعْل، فِعالة، ...	يفعَلْ	يَفعَلَ	يَفعَلُ	فَعَل	Regular	I
مكتوب	كاتب	كِتابة	يَكتُبْ	يَكتُبَ	يَكتُبُ	كَتَبَ	(to write)	
مُفَعَّل	مُفَعِّل	تَفعيل ، تَفعِلة	يُفَعِّلْ	يُفعِّلَ	يُفَعِّلُ	فَعَّلَ	Causative	II
مُكَرَّم	مُكَرِّم	تَكريم	يُكَرِّمْ	يُكَرِّمَ	يُكَرِّمُ	كَرَّمَ	(to honor)	
مُكَسَّر	مُكَسِّر	تَكْسير	يُكَسِّرْ	يُكَسِّرَ	يُكَسِّرُ	كَسَّرَ	(to smash)	
مُفاعَل	مُفاعِل	مُفاعَلة، فِعال	يُفاعِلْ	يُفاعِلَ	يُفاعِلُ	فاعَلَ	Reciprocal	III
مُهاجَم	مُهاجِم	مُهاجَمة	يُهاجِمْ	يُهاجِمَ	يُهاجِمُ	هاجَمَ	(to attack)	
مُقاتَل	مُقاتِل	مُقاتَلة/قِتال	يُقاتِلْ	يُقاتِلَ	يُقاتِلُ	قاتَلَ	(to fight)	
مُفعَل	مُفعِل	إفعال	يُفعِلْ	يُفعِلَ	يُفعِلُ	أفعَلَ	Causative	IV
مُخبَر	مُخبِر	إخبار	يُخبِرْ	يُخبِرَ	يُخبِرُ	أخبَرَ	(to inform)	
مُتَفَعَّل	مُتَفَعِّل	تَفَعُّل	يتَفَعَّلْ	يتَفَعَّلَ	يَتَفَعَّلُ	تَفَعَّلَ	Reflexive of II	V
مُتَعَلَّم	مُتَعَلِّم	تَعَلُّم	يَتَعَلَّمْ	يَتَعَلَّمَ	يَتَعَلَّمُ	تَعَلَّمَ	(to learn)	
مُتَفاعَل	مُتَفاعِل	تَفاعُل	يَتَفاعَلْ	يَتَفاعَلَ	يَتَفاعَلُ	تَفاعَلَ	Reflexive of III	VI
مُتَنازَع (على)	مُتَنازِع	تَنازُع	يَتَنازَعْ	يَتَنازَعَ	يَتَنازَعُ	تَنازَعَ	(to contend)	
مُنفَعَل	مُنفَعِل	انفِعال	يَنفَعِلْ	يَنفَعِلَ	يَنفَعِلُ	انفَعَلَ	Passive of I	VII
مُنكَسَر	مُنكَسِر	انكِسار	ينكَسِرْ	ينكَسِرَ	ينكَسِرُ	انكَسَرَ	(to be broken)	
مُفتَعَل	مُفتَعِل	افتِعال	يَفتَعِلْ	يَفتَعِلَ	يَفتَعِلُ	افتَعَلَ	Reflexive of I	VIII
مُكتَسَب	مُكتَسِب	اكتِساب	يكتَسِبْ	يكتَسِبَ	يكتَسِبُ	اكتَسَبَ	(to acquire)	
-----	مُفعَلّ	افعِلال	يَفعَلّ	يَفعَلَّ	يَفعَلُّ	افعَلَّ	Colors, defects	IX
-----	مُحمَرّ	احمِرار	يَحمَرّ	يَحمَرَّ	يَحمَرُّ	احْمَرَّ	(to become red)	
مُستَفعَل	مُستَفعِل	استِفعال	يَستَفعِلْ	يَستَفعِلَ	يَستَفعِلُ	استَفعَلَ	Causative/reflex	X
مُستَعمَل	مَستَعمِل	استِعمال	يَستَعمِلْ	يَستَعمِلَ	يَستَعمِلُ	استَعمَلَ	(to use)	

إجابات التمارين Answer Key

مراجعة القواعد

تمرين ١ آ فعل: سافر، تقع، وصلا، نزلا، كان، وضع، ذهبا، طلبتْ، طلب، أحضر، شرب، يظنّان
فاعل: سامي وزوجتُه، (هي ضمير مستتر)، ألف نزلا، الزوجان، حنينُ، النادلُ
مفعول به: المدينةَ، حقائبَهما، سمكاً، كبّةً وأطعمةً، قهوةً
مبتدأ: اللاذقيةُ، الطقسُ (اسم كان)، سامي وحنينُ، الطعامَ (اسم أنَّ)، طعامَ (اسم أنَّ)
خبر: ميناءٌ، جميلاً (خبر كان)، جيّدٌ (خبر أنَّ)

ب ١ـ يعملان ٢ـ الجامعةُ ٣ـ طبيبٌ ٤ـ حاسوباً ٥ـ الأستاذُ/متأخّراً ٦ـ هالةُ/أمّاً
٧ـ ماءُ/باردٌ ٨ـ السماءَ/غائمةٌ ٩ـ طبيباً ١٠ـ زوجُها ١١ـ شقةً ١٢ـ موقف

تمرين ٢ ١ـ زميلُ ٢ـ أحمدَ وصديقه ٣ـ ميناء ٤ـ كتابَ ٥ـ زوجةُ ٦ـ أوّلِ ٧ـ مركزَ

تمرين ٣ ١ـ شاطئِ (مضاف)، البحرِ (مضاف إليه)، ٢ـ سائقو (مضاف)، الشاحناتِ (مضاف إليه)
٣ـ طائرةُ (مضاف)، رئيسِ الجمهورية (مضاف إليه)، ٤ـ تاريخُ (مضاف)، مدينةِ دمشقَ
(مضاف إليه) ٥ـ أمامَ (مضاف)، بابِ غرفة أستاذ (مضاف إليه)، ٦ـ بيتُ (مضاف)،
أستاذنا (مضاف إليه) ٧ـ طالبةُ (مضاف)، جامعةِ (مضاف إليه)

تمرين ٤ ١ـ أخَذَني صَديقي عادلٌ لزيارَةِ مَصانِعَ السَيّارات في مصرَ. ٢ـ سافرَتْ لَيْلى مَعَ ميخائيلَ إلى صَوْفَرَ في لُبْنان. ٣ـ قَدَّمَتِ الفَتاةُ الطَعامَ إلى رَجُلٍ جَوْعانَ. ٤ـ دَرَسْتُ في المَدارسِ الحُكوميّة. ٥ـ الْتَقَطْنا هذه الصورةَ في صَحْراءِ الأُردُنِّ. ٦ـ كَتَبْتُ إلى عَدْنانَ رسالةً طَويلةً. ٧ـ مَرَرْنا بحِمْصَ بَعدَ الظُهر. ٨ـ هَل أنتَ صَديقُ عَدنانَ؟ ٩ـ دَرَسَتْ سَميحَةُ في مَدارِسَ خاصّة.

تمرين ٥ ١ـ أجملُ طقسٍ ٢ـ أغلى من ٣ـ أكثرُ خضرةً من ٤ـ ألذُّ ٥ـ أكثرُ تأخُّراً من ٦ـ أقلُّ من
٧ـ أكبرُ ٨ـ أصغرُ من

تمرين ٦ ١ـ ألفٍ وتسعمئةٍ وثلاثٍ وأربعين ٢ـ ثلاثُ ٣ـ عشرين ٤ـ اثنَتا عَشْرَةَ ٥ـ عشرينَ ألفِ
٦ـ غرفتا ٧ـ خَمسةَ عَشَرَ ٨ـ بأحدَ عَشَرَ ٩ـ ابنٌ واحدٌ

تمرين ٧ ١ـ مساءً ٢ـ قربَ ٣ـ ضاحكاً

تمرين ٨ ١ـ الّذي ٢ـ الّتي ٣ـ اللتان ٤ـ مَن ٥ـ الّذين ٦ـ ما

تمرين ٩ ١ـ تصلون ٢ـ قُلْ ٣ـ اجلسوا ٤ـ أشويَ ٥ـ صُنِعَتْ

تمرين ١٠ ١ـ تحسّن ٢ـ استفهم ٣ـ لاعب ٤ـ انكسر ٥ـ اصْفَرَّتْ ٦ـ ارتفعَتْ ٧ـ تكاتَب
٨ـ أجلَسَ ٩ـ حَمّلَ

تمرين ١١ اسم فاعل: حافلة/حفل، صاحب/صحب
اسم مفعول: مَعروك/عرك، مصنوع/صنع، مزروع/زرع، مطحون/طحن
اسم مكان: مخبَز/خبز، مَوقِف/وقف، مشرِق/شرق، محلّ/حلّ، موقِد/وقد

اسم زمان: شُروق/شرق

صفة مشبّهة: قديم/قدم، كبير/كبر، كثير/كثر

اسم تفضيل: أقرب/قرب، أقدم/قدم، أحسن/حسن

اسم آلة: عجّانة/عجن

تمرين ١٢ ١- لن أسكنَ ٢- لم نزُرْ/مازُرنا ٣- لا تحضرْ ٤- لا تعيشُ ٥- أريد غيرَ ٦- ليس بعيداً
٧- لن يسافرَ ٨- ليست ٩- ما رأيت/لم أرَ ١٠- ليس ١١- في غيرِ ١٢- لن تعملَ

درس ١

تمرين ١ آ ١- الملابس والأحذية الولادية والملابس الداخلية النسائية ٢- نيڤين ٣- شارع الرقة بدُبَي، هاتف ٢٢٤٣٧٣ ٤- سبعة أيام

ب ١- هدوء ٢- قِفْ، اتّجاه واحد ٣- اخلع حذاءك قبل الدخول إلى المسجد من فضلك
٤- شاشة عرضٍ ٥- عين المريسة ٦- ملابس وأحذية

تمرين ٢ مرور/حافلة، سيلان/شاي، ماء/شرب، اسحب/ادفع، مفتوح/مغلَق، أحمر شفاه/مسحوق تجميل، جوّال/نقّال، مصرف/فرع

تمرين ٣ ١- أسبوع ٢- شاشة ٣- جامع ٤- مسحوق ٥- جمال ٦- ملابس

تمرين ٤ ١- عنوان المحل التجاري في دُبَيْ. ٢- تُكتَبُ كلمة «اسحب» على الأبواب. ٣- يُحمَل الهاتف الجوّال من مكانٍ إلى مكان. ٤- يخلع المصلّون أحذيتهم قبلَ الدخول إلى المسجد.

تمرين ٥ ١- إذا مشيت في ذلك الاتجاه تصل إلى السوق بسرعة. ٢- إذا زارونا فسنقدم لهم حلوى شامية. ٣- إذا أخذ مروان إجازته في الصيف فقد يستطيع زيارة أخيه. ٤- إذا سافرتَ إلى باريس فلا تنسَ زيارة برج إيفل. ٥- إذا ركبتِ الحافلة فستصلين الجامعة بنصف ساعة.

تمرين ٦ ١- عليك بالعسل. ٢- شتّانَ ما بين هالة وأختِها. ٣- إليك قلمك. ٤- أفٍّ من هذا الطقس! ٥- أيّها السيدات والسادة، إليكم السيد ناجي الحلبي. ٦- على كلّ الطلاب كتابة صفحة عن رياضتهم المفضلة.

تمرين ٧ ١- صُمِّمَتْ ٢- آ- تُكتَبُ العربية من اليمين إلى اليسار. ب- شوهد أحمد يمشي في الحديقة. ج- خُصِّصَ هذا الكرسي للمدير.

تمرين ٨ ١- مصدر: دعاية، إعلان، تصميم، تَنَصُّت، استخدام، تدخين، مُرور، تحكُّم، وُقوف، سُهولة
٢- فعل أمر: اخلعْ، اشربوا، قفْ، استفدْ، استمتعْ
٣- اسم مفعول: مكتوبة، مُنتخَب، ممنوع، مستورَد، مأخوذ، مسحوق
٤- اسم فاعل: نقّال، جوّال، مشجِّع، صالح، لافتة
٥- إضافة: إشارات المرور، إشارة الوقوف، أحمر الشفاه، لافتات الدخول والخروج، قاعة المطالعة

٦- اسم وصفة: اللافتات الجدارية، المحلات التجارية، الشاي السيلاني، الاسم القديم، هاتف نقّال، تصميم أنيق

تمرين ٩ ١- هاتف نقّال، تصميم أنيق، سهولة الاستخدام، ٢- الجمال، الأناقة، التميُّز، ٣- مؤسسة الإمارات للنقل، أربعون حافلة، نقل المشجِّعين، مباراة المنتخَب الوطني أمام السعودية

تمرين ١٠ آ ١- عام ٢٠٠٠ ٢- للبنين والبنات ٣- الحرية ٤- شارع عمر المختار

ب ١- للكيمياء والفيزياء ٢- شَتَويّ ٣- الميدان ٤- لكرة المضرب والسلة والطائرة

ج ١- كل ما سبق ٢- شهر آب ٣- ٢٩٧٤٥٦١

د ١- صواب ٢- خطأ، هناك مسبح شتوي ٣- خطأ، مكتبته غنية

درس ٢

تمرين ١ ١- قطة، ٢- سمكة، ٣- مطرقة، ٤- كمان

تمرين ٢ ٣، ٤، ٢، ١

تمرين ٣ إجابات متنوعة

تمرين ٤ ١- الاسم والعنوان والدراسة والرياضج المفضلة والهوايات ٢- المراسلة والرحلات وكرة القدم ٣- لأن والدها لا يستطيع تحمّل تكاليف الدراسة ٤- لخصص يوما بالأسبوع لعلاج الفقراء مجانا ٥- بلاد ما بين النهرين ٦- المطرقة والمنشار والكماشة والمفك

تمرين ٥ إجابات متنوعة

تمرين ٦ ١- لأنهم يرغبون بالتراسل مع القرّاء الآخرين ٢- لانا خضري ٣- إما في التدريس أو في وزارة الخارجية لأنها لن تتابع دراستها في الخارج ٤- النجارة وصناعة الفخار والكهرباء والدهان ٥- العود مصنوع من خشب الورد وله عشرة أوتار أو إثنا عشر وترا ٦- تسمى «الشدة» وأبو الفول والبريبة والباصرة من بعض الألعاب.

تمرين ٧ ١- طبلة ٢- تكلفة ٣- وتر ٤- أعمال يدوية ٥- لون ٦- شركة

تمرين ٨ ١- جريدة/صحيفة ٢- تخصص/طب ٣- رياضة/كرة القدم ٤- ناي/ ألة موسيقية ٥- استلم/رسالة ٦- حاسوب/برمجة ٧- نظم/شعر ٨- خشب/منشار

تمرين ٩ ١- تراسلت مع طالب من اوستراليا ٢- سيتابع سامر دراسة الطب في الخارج ٣- هل قرأت رواية «اللص والكلاب» لنجيب محفوظ؟ ٤- حصلت رشا على علامات جيدة في امتحان المدرسة الثانوية

تمرين ١٠ درس حازم الهندسة في جامعة القاهرة. ثم تابع دراسته في أيوا في الولايات المتحدة. حيث حصل على شهادة الماجستير في الهندسة. عمل بعد تخرّجه في شركة لإنشاء الطرقات في شيكاغو. بعد سبع سنوات عاد إلى مصر حيث قابل زوجته. عادا معا إلى الولايات

المتحدة ليعملا ويسكنا هناك.

تمرين ١١ ١. لو كان الطقس معتدلا في نيڤادا لعاش كثير من الناس هناك. ٢. لو تتصل بي أختي كل يوم. ٣. لو سافرتُ بالطائرة لما شاهدت تلك المدن الجميلة. ٤. لولا الماء لما كان هناك حياة على وجه الأرض. ٥. سيذهب إلى المدرسة ولو ماشيا. ٦. لو يزور أمَّه بعيد الميلاد.

تمرين ١٢ ١. قرأ، استمعوا ٢. تراسلا ٣. ظهرتْ ٤. تكتب، ينظمن

تمرين ١٣ ١. قابلناهم لدى ذهابهم إلى السينما. ٢. لدى هشام أختان. ٣. المفاتيح لدى المدير ٤. ألديك قلم؟ ٥. لديَّ عنوان جديد الآن.

تمرين ١٤ آ معلومات شخصية عن سلمى

ب تدرس سلمى التاريخ الإسلامي، تحب السفر، هوايتها التصوير، لونها المفضل الأخضر، تتمنى لو تتابع دراستها

ج إجابات متنوعة

د ١. خطأ، تدرس التاريخ الإسلامي. ٢. خطأ، تحب السفر والتصوير. ٣. صواب

هـ ١. أسرتها وأصدقائها ٢. السفر ٣. الأشجار

درس ٣

تمرين ١ ١. تعليم المشاهدات طريقة صنع حلوى شامية. ٢. طريقة الصنع، المقادير، المواد اللازمة ٣. إجابات متنوعة مثل: تحضير هريسة اللوز، أو حلوى شامية

تمرين ٢ ١. الثامنة ٢. ثلاثة أطفال ٣. ربّات البيوت الموظفات ٤. هريسة اللوز ٥. السميد ٦. عشرين دقيقة ٧. على وجه كلّ مُعيّن ٨. القَطر

تمرين ٣ ١. ثلاثاء ٢. شجرة ٣. ليمون ٤. صينية ٥. لوزة

تمرين ٤ نار/موقد، زبدة/لبن، مواد/مقادير، دقيقة/ساعة، شامي/دمشقي، طفل/أم، صعب/سهل

تمرين ٥ ١. ضعي الصينية على الطاولة. ٢. انتظرونا أمام باب المسرح. ٣. يغلي الماء عند درجة حرارة مئة. ٤. يجد بعض الطلاب صعوبة في تكلّم العربية. ٥. حرّك الدِهان جيدا ثم ادهن الجدار بالفرشاة.

تمرين ٦ ضع الحاسوب الجديد على الطاولة. أولا صل لوحة المفاتيح بالحاسوب. ثم صل الحاسوب بالكهرباء. افتح الحاسوب. انتظر دقيقة أو دقيقتين ليحمِّلَ الحاسوب برامجه. إبدأ بكتابة رسالتك.

تمرين ٧ إجابات متنوعة

تمرين ٨ ١. يجب أن أحضر هذا الكتاب معي إلى المدرسة غدا. ٢. يجب ألا ننسى أصدقاءنا. ٣. يجب أن تكتب اسمك على هذه الورقة. ٤. وجب عليها أن تركب الحافلة إلى عملها. ٥. يجب ألا تتأخر. ٦. يجب تحريك الخليط.

تمرين ٩ ١. أتينا بالسيارة. ٢. صنعتْ هذا الطبق بنفسها. ٣. أنظّف أسناني بالفرشاة.
٤. عملت هذا التمرين بصعوبة. ٥. حملوا البرّاد بسهولة.

تمرين ١٠ ١. أختها جميلة الوجه. ٢. أخي كثير الأولاد. ٣. بعض اللغات سهلة التعلّم.
٤. أحمد كبير القدمين. ٥. هذه سيارة غالية الثمن.

تمرين ١١ أولا احضر حقيبة كبيرة. ثانيا افتح الحقيبة ونظفها من الداخل. ثالثا احضر ملابسك وأمتعتك وضعها في الحقيبة. رابعا اغلق الحقيبة واقفلها بالمفتاح. خامسا اتّصل بسيارة الأجرة لتأخذك إلى المطار. سادسا انزل إلى الشارع لتنتظر سيارة الأجرة.

تمرين ١٢ ١. ها أنا أكتب لك من تونس. ٢. ها هو يقود سيارته الجديدة. ٣. ها هي أمي تحضّر حلوى.
٤. ها هم قادمون ليلعبوا كرة السلة.

تمرين ١٣ ١. انتظريني أمام موقف الحافلة. ٢. لا تنسوا كتابة أسمائكم على الورقة. ٣. احضرن كتبَكنَّ غدا. ٤. احضر السيارة إلى الباب. ٥. لا تمشيا في الشمس.

تمرين ١٤ آ ١. دراجة ثابتة ٢. لأنها جيدة لصحتهم ٣. لا ٤. إجابات متنوعة
ب ١. صواب ٢. صواب ٣. خطأ، تعرف كثيرا. ٤. خطأ، ليس لديه دراجة ثابتة.
ج ١. ركوب الدراجة ٢. الشوارع فيها سيارات كثيرة. ٣. للقلب ٤. خمس مرات أسبوعيا

درس ٤

تمرين ١ ١-٣ إجابات متنوعة ٤. مبروك ٥- إجابات متنوعة ٦. لا. أشتري دارا.

تمرين ٢ ١. انتقال ميساء من بيت لبيت آخر. ٢. لترحب بها وتدلها على شقتها. ٣. سبب الانتقال إلى بيت جديد، انتظارها لزيارة صديقتها ٤. هالة صديقة ميساء، ويوسف ابنها، وفيصل زوجها ٥. في الشهر الماضي ٦. لأن شقتها القديمة كانت صغيرة وبعيدة عن دار أهلها.
٧. عنوانها ١٦٨ شارع الرازي الشقة ١٧. ٨. الطابق الرابع. ٩. في ساحة الشهداء
١٠. لأن شقتها جديدة وقريبة من دار أهلها وقريبة من عمل زوجها.

تمرين ٣ عاش/سكن، ألو/مرحبا، أهل/أسرة، مشى/سار، بطاقة/رسالة، طريق/شارع، بلغ/وصل، حافلة/موقف

تمرين ٤ ١. اهتداء ٢. مصعد ٣. صديق ٤. رحب ٥. عمل ٦. خريطة ٧. شوق

تمرين ٥ ١. بنايتنا مؤلفة من ستة طوابق. ٢. نزلتُ من الحافلة أمام المصرف. ٣. محلّ سامي عند تقاطع شارعي السلام والنيل. ٤. خذ أول شارع إلى اليمين واتّجه شمالا.

تمرين ٦ ابن خالي لديه عائلة مؤلفة من زوجته وولد وبنتين. يسكن وأسرته في بناية من سبعة طوابق. شقته في الطابق الرابع لكنه لا يستعمل المصعد. يقول إن صعود الدرج رياضة له. تريد زوجته الانتقال إلى شقة أكبر في حي قريب من عملها. لكنه لا يريد الانتقال لسببين. أولا لأن ذلك الحي مزدحم فيه ناس كثيرون. ثانيا لأن الشقق هناك أغلى بكثير من شقتهم.

تمرين ٧ إجابات متنوعة

تمرين ٨ ١ـ رحّبت بنا ترحيبا حاراً. ٢ـ اتّجهنا اتّجاها خاطئا. ٣ـ عبرنا الشارع عبورا صحيحا. ٤ـ يكتب كتابة مثل الأطفال. ٥ـ انعطفت السيارة انعطافا حاداً. ٦ـ أصلح البرّاد إصلاحا جيدا.

تمرين ٩ ١ـ إن تصل متأخِّراً فلن تَجِدَني. ٢ـ إنْ تلعبِ الرياضةَ ألعبْ معك. ٣ـ إنْ نامَ مُبَكِّراً فقد يكونُ مريضاً. ٤ـ إنْ تَذهبْ إلى باريس فربُّما ذهبتُ معك. ٥ـ إنْ انقَطَعَ عنِ الدِراسةِ فعمله موجود. ٦ـ إنْ ذهبتَ إلى لندَن فزُرْ حديقةَ الحيوانات.

تمرين ١٠ ١ـ تناولت هالة عدة أطباق على العشاء حتى الحلوى. ٢ـ لم يقُد والدي سيارة حتى صار في الخمسين. ٣ـ دعتني إلى الغداء حتى أصلح موقدها. ٤ـ بقيتُ في الجامعة حتى الساعة الخامسة. ٥ـ ذهبوا إلى محطة القطار حتى يروا الرئيس.

تمرين ١١ ١ـ أخبرني فريد نفسه أن المحلات مغلقة. ٢ـ أين ترى نفسك بعد عشر سنوات من الآن؟ ٣ـ طبعت سامية الرسالة بنفسها. ٤ـ حمل سائق سيارة الأجرة حقيبتي إلى شقتي بنفسه.

تمرين ١٢ آ ١ـ دعوة لزيارة دكان الكاتب الجديدة. ٢ـ اسمه ماهر ويسكن في دمشق ولديه محل تجاري.

ب ١ـ خطأ، زارها من قبل. ٢ـ صواب ٣ـ خطأ، يذهب مشيا.

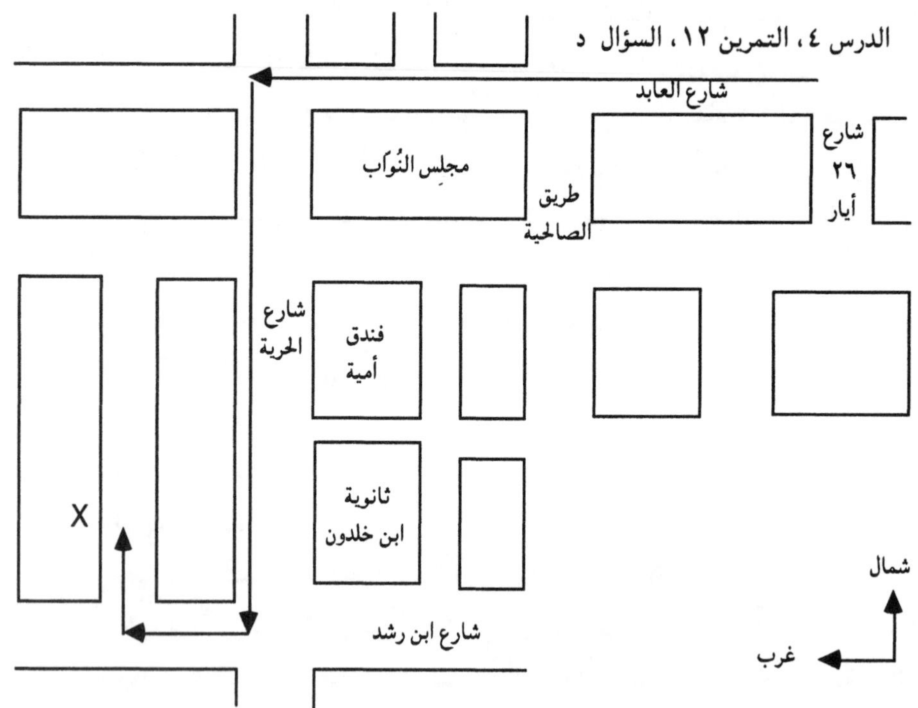

ج ١ـ جميلا ٢ـ رياض ٣ـ اليسار

د انظر الخريطة.

درس ٥

تمرين ١ ١. مقابلات تجريها مذيعة مع زوار معرض دمشق. ٢. أسرة من زحلة تزور المعرض ومقابلة مع ثلاث فتيات ومقابلة مع بائع العرق سوس. ٣. معرض دمشق الدولي أو مقابلات في المعرض.
٤. في أواخر الصيف من كل عام. ٥. أربعة أشخاص. ٦. يملك مطعما ويعمل فيه.
٧. لأنه كان موظفا بسيطا. ٨. يحمل إبريق ماء ليغسل به الكؤوس بعد أن يشرب الزبائن.

تمرين ٢ ١. المعرض ٢. التلفاز ٣. دول عربية وأجنبية ٤. بالسيارة ٥. أنيقة ٦. المغربي ٧. الداخلية ٨. خزانا

تمرين ٣ ١. صواب ٢. خطأ، هنّ من دمشق. ٣. خطأ، إحدى الفتيات ترتدي اللباس الإسلامي.
٤. خطأ، وفاته جعلتها تترك الدراسة. ٥. خطأ، يحمل بضاعته على ظهره.

تمرين ٤ لحظة/ثانية، ارتدى/لبس، وفاة/حياة، داخل/خارج، مملوء/فارغ، مثلّجات/بوظة، قابل/مراسل، صبي/ولَد، جوّ/طقس

تمرين ٥ ١. كريم ٢. وطن ٣. فضّة ٤. موت ٥. طبق ٦. معهد ٧. سائح

تمرين ٦ ١. جو المكتبة مريح للدراسة. ٢. هنادي فتاة ترتدي اللباس الإسلامي. ٣. قامت الفتاة بعملها بكل سرور. ٤. لا أشرب الماء إلا مثلّجا. ٥. نادى الأب ابنه للدخول إلى البيت.
٦. أجرت المذيعة مقابلة مع الرئيس المصري. ٧. يزور المعرض سيّاح من بلاد عربية وأجنبية.

تمرين ٧ ١. أخبرني صديقي أن هناك معرضا لصور من البحرين. وسيقام هذا المعرض في المتحف الوطني بحلب ويبدأ في ١ أيلول. في الأول من أيلول ذهبت إلى المعرض مع صديقيَّ حسام وهشام. وكان في المعرض أكثر من ١٥٠ صورة من تاريخ البحرين القديم. بعض الصور كانت عن قرية أثرية يبلغ عمرها أكثر من ٥٠٠٠ سنة. أعجبتنا الصور كثيرا وتمنينا لو نذهب إلى البحرين لرؤية تلك القرية. يظهر في تلك الصور هندسة البيوت في القرية. كما يظهر في الصور أيضا المكان الذي كان يخزّن فيه البلح (dates).

تمرين ٨ إجابات متنوعة

تمرين ٩ إجابات متنوعة

تمرين ١٠ إجابات متنوعة

تمرين ١١ ١. طبعا ٢. شكرا ٣. العفو ٤. لا أبدا ٥. الحمد لله ٦. إنشاء الله

تمرين ١٢ ١. كم مدينةً زرت؟ ٢. كم من السكر تريدين في قهوتك؟ ٣. كم أخاً لك؟ ٤. بكم اشتريتَ كتابَك؟ ٥. كم برميلاً من النفط تستوردُ الولاياتُ المتحدةُ من البلاد العربية؟ ٦. كم بناءً قديما في حرم الجامعة؟ ٧. كَم عُمُرُ سيارتك؟ ٨. بكم ذلك القميص؟

تمرين ١٣ ١. عليك تنظيفُ الشقة. ٢. كان عليَّ أنْ أكونَ بالمطار في الساعة الواحدة. ٣. على نديم الطعام وعليَّ الحلوى. ٤. كان علينا أن ننتظرَهم ساعةً.

تمرين ١٤ ١ـ أتمشي إلى الجامعة؟ ٢ـ أتأتي متأخراً لحفلة تخرُّجك؟ ٣ـ أدرسَت الصيدلةَ أم الطب؟ ٤ـ أذلك أستاذُك؟ ٥ـ أتسبح في البحر أم في المسبح في الشتاء؟ ٦ـ ألم يقُل إننا يجب أن نكونَ هناك في الساعة السادسة؟ ٧ـ أتشاهد التلفاز في أسبوع الامتحانات؟ ٨ـ ألن تشتري سيارةً جديدة؟

تمرين ١٥ ١ـ لا أذهب إلى السينما إلا مع أصدقائي. ٢ـ حضر جميع الطلاب إلا واحداً. ٣ـ زوجتك إنْ هي إلا صديقتك. ٤ـ ما ذهبنا إلى البحر مرةً إلا وسبحنا. ٥ـ كل السيدات في الصورة معهنّ كلب إلا واحدة. ٦ـ ما اتصلتُ بها بالهاتف مرةً إلا أجاب ابنُها.

تمرين ١٦ آ ١ـ قوبِلَتْ ٢ـ أُقيمَ ٣ـ رُؤيَ ٤ـ أُحْضِروا ٥ـ اسْتُعْمِلَ

ب ١ـ شوهِدَ ماهر أمام باب السينما. ٢ـ حُمِلَت البضاعةُ إلى الشاحنة. ٣ـ غُلِيَ الماءُ لمدة دقيقتين. ٤ـ أُجرِيَتْ مقابلةٌ مع الرئيس. ٥ـ أُشيرَ إلى السياراتِ كي تتوقف. ٦ـ نودِيَتْ لكنّها لم تردّ.

تمرين ١٧ ١ـ امتحاني اليومَ. ٢ـ وصلَت الطائرة مساءً. ٣ـ دخلنا المبنى وقتَ خروجِ الموظفين. ٤ـ استمرّ الفيلمُ ساعتين. ٥ـ بقينا في بيروتَ خمسةَ أيام. ٦ـ سكنتُ في شقةٍ كلّ السنة.

تمرين ١٨ آ ١ـ مقابلة مع فتاة حول حياتها. ٢ـ دراستها والأشياء التي تحبها ولا تحبها وخططها للمستقبل. ٣ـ إجابات متنوعة ٤ـ في أمريكا ٥ـ ليس لها أخت.

ب ١ـ خطأ، تحب أن تعمل بشركة أجنبية بالأردن. ٢ـ خطأ، تريد أن تتزوج وأن تنجبَ أولادا كثيرين. ٣ـ صواب. ٤ـ خطأ، ترى روما وكأنّها متحف كبير.

ج ١ـ النظام ٢ـ الموارد البشرية ٣ـ ربة بيت ٤ـ القراءة

د إجابات متنوعة

درس ٦

تمرين ١ آ إجابات متنوعة ب إجابات متنوعة

تمرين ٢ آ انظر الخريطة إلى اليسار.

ب جبال الجوفة والتاج والقلعة وعمّان واللويبدة والحسين والنزهة والقصور والهاشمي.

تمرين ٣ آ ١ـ شقة أخيه ٢ـ حمص ٣ـ الحدود السورية-الأردنية ٤ـ أحمد نحاس ٥- سفح جبل الجوفة ٦ـ مسكونة ٧ـ عمّان ٨ـ ١٩٤٦

ب ١ـ خطأ، هو طالب ويعمل سائقا أيضا. ٢ـ صواب ٣ـ خطأ، من حلب إلى عمان. ٤ـ صواب ٥ـ خطأ، كان اسمها فيلادلفيا. ٦ـ خطأ، جبل التاج هو أعلى جبل. ٧ـ صواب

تمرين ٤ آ ١. اشتغل/عمل ٢. الأول/الثاني ٣. جهاز كهربائي/برّاد
٤. طريق/شارع ٥. تجوّل/مشى ٦. مسرح/سينما ٧. شاحنة/سيارة
ب ١. حَرَم الجامعة university campus ٢. سفح الجبل foot of the mountain
٣. شهادة القيادة driver's license ٤. مجلس الأمّة People's Council
ج ١. أصبح/صار ٢. ساق/قاد ٣. رجع/عاد ٤. سنة/عام ٥. بيت/دار

تمرين ٥ إجابات متنوعة

تمرين ٦ آ/ب إجابات متنوعة

تمرين ٧ ١. في مادبا ٢. محفورة في الصخر الوردي اللون وكانت مركزا مهمّا للتجارة والقوافل
٣. تُقام حفلات موسيقية في مسرح جَرَش الروماني ٤- هي ميناء الأردن الوحيد
٥. إجابات متنوعة

تمرين ٨ ١. تسلّق جبال ٢. هدوء ٣. حديث

تمرين ٩ آ ١. متأخرين ٢. وجهاً ٣. ماشيةً ٤. مسافرين ٥. من الإذاعة ٦. قائلاً
ب ١. ماشياً ٢. ضاحكين ٣. جالساً ٤. حاملاً
ج ١. دخلت الغرفةَ راكضةً. ٢. المطعم مقابلَ المكتبة. ٣. وصل متأخراً ثلاثينَ دقيقة.
٤. وضعت دراجتي بين سيارتين. ٥. وقفتْ أمامنا تقرأ الشعر.

تمرين ١٠ ١. لا يزال رامي يدرس الهندسة الكهربائية. ٢. كانت الحديقة مملوءةً بالأزهار. ٣. صارت الفواكه أغلى من الحلويات. ٤. لا تحتاجين إلى سيارة ما دمت تسكنين قرب حرم الجامعة.

تمرين ١١ ١. مسرور ٢. مَسوق ٣. مَمشيّ ٤. متبوع ٥. مُساوىً ٦. مغادَر ٧. مُهتَدٍ ٨. مَقود ٩. منسيّ

تمرين ١٢ آ ١. زيارة الكاتب ووالدته لأخته في مدينة أخرى ٢. السفر بالطائرة، الاستقبال في المطار، مباني أبو ظبي وشوارعها ٣. والدته ٤. بمدينة أبو ظبي في مبنىً عالٍ ٥. عريضة ونظيفة
٦. شاهد أشجارا على الجانبين ٧. نسرين
ب ١. أبو ظبي ٢. أخته وابنتها ٣. شوارع حديثة

درس ٧

تمرين ١ ١. أخبار متنوعة من الصحف ٢. التعليم في الجزائر، علاج اللوزتين بطريقة حديثة، حادث مرور، عملية سطو على منزل، مكتبة نسائية بجدة، معرض الكتاب بدمشق، مهرجان مسرحي بليبيا ٣. تُخدّر اللوزتان ثم تُسلّط أشعة الليزر عليهما لمدة دقيقتين وتُعاد هذه العملية من أربع إلى ست مرات ٤. السرقة لا تنفع.

تمرين ٢ ١. ٨٥٪ ٢. أقل من دقيقتين ٣. شهرين ٤. بالسيارة ٥. شقة رجل وزوجته ٦. الحساسية
٧. راحة ٨. الخط العربي

تمرين ٣ ١. خطأ، إجباري لمدة ست سنوات ٢. صواب ٣. خطأ، بعض الناس لا تنفعهم هذه العملية

٤ـ خطأ، سيارة الإسعاف ٥ـ صواب

تمرين ٤ ١ـ ربع ميزانية الدولة ٢ـ ٢٨ مليون ٣ـ إجابات متنوعة ٤ـ أكثر من ٩٩٪ ٥ـ حملوه خارج السيارة ٦ـ جهاز تلفزيون وجهاز راديو ومسجلة وسمّاعتين وحلي ومبلغ من المال

تمرين ٥ نسبة/متوسّط تلميذ/طالب وزير/دولة أيْ/يعني مستجدّ/جديد تعليم/مدارس سرق/لص

تمرين ٦ ١ـ فارق ٢ـ عمود ٣ـ تخدير ٤ـ كهرباء ٥ـ إصابة ٦ـ مهرجان

تمرين ٧ ١ـ يعالج الطبيب المرضى في عيادته. ٢ـ يجب ألا تزيد سرعة السيارات عن ١٠٠ كيلومتر بالساعة. ٣ـ عفوا يا أخي، هذا الهاتف مُتعطّل. ٤ـ سمعتُ الباب يُدقّ فهُرِعت لأفتحه. ٥ـ سقطتْ الطفلة على الأرض فأصيبَت وسال الدم من رجلها.

تمرين ٨ علم المراسل الصحفي من الشرطة أن النار قد اشتعلت في شقة. فركب سيارته وهرع إلى العنوان الذي حصل عليه من الشرطة. في الطريق إلى الشقة سمع سيارات الإطفاء تتجه إليها. حين وصل إلى العنوان كانت إحدى سيارات الإطفاء تقف أمام المنزل. وكان رجال الإطفاء يحاولون إطفاء النار بالماء. بعد حوالي ربع ساعة نجح رجال الإطفاء في إطفاء النار وغادروا الشقة. بعد خروج رجال الإطفاء من الشقة، دخلها المراسل فوجد الجدران سوداء اللون. وكانت مياه سوداء قذرة على الأرض والأثاث. التقط بعض الصور للشقة من الداخل قبل أن يغادرها. هُرِع المراسل بعد ذلك عائداً إلى صحيفته كي يكتب الخبر وينشره.

تمرين ٩ ١ـ قابل سامي صديقا قديما وهو في طريقه إلى العمل. ٢ـ نامت وجهاز التلفاز مفتوح. ٣ـ رأيتهم وهم يمشون. ٤ـ مشى إلى المدرسة والطقس بارد.

تمرين ١٠ ١ـ لا بدّ أن تحضّر لرحلتها إلى باريس. ٢ـ لا بد أن يجدوا شقة جديدة. ٣ـ لا بد أن تحصل على جواز سفر إذا أردتَ السفر إلى الخارج. ٤ـ لا بد من التخدير كي يجري الطبيب العملية.

تمرين ١١ آ أُجريَتْ، هُرِع، اعتُقِل، أقيم (ماض)، تُسلَّط(مضارع)

ب وقد وقع، وقد بلغ، وقد شارك (all completed action)

ج ١ـ قد نحتفل بعيد زواجنا في اليمن. ٢ـ لم يعيشوا بالدار البيضاء أكثر من سنتين. ٣ـ وصلنا إلى المسرح وقد انتهت الحفلة الموسيقية. ٤ـ هُرِعت البنت الصغيرة لتفتح الباب لأبيها.

تمرين ١٢ آ ١ـ قطة على الشجرة/لص على السطح ٢ـ رجال الإطفاء يساعدون سيدة في إنزال قطتها من أعلى الشجرة. ٣ـ أمسك رجال الإطفاء بلص، اتصلوا بالشرطة ٤ـ أمسك to grab, apprehend، هرب to flee، سُلّم ladder، سَطح roof. ٥ـ نعم لأنها حصلت على قطتها واعتُقِل اللص.

ب ١ـ خطأ، اللص كان على السطح. ٢ـ صواب ٣ـ خطأ، اتصلت بالإطفاء ٤ـ صواب

٥ـ خطأ، أمسك به رجال الإطفاء لكن الشرطة اعتقلته. ٦ـ خطأ، أنزلها رجل الإطفاء.

ج ١ـ أمام الدار ٢ـ رجلا ٣ـ الشجرة ٤ـ سُلّم ٥ـ الرجل ٦ـ الليل

د ١ـ يساعدوا السيدة في قطتها ٢ـ في أعلى الشجرة ٣ـ يجلس على السطح ٤ـ رجال الإطفاء أمسكوا به ٥ـ المخفر ٦ـ يأتي الليل

درس ٨

تمرين ١ ١ـ الاحتفال بعيد الشكر ٢ـ فهم الكاتب من زميله أنه اشترى ديكا وزنه ١٥ كيلوغراما، بحث في السوق عن ديك كبير، قطّع الديك حتى يستطيع إدخاله الفرن، كان الديك مرسلا خصّيصا إلى السفارة الأمريكية. ٣ـ سوء تفاهم

تمرين ٢ ١ـ حية ٢ـ بالحساسية ٣ـ بخير ٤ـ قذر ٥ـ ذهابا فقط ٦ـ أبيه ٧ـ ساعي المكتب ٨ـ لصداع ومشاكل ٩ـ يشويه بالفرن ١٠ـ السفارة الأمريكية

تمرين ٣ ١ـ خطأ. قد يتزوج. ٢ـ خطأ، ما قاله الطبيب لم ينفع. ٣ـ صواب ٤ـ خطأ، الفندق أقذر من الشارع. ٥ـ خطأ، لا يزال ينتظر أن يربح تذكرة إياب. ٦ـ خطأ، كان في بيروت. ٧ـ خطأ، يحتفل به الأمريكيون. ٨ـ خطأ، لم يفهم الكاتب ما قاله مدير التحرير.

تمرين ٤ ١ـ إجابات متنوعة ٢ـ إجابات متنوعة ٣ـ كلّفه ثمن التلفزيون والراديو والساعة ٤ـ رئيس تحرير ٥ـ لأنه ظنّ أنّ مدير التحرير اشترى واحدا وزنه ١٥ كيلوغراما. ٦ـ لأنه رأى الديك الوحيد المرسل إلى السفارة الأمريكية مقطعا.

تمرين ٥ محضّر/مطبوخ، رئيس تحرير/صحيفة، پاوند/رطل، إرباً/قطعاً، شحنة/ميناء، ثمن/نقود، قذر/نظيف، فرخة/دجاجة

تمرين ٦ ١ـ لافتة ٢ـ حذاء ٣ـ حساسية ٤ـ مدير تحرير ٥ـ ديك مشوي

تمرين ٧ ١ـ قرأ نكتة في المجلة فابتسم. ٢ـ أُصيب أحمد بالحساسية بعد أنْ سكنَ الكُويت. ٣ـ حزنت الأم حزنا شديدا بسبب موت ابنها. ٤ـ شراء ديك حبش من السوق المركزية أمر بسيط.

تمرين ٨ أردتُ وثلاثةٌ من أصدقائي أنْ نقضيَ إجازةَ الربيع على الشاطئ. أولاً اشترينا تذاكر القطار. في يوم السفر اتّجهنا إلى محطة القطار بسيارة أمِّ عبد الرَحيم. وصلنا إلى المحطة في الساعة السابعة، أيْ قبل موعد القطار بنصفِ ساعة. كان القطار موجوداً في المحطة وفيه بعض الرُكّاب. صعدنا إلى القَطار ووضعنا الَحقائبَ في مكانها. جلستُ إلى جانبِ الشُبّاك وجلس عبد الرحيمِ مُقابِلي. أمّا مَروان وسعيد فَجَلَسا إلى يسارنا. استغرقت الرحلةَ خمس ساعات إذْ وصلنا في الساعة الثانية عشرة والنصف. ركبنا سيارةَ أُجرة من المحطة إلى الفندق.

تمرين ٩ ١ـ خرجتُ من الباب وإذا بها تُمطِر. ٢ـ دخلتَ الأم غرفة النومَ وإذا بالطَفل الصغير قد ذهب. ٣ـ ذهب إلى المصرف لسحب بعضَ النقود وإذا به مُغلَق. ٤ـ وصلنا إلى دار السينما وإذا بنادية تنتظرنا.

تمرين ١٠ ١ـ كاد اليوم أن ينتهي. ٢ـ ما كاد الفيلم أن يبدأ حتى رنّ جرس الهاتف. ٣ـ لا أكاد أرى البحر من هذه النافذة. ٤ـ تكاد طائرة سامي أن تصل.

تمرين ١١ آ فقد أتزوّج (possibility)، لقد أجريت، قد تورّطت، فقد جاءني، وقد كان، فقد قال، فقد دفع (completed action)

ب ١ـ قد يتأخرون قليلا هذا المساء. ٢ـ لقد أخذَتْ حبتَي أسبرين ولم تنفعاها. ٣ـ لو كنتُ مكانك لشاركتُ بالمهرجان المسرحي. ٤ـ كاد يُجَنُّ من الفرح.

تمرين ١٢ آ ١ـ تواصل غير ناجح. ٢ـ تسكن حنان مع ريم، تركت أخت ريم رسالة تذكّر أختها بعيد ميلادها، نقلت حنان الرسالة الخطأ. ٣ـ قرأتْ رسالتين واحدة من ريم والأخرى من أخت ريم. ٤ـ اتّصلتْ لتخبرها بأمر رسالة أختها وأنها يجب أن تأخذ أباها إلى الحفلة. ٥ـ سمر أخت ريم، وهديل صديقة ريم، وأُبَيّ ابن سمر.

ب ١ـ خطأ، تحت الباب. ٢ـ خطأ، حضرت لكنها لم تجد أختها فتركت رسالة. ٣ـ خطأ، بسبب كتابة اسم الابن دون تشكيل.

ج ١ـ على الأرض ٢ـ رسالة من ريم ٣ـ أباها

د إجابات متنوعة، مثلا: وجدت حنان رسالة من أخت صديقتها ريم فاتصلت بريم وأخبرتها أن تأخذ أباها إلى حفلة عيد ميلاد أختها. لكن أختها كانت قد طلبتْ في الرسالة من ريم أن تُحضِرَ «أُبَيُّ» ابنُ سمر من المدرسة.

درس ٩

تمرين ١ ١ـ زيارة مايكل إلى دمشق مع صديقيه. ٢ـ نزل مايكل وصديقاه في فندق قريب من سوق الحميدية، تاريخ مختصر لمدينة دمشق، زاروا متاحف دمشق ومعالمها، تناولوا القهوة في فندق الميريديان. ٣ـ أقدم مدينة ٤ـ ٢٠ جنيها ٥ـ فيها ثلاثة أسرّة ومغسلة لكن ليس فيها حمّام. ٦ـ لأن صديقة لهم أعطتهم اسم هذا الفندق. ٧ـ لا، السريانية لا تزال مستعملة في ثلاث قرى. ٨ـ في قصر العظم. ٩ـ الحياة الدمشقية القديمة. ١٠ـ رقيما فخّاريا نُقِشَت عليه أول أبجدية في العالم.

تمرين ٢ ١ـ خطأ، لم يكن فيه غرفة شاغرة. ٢ـ خطأ، دون حمّام. ٣ـ صواب ٤ـ خطأ، كان واليا منذ حوالى ٢٧٠ سنة. ٥ـ خطأ، في متحف التقاليد الشعبية. ٦ـ خطأ، في متحف دمشق الوطني. ٧ـ صواب

تمرين ٣ ١ـ إذْن يحصل عليه المسافر لدخول البلد. ٢ـ سوق قديمة وكبيرة فيها بضائع تقليدية وبضائع حديثة. ٣ـ الحروف التي يتكوّن منها نظام الكتابة. ٤ـ رجل يحكي قصصا للناس في المقهى كل مساء. ٥ـ مكان على الساحل السوري عُثِر فيه على أول أبجدية.

تمرين ٤ عثر/وجد، حارة/زقاق، شاغر/فارغ، جامع/مسجد، حكاية/قصة، الآرامية/السريانية،

حجرة/غرفة

تمرين ٥ ١ـ نبات ٢ـ المعادي ٣ـ تأخّر

تمرين ٦ تأشيرة دخول، جواز سفر، سيرة عنترة، خيال الظل، سورة الفاتحة، خطوط الطيران، سيارة أجرة، متحف دمشق

تمرين ٧ ١ـ مع صديقين ٢ـ تأشيرة ٣ـ المسجد ٤ـ متحف دمشق التاريخي

تمرين ٨ ١ـ شاهدنا أدوات التجميل القديمة في المتحف. ٢ـ ركبت السيارة إلى الحي الذي أسكن فيه. ٣ـ اكتُشفَت أول أبجدية في العالم في رأس شمرا.

تمرين ٩ أراد أسامة وزوجتّه كريمة السفرَ من القاهرة إلى بيروت من أجل عطلة الصيف. وصل أسامة وكريمة إلى المطار قبل مَوعد إقلاعِ الطائرة بساعتين. توجّها أوّلاً إلى مَكانِ وَزنِ الحَقائب. كان معهُما أربعُ حَقائب. بعد وزنِ حقائبهما توجّها إلى مَركزِ الجَوازات. عند انتهائهما من الجوازات جلسا في قاعةِ الانتظار أمامَ البَوّابة رقم ١٨. سَمعا إعلاناً من السَمّاعات عن إقلاعِ طائرَتهما. قالَ الإعلانُ: «الرَجاءُ من حَضَراتِ الرُكّاب التوجُّه إلى البوّابة رقم ١٨». صعد الرُكّابُ إلى الطائرةِ قبلَ نصفِ ساعةٍ من مَوعدِ إقلاعِها. جلست كَريمة في مَقعَدٍ إلى جانبِ الشُبّاك وجلسَ نديم إلى يَسارِها.

تمرين ١٠ إجابات متنوعة

تمرين ١١ ١ـ عليَّ أن أغسل السيارة يوم الأحد. ٢ـ اشترت هالة كتابا عن التاريخ الأمريكي لتقرأه. ٣ـ علينا أن نكون في البيت في الساعة الثامنة كي نشاهد برنامجنا التلفزيوني المفضّل. ٤ـ مَن عليه الفواكه؟

تمرين ١٢ آ ١ـ زيارة كارول وأصدقاؤها للأردن وسورية. ٢ـ السفر بالطائرة إلى الأردن، زيارة عمان وجرش والبتراء، السفر إلى سورية بالحافلة، زيارة حمص وحماة وحلب. ٣ـ من أمريكا ٤ـ بالطائرة ٥ـ في حماة

ب ١ـ خطأ، بالسيارة ٢ـ خطأ. في دمشق وفي حلب ٣ـ خطأ، من سوق الحميدية بدمشق ٤ـ خطأ، توقّفوا بحمص.

ج ١ـ أسبوعا ٢ـ الجنوب ٣ـ سورية ٤ـ حمص ٥ـ الفندق

درس ١٠

تمرين ١ زيارة طلاب أمريكيين إلى تدمر وحلب ٢ـ زيارة تدمر ليوم واحد، معلومات عن تدمر وملكتها المشهورة، النزول في فندق بارون القديم، قصة حلب الشهباء، أسواق حلب القديمة. ٣ـ رحلة في تاريخ سورية ٤ـ ٢١٠ كيلومترات ٥ـ مشوا في شوارع المدينة وتناولوا الكباب الحلبي. ٦ـ لأنه انتصر على الفرس مرتين وخلّص امبراطور روما من الأسْر. ٧ـ استولت على مصر وكل سورية وآسيا الصُغرى. ٨ـ لأن النبي إبراهيم حلب بقرته الشهباء فيها.

تمرين ٢ ١- خطأ، بالحافلة ٢- خطأ، في تدمر ٣- صواب ٤- خطأ، في روما ٥- خطأ، في بارون حيث نزل لورنس ٦- خطأ، في حلب

تمرين ٣ ١- الجيش ٢- حرب ٣- عَثَر ٤- نبي ٥- إله المطر

تمرين ٤ قلعة حلب - معبَد بَعْل - لورنس العرب - فندق بارون - عليه السلام - خان الخليلي

تمرين ٥ الفُرْس/إيران ذَهَب/فِضّة آثار/تاريخ ظنّ/فكّر حِكاية/قصّة الصباح/الظهر جيّد/حسن قَد/رُبّما

تمرين ٦ ١- بالحافلة ٢- تدمر ٣- بارون ٤- القلعة ٥- رخيصة

تمرين ٧ ١- علمت أنّ أحمد لن يسافرَ إلى دُبي. ٢- تتكلم هالة اللغة الألمانية بطلاقة.
٣- كانت زنوبيا زعيمة عظيمة الذكاء. ٤- امتدّت الدولة الإسلامية من الصين إلى الأندلس.
٥- كان إله المطر والخِصب يسمّى بَعْل في سورية القديمة.

تمرين ٨ أردت أنا وصديقاتي أن نترك المدينة لبضعة أيام لنستمتع بجو الريف. لذلك قررنا أن نستأجر حافلة صغيرة مع سائقها تقلنا إلى الكفرون. والكفرون بلدة صغيرة جميلة تقع في الجبال في غرب سورية الأوسط. غادرنا دمشق في الساعة السابعة صباحا. توقفنا مرتين في الطريق ووصلنا الكفرون مساء. استأجرنا دارا كبيرة فيها أربع غرف نوم. قضينا أيامنا هناك في زيارة الأماكن الجميلة والمطاعم في الجبال. قضينا خمسة أيام هناك عدنا بعدها إلى دمشق. لقد استمتعنا جدا بهذه الرحلة واتفقنا أن نكررها مرة أخرى.

تمرين ٩ ١-٣ إجابات متنوعة

تمرين ١٠ ١- أتمنّى لو كانت المحلات مفتوحة الآن. ٢- حوصِرَت القلعة شهرين. ٣- صار هُمام طبيبا في سن الرابعة والعشرين. ٤- أستاذنا واسِع الثقافة. ٥- تدرس رنا الحقوقَ، مادتَها المفضلة.
٦- ليست السماء غائمة.

تمرين ١١ آ ١- انكسار وعاء شجرة صغيرة ٢- كان ضيوفها قد خرجوا، كسرت قطتها وعاء فيه شجرة، وضعت الشجرة في وعاء جديد ٣- مَيْ زيادة ٤- ضيوفها ٥- سمعَتْ صوت شيء ينكسر.
٦- قطتها البيضاء. ٧- جمعت التراب ووضعته في وعاء جديد ووضعت الشجرة فيه.

ب ١- صواب ٢- خطأ، بعد أن خرجوا ٣- خطأ، حمدت الله أن الشجرة لم تمت.

ج ١- فلسطينية ٢- في غرفة الاستقبال ٣- أسبوع ٤- الشمس

درس ١١

تمرين ١ آ ١- دعوة لزيارة مزرعة وقضاء يومين فيها ٢- زوجة الكاتب وأولاده مسافرون ٣- دعوة لزيارة صديقه في مزرعته، لم يكن الصديق في المزرعة، العودة ليلا إلى بيته، أخطأ في قراءة موعد الزيارة ٣- إجازة لم تتحقّق ٤- عبد الرحمن التلمساني ٥- لأن كل شيء لم يجر كما يجب. ٦- في الريف

ب ١ـ لأنه يحتاج إلى إجازة ٢ـ ظهرا ٣ـ أشجارا ٤ـ نسي موعده معه ٥ـ كان مربوطا بجنزير طويل ٦ـ ينفّس عن غضبه ٧ـ محطة وقود

ج ١ـ خطأ، ليقضي يومين عنده ٢ـ خطأ، شعر بالوحدة بعد سفر زوجته وأولاده إلى بيروت ٣ـ صواب ٤ـ خطأ، توقف في محطة الوقود ٥ـ خطأ، كان يشعر بخجل شديد

تمرين ٢ آ إجازة/عطلة، غضب/حنق، مزرعة/ريف، مغلَق/مسدَل، ببطء/بسرعة، بدأ/شرَع

ب عدّاد المسافة odometer، محطة الوقود gas station، بطاقة دعوة invitation card، محرِّك السيارة car engine، جرس البيت door bell

تمرين ٣ ١ـ عامل ٢ـ ستارة ٣ـ عواء ٤ـ فرح ٥ـ عطلة

تمرين ٤ أغلقتُ، أسدلتُ، الساعة، جرس، الرقم، عواء، غيظ، الكلب، دقائق، يقرع، اتّصلتُ، النوم، الهاتف، مجيب، مزرعة والدها

اعتذرتُ I declined، نائمة asleep، لأشكوَ to complain about، فاعتذر، he apologized، رَنَّ to ring

تمرين ٥ ١ـ يتسع خزان سيارتي لخمسين ليترا من الوقود. ٢ـ أشعر بشوق شديد لأمي وأبي وإخوتي. ٣ـ لما اقتربتُ من البيت وجدت كل النوافذ مفتوحة. ٤ـ قضى زهير إجازته في قرية صغيرة في الريف.

تمرين ٦ يسكن عمي في قرية بعيدة في الريف ولم أزره منذ أشهر. وقرّرت أن أزوره وأقضي معه بضعة أيام في الريف. لذلك اشتريت تذكرة قطار إلى بلدته ذهابا وإيابا. في صباح يوم الخميس ذهبت إلى محطة القطار. فصعدت إلى إحدى العربات وجلست إلى جانب النافذة. غادر القطار المحطة في موعده. وفي الطريق شاهدت مزارع كثيرة من نافذة القطار. وصل القطار إلى محطة بلدة عمي بعد ثلاث ساعات تقريبا. نزلت من العربة وكان عمي في انتظاري بالمحطة مع ابنه. ركبنا شاحنة ابن عمي الصغيرة وانطلقنا إلى دار عمي في المزرعة. قضيتُ في دار عمي خمسة أيام استمتعت بها استمتاعا عظيما.

تمرين ٧ ١–٣ إجابات متنوعة

تمرين ٨ ١ـ خيرها بغيرها ٢ـ بالمناسبة ٣ـ ولا من مُجيب ٤ـ لحُسن الحظ

تمرين ٩ ١ـ عَسى ٢ـ شَرَعَتْ ٣ـ عساها ٤ـ بدأَت ٥ـ عساني

تمرين ١٠ ١ـ عسى أن تصل الطائرة بموعدها. ٢ـ بدأتْ تتكلّم اللغة العربية في سنّ الخامسة عشرة. ٣ـ عساها تعود في الأسبوع المقبل. ٤ـ بدأ طلاب صفي يتراسلون بالعربية مع طلاب من الوطن العربي.

تمرين ١١ آ ١ـ الأخَوان ٢ـ أبي ٣ـ فيها ٤ـ ذا ٥ـ أخٌ ٦ـ أفواه

ب ١ـ هذه الرسالة لأبي. ٢ـ عندي أخٌ يسكن في ألاسكا. ٣ـ أهاذان أخَواك؟ ٤ـ كم أخاً لك؟

٥- هاني رجلٌ ذو مشاكلَ كثيرة.

تمرين ١٢ ١- أنْ تنسى ٢- تبني ٣- أنْ تجدَ ٤- نكتبُ

تمرين ١٣ آ ١- الخروج لشراء حاجات من السوق. ٢- الخروج من البيت في طقس سيئ، تقديم الحلوى والشراب للضيوف، أماكن وقوف السيارات، وقت إغلاق المحلات. ٣- المحل مغلق. ٤- ماطر وبارد. ٥- لأنّ أصدقاءه سيحضرون للزيارة وليس لديه ما يقدمه لهم. ٦- عاد دون حلوى وزجاج شباك سيارته مكسور وكان يشعر بالغيظ وملابسه مبتلّة وابنه يبكي.

ب ١- لأن أصدقاءه سيحضرون ٢- سنتان ٣- على كرسي ٤- مقابل ٥- السيارة ٦- الطفل كان في السيارة.

ج ١- صواب ٢- خطأ، ذهب الأب لشراء الحلوى. ٣- خطأ، كسر الشرطي زجاج النافذة لأن الطفل بالسيارة والمفتاح داخلها. ٤- خطأ، اعتذروا عن الحضور.

درس ١٢

تمرين ١ ١- إجابات متنوعة ٢- حتى يحققوا أحلامهم في الحصول على مال كثير. ٣- إجابات متنوعة

تمرين ٢ آ ١- الحلم والواقع يختلفان ٢- الإعجاب بالملابس والأحذية الغالية، السفر إلى أوروبا علامة الغنى، مساعدة الناس الآخرين، الفقر والمرض ٣- لأنها تحلم أحلاما حلوة. ٤- حين تربح الجائزة الكبرى. ٥- ساعدت به أهلها وخالها وجارتها أم خالد.

ب ١- الإعدادي ٢- ولدان وأربع بنات ٣- تساعد أهلها ٤- دكان أبي خليل ٥- دواء ٦- ٤٨

ج ١- خطأ، كانت تحلم بأن يجعلها مراقبة. ٢- خطأ، هي جارة سهام الفقيرة. ٣- صواب
٤- خطأ، أرادت أن تزور بلدانا أوروبية إذا ربحت الجائزة الكبرى باليانصيب. ٥- خطأ، كانت تحلم أن تشتري أحذية غالية.

تمرين ٣ ١- دواء ٢- خال ٣- نفس ٤- مصروف

تمرين ٤ مسنّ/شاب، ذهاب/إياب، سعادة/حُزن، فقير/غني، مريض/صحيح

تمرين ٥ موقف/حافلة، أجْر/راتِب، مال/نقود، حذاء/جوارب، مساعدة/إعانة، سحب/يانصيب، مريض/دواء

تمرين ٦ ١- إذا ربحتُ في اليانصيب فسوف أشتري دارا جديدة. ٢- هل يكفيك مبلغ خمسمئة دولار شهريا مصروفا؟ ٣- قال ماهر لنفسه يجب أن أتخرج هذه السنة. ٤- تحتاج الدول الفقيرة إلى مساعدة دول العالم الغنية.

تمرين ٧ كان هشام معجبا جدا بفتاة اسمها دانة من أيام المدرسة وشعر أنه يحبها وتمنى أن يتزوجها. لكن المشكلة أنه كان فقيرا ودانة من أسرة غنية فلم يفكر بخطبتها. حين تخرّج من الجامعة حصل على عمل جيد في مصرف وبسرعة نجح في عمله. بعد أن نجح بعمله قال لنفسه إنه يجب أن يطلبها من أسرتها زوجة له. لذلك اتصل بأبيها وشرح له قصته وقال له إنه يودّ الزواج

من ابنته. رد الأب أنه يجب أن يسأل ابنته دانة أولا. لما سألها أبوها عن رأيها بهشام قالت له إنها لا تعرفه جيدا. فسألها أبوها إن كانت تحب أن تراه حتى تتعرف عليه أكثر. وافقت دانة أن ترى هشام وأن يخرجا معا لتعرف شعورها نحوه. فخرجا إلى المُتَنَزَّهات معا وإلى المطاعم وأحيانا إلى دار السينما. لكنّ دانة أعجبها هشام بعد التعرف عليه وشعرت أنها قد أحبته. فلما طلبها هشام خطيبة له وافقت، ووافقت أسرتها أيضا.

تمرين ٨ ١ـ فتحت الباب فإذا بصديقي يقف هناك. ٢ـ هل تعرفون الأستاذ الجديد الذي أتانا من تونس؟ ٣ـ لا نعرف مَن جعل أحمد رئيس هذا النادي. ٤ـ أحب أن أعمل في بلد طقسه معتدل. ٥ـ لا أكاد أعرف أحدا في هذا المكان. ٦ـ أعجبني كل ما رأيت في المتحف. ٧ـ إذا كتبتْ لي فسوف أكتب لها. ٨ـ لم تصل سامية إلى عملها حتى الآن. ٩ـ لو عرفتُ أن الطقس حار لَلبستُ قميصا. ١٠ـ هل تعرفون مَن يسكن معهم في الشقة؟

تمرين ٩ ١، ٢ إجابات متنوعة

تمرين ١٠ آ ١ـ معظم الناس أرادوا دخول التلفاز إلى بيوتهم. ٢ـ رجاء الأولاد لأبيهم ليشتري لهم تلفازا، علاقة الجيران بعضهم ببعض، برامج الأخبار، المسلسلات المعروضة محلية وأجنبية. ٣ـ ١٩٥٩. ٤ـ الدولة ٥ـ الأخبار ٦ـ الأقارب والأصدقاء والجيران.

ب ١ـ خطأ، لم يكن عند أحد تلفاز. ٢ـ خطأ، شاهدوا أخبارا محلية ومن العالم. ٣ـ خطأ، عُرضت البرامج في المساء فقط. ٤ـ خطأ، خمس ساعات. ٥ـ خطأ، كانت دهشتهم أعظم.

ج ١ـ التلفاز سوف يدخل إلى البيوت. ٢ـ يشتري لهم تلفازا. ٣ـ أن مشاهدة التلفاز مثل مشاهدة الأفلام في السينما. ٤ـ تموز

د التلفاز يدخل البيوت

الدرس ١٣

تمرين ١ ١ـ العراق، السعودية، الكويت، قطر، الإمارات، مصر، سورية ٢ـ العراق ٣ـ في شمال العراق ٤ـ البنزين ٥ـ لا ترتفع حرارة الماء فيها إلى درجة عالية ولا تستنفد كثيرا من البنزين والزيت.

تمرين ٢ آ ١ـ في مصر ٢ـ الأدب وعمل قبل ذلك مدرساً وصحافياً. ٣ـ عنوان كتاب للمازني. ٤ـ الزيت والبنزين

ب ١ـ عشرين ٢ـ ثلاثينات ٣ـ ليملأ خزّان الماء ٤ـ لا يتوقف عند محطات الوقود ٥ـ في الصيف أكثر من الشتاء

ج ١ـ خطأ، خرجت من محورها وهو يسير مغتبطاً. ٢ـ صواب

د ١ـ مغتبط، راضي النفس، منشرح الصدر ٢ـ بنزين، نفط، زيت ٣ـ بنزين، زيت، عجلة، محوَر، خزّان الماء، علامة الخطر الحمراء، مقعد خلفي، خزّان البنزين

هـ تستنفد كل ما هو معروض في طريقها ثم لا تشبع، فكّرت أن أربط خزّانها بآبار الموصل،

خزّان الماء يغلي كالمرجل، أقف وأغيّر الماء ثم أستأنف السير وهكذا، أشتري الثلج وأحشو به خزّانها، ذخيرة كافية من الثلج على المقاعد الخلفية، خرجت إحدى العجلتين من محورها وذهبت تجري وحدها في الطريق.

تمرين ٣ ١. في ١٩٠٤-١٩٠٥ ٢. ٢-٦ إجابات متنوعة

تمرين ٤ آ ١. حبّ الحلاقين للثرثرة ٢. إعجاب الناس باليابانيين، حبّ الناس للكلام بالسياسة والأمور الدولية، عدم خروج الرجال إلى الطريق دون غطاء رأس. ٣. في مصر. ٤. أخبار الحرب الروسية اليابانية. ٥. لأنه رسم أشكالا هندسية على رأسه. ٦. يركض في الشارع دون غطاء رأس.

ب ١. لصديق الكاتب ٢. الحلاقين ٣. رأس زبونه ٤. لسان الزبون ارتبط

ج ١. خطأ، يغطون رؤوسهم ٢. خطأ، كان يعجبه الجيش الياباني ٣. خطأ، كان هناك زبائن آخرين ٤. صواب

د ١. ربع ٢. حانوت ٣. يتَمِّم ٤. أمّ ٥. هَروَل ٦. بسالة ٧. أخذ ٨. عُقبى

تمرين ٥ وقود/بنزين، سَير/مشي، مُغتبِط/سعيد، شجاعة/بسالة، مكان/بُقعة، طريق/شارع

تمرين ٦ ١. منشرح ٢. ثلج ٣. ذخيرة ٤. زبون ٥. نزاع

تمرين ٧ نجوم الظهر، لوح ثلج ، بئر ماء، محوَر العجلة، راضي النفس ، منشرح الصدر

تمرين ٨ ١. قامت الحرب العالمية الثانية عام ١٩٣٩. ٢. رسم داڤينشي صورة المسيح مع أصحابه وهو يتناول العشاء. ٣. عمل لنكَن محاميا قبل أن يكون رئيسا. ٤. عرف الإنسان النفط في العراق منذ آلاف السنين. ٥. تقصّ رانية شعرها قصيرا بينما يحبه زوجها طويلا.

تمرين ٩ ١. كان عدد من الناس يجلسون في مقهى إلى جانب الطريق. وكان هناك سيارات تسير في وسط الشارع أمام المقهى. فجأة ظهرت قطة أمام إحدى السيارات فانحرف السائق إلى اليمين. لكن السائق لم يستطع أن يوقف السيارة فصعدت على الرصيف. استمرت السيارة في السير على الرصيف ودخلت المقهى. لحسن الحظ لم يُصَب أحد من الزبائن. إلا أن الواجهة الزجاجية وعدد من الطاولات والكراسي تحطمت.

تمرين ١٠ إجابات متنوعة

تمرين ١١ كانت غرفة نومي حارة جدا فلم أستطع أن أنام. لذلك نهضتُ وذهبت إلى النافذة وفتحتها، لكن صوت الشارع دخل الغرفة ومنعني من النوم. لهذا قرّرت أن أقرأ قليلا، فذهبتُ إلى المكتبة وأخذت كتابا وشرعت أقرأ حتى نمت.

تمرين ١٢ و(لما) p، و(صعدوا) t، و(جلسوا) t، ثمّ t، و(عمله) p، و(لم) p، فـ(قال) p ، و(طلب) c، فـ(رفض) t، و(قال) c، و(طلب) p، أو c، فـ(اضطرّ) t، لأنّ c، و(لم) c

تمرين ١٣ ١. بيعَتْ ٢. أواسِط ٣. أخذوا ٤. حمراء اللون ٥. لاحظَتْ

تمرين ١٤ آ ١. أقل من ثلاث سنوات ٢. ٦٠٠٠ ٣. تحت سن
ب ١. صواب ٢. خطأ، اسم المديرة «بغدادي». ٣. خطأ، يسكنون مع أسرهم.
ج ١. توفير مستقبل جيد للأيتام. ٢. حصلوا على عمل في مكاتب الدولة والشركات التجارية. ٣. يعمل وينشئ عائلة.
د ١. تعليمهم ٢. الصحية ٣. ومكاتب الدولة.

الدرس ١٤

تمرين ١ آ ١. إجابات متنوعة ٢. المسيحية واليهودية والإسلام والبوذية والهندوسية ٣. لا، الدستور الأمريكي لا يسمح بذلك. ٤. سورية ولبنان والعراق والأردن وفلسطين ومصر ٥. السريان والروم الأرثوذكس والموارنة والأقباط والكاثوليكيون والبروتستانتيون والكلدانيون

تمرين ٢ آ ١. الفكرة الرئيسية تعايش الأديان ومن الأفكار الثانوية تعليم الدين بالمدرسة وأي الأديان أصحّ وانتماء الإنسان لدين معيّن وتسامح الأطفال الديني ومعنى الله بالنسبة للطفل وأعمال الناس في الدنيا والموت والجنة والنار. ٣. تربية حديثة تعطي الطفل فرصة التفكير والتعبير عن نفسه. ٤. حتى تفهم الفرق بين الأديان. ٥. أراد متابعة سلسلة الأجداد إلى ما لا نهاية. ٦. لا، لأنه يعتبرها صغيرة لا تفهم هذه الأمور. ٧. نبي المسلمين ٨. بقدرة خاصة ٩. جعْل الناس يعملون أشياء حسنة قبل أن يموتوا. ١٠. لا، لأنها نهرت ابنتها حين سألت عن الموت. ١١. علامات استفهام راسبة في أعماقه.
ب ١. درس الدين ٢. تطرِّز ٣. صديقة البنت ٤. الصلاة ٥. في كل مكان ٦. ابن خال البنت ٧. الجنة ٨. طبيعة الله
ج ١. خطأ، لأن أباه مسيحي. ٢. صواب ٣. خطأ، يتَبعون آباءهم. ٤. صواب ٥. صواب ٦. خطأ، بعض الأنبياء رأوه كما يقال. ٧. خطأ، في كل مكان. ٨. خطأ، توفي. ٩. صواب
د إجابات متنوعة

تمرين ٣ بَلى/نعم حُجرة/غرفة دين/إسلام جائزة/نوبل سورة/قرآن جنة/سماء نال/حصل على

تمرين ٤ ١. حوار ٢. حقيقة ٣. فرق ٤. مَرَض ٥. حيرة

تمرين ٥ نعم/كلا مَرِضَ/شُفِيَ جنة/نار جميل/قبيح هُدنة/حرب صَمَتَ/هَتَفَ مؤدَّب/شقيّ أصابَ/أخطأ

تمرين ٦ ١. سُخرية ٢. يا ٣. مَفرَش ٤. تثاءَب

تمرين ٧ ١. إذا عمل الإنسان عملا حسنا ومات ذهب إلى الجنة. ٢. الفاتحة هي أول سورة في القرآن الكريم. ٣. أنا إنسان حرّ أفعل ما أشاء. ٤. تفضّل أمي أن تأكل الفواكه بعد الطعام. ٥. سأقابله يوم الخميس بالرغم من انشغالي بالدراسة.

تمرين ٨ تثاءبت الطفلة الصغيرة وفتحت عينيها في سريرها صباحا. قبل أن تنهض من السرير فكرت

فيما ستفعل ذلك اليوم. أولا ستلبس ملابسها وتذهب إلى المدرسة. وفي المدرسة ستدخل حجرة الدراسة وتتعلم القراءة وبعض الأغاني. ثم تخرج مع صاحباتها إلى الفسحة وتلعب معهن. وفي نهاية النهار سوف تعود إلى دارها متعبة. لم يعجبها ما ستفعل ذلك اليوم فقررت أن تبقى في البيت. لكنها فكرت أن أمها لن تتركها تبقى في البيت دون مدرسة. لذلك تظاهرت أنها مريضة ولا قدرة لها على الذهاب إلى المدرسة.

تمرين ٩ ١. لِمَ ٢. ممَّن ٣. عَمّا ٤. عَمَّ ٥. عَمَّن ٦. إلامَ ٧. ألَم ٨. مِمَّ

تمرين ١٠ آ ١. العلوم والرياضيات ٢. بأن يكون ممثلاً ٣. لأنه قال لها إنه يجب أن يعمل في العيادة مساء وسوف يقابلها في المسرح. ٤. نعم ٥. حُلم تحقّق

ب ١. صواب ٢. خطأ، هي صيدلانية ٣. خطأ، في التاسعة ٤. خطأ، لم تعرف أنه كان سيمثّل. ٥. خطأ، كان يذهب وزوجته مرة بالأسبوع. ٦. خطأ، لأنها كانت تظن أنه سيدخل من الباب.

ج ١. المدرسة ٢. عيادة ٣. ممثلاً ٤. أصدقائه ٥. على المسرح ٦. في الساعة التاسعة

الدرس ١٥

تمرين ١ آ ١. حين امتدّت الدولة العثمانية في القرن السادس عشر وقعت بلاد الشام تحت الحكم العثماني لمدة ٤٠٠ سنة تقريبا ٢. بدأ عام ١٩٢٠ وانتهى عام ١٩٤٤. ٣. نعم ٤. الفكرة الرئيسية حول دور المرأة في المجتمع، ومن الأفكار الثانوية تعليم المرأة والمرض الذي ازداد أثناء الانتداب الفرنسي ونظرة الناس إلى المرأة المتعلمة تعليما عاليا والصحة. ٥. تكررت حوادث الوفيات بين الأطفال بسبب مرض السلّ والكوليرا وغيرهما. ٦. إجابات متنوعة.

ب ١. صيدلياً ٢. علي طه ٣. أحسن ٤. الحكم العثماني ٥. شركة سورية ٦. زوجها ٧. جمعية خيرية ٨. ثلاثة كتب ٩. شُرْب الكثير من الماء

ج ١. خطأ، لم تنجح بحملتها الانتخابية. ٢. خطأ، تأقلم زملاؤها معها بسرعة. ٣. صواب ٤. خطأ، لم ترزق بأطفال. ٥. خطأ، هي جمعية خيرية.

تمرين ٢ ١. مُتَخَلِّف ٢. نقطة ٣. افتتح ٤. عدم

تمرين ٣ غني/فقير، مَرَض/صحّة، وفاة/ولادة، استيقظ/نام، أعطى/حَرَم، اعْتَزَّ/خَجِل، ذكَر/أنثى

تمرين ٤ السلّ/الكوليرا ، مُنَظَّمة/جَمعية ، مقالة/صحيفة ، صليب/المسيحية، عثماني/تركي، دهن/زيت، شَهِدَ/رأى ، مُنفَرِد/وَحيد

تمرين ٥ ١. أستيقظ في الساعة السادسة صباحاً. ٢. أثبت أخي أنّه قادر على العمل والدراسة معاً. ٣. انتخبتُ المرشّح المستقل في الانتخابات الماضية. ٤. حصل فريد على عمل جيّد عوّضه عن سنوات فقره. ٥. استولى المنتصرون في الحرب العالمية الأولى على ممتلكات الدولة العثمانية.

تمرين ٦ انتَسَبَت سلمى إلى جمعية خيرية لتساعد الفقراء وكان عملها التعرّف على الأسَر الفقيرة. وقد

تعرّفت من خلال عملها على عدد من هذه الأسَر المحتاجة. وشعرَت بأنّها يجب أن تساعد هؤلاء الناس. فزارت شركات كبيرة تطلب منهم مالاً لمساعدة هؤلاء الفقراء. وقد تبرّعَت الشركات بالمال والمنتجات لمساعدتِهم. بقيَت سلمى عُضوة في الجمعية إلى أن انتقل عمل زوجها إلى مدينة أخرى. لكنّ سلمى لم تنس أن ترسل للجمعية مالاً كل شهر.

تمرين ٧ ١. التي ٢. الذين ٣. ما ٤. اللذان ٥. الذين ٦. اللاتي ٧. اللتين ٨. الذي

تمرين ٨ ١. إلاّ أنّه ٢. بل من الموصل ٣. إذ أنّ أخاها ٤. بما أنّ ٥. كما عمِل ٦. حيث أنها مريضة ٧. حتى ٨. إلى جانب أنها

تمرين ٩ إجابات متنوعة

تمرين ١٠ آ ١. الفكرة الرئيسية سيرة هدى شَعراوي ومن الأفكار الثانوية ثورة مصر على الإنكليز والحجاب والجمعيات الخيرية ودور المرأة والمؤتمرات النسائية. ٢. في جنوب مصر. ٣. كان رئيس أول مجلس نيابي في مصر. ٤. قامت ثورة مصر على الإنكليز. ٥. ٦٨ سنة.

ب ١. خطأ، ثلاث لغات. ٢. صواب ٣. صواب

ج ١. الإنكليز ٢. سافرة ٣. الاتحاد النسائي ٤. المصرية

د ١. يوم يتذكر فيه العرب وفاة هدى شعراوي. ٢. كان والد هدى شعراوي أول رئيس مجلس نيابي مصري وكان زوجها عضو الجمعية التشريعية. أسست هدى جمعيات خيرية ونسائية وقادت المظاهرات ضد الإنكليز وكانت أول مسلمة تخرج سافرة في مصر. ٣. تحرّر المرأة المصرية / دور أكبر للمرأة العربية.

درس ١٦

تمرين ١ آ ١. فتح الأندلس وتاريخها ٢. استطلاع موسى بن نصير أحوال إسبانيا، إرسال طارق بن زياد لفتحها عام ٧١٢، جعل إشبيلية أول عاصمة للأندلس، تأسيس دولة أموية جديدة بعد سقوطها بدمشق، إعلان الخلافة عام ٩٢٩، ضعف الأندلس بعد سقوط الخلافة عام ١٠٣١، سقوط غرناطة ٣. موسى بن نصير ٤. عام ٧١١ لاستطلاع أحوال إسبانيا ٥. إشبيلية، وقد كانت الأندلس تابعة للدولة الأموية بدمشق ٦. أيام الخلافة الأموية ٧. نشوب الثورات سقوط الخلافة، ظهور دويلات الطوائف، تعاون الطوائف مع أعدائهم ضد بعضهم البعض ٨. عام ١٤٩٢ ٩. الاتحاد في دولة واحدة يجعلهم أقوى ١٠. إجابات مختلفة

ب ١. سراً ٢. إشبيلية ٣. ١٠٣١ ٤. دويلات صغيرة

ج ١. خطأ. أرسل طارق بن زياد على رأس جيش ٢. خطأ. الأمويون ٣. صواب، ٤. خطأ. انتصر المسيحيون على المسلمين ٥. صواب

تمرين ٢ آ ١. قصر الحمراء أجمل قصر في الأندلس ٢. يحوي القصر أبهاء وقاعات، هناك أقواس عديدة على أعمدة، الماء والنافورات تضفي جمالا على القصر ٣. سامي الكيالي، ممثل سورية

في اليونيسكو ٤ـ ربّما بسبب لون أسواره وجدرانه ٥ـ بهو السباع

ب ١ـ البحرات والنوافير ٢ـ هضبات عالية ٣ـ بهو البركة ٤ـ العدل ٥ـ أسداً

ج ١ـ خطأ، في القرن ١٤ ٢ـ خطأ، ممثل سورية باليونيسكو ٣ـ خطأ، بنيت واجهة قصر العدل على شكل حدوة فرس ٤ـ صواب ٥ـ خطأ، يتكوّن مدخل القصر من أربعة أبراج ٦ـ صواب

تمرين ٣ جيش/عسكري، قصر/ملك، موسيقا/فن، معركة/حرب، خليفة/ملك، سور/جدار، نافورة/ماء، أسد/حيوان، طول/عرض

تمرين ٤ ١ـ سفح ٢ـ ضعف ٣ـ دولة ٤ـ سقوط

تمرين ٥ ١ـ خرج والي البلاد على رأس جيش من ألفَي مقاتل. ٢ـ ازدهرت العلوم والفنون والآداب بعد انتهاء الحرب لكن الاقتصاد لم يتحسّن. ٣ـ تتكوّن تلك المدينة من ستة أحياء رئيسية بالإضافة إلى مركز المدينة. ٤ـ نظم الوزير لسان الدين بن الخطيب أجمل القصائد الشِعرية الأندلسية.

تمرين ٦ صار مُعاوية بن أبي سُفيان والي الشام في عهد الخليفة الثالث عثمان. وقد استطاع معاوية الاستيلاء على الحكم في عهد علي بن أبي طالب الخليفة الرابع. وفي عام ٦٦١ تمكّن معاوية من تأسيس الدولة الأموية ونقل العاصمة إلى دمشق. وكان الأمويون يفضلون العرب على غيرهم من المسلمين. لذلك ظهرت معارضة شديدة ضدّ الأمويين خصوصا بين غير العرب في الجزيزة والعراق وفارس. وتحالف العبّاسيون أعداء الأمويين مع الفرس وثاروا عليهم. قاوم الخليفة مروان الثاني الثورة على دولته طوال أيام حكمه (٧٤٤-٧٥٠) لكن الثورة العباسية كانت أقوى منه. وهكذا سقطت الدولة الأموية عام ٧٥٠ وانتقلت العاصمة إلى بغداد وقُتل معظم الأمويين. لكن أحد أفراد الأسرة الأموية (عبد الرحمن بن معاوية) نجا من الموت وفرّ إلى الأندلس حيث أسس دولة أموية هناك عام ٧٥٦.

تمرين ٧ تدفّق النهر، عصفت الريح، نظم الشعر، لحّن أغنية، أطلق اسماً، نشبت الحرب، فتح بلداً، هزم العدو

تمرين ٨ ١ـ مؤلّف/كاتب ٢ـ أتى/جاء ٣ـ عاد/رجع ٤ـ بعث/أرسل ٥ـ تلوَ/بعد ٦ـ فَرْد/شَخص ٧ـ مسجِد/جامِع ٨ـ رُخام/مَرمَر ٩ـ عَقْد/قَوْس ١٠ـ جَمال/رَوْعة ١١ـ استَمَرَّ/ظَلَّ ١٢ـ سنة/عام

تمرين ٩ ١ـ قصر، قلعة، بنى، قاعة، بهو، حمّام، مسجد، قوس، عمود، رُخام، بحرة، نافورة، سور، جدار، حديقة، مدخل، برج، قبّة، رواق، عقد ٢ـ والٍ، قائد، خليفة، خلافة، دولة. حاكم، دويلة، مملكة، ملك ٣ـ جيش، مقاتل، ثورة، سَقَطَ، فَتَحَ، عدو، معركة، انسحب، تساقط ٤ـ شعر، موشّح، أديب، قصيدة، بَيت شعْر، مغنٍّ، تلحين

تمرين ١٠ التفضيل: أفضل، أولى، أكثر، آخِر، أهَم، أعظم، أظهر، أكبر، أحسن

المجهول: قُتل، سُمّيَت، هُزموا، يُقصَد، بُنيَ، بُديَ،حُصِّن، غُطِّيَت، بُنيت، نُظِم، تُهجَري، أُجَنّ

تمرين ١١ آ ١ـ الفكرة الرئيسية مساعدة الخليفة الأموي بدمشق لأميرة إسبانية في استعادة أملاكها من أعمامها، ومن الأفكار الثانوية سفر سارة من إسبانيا إلى دمشق، استيلاءأعمام سارة على أملاكها، زواج سارة من أحد رجال هشام بن عبد الملك، تأسيس عبد الرحمن ابن الخليفة هشام الدولة الأموية بالأندلس. ٣ـ إجابات متنوعة. ٤ـ إلى ميناء عسقلان. ٥ـ عبد الرحمن الداخل.

ب ١ـ خطأ، استولى أبناؤه على أملاك سارة، ٢ـ صواب، ٣ـ صواب، ٤ـ خطأ، جعل العاصمة قرطبة، ٥ـ خطأ، تزوجا وعاشا في إشبيلية.

ج ١ـ ثلاثة أعمام، ٢ـ لتطلب المساعدة، ٣ـ ولدان، ٤ـ عيسى بن مُزاحِم، ٥ـ إشبيلية

د توجّهت سارة حفيدة ملك إسبانيا السابق إلى دمشق لتطلب مساعدة الخليفة في استعادة أملاكها من أعمامها. أمر الخليفة والي شمال إفريقيا مساعدتها وزوّجها أحد رجاله وعادا إلى الأندلس وعاشا بإشبيلية.

درس ١٧

تمرين ١ آ ١ـ إجابات متنوعة (مثلا: خالف ببعض آرائه العقيدة الإسلامية، شرح أعمال أرسطو)، ٢ـ إجابات مختلفة (مثلا: تعرفّه على ابن طُفَيل والخليفة، واتّهامه بالكفر)، ٣ـ الكليّات، فصل المقال، تهافت التهافت، ٤ـ عرّف الغرب بأرِسطو وقام بشرح أعماله، ٥ـ اتُّهِم بالكُفر

ب ١ـ ٧٢ عاما، ٢ـ كفيلسوف وطبيب، ٣ـ الرأي العام، ٤ـ تهافت التهافت، ٥ـ مذهب، ٦ـ الوفاق، ٧ـ البعث، ٨ـ الأعراف، ٩ـ حق

ج ١ـ صواب ٢ـ خطأ: أخذه عن أبي مروان البلنسي وأبي جعفر هارون ٣ـ خطأ: كُرْه أعدائه له ٤ـ خطأ: توفي في مراّكش ودُفن في قرطبة ٥ـ صواب ٦ـ صواب ٧ـ خطأ: الفلاسفة فقط

تمرين ٢ آ تُوفي/دُفِن، قانون/شَرْع، حقّ/صدّق، قصر/بَلاط، شرح/تفسير، كَوْن/عالَم، دام/استَمرّ، هاجم /أيّد، سورة/آية

ب اتّهم/عفا (عن)، رضي/غضب، حُبّ/كُرْه، مخالِف/مناسِب، كُفْر/إيمان، ظاهِر/باطِن، غذاء/سُمّ

تمرين ٣ ١ـ مدفَن ٢ـ صِراع ٣ـ دَفَن ٤ـ تهافُت ٥ـ لخّص ٦ـ منَع

تمرين ٤ ١ـ الأدب، اللغة، الطب، الفقه، الفلسفة، المنطق، علم النفس، العقل، الفلك، الحكمة، الجدل، علم الكلام ٢ـ ابن، أب، جد ٣ـ قاضٍ، قاضي قضاة، ملك، خليفة، أسقف ٤ـ أمّا، ف، لأن، و، إلا أن، ك، إذا، أي، إنّما

تمرين ٥ ١ـ لم أفهم نظرية النسبية لأينشتاين فشرحها لي أستاذي. ٢ـ وُلِد ابن طُفَيْل ببلدة آش في الأندلس ونشأ بغرناطة. ٣ـ تعرّفنا على جارنا أبي عماد من خلال ابنته رنَا. ٤ـ حاولَت لَمى أن توافق بين عملها ودراستها فلم تنجح. ٥ـ تُرجِم عدد كبير من مؤلّفات نجيب محفوظ إلى

اللغات الأجنبية.

تمرين ٦ وُلد ابنُ خَلِّكان في عام ١٢١١ م بالعراق من أسرة البرامكة المشهورة. وهي الأسرة التي كان منها وُزَراء هارون الرشيد. درس علوم الدين في حلب ودمشق والقاهرة. عيَّنه السلطان بيبَرس قاضيَ القُضاة في دمشق بعد أن صار عالما معروفا. ألَّف ابن خلكان «كتاب وَفَيات الأعيان». وهذا الكتاب يحوي سيَرَ أكثر من ٨٠٠ رجل مشهور. ويُعتَبَر كتابه هذا مرجعا هامّا في تاريخ الشخصيات العربية والإسلامية. ولا يوجد إلاّ كتاب الواقدي بهذه الأهمية.

تمرين ٧ ١ـ طلَبتُ كتابَه فأعطاني إيّاه. ٢ـ قَطَّعَت التفاحةَ وأطعمتهم إيّاها. ٣ـ سألناه عن الصوَر من رحلته فأرانا إياها.

تمرين ٨ مصدر: حُبّ، علم، فقه، حُكْم، كُفْر، قراءة، كُرْه، حَرْب، تَنازُع، عَوْدة، شَرْح، تَفسير، تَلخيص، جَدَل، بِداية، نِهاية، فَصْل، تَهافُت، رَدّ، فكْر، تَفكير، صِراع، وِفاق، إيمان، تَوافُق قِدَم، بَعْث، دراسة، خَلْق، خلاف، إسلام، حَقّ، غذاء، نَظَر

اسم فاعل: مُفَكِّر، قاضٍ، مُخالف، صانِع، ظاهِر، باطِن، مُتَكَلِّم

تمرين ٩ آ ١ـ سيرة ابن المقفّع ٢ـ ترجمته لقصص هندية وقتل الخليفة له ٣ـ ربما لأنه اتُّهِم باعتِناق العقيدة المانوية. ٤ـ كليلة ودمنة

ب ١ـ صواب ٢ـ خطأ، عمل كاتبا بالدولة ٣ـ خطأ، بسبب اتّهامه باعتناق المانوية ٤ـ صواب

ج ١ـ إسلامي ٢ـ الفهلوية ٣ـ سياسية ٤ـ خليفة

درس ١٨

تمرين ١ ١ـ ١٩ ٢ـ ٨ ٣ـ ٤١ ٤ـ ٤ ٥ـ ١٢ ٦ـ ١٧ ٧ـ ٤٢ ٨ـ ٣ ٩ـ ١١ ١٠ـ ٣٤

تمرين ٢ ١ـ ٧ ٢ـ ٤٠ ٣ـ ٢٩) ٤ـ ٢ ٥ـ ٤ ٦ـ ٢٥ ٧ـ ٥) ٨ـ ١٠ ٩ـ ٣٩

تمرين ٣ حِلم/غَضَب، طار/وَقَعَ ، شَبَّ/شابَ، حرب/سلام ، عَدوّصَديق، عامي/فَصيح ، جاهل/عاقل، ضَجيج/هُدوء

تمرين ٤ حِكْمة/مَثَل، اختار/أخذ، أسَد/شِبْل، ناقة/جَمَل، مَولاي/سَيِّدي، عير/حَمير، خَيْر/أفضَل (من)، شَرْوى/مِثْل

تمرين ٥ ١ـ ناقة ٢ـ فائدة ٣ـ رذاذ ٤ـ رحى ٥ـ خدعة

تمرين ٦ ١ـ مطر ٢ـ صار ٣ـ نضح ٤ـ تمييز ٥ـ هزم ٦ـ عاشَرَ ٧ـ صمت

تمرين ٧ ١ـ ٢٩ في الدرس يشبه ٢ في الاستماع. ٢ـ a:6, b:8, c:5, d:4, e:11, f:12, g:7, h:14

٣ـ To carry coals to Newcastle (Basra is known for abundance in dates)

٤ـ Never put off till tomorrow what can be done today ٥ـ (٩)

فِهرِس

أف 42
افتعل........ 257
أفعال البدء........ 257
أفعال الشروع والرجاء والمقاربة........ 221
أفعل........ 12-13, 24, 217, 235, 293, 337
إلا........ 117
ألا........ 276
التي........ 217, 293
الذي........ 217, 293
ألم........ 276
أم........ 116
أمر........ 43, 80-81
أمسى........ 3, 66, 139
أنّ........ 3, 173, 201
إنْ........ 94-95
إنّ........ 2-3, 201
أنْ........ 76, 170, 186, 222, 236
أنشأ........ 257
إنما........ 336
أو........ 116
أوشك........ 4, 170
أول........ 258
إيا........ 323

ب

ب 77, 221, 238
بات 3, 66, 139
بالرغم من........ 278
بدّ........ 154
بدأ 4, 214, 222, 257
بدل 8
بعد........ 42
بعض........ 120
بما أن........ 173
بناء........ 22

ت

تام 20

ا

أب 218
ابتدأ 257
ابن 310
أبو 219
أجوف........ 141
أخ........ 218
أخذ........ 4. 257
آخر........ 258
أخو........ 219
أخوات إنّ........ 3
أدوات الربط........ 294
إذا........ 39,94, 170, 217, 237, 238
اسم الإشارة........ 119
اسم الآلة........ 24, 28
اسم التفضيل........ 12, 258, 293, 311
اسم الفاعل 23-25 41, 43
اسم الفعل .... 39, 41-42 ,186, 187, 295
اسم المفعول 23-24, 26, 43, 140-141, 218
الاسم المقصور 324
اسم المكان والزمان........ 27
الاسم المنقوص........ 41
الاسم الموصول........ 237, 293
الاسم الموصول الخاص........ 293
اسم فاعل........ 134, 324
اسم مفعول........ 135, 142, 154
الأسماء الخمسة 218
الأسماء الممنوعة من الصرف 12
الأسماء الموصولة........ 17
اشتقاق........ 23, 141
أصبح 3, 66, 139
إضافة........ 9, 78, 257
الإضافة المركبة 43
الإضافة الوصفية........ 202
أضحى........ 3, 66, 139
أعجب........ 216

ر
رب.....335
ربما.....95, 336
رغم.....278
رفع.....2-3
س
سـ.....40
سرعان.....295
سوف.....40
ش
شتان.....42
شرط.....237
شَرع.....4, 214, 257
ص
صار.....3, 66, 139
صحيح.....21-22
صفة مشبهة.....24, 27
ض
ضمير متصل.....7 42
ضمير منفصل.....81, 323
ظ
ظرف.....2, 16, 119
ظرف الزمان.....16, 119
ظرف تعدادي.....79
ظرف مكان.....16
ظلّ.....3, 139
ع
عدد أصلي.....79
عدد ترتيبي.....79
عسى.....4, 214, 222
على الرغم من.....278
عما.....336
عن.....212
غ
غير.....30, 95

تشبيه.....253-254
تصغير.....309
تطابق العدد والاسم المعدود.....14
تعال.....112
تفضل.....112
التلازم اللفظي.....309
تمييز.....2
تنوين.....10
ث
ثم.....255
ج
جر.....11
جعل.....257
الجملة الاسمية.....2, 136
الجملة الفعلية.....4
جميع.....120
جواب الشرط.....39
ح
حال.....134-136, 154
حالات الاسم.....1
حالة الجر.....2
حالة الرفع.....1
حالة النصب.....2, 93
حتى.....96, 186, 236, 253
حروف النصب.....186-187
حرى.....4
حم.....218
خ
خبر.....1, 137, 139, 257
خيال الظل.....189
خير.....337
د
دون.....30
ذ
ذو.....218

لدى 65
لعل 3, 201
لقد 156
لكن 3, 201
لم 30, 156, 171, 223, 236, 277
لما 31, 236
لن 31, 40, 236
لهذا 253
لو 60-61, 172, 237
ليت 3, 201
ليس 3, 31, 40

م
ما 31, 40, 171, 336, 238, 293
ما الزائدة 65
ماانفك 139
مابرح 139
مادام 3, 140
مازال 3, 139
مافتئ 139
مبتدأ 136, 257
مبروك 99
مبني للمجهول 43, 201, 311
مترادفات 310
متصرف 16
متعد 21
مثال 257
مجرد 19
مجرور 2, 10, 215
مجزوم 94, 236
مجهول 118
مرفوع 1, 4, 7, 66, 117, 137, 236, 238
مزيد 19
مصدر 13, 23, 43, 62, 93, 120, 155, 186, 215, 255, 324
مضارع 141
مضارع مجزوم 20, 43, 61, 80-81, 94, 95, 156

غير متصرف 16

ف
ف 40, 172, 237, 253
فاعل 5, 7, 25
فتحة 4
(إذا) الفجائية 170
فعل 4, 19
الفعل الأجوف 258
فعل ناقص 4, 138
فُعلى 235
فُعيعل 309
فُعيعيل 309
فَعيل 217
فم 218, 220

ق
قبيل 309
قد 40, 154, 156

ك
ك 295
كاد 4, 170, 238
كادت 222
كان 2-3, 66, 138-139, 201, 214
كأن 3
كان وأخواتها 138
كرب 4
كعبة 187
كل 120
كم 114
كي 186, 236

ل
ل 185-186, 236-237
لا 40, 171, 236, 337
لا الناهية 95, 338
لابد 154-155
لازم 21

مضارع مرفوع.................20, 81, 94, 121, 141
مضارع منصوب...........................20, 170, 186
مضاف إليه/ مضاف ..,2, 9-10, 43, 93, 120, 137
142, 215, 218-219, 256-257
مضعف 22
مطابقة الفعل للفاعل 63
معتل..21-22, 141
معرفة 137
معلوم 118
مفعل...24
مفعول...............................4-5, 26, 141, 218
مفعول مطلق..93, 216
مفعول به...2, 42
مما 336
ممنوع من الصرف................................10, 140
منصوب....,4, 7, 66, 117, 119, 134, 139, 154
216, 236, 238
مهموز...22

ن

نائب فاعل...2, 44, 142
ناقص 4, 20
نصب...3, 11, 95
نفس...97
نفي..30
نكرة..137
نهي 43

ه

ها 80
همزة وصل..310

و

واو الحال..153

ي

يجب 76

A
Absolute negation 113
absolute object............................93, 216
accusative 2-4, 7, 15-16, 30-31, 39, 43, 66, 93, 117, 134-135, 141, 173, 216, 218-219, 238
accusative pronoun........................7, 323
active voice 22, 118
active participle ..23, 24, 25, 41, 134, 153
adjectival noun 24
adjective 27, 30, 216
adverb...................16-17, 30, 39, 62, 255
adverb of place 6, 27, 241
adverb of time 16, 24, 119, 141
adverb of manner 255
adverbial...............................2, 135, 138
agent ...2, 5, 22, 43, 63, 76, 118, 134-135, 143, 312
agreement 14, 63
answer clause 61, 94
assimilation 222, 257
attached pronoun 6, 7
augmented verb 19, 25
B
basic verb 19
C
cardinal number..................................79
case 1, 3, 201, 237, 337
circumstance.......................................16
circumstantial adverb 117, 134, 135, 153, 337
collocation..310
colloquial...........................120, 254, 278
comment...137
comparative.............12, 13, 24, 293, 312
comparison 201
completed action 156
compound particles 336
condition clause..39, 60, 61, 94, 170, 237
conjunction.......................................255
connectors 255, 294
copula 3
covert pronoun 6
D
declinable noun 10-12, 16
defective verb.......4, 20, 22, 30, 139, 140
definite 2, 6, 12, 9-10, 93, 134, 217
demonstrative 80
deputy agent 44
derivation 23
descriptive *iḍāfa* 257
diminutive 309
diptote...................................10, 12, 141
direct object...... 4, 5, 20-21, 42, 93, 216, 236, 256
doubly transitive verb.........................236
E
elative 337
ellipsis 276
emphasis.....................................97, 201
exception 2
F
feminine 39, 76, 235
five nouns 218
formality..91
future 215
G
gender 14, 184, 237
genitive 2, 7, 10-11, 15, 39, 43, 141, 215-216, 218
genitive pronoun 8
gerund...43
I
iḍāfa ..2, 8, 9, 13, 15, 30, 43, 78, 93, 215, 256
idiom 98, 213, 254
imperative.......20, 21, 30, 43, 80, 95, 257
imperfect (present tense) ..21, 26, 30, 42, 76, 140, 215, 338
implied pronoun 6
increased.................................19, 26, 43
indeclinable 16

indefinite 2, 4, 9-10, 14-15, 41, 137, 237
independent 6
indicative 21
indirect object 236
instrument 24, 28
interrogative 117
intransitive 21, 27
invariable 76
J
jussive 21, 31, 80, 94, 156, 338
M
manner 16
masculine 14, 63, 76, 118, 235
mood 20, 236, 337-338
multiple *iḍāfa* 10
N
negative 30, 43, 61, 77, 95, 117
negative particle 337
nominal sentence......1-2, 4, 31, 135, 137, 139, 154, 170, 214
nominative 1, 2-3, 6-7, 15, 31, 39, 66, 117, 119, 137, 143, 173, 218-219, 238
nonrestrictive 293
numbers 120
numerical adverb 79
O
object 2, 15, 118, 141, 323
ordinal number 79
P
passive voice 22, 43-44, 118, 142, 155, 171, 235, 257-258, 312
passive participle 23, 24, 26, 135, 141-142, 153-154, 218
past (perfect) 20, 21, 41, 62, 76, 140
pattern 23
perfect (past) 20, 21, 41, 62, 76, 140
permutative 8, 200
phrasal verb 256
possessive pronoun 17
possibility 156
predicate ... 1-3, 20, 31, 79, 137-138, 173, 214, 257
preposition...... 41-42, 78, 184, 185, 186, 221, 255-256
prepositional phrase 41, 62, 135, 138, 184, 221, 256
present tense (imperfect)......30, 140, 215
pronoun 6, 42, 185
Q
quadriliteral 19, 25-26
quantifiers 120
R
radio 188
reflexive 97
register 120
relative pronoun 17, 217, 237, 293
restrictive relatives 293
result clause 39, 60, 237
S
simile 254, 295
social niceties 112
sound verb 20-22
specification 2
Standard Arabic 121
stripped verb 19
subject ..1-3, 31, 63, 66, 79, 98, 137, 173, 214, 257
subjunctive 21, 31
substitute 8
superlative 12-13, 235, 258, 293, 312
synonym 311
T
tag questions 98
tense 20, 98
terms of address 111
time 27
times of the day 212
topic 137
transformation 66
transition device 255
transitive 21
triliteral 25-26, 141

U
uncountable noun 114
underived noun...................................135
unlikely condition 172
V
verb...19
verb of approximation...............170, 238
verb of beginning 214
verb of hope 214
verbal noun 23, 43, 62, 93, 120, 186, 215, 255
verbal sentence...........................2, 4, 140
verbs of approximation 4
verbs of beginning.....................215, 257
Y
yes/no questions 115

MW00343639